중국 대학교의 기원과 북경대학교

(北京大學創辦史實考源)

中华社会科学基金(Chinese Fund for the Humanities and Social Sciences)资助

중국 대학교의 기원과 북경대학교
(北京大學創辦史實考源)

하오핑(郝平) 지음 | 진염평(陳艷平) 옮김

(학)신구학원 신구문화사

재판 서문

최근 한동안 몇 개 대학들이 잇달아 창립 100주년을 경축하였다. 중국의 대학들은 평범하지 않은 100년의 역사를 거쳐 왔다. 그러나 근대 중국에서 최초로 설립된 대학은 어느 대학일까? 한 가지 확실한 것은 이 질문에 대해 명확하게 말하기는 매우 어려운 문제라는 것이다.

2008년에 북경대학 110주년 개교기념일에 즈음하여 북경대학 출판사는 『북경대학창판사실고원(北京大學創辦史實考源)』을 재출간하였다. 그 저자로서 나는 북경대학의 창립에는 다음과 같은 중요한 역사적 사실들이 있다고 생각하며 이들에 대해 독자 여러분이 관심을 갖게 되기를 바란다.

첫째, 1894년의 중일 갑오전쟁(청일전쟁)은 청국 정부의 북양해군이 전멸하면서 끝이 났고 그 결과로서 중국의 지식인들이 변법운동을 일으키도록 촉구하는 계기가 되었다. 1895년에 강유위(康有爲), 양계초(梁啓超) 등은 강학회(强學會)를 설립하여 강연회와 보고회를 개최하고 진보적인 서적들을 출판하였으며 과학 실험기구 등을 구입하여 변법운동을 추진하였다. 보수파의 압제를 받고 나서 강학회는 관서국(官書局)으로 바뀌게 되었으며 관서국의 기초 위에서 경사대학당(京師大學堂)이 설립되었다. 양계초 선생은 일찍이 강학회가 경사대학당의 전신이며 초기 형태라는 글을 쓴 적이 있다.

둘째, 1898년 광서 황제는 천안문 성루 위에서 「명정국시조서(明定國是詔書)」를 공포하고 유신변법(維新變法)을 시작하였다. 경사대학당의 설립은 이 변법운동의 중요한 조치 가운데 하나였다. 양계초가 기초하고 강유위가 심사하여 확정한 후 총리아문이 황제에게 상주한 「경사대학당장정(京師大學堂章程)」은 당시의 개혁사상을 집약해서 반영하였다. 중국 근대 최초의 국립대학인 경사대학당은 또한 국가교육 관리부문의 기능과 역할도 갖고 있었다. 경사대학당의 설립은 중국 근, 현대교육의 출발을 알리는 것이었다.

셋째, 1862년 설립된 경사동문관(京師同文館)은 중국 근대 최초의 다양한 외국어를 가르치는 학교였다. 이 학교는 중국어, 영어, 프랑스어, 독일어, 러시아어, 일본어 등을 가르쳤고 또한 천문, 수학, 물리, 의학 등의 학과를 개설하였으며 백여 명의 교수를 초빙하여 약 천여 명의 학생들을 졸업시켜서 청조 정부를 위한 수많은 외교인재들을 양성하였다. 1902년에 이 학교는 경사대학당에 합병되었다. 그렇기 때문에 경사동문관은 경사대학당의 중요한 전신(前身)의 하나이다.

넷째, 국자감(國子監)은 중국의 2천 년 동안 시행되어 온 과거시험제도 아래에서 태학(太學)으로부터 발전되어 내려온 최고학부였다. 국자감은 과거제도가 폐지되고 현대 교육제도가 수립된 1905년에 폐지되었다. 그 관리직능은 경사대학당의 관리직능과 합병되면서 오늘날의 교육부에 해당하는 "학부"가 설립되었으며 국자감의 교육직능은 경사대학당에 편입되었다. 이러한 면에서 경사대학당은 중국의 전통교육을 계승하였다고 할 수 있다. 호적(胡適) 선생과 계선림(季羨林) 선생 두 분 모두 일찍이 이 문제에 대하여 상세히 논술한 바 있다.

다섯째, 경사대학당의 영문 이름은 Imperial University이고 이를 직역하면 "제국대학교"가 되며 경사동문관의 영문 이름은 Imperial College이고 이를 직역하면 "제국대학"이 된다. 이 두 개의 이름은 모두 당시에 그들이 차지하고 있던 중요한 지위를 반영하는 것이다.

여섯째, 신해혁명 이후인 1912년 경사대학당은 국립북경대학으로 이름을 변경하였다.

이상 여섯 가지 점들에 대하여 독자 여러분이 중국의 근대 대학 역사를 연구할 때 깊은 관심을 갖기를 희망한다.

하오핑(郝平)

2008년 3월 북경 성부(成府)에서

권두사

북경대학의 정황을 알고 있는 사람이라면 모두 아는 바와 같이, 하오핑(郝平) 동지는 북경대학 교직원들 가운데 가장 바쁜 인물들 가운데 한 사람이다. 북경대학은 중국은 물론이고 세계적으로 특수한 지위와 명망을 누려 왔다. 수많은 국가의 저명한 대학들과 과학연구기관들이 북경대학과 공동으로 여러 협력 프로그램을 진행하고 교류관계를 수립하여 왔다. 외국의 국가원수나 정부의 수뇌 및 각종 여러 학문 분야의 권위 있는 학자들이 북경대학을 참관 방문하는 것을, 특히 강연을 하는 것을 일생의 영광으로 생각하며 "북경대학에 가 보지 못한 사람은 대장부라고 할 수 없다"라는 말이 있을 정도이다. 북경대학은 그밖에도 다양한 방문객들의 왕래가 매우 빈번하다. 북경대학 당위원회(黨委員會)와 총장의 영도에 따라 각종 영접임무를 일선에서 담당하고 있는 부서가 북경대학 국제교류 합작처이고 그 책임자가 바로 하오핑이다. 내가 개인적으로 보고 겪은 바에 의하면 이 부서의 일정은 다른 부서와는 전혀 달라서 주말 휴일이나 명절 휴일이 없고 심지어 겨울방학과 여름방학도 없이 온종일 바쁘게 오가는 손님들을 접대하면서 마치 연원[(燕園), 북경대학의 별칭]의 주마등처럼 끊임없이 돌아다녀야 한다. 한 무리의 남녀 젊은이들이 주마등 위의 사람들이라면 그들 가운데 에워싸여 있는 사람이 바로 하오핑이다.

뜻밖에도 이렇게 바쁜 하오핑 동지가 어느 날 갑자기 나에게 한 뭉치의 원고를 가져왔다. 원고의 내용은 북경대학 창립 시기의 학교 역사에 관한 것이었다. 학교의 역사를 쓴다는 것은 소설이나 시를 쓰는 것처럼 영감이 떠오르면 쓸 수 있는 것은 아니며 여기에 필요한 것은 영감이 아니라 근면이다. 많은 고생을 하면서 부지런히 호수의 물을 퍼내고 나서야 물고기를 잡을 수 있다는 정신을 가지고 자료를 수집하여야 하는 일이다. 하오핑은 나에게 그가 외국 유학시절부터 자료를 수집하기 시작했다고 하였다. 귀국 후에 주마등의 주인공이 된 뒤에도 중도에 포기하지 않고 계속 자료를 수집하면서 다른 사람들이 쉬는 점심시간을 수시로 활용하기도 하고 밤에는 잠자는 시간을 이용하여 전등을 켜고 일을 지속하면서 사시장철 책을 쓰는 일에 매달리다가 피로로 인하여 병을 얻게 되어 병원에서 수술을 받기도 하였으나 굳건한 의지로 마침내 이 책의 초고를 완성하였다고 하였다.

이 이야기를 듣고 옷깃을 여미며 경의를 표시하지 않을 사람이 누가 있겠는가? 솔직히 말하여 나는 진심으로 감동을 받았다. 현재 북경대학의 젊은 교수들 가운데 온 힘을 다하여 학문을 연구하는 사람들도 있지만 교수로서 연구를 하지 않거나 연구에 대한 열정이 부족하여 전심전력을 다하지 않는 사람들도 결코 적지 않다. 지금 하오핑이라는 거울을 자신의 눈앞에 세워놓고 어느 것을 버리고 어느 것을 따를 것인지를 반드시 스스로 선택하여야 한다. 이것이 나의 신념이고 또한 바라는 바이다.

이제 다시 돌아와 하오핑의 『북경대학교의 역사』에 대해 이야기하면 나는 이 책이 북경대학교의 창립 시기의 역사에 관한 내용이기 때문에 책의 제목을 『북경대학창판사실고원(北京大學創辦史實考源)』이라고 정하였는데 그도 동의하였다. 하오핑 자신의 소개를 통하여 우리들은 이 책의 주요 관점을 알 수 있다. 정확하게 서술하기 위하여 나는 하오핑 자신이 쓴 글의 일부분을 발췌하여 제시하고자 한다.

경사대학당(京師大學堂)이 창설된 것은 무술변법(戊戌變法)의 산물일 뿐만 아니라 근본 원인은 1840년에 일어난 중국과 영국 사이의 아편전쟁에까지 거슬러 올라간다. 청 왕조의 패배로 인하여 임칙서(林則徐), 위원(魏源), 공자진(龔自珍) 등과 같은 어진 지사들이 깊이 생각한 끝에 전국적으로 유신사조와 양무운동(洋務運動)을 일으켰다. 동문관은 바로 이 시기의 산물이다. 북양해군이 중일 갑오해전에서 전멸함으로 인하여 강유위(康有爲), 양계초(梁啓超) 등 진보주의자들은 정치적 개혁을 요구하는 강렬한 호소를 하게 되었다. 경사대학당은 개혁의 산물이면서 또한 아편전쟁으로부터 50년 동안 멸망하려는 나라를 구하기 위한 길을 끊임없이 탐구해 왔던 많은 사람들의 노력의 성과로서 결코 갈라놓을 수 없는 하나의 역사적 과정이다.

하오핑의 이와 같은 간단명료한 논술은 그 신뢰도가 확실한 대량의 원본 기록 자료에 기초와 근거를 두고 있다. 이 자료들은 모두 이 책에 기록되어 있으므로 내가 중복하여 서술하지는 않겠다.

하오핑은 자료 수집에 줄기찬 노력을 기울여서 방대한 자료를 집성(集成)하고는 자료를 아주 세밀히 분석한데다가 그의 분석 가운데 새로운 독창적인 견해도 있어 정말로 술을 한잔 하고 싶어질 정도로 가슴이 설레기도 하였다. 이러한 자료들은 다른 사람들이 사용하기는커녕 관심도 기울이지 않았던 것들이다. 이와 같은 하오핑의 연구 목적은 북경대학 창립의 기원을 탐구하기 위해서이며 북경대학의 역사를 연구하기 위하여 절대적으로 필요한 첫걸음을 내디딘 것이다. 그는 예전 사람들이 미처 찾아내지 못하고 덮여 있던 것을 발견하여 "경사동문관(京師同文館)으로부터 경사대학당(京師大學堂)까지"라는 자신만의 견해를 제시하였다. 그의 주장은 극히 합리적이고 이 견해는 아주 설득력이 있는 타당성을 갖추고 있다.

그러나 나의 개인적인 생각으로는 이 견해는 하오핑의 북경대학 창립 기원에 관한 여러 견해들 가운데 하나일 뿐이며 유일한 것은 아니다. 이에 더하여 우리가 소홀히 하지 않아야 할 그의 또 다른 견해는 동문관이 먼저 폐지된 후에 경사대학당이 창립된 것이 아니고 경사대학당이 창립된 직후에 동문관이 폐지되어 경사대학당에 합병되었다는 것이다. 동문관은 청국 정부가 서양에 관한 업무를 수행하기 위하여 반드시 따르는 서양인과의 접촉을 위해서 우선적으로 필요한 외국어를 통역할 수 있는 통역원을 양성하기 위하여 설립한 일종의 특수 학당이었으며 이후 점차적으로 외국어 이외의 다른 과정들을 증설하였다. 동문관이 총리각국사무아문(總理各國事務衙門)의 소속이었다는 것으로 그 역할이 무엇이었는지를 짐작할 수 있을 것이다. 굳이 동문관의 기원을 찾는다면 명나라 때의 사이관(四夷館)과 비슷할 것이다. 중화인민공화국이 건국된 뒤에 외교부에 소속되어 있던 북경외국어대학도 상당히 비슷한 점이 있다.

나는 북경대학의 역사를 연구한 적은 없지만 여러 해 동안 한 가지 생각을 가지고 있었고 이 생각을 수많은 좌담회에서 제시하기도 하고 많은 사람들에게 말하기도 하였다. 이에 대해 많은 사람들이 동의하고 반대하는 사람은 거의 없었다. 최근 『북경대학교간(北京大學校刊)』 1997년 12월 15일 호에서 소초연(蕭超然) 교수가 학생의 질문에 답한 글을 읽고 풍우란(馮友蘭) 선생도 같은 생각을 가지고 있었고 이에 관한 글을 쓴 적이 있다는 것을 알게 되었다. 나는 그 글을 읽어 보거나 풍우란 선생에게 이에 대해 직접 들은 적은 없었다. 하오핑의 책에는 북경대학 전 총장이었던 호적(胡適) 선생도 똑같은 생각을 가지고 있었다는 내용이 있다. 이에 대해 내가 감히 한마디 외람되이 말한다면 "영웅이 품은 뜻은 서로 통한다"고 할 수 있겠다.

도대체 이 생각이란 어떠한 것인가? 북경대학의 역사는 한(漢)나라 왕조의 태학(太學)으로까지 거슬러 올라갈 수 있다는 것이다. 중국은 세계의 수많은 나라 가운데 매우 독특한 국가이다. 그 이유는 첫째, 중국만큼 역사를 존중하는 나라는 이 세상에 없다. 둘째, 중국은 교육을 중시한다. 수천 년 이래로 줄곧 교육의 시행에는 마치 양다리로 걷듯이 관학과 사학이 있어 왔다. 사학은 각종 목적을 가진 서원들이 있었으며 관학인 서원도 나머지 한 다리로서 존재하였다. 교육을 시행하는 측면에서 살펴보면 수많은 왕조시대 모두가 중앙, 성(省), 부(府), 현(縣)(성, 부, 현 세 개의 행정 구역명은 왕조에 따라 명칭이 각기 다르다)에는 몇 개의 다른 등급의 학교가 있었다. 중국 역대의 어느 왕조에나 "전국 최고의 학부"라는 개념이 있었는데 이것은 인재를 교육하는 기관일 뿐만 아니라 교육을 관리하는 행정기관이라는 의미를 갖고 있었다. "최고학부"의 명칭도 항상 동일하지 않았으나 대체로 태학과 국자감(國子監) 두 개가 있었다. 동한(東漢) 광무제(光武帝) 건무(建武) 5년(서기 29년)에 태학이 처음 설립되었지만 "태학"이라는 명칭은 이미 진(秦)나라 때 있었다. 여기에서는 특별히 태학의 역사를 연구하는 것이 아니어서 상세한 내용을 설명하지는 않겠다. 진(晉) 무제(武帝) 함녕(咸寧) 2년(서기 276년)에 국자학이 처음 설립되었고 북제(北齊) 때 국자사(國子寺)로 명칭이 바뀌었다가 수(隋)나라 때 다시 국자학으로 바뀌고 수(隋) 양제(煬帝) 때 또 다시 국자감으로 바뀌었다. 당(唐)나라 때부터 청(淸) 말까지는 이 명칭이 변하지 않고 계속 사용되었다.

세월이 흐르면서 세상사도 변화무쌍하기만 하다. 과거 2천 년 역사에서 왕조가 바뀌는 일이 여러 번 있었다. 이러한 와중에 태학과 국자감이 하루도 끊이지 않고 계속하여 존속된다는 것은 근본적으로 불가능한 일이라고 할 수 있다. 전란으로 어수선한 세상에서 백성들은 물론이고 황제도 편안히 살 수 없는 상황인데 교육기관인들 어찌 중단되지 않고 존속할 수 있었겠는가? 그러나 우리가 크게 놀랄 수밖에 없는 사실은 단지 잠시 중단되었더라도 새로운 정권이 수립되기만 하면 즉시 태학이나 국자감을 다시 회복시키려 했다는 것이다. 그 때문에 실사구시적인 견지에서 말한다면 2천 년 가까운 유구한 중국의 역사에서 태학과 국자감의 전통, 다시 말해서 학통(學統)은 기본적으로 중단된 적이 없었다고 말할 수 있다. 최고 통치자가 한인(漢人)이든 아니든 상관없이 머릿속에 이러한 교육의 개념을 가지고 있었으며 또한 태학이나 국자감이 전국 최고의 교육기관이라는 생각을 가지고 있었고 자희태후(慈禧太后)와 광서 황제 모두 예외는 아니었다. 중국의 태학으로부터 비롯된 학통은 국자감을 거쳐 곧바로 경사대학당으로 이어졌으며 마침내 북경대학에 전해져서 중단 없이 한 계통으로 계승되어 왔다고 말할 수 있다. 이것은 세계의 교육역사상 유일한 일로서 중화민족의 자랑이라고 하겠다.

앞에서 말한 내용이 풍우란(馮友蘭) 선생과 호적(胡適) 선생 그리고 나 자신의 "이론(理論)" 또는 견해의 근거와 기초인 셈이다. 나는 여기서 터무니없는 말로 억지를 부리거나 역사적 사실을 왜곡할 의도는 전혀 없다. 학문을 연구하고 진리를 탐구하는 유일한 준칙은 실사구시의 정신으로 오직 진리만을 탐구하는 것이다. 내가 마음에 품고 있는 것도 바로 이러한 학문에 대한 태도이다. 나는 결코 북경대학교가 정통이라거나 국내 최고의 학교라고 주장할 의도는 없다. 대학교의 좋고 나쁨은 결코 학교 역사의 길고 짧음에 의해 결정되는 것은 아니다. 역사가 긴 대학이라고 하여 반드시 교육을 잘하는 것은 아니며 역사가 짧은 대학이라고 하여 반드시 교육을 잘못하는 것도 아니다. 이는 수많은 사실들이 증거로서 갖추어져 있으므로 논쟁의 여지가 없다. 다만 나 또한 과학을 연구하는 사람으로 사실대로 말을 했을 뿐이다.

지금 한창 유행하고 있는 계산법에 따르면 금년이 북경대학의 창립 100주년을 경축하는 해이다. 북경대학으로서는 아주 크나큰 일이고 중국으로서도 일대 큰 사건이다. 이와 같은 경사스러운 날에 하오핑 동지가 심혈을 기울여 저술한 『북경대학창판사실고원(北京大學創辦史實考源)』을 출판하여 학교와 대학의 전 인원들에게 그리고 전 세계에 흩어져서 여러 위치에서 열심히 일하며 많은 공헌을 하고 있는 북경대학의 교우들에게 헌정한다고 하니 금상첨화라고 할 수 있다. 나는 분명 이 책이 여러분들의 열렬한 환영을 받게 될 것이라고 믿는 바이다.

나는 여기에서 결코 "군말"이 아닌 한 마디를 더하고 싶다. 이 말은 다른 많은 곳에서도 내가 해왔던 말이다. 그것은 중국의 지식인들은 세계에서도 가장 훌륭하며 그들의 가장 독특한 특징은 바로 강한 애국심을 지니고 있다는 것이다. 구체적인 예는 다른 곳에서 찾을 필요 없이 내가 앞에서 말한 "학통(學統)"이나 북경대학의 아득히 오랜 "전신(前身)" 가운데 있다. 동한(東漢)의 태학 학생들이 부패한 통치에 반대했던 일은 결코 지어낸 이야기가 아니고 역사상 확실한 기록이 있다. 이러한 전통은 계속 이어져 내려와 명나라 말기에 이르러 고염무(顧炎武)의 『일지록(日知錄)』에 "나라를 지킴에는 비천한 필부라도 책임이 있다"라는 말이 있게 되었다. 이후에 이 말은 "나라의 흥망은 국민 모두에게 책임이 있다"라고 바뀌었다. 북경대학 창립 이후 100년 동안 중국이 정치와 문화적으로 결정적인 순간에 이를 때마다 북경대학의 교수와 학생들 뿐 아니라 다른 대학의 교수와 학생들 모두가 선뜻 용감하게 나서서 존망의 위기에서 나라를 구하려고 하였다. 5·4운동이 가장 확실한 증거이다. 중화인민공화국이 건국된 뒤에도 계속하여(건국의 역사가 북경대학 100년 역사의 절반을 차지한다), 북경대학 교수와 학생들의 애국심은 사라지지 않고 변함없이 한결같다.

이제 북경대학 100주년 경축행사일까지는 4개월밖에 남지 않았다. 금년에 전국 각지와 세계 각 나라에서 이 행사에 참가하기 위하여 모교로 돌아오는 교우들의 숫자는 전례가 없는 경우가 될 것이라고 한다. 이 애교심과 애국심은 전적으로 서로 일치하고 상통한다. 이와 같은 마음과 중국의 2천 년 동안 이어져온 지식인들(중국의 옛 선비들)의 애국 전통은 완전히 서로 함께 연결되어 있다고 할 수 있다. 이것은 우리들의 위대한 조국의 미래가 무궁한 발전을 이룰 것이라는 것을 앞서서 보여주는 것이다.

지금 학교 전체 교수들과 학생들, 모든 교우들, 북경대학에 관심을 갖고 있는 전국을 비롯한 세계의 친구 여러분 앞에 두 권의 책이 놓여 있다. 한 권은 하오핑의 『북경대학창판사실고원(北京大學創辦史實考源)』이고 다른 한 권은 소초연 교수의 『높이 우뚝 솟은 학교, 백년의 별(巍巍上庠, 百年星辰)』이다. 전자는 우리들에게 어려운 창립 과정을 알려 주고 후자는 우리들에게 북경대학 백 년의 길고 긴 역정을 밝혀준 별빛을 말해 주고 있다. 전자가 없었다면 후자 또한 없었을 것이며 후자가 없었다면 전자 역시 쓸데없는 일이 되었을 것이다. 이 두 권의 책은 서로 돕고 힘을 합하여 일체를 이루어 우리 학교의 100주년 기념행사에 무한한 기쁨을 더하게 할 것이며 북경대학을 알고자 하는 사람들에게 확실하고 신뢰할 수 있는 지식을 제공함으로 실로 그 공덕이 무한하다고 말할 수 있다.

2년이 더 지나면 새로운 세기와 천년이 우리의 앞에 펼쳐질 것이다. 내가 믿기로는 우리 북경대학 동료들과 학생들은 이번 100주년 기념행사로 인하여 고무와 격려를 받음으로써 백 년의 영광을 되돌아보면서 다시 결의를 다져서 거센 바람을 타고 만리 파도를 헤쳐 나가며 전진, 전진, 또 전진할 것이다. 위대한 우리의 조국에 새로운 공적을 세우기 위하여.

계선림(季羡林)

1998. 1. 2.

서문

북경대학은 나의 모교이다.

모교가 나에게 어떤 존재인지를 깨닫게 된 것은 해외유학 시절 무렵이다.

1991년 봄 북경대학은 나에게 미국 동서양연구센터와 하와이대학 연수를 보내주었다. 내가 1978년 북경대학에 입학하여 1982년 졸업하고 학교에 취업한 이후 조국을 멀리 떠나게 된 것은 처음 있는 일이었다.

하와이군도는 마치 태평양에 뿌려진 몇 개의 진주와 같다. 푸른 바다와 쪽빛 하늘, 백사장에 서 있는 야자나무들, 사계절 내내 봄날같이 따뜻한 기후는 세계 각지에서 수많은 관광객을 이곳에 불러 모으고 차마 아쉬워 떠나지 못하게 한다.

그러나 아무리 매혹적인 풍경과 쾌적한 경치도 모교에 대한 나의 그리움을 멈추게 할 수는 없었다. 4년의 세월 가운데 신문, 라디오, TV 등의 매체에서 북경대학이라는 글자만 나와도 나의 마음은 매우 설레었다. 이러저러한 생각과 그리움은 내가 북경대학에 입학했던 그 순간부터 나의 운명은 모교와 더불어 연결되어 버렸다고 느끼게 되었다. 어디에 가서든 모교의 완벽하게 훌륭한 이미지는 나를 자랑스럽게 하였고 내가 고국에 돌아올 때면 언제나 모교는 넓고 큰 가슴을 열고 나를 너그럽게 감싸 안아주며 받아들여 주었다.

그래서 나는 모교를 위하여 무엇인가 좀 해야 되겠다고 다짐하였다.

당시에는 내가 나중에 이러한 책을 쓰게 될 것이라고 확실하게 깨닫지 못하였지만 북경대학에 관한 역사자료에 항상 관심을 갖기 시작하여 특별히 캘리포니아대학 버클리 캠퍼스와 하버드대학 연경학사(燕京學舍), 컬럼비아대학 등 미국의 명문대학 도서관들을 탐방하였다.

한 번은 시카고대학 도서관에서 북경대학이 창립 50주년을 경축하기 위하여 1948년에 출판한 기념책자가 나의 관심을 끌었다. 그 책은 당시 북경대학 총장이었던 호적 선생이 서문을 써 주신 북경대학 50주년 기념 문집이었다. 책 가운데 대부분의 저자들은 세계적으로 유명한 북경대학의 대선배들이었다. 그들은 서로 다른 시각으로 북경대학의 과거 50년, 심지어 초기 경사동문관의 역사에 이르기까지 추억하면서 북경대학에 대한 돈독한 정을 토로하였다.

나는 보물이라도 얻은 듯이 주머니를 털어 수십 달러를 주고 그 책을 모두 복사하였다.

바로 그때부터 모교를 위한 책을 써야겠다는 생각이 움텄다.

널리 알려진 바와 같이 신해혁명 이전의 북경대학은 경사대학당이라고 하였으며 근대 중국 최초의 국립 최고학부이며 최고 교육행정기관이었다. 경사대학당의 설립은 천여 년 동안 면면히 이어져 내려온 과거제도의 철저한 붕괴와 신식 교육제도의 탄생을 상징하는 것이었다. 북경대학은 신문화운동의 발원지였으며 5·4운동의 중심이었고 중국에서 민주와 과학사상 및 마르크스 레닌주의가 최초로 전파된 곳이었다. 이처럼 중국의 근대사와 밀접한 관련이 있는 대학이 창립된 근본 원인은 도대체 무엇인가? 직접적인 원인은 또한 무엇인가? 태학이나 국자감과는 무슨 관계가 있는가? 경사대학당은 도대체 전신(前身)이 있는가? 중국 최초로 정부 당국에 의해 설립된 신식학당인 경사동문관은 어떻게 경사대학당에 합병되었는가? 유신변법을 극도로 미워하였으며 유신인사들에게 칼을 뽑아 들었던 자희태후가 무엇 때문에 경사대학당에 대해서는 뜻밖에도 적당히 넘어가면서 단속을 명하지 않았을 뿐더러 오히려 이례적으로 관심을 기울였는가? 경사대학당 창립 초기의 극히 짧은 수년 동안에 계속하여 세 개의 서로 다른 대학당 장정들이 공포된 것은 무엇 때문이었으며 이 세 개의 장정들이 당시의 최고 통치자인 광서황제 및 자희태후와는 어떤 관련이 있는가?

이와 같은 북경대학의 전기(前期) 역사와 밀접한 관련이 있는 문제들에 대한 생각이 나를 떠나지 않았다. 나는 한 편 또 한 편 자료를 살펴보면서 이 문제들에 대한 비교적 완벽한 해답을 찾으려고 하였다.

1996년 초에 내가 북경대학에 다시 돌아오면서 마침 북경대학 "창립 백주년 기념행사"를 위한 준비 업무가 정식으로 시작되었다. 이렇게 되자 위에서 언급한 문제들에 대한 열정이 다시 끓어올랐다.

나는 내가 하고 있는 연구 중에서 해답을 찾을 수만 있다면 이것은 모교가 오랫동안 나를 키워 준 은혜에 대한 가장 좋은 보답이 될 것이라고 생각하였다.

그래서 일이 많고 분주한 업무시간이 끝나면 온몸과 마음을 기울여 연구와 집필에 몰두하였다. 나는 나의 연구 성과를 변변치 않은 조그만 선물이지만 모교에 헌정함으로써 백주년 생일을 경축하려고 한다. 비록 나의 학식이 부족하여 연구의 결론이 반드시 모두 명확하고 적절하다고 할 수는 없지만 위에서 언급한 문제들 가운데 하나라도 해결할 수 있다면 북경대학의 한 사람으로서 보람으로 생각할 것이다. 설령 나의 연구 성과가 인정을 받지 못하더라도 아무런 원망이나 후회는 없다. 왜냐하면 모교의 창립 백주년 기념행사를 위하여 작은 일이라도 한 셈이 되기 때문이다.

이 책의 집필을 막 끝낸 지금 이번 겨울 들어 처음으로 서설(瑞雪)이 조용히 내리고 있다. 가는 눈꽃이 하늘에서 소리 없이 휘날리며 땅으로 내려와 여명으로 희미하게 드러난 연동원(燕東園)을 반짝이는 흰 눈으로 단장하고 있다.

가족들은 아직도 곤히 자고 있다.

도시는 여전히 꿈을 꾸고 있다.

이 시각 훤히 밝아오는 창밖은 눈이 휘날리고 내 마음은 평온하다.

하오핑(郝平)

1997년 11월 30일 연동원(燕東園)에서

들어가는 말

경사대학당(京師大學堂)이 설립된 것은 1898년이지만 준비 작업은 일찍이 1896년에 이미 시작되었다. 청일전쟁에서 패배한 뒤 광서 황제는 조야(朝野) 모두의 "학교를 세워 인재를 양성하여야 한다(興學育材)"는 견해를 받아들여 유럽과 미국, 일본의 현대적인 교육방식에 따른 신식 교육기관이며 최고학부인 경사대학당을 창설하기로 결정하고 관리서국대신(管理書局大臣)인 손가내(孫家鼐)에게 이 일을 맡기고 관서국(官書局)이 근간이 되어 창설 준비를 시작하게 하였다. 1898년에 일어난 무술변법(戊戌變法)은 경사대학당을 공식적으로 설립할 수 있는 좋은 계기를 제공하였다. 광서 황제는 양계초(梁啓超)가 기초하고 강유위(康有爲)가 개정한 대학당 장정을 재가하면서 그의 원대한 포부와 큰 뜻을 드러내었으며 경사대학당이 "각 성의 귀감이 되고 전 세계 여러 나라가 우러러볼 수 있는 최대한 웅장한 규모와 주도면밀한 조건을 갖춘" 세계 최상급의 현대식 대학이 만들어지도록 설립할 것을 요구하였다. 이것은 청대 말엽 진보적인 통치자가 교육과 과학에 대해 가졌던 구국을 위한 최고의 인식이었다. 중국의 지식인들과 진보적인 황제는 신식대학을 창설하여 다재다능한 인재들을 양성하고 과학기술을 발전시켜서 나라를 구하겠다는 생각을 가지고 있었으며 이렇게 되기까지에는 오랜 인식의 과정들을 거쳐야만 하였다. 무술변법은 이러한 인식들이 역사적인 총결로서 진행되고 실천에 옮겨진 것이었다. 그렇다면 이러한 인식은 언제 기원하였는가? 답은 오직 하나, 아편전쟁이다.

중국인의 각성은 아편전쟁에서부터 시작되었다.

차 례

제1장

아편전쟁, 유신사조와 양무운동(洋務運動)

청국은 성조(聖祖) 강희(康熙), 세종(世宗) 옹정(雍正), 고종(高宗) 건륭(乾隆)의 3대 왕조에 걸친 130여 년의 태평성세 이후 인종(仁宗) 가경(嘉慶), 선종(宣宗) 도광(道光) 시대에 이르러 이미 쇠약해지기 시작하였다. 청국 내부의 극심한 부정부패 및 공공연한 뇌물수수와 더불어 당시 추진하던 쇄국정책도 사회의 발전을 가로막고 있었다. 한편 영국, 프랑스, 미국 및 여러 국가들은 오랜 동안의 중세 암흑기를 거친 후 앞다투어 자본주의의 발전단계로 진입하기 시작하였다. 이와 같은 발전단계상에 있는 자본주의의 특징은 원자재 생산지와 상품시장을 약탈하는 것이었는데 이러한 방식의 자본주의의 도전에 대처할 수 없었던 중국의 2천여 년 이어져 온 봉건문명은 몰락하기 시작하였다.

중국에서 영국 상인이 아편무역을 최초로 시작한 것은 이미 18세기 초부터였다. 그 당시 영국은 중국으로 매년 200상자 이상의 아편을 수출하고 있었다. 1780년부터 1816년(건륭 45년~가경 21년)까지 매년 수출량은 4, 5천 상자에 달했고 1816년부터 1834년 사이에 이 숫자는 놀랍게도 21,785상자에 이르렀다. 이후 영국의 중국에 대한 아편의 수출량은 폭리를 취하기 위하여 급격히 증가해서 1837년에 39,000상자, 1838년에는 40,200상자를 수출하였다. 그 당시 영국정부는 소득총액의 1/10을 중국에 대한 아편 판매에서 벌어들였다.

아편의 대량 수입으로 중국은 감당할 수 없는 대량 채무를 지게 되었으며 관료들로부터 일반 백성들에 이르기까지 수많은 아편중독자가 발생하여 그 수를 이루 헤아릴 수 없을 지경이 되었다. 1729년(옹정 7년) 청국 정부는 최초의 아편 금지령을 공포하였고 이후 100여 년 동안 여러 차례 금지령을 내리고 이를 엄격히 지키도록 하였다.

그러나 아편의 수입과 청국정부의 부정부패는 동전의 양면과 같이 서로 밀착되어 있었기 때문에 영국 상인들은 앞에서는 아편금지령을 따랐지만 뒤로는 아편 무역을 계속하였고, 마찬가지로 청국의 탐관오리들도 앞에서는 단호하게 거절하였으나 뒤로는 몰래 뇌물을 받았다. 그 결과 아편 수입은 금지되기는커녕 오히려 아편금지 덕분에 갈수록 증가하였다. 중국에서 아편의 범람은 중국인들의 심신 건강에 심각한 손상을 입히고 동시에 생산력을 파괴시켰을 뿐만 아니라 국고에서 막대한 양의 은이 유출됨으로 인하여 곧바로 청국 황제의 통치에 직접적인 위협을 가져왔다.

1838년(도광 18년) 홍려사경(鴻臚寺卿) 황작자(黃爵滋)는 우선 관리와 백성들의 아편 흡연을 엄격히 금지하여 아편의 국내 유입을 저지할 것을 주청하였다. 또한 그는 아편중독자에게 1년간의 금단 기한을 주어 이를 어기는 자는 백성이라면 사형에 처하고 관리라면 가중 처벌을 할 것을 제안하였다. 곧 이어 임칙서도 조정에 아편금지령의 시행을 상주(上奏)하였다. 그는 "아편의 해독이 전국에 퍼져 해악이 극심하므로 법으로 엄격히 다스려야 합니다. 만약 이대로 두면 수십 년 후에는 중국에 적을 막을 수 있는 병사가 없어지고 군비도 바닥날 것입니다"[1]라고 주장하였다. 도광(道光) 황제도 아편은 반드시 금지되어야 함을 절감하고 임칙서의 주청을 재가하면서 임칙서에게 구체적으로 아편을 금지하는 업무를 관장하는 직책을 맡겼다.

1839년(도광 19년) 3월 10일 임칙서는 흠차대신(欽差大臣)으로서 광주(廣州)에 도착하여 아편금지의 시행을 위한 준비에 착수하였다. 3월 18일 임칙서는 이화행(怡和行)의 오소영(伍紹榮) 등 무역상들을 소집하고 각 무역상과 외국상사가 보유하고 있는 아편 수량을 사실대로 보고하라는 명령을 하달하였다. 그 명령 가운데 임칙서는 "아편이 완전히 제거되지 않으면 본인은 절대로 돌아가지 않고 아편을 제거하는 일과 함께 끝까지 머물 것을 맹세한다. 나는 이

1) 임칙서, 『임칙서집·주고(林則徐集·奏稿)』(중), 중산대학교 역사학과 편, 중화서국, 1965, p.624.

일이 완전히 끝날 때까지는 결코 그만두지 않을 것이다"[2]라고 하였다.

4월에 임칙서, 등정정(鄧廷楨)은 수사제독(水師提督) 관천배(關天培)와 함께 문무관원들을 인솔하여 아편을 몰수하고 외국인 아편 상인들을 쫓아내기 시작하였다. 6월 25일 임칙서는 몰수된 아편 2,376,254근(1,188,127kg)을 호문탄(虎門灘)에서 불태웠는데, 이것은 아편금지에 있어 전대미문의 위업이었다. 광동성(廣東省)에서의 아편금지운동의 승리는 여타 지역의 아편금지운동의 모범이 되었으며 전국 아편금지운동의 확산을 촉진시켰다.

당시 중국 북부의 최대 항구인 천진(天津)은 산서성(山西省)과 하남성(河南省)의 아편 밀수의 주요 입구였으며, 아편금지운동에 있어서는 전국 두 번째의 중점지역이었다. 당시 천진(天津) 해안을 수비하는 병사들은 초소를 설치하고 아편밀수를 방지하기 위하여 수시로 복건성(福建省)이나 광동성(廣東省)에서 오는 상선들을 검색하였다. 그 후로 아편금지운동은 해안지역 일대로 삽시간에 확산되었고, 그 기간 동안 산동(山東), 복건(福建), 귀주(貴州), 광서(廣西), 신강(新疆) 등과 같은 타 지역에서도 아편 197만 냥(98,500kg) 을 몰수하는 성과를 거두었다.[3]

중국 국내에서 기세등등하게 진행되고 있던 아편금지운동은 영국 제국주의의 대외 확장형 경제에 심각한 타격을 주었으며 영국의 아편 상인들은 영국 정부에게 무력으로 중국에 대항해 줄 것을 요구하였다. 중국을 약탈하여 영국 식민지로 삼으려는 목적 하에 영국 내각은 1839년 10월 1일 중국 출병을 공식 결정하였으며 이로써 중국 침략을 노린 아편전쟁이 시작되었다.

견고한 군함과 거대한 대포를 보유하고 있는 잘 훈련된 영국 원정군에 대항하여 중국 군대와 국민들은 맹렬히 저항하였으나 엄청난 실력 차이로 인하여 막심한 사상자들이 발생하였다. 영국 해군은 절강성(浙江省) 방어가 비어 있는 것을 틈타 주산(舟山)지역을 점령하였으며, 한편으로는 일부 병력을 이동시켜 계속 북상하여 오송구(吳淞口)를 공격하였다. 오송구 공격이 성공하지

2) 범문란(范文瀾), 『중국근대사』, 인민출판사, 1955, p.18.
3) 중국사학회 편, 『중국근대사자료총간(中國近代史資料叢刊): 아편전쟁』 제4권, 신주국광사, 1954, p.716.

못하자 영국군은 다시 북쪽으로 우회하여 천진(天津)에 접근하였다. 이때 영국 침략자들의 강도와 같은 행위에 놀라 매우 당황한 청국 정부 내부의 투항파들은 도광(道光) 황제에게 영국군과의 강화를 주청하였다. 이 같은 와중에 군사상의 패배에 직면한 도광 황제는 완전히 전의를 상실하고, 기선(琦善)을 흠차대신(欽差大臣)으로 파견하여 영국군과 교섭하도록 하였다. 또한 투항파의 부추김으로 인하여 임칙서는 관직을 파면당하게 되었다. 영국군의 계속되는 협박 아래 양강총독(兩江總督) 이리포(伊里布)는 청국을 대표하여 영국 특사 찰스 엘리엇(Charles Elliot)과 정전 협정서에 서명함으로써 제1차 아편전쟁은 중국의 패배로 끝나고 말았다.

1840년의 아편전쟁은 자본주의 열강이 중국에 대하여 일으킨 첫 번째 침략전쟁이었다. 이 전쟁은 중국의 영토주권에 막대한 손실을 가져 왔으며, 중국 사회의 본질에 커다란 변화를 일으켰다. 중국은 2천 년 이상 이어져 온 봉건적인 경제체제가 해체되기 시작하였고 점차로 식민지 반봉건 국가로 전락하였다. 당시 청국 정부는 영국 침략자의 포화에 굴복하여 영토 할양, 배상금 지불을 강요당하였으며 중국 근대사상 최초의 불평등 조약인 「남경조약(南京條約)」을 체결할 수밖에 없었다. 미국과 프랑스도 영국의 뒤를 이어 무력적인 협박으로 청국 정부와 「중미망하조약(中美望廈條約)」과 「중불황포조약(中佛黃埔條約)」을 체결하였다. 이러한 조약들에 따라서 중국은 광주(廣州), 복주(福州), 하문(厦門), 영파(寧波), 상해(上海) 등 다섯 개의 항구를 공식적으로 개항하였으며 영국에 배상금으로 중국 돈 2,100만 원을 지불하였다.[4] 또한 이 조약들로 인하여 중국은 영국에 홍콩을 내주었고, 개항지에서는 외국인 거주지를 구축할 수 있게 되었으며 외국인은 중국에서 중국의 법을 따르지 않게 되었다. 이때부터 제국주의자들은 중국에서 자기들의 세력권을 분할하고, 중국인들을 노예로 만들기 시작하였다.

아편전쟁의 결과는 중국 지식계층의 각성을 일깨웠고 유신사조(維新思潮)의 탄생을 불러왔다. 아편전쟁 이전의 중국 봉건사회는 썩은 물이 가득 찬 연못과 같았는데, 이 전쟁은 그 연못에 던져진 커다란 돌이었다. 아편전쟁은 고

4) 호승(胡繩), 『아편전쟁부터 5·4운동까지』(상), 인민출판사, 1981, p.59.

인 물을 흔들어 놓았을 뿐만 아니라 일련의 강력한 연쇄반응을 일으키게 하였다. 아편전쟁 이후 중국 사회는 큰 변화가 일어나고 아울러 사상계도 유신변법(維新變法)이라는 사조를 낳았다. 이러한 유신사조는 청국 정부의 부패한 조직과 제도를 비판했을 뿐 아니라 서구 자본주의 침략에 대항하자는 주장과 함께 서구 선진문화와 문명의 도입을 주창하였다.

아편전쟁의 패배 및 이에 따른 토지 할양, 전쟁 배상금의 지불 등은 중국 지식계층을 일깨우는 자극이 되었다. 서구 식민주의 침략에 직면한 애국적인 지식인들은 서구 식민주의에 대항하여 지속적인 투쟁을 시작하였다. 그들은 조정에 아편금지를 촉구하고 영국군에 대항하여야 한다는 상주(上奏)를 계속했을 뿐만 아니라 애국지사를 찬미하고 투항파의 진면목을 폭로하는 수많은 글을 발표하였다. 그들은 국가와 민족에 대한 심각한 우려를 나타냈으며 청국 정부의 무능과 부패를 신랄하게 폭로하였다.

아편전쟁 이전의 외부세계에 대한 장기간의 쇄국정책은 어리석고 현명하지 못한 관리들과 시야가 좁은 봉건 문인들을 배출하였다. 그렇지만 아편전쟁에서 권위 있고 위대한 중국이 오랑캐(蠻夷)에게 패배하였다는 사실은 일부 지식인들을 깊이 자각하도록 하였다. 그들은 현실을 외면해 왔던 당시의 상태에서 탈피하여 봉건통치자로서의 전통적인 편견을 버리고 서구에서 진리를 찾기 시작하였으며 “오랑캐의 장점을 배워서 이로써 오랑캐를 제압한다(師夷之長技以制夷)”는 개념을 제시하였다. 이와 같은 생각들은 청국이 일련의 각종 신식학교를 설립하고 더 나아가 경사대학당(京師大學堂)을 창설하는 중요한 사상적 원천이 되었다.

임칙서는 사상혁신운동의 중요한 선구자들 가운데 한 사람이며 청국 관리들 중에서 개방된 세계에 대해 최초로 눈을 뜬 사람이었다. 그는 1830년(도광 10년) 황작자(黃爵滋), 공자진(龔自珍), 위원(魏源) 등과 함께 남시사(南詩社)를 창설하였다. 남시사는 규모가 작고 힘이 미약하였음에도 불구하고 오히려 영향력이 있었다. 그들은 여하히 서양의 선진 기술을 배워서 서양인을 제압할 수 있을지에 대하여 함께 토론하였다. 이들 네 사람 중 한 사람인 황작자는 아편금지운동을 시작하였으며 위원은 유신사조를 일으켰고 임칙서는 그들을 이끈 우두머리였다. 그들은 중국의 아편전쟁에서의 패배를 통한 교훈들을 모두 정리하여 서구국가들로부터 배워야 한다는 것에 초점을 두기 시작하였다.

임칙서는 근대 개혁파의 우두머리로서 서양 열강의 강점을 인정하였다. 그는 "매일 사람을 시켜 서양의 일을 정탐하고 서양 서적을 번역 출판하였으며 신문을 구독하였다."[5] 그는 광주(廣州)와 마카오의 외국인들이 출판하는 각종 서적과 신문, 심지어는 선교 책자에 이르기까지 광범위한 수집을 하는 등 온갖 방법으로 외국의 상황을 파악하기 위한 노력을 기울였다. 그는 외국의 군사, 상업, 과학기술, 법률 등과 관련한 지식과 정보를 더욱 중요시하였다. 임칙서는 또한 인원을 조직하여 영국인 학자 머레이(Hugh Murray)가 저술한 『세계지리대전(世界地理大典)』, 즉 『사주지(四洲志)』와 스위스 학자 바텔(Emerich de Vattel)이 쓴 『각국율례(各國律例)』 등의 서적을 번역하였다.

또 임칙서는 외국어 인재의 선발과 기용도 매우 중요시하여 광주(廣州)에서 번역자들을 공개모집하였다. 개혁을 실천하는 중에 쇄국정책의 폐해를 깨닫고 "외국무역의 완전한 단절"이라는 어리석은 정책을 단호하게 반대하였다. 국민생활의 파괴를 가져오는 청국 정부의 해안지역 봉쇄 방침을 반대하는 비판적인 태도를 가지고 있었으며, 또한 대외무역을 통한 관세 수입으로 국방비를 조달할 것을 건의하였다. 그는 봉건문인들의 글 장난이나 하면서 실천을 중요시하지 않는 풍조를 경멸하였으며 이러한 그의 사상과 실천은 후일 무술유신파(戊戌維新派) - 100일 혁신운동파에게 중요한 정신적 유산과 사상이론의 원천을 제공하였다.

임칙서는 파직을 당한 후 신강(新疆)으로 유배를 떠나는 도중에 강소성(江蘇省) 진강(鎭江) 경구(京口)에서 위원과 헤어질 때 그때까지 수집한 모든 외국 관련 자료와 세계 5대주 30여 개 국가의 지역 현황 및 역사 개황을 소개하는 지리백과사전인 『사주지(四州志)』의 번역 초고를 넘겨주면서 위원이 『해국도지(海國圖志)』를 편찬해 줄 것을 부탁하였다. 그리하여 1852년 위원의 주도로 88만 자, 백 권의 『해국도지』 증보판이 출판되었다. 이 책의 특징은 세계 각국의 정

5) 위원, 『성무기(聖武記)』(제10권), 도광 26년 제3차 수정본.

치, 역사, 지리, 과학기술과 풍속을 전체적으로 알기 쉽게 소개한 것이었다. 이 책의 출판은 지식인들에게 세계 개황을 보급하고 중국을 벗어나 전 세계에 대한 시야를 확장하게 하는 긍정적인 역할을 하였다.

유신사조의 두 번째 대표적인 인물은 청국 말기의 유명한 사상가이며 임칙서의 절친한 친구인 공자진이었다. 공자진은 외국 침략자들을 증오하였으며 아편을 금지하는 임칙서를 적극 지지하였다. 그는 급격히 밀어 닥치고 있는 사회적인 위기에 대하여 통감하고 법과 제도, 그리고 정책을 개혁하여야 함을 주장하였다. 그는 청국 정부를 다음과 같이 비판하였다.

> 건륭 말년 이래로 많은 관리와 선비들은 매우 궁핍해졌으며, 열 명 가운데 다섯이나 여섯 명은 선비로서 살아갈 수도, 농사를 지을 수도, 일할 수도 없으며 사업도 할 수 없다. 또한 수도나 지방 어느 곳을 막론하고 부자들은 가난하게 되었고 가난한 사람들은 얼어 죽거나 굶주려 죽고 말았다. 심지어 모든 사람들의 우두머리로 간주되었던 학자들까지도 비천한 일에 종사할 수밖에 없게 되었다. 모든 지역의 상황이 더욱 나빠져서 하루를 버티기 힘든 지경인데 어찌 시대를 걱정할 여유가 있겠는가?[6]

그는 이러한 상황을 초래한 근본적인 원인이 바로 관리들의 부정부패에 있으며 봉건사회 전체가 이미 서산에 지는 해나 죽어가고 있는 사람과 같다고 여겼다. 그의 시구(詩句)에서 인용된 다음 구절은 그 같은 상황을 설명하고 있다.

> 밤은 깊고 고요하여 새조차 울지 않는데
> 산중의 백성들이 큰소리 외치며 떨쳐 일어나니
> 그것은 하늘과 땅을 진동하는 종소리와 북소리 같고

---

6) 공자진, 「서역치행성의(西域置行省議)」, 『공자진전집(龔自珍全集)』, 상해인민출판사, 1979, p.106.

신선이 파도를 일으킨 듯하구나.[7)]

공자진은 자신의 시에서 폭풍우가 내리는 시대가 곧 닥치리라는 것을 분명히 예견하였다.

그 당시 공자진의 봉건사회 비판은 진정 무서운 힘을 가지고 있었다. 양계초가 지적하였듯이 "청국 말기 사상의 해방에 공자진은 확실히 위대한 공을 세웠다. 광서(光緖) 황제 시대에 소위 신진학자들 가운데 대부분은 적어도 한동안 공자진을 숭배하였다. 신진학자들은 공자진의 문집인 『정암문집(定庵文集)』을 처음 읽었을 때 마치 곧바로 감전되는 것과 같은 느낌을 가졌다."[8)] 공자진은 송나라 혁신자인 왕안석(王安石)을 모범으로 삼아서 여러 차례 유신변법(維新變法)의 지지를 호소하였다. 그는 말하기를 "한 왕조의 법이 폐단 없는 것이 없어서 사람들의 혁신에 대한 갈망을 막을 수 없다. 폐단을 후세 사람들에게 넘겨 고치게 하는 것보다 지금 스스로 고치는 것이 더욱 좋지 않겠는가"라고 하였다. 그는 인재의 교육과 등용을 강조하였으며 "재능 있는 학자"와 "재주 있는 백성"들에게 자신의 희망을 걸었다.[9)] 그의 칠언 사행시 중 다음과 같은 시구가 있다.

온 세상에 생기가 넘치려면 태풍 번개가 몰아쳐야 하는데
모두가 벙어리가 된 듯 말이 없으니 참으로 슬프구나.
내 하느님께 바라오니 다시 떨쳐 일어나시어
부디 자격에 제한을 두지 마시고 인재를 내려 주소서.[10)]

공자진의 이 시는 곧 나타나게 될 근대 중국의 무술유신(戊戌維新)을 상징하는 것으로 볼 수 있다.

위원은 임칙서의 추앙을 받는 탁월한 사상가이면서 한편으로는 뜻과 목표

---

7) 공자진, 「기해잡시(己亥雜詩)」, 『공자진전집(龔自珍全集)』, 상해인민출판사, 1979, p.521.
8) 양계초, 『청대학술개론』, 동방출판사, 1996, p.67.
9) 공자진, 『공자진전집(龔自珍全集)』, 상해인민출판사, 1979, pp.6–7, p.31.
10) 위의 책, p.521.

가 일치하는 인물이기도 하였다. 그는 주장하기를 "권세와 이익, 그리고 명예 등을 포함한 모든 것을 손안에 쥐고 있는 봉건국가의 황제는 백성의 어려움은 아랑곳하지 않고 천하의 온갖 향락을 자신만이 누린다. 황제들은 국사를 게을리 하면서도 매우 보수적인데, 그 이유는 오직 황제 자리를 찬탈하려는 무도한 자들의 위험에 대비하기 위한 것"[11]이라고 하였다. 이러한 것들이 바로 통치자들의 내부에서 서로 배척하고 싸우는 근본적인 원인이라고 판단한 것이다. 또 "청 왕조는 이미 기울고 벌레 먹은 작은 오두막집 같아서 그 집은 오랑캐들의 아편 독으로 가득 차고 은화는 해외로 빠져 나가고 있다"[12]고도 하였다. 그의 눈에는 변방의 장군들은 자신들을 파멸로 이끌 비리를 감추고 있고, 주요 관리들은 매일 공자님의 교훈만을 말하면서 건설적인 일은 전혀 하지 않고 있으며 궁중의 유신(儒臣)들은 앵무새처럼 흉내내기만 하고 재정을 담당하는 대신들은 횡령을 일삼고 있는 것으로 비쳐졌다.

위원은 『해국도지』에서 서구 국가들을 제압하기 위해서는 서구의 선진 과학지식과 기술을 배울 필요가 있다는 이론을 주장하면서 쇄국정책을 강력하게 비판하였다. 그는 "오랑캐의 상황을 알지 못하면 변방과 관련된 일을 계획할 수 없다"고 인식하였으며, 외국의 상황을 파악하기 위해서는 반드시 "우선 번역관을 설치하여 오랑캐들의 서적(夷書)을 번역하여야 한다"고 생각하였다. 그는 또한 "외국 오랑캐를 제압하기 위해서는 먼저 오랑캐에 대한 지식을 습득하는 것으로부터 시작할 수밖에 없다"고 확신하고 "오랑캐에 대해 배워서 잘 아는 사람이라야 오랑캐를 잘 감당하여 제압할 수 있다"[13]고 주장하였다. 위원은 국가와 민족의 안위를 위해서는 서양의 장점을 배워야 한다고 생각하고 완고한 보수파가 자신을 패퇴시키려고 하면서 "서양의 과학기술은 사악한 속임수"라고 주장하는 것을 강력하게 비난하였다. 그는 노력하기만 하면 외국의 과학과 기술을 제대로 배울 수 있다고 생각하여 "장점이 있으면 그것을 활용하여야 하고, 그 장점으로 서양을 제압하여야 한다. 이

11) 위원, 「묵고하(默觚下)·치편3(治篇3)」, 『위원집(魏源集)』(상), 중화서국, 1983, p.44.

12) 위원, 「추흥십장(秋興十章)」, 「명대식병이정록서(明代食兵二政錄敍)」, 『위원집(魏源集)』(상), 중화서국, 1983, p.161.

13) 위원, 『해국도지(海國圖志)』 제4권, 동치 7년 각본.

러한 기풍이 날로 확대되어야 좋은 사회가 이룩되고 백성들의 지혜도 향상될 수 있다. 그러한 때에만 중국인이 서양인을 따라잡을 수 있다"[14]고 주장하였다.

위원은 신식학교를 창설하고 서양의 과학 지식을 배워야 한다는 사상을 처음으로 제안한 인물이었다. 그의 이러한 사상은 이후 북경 경사동문관(京師同文館)의 창설에도 영향을 끼쳤다. "오랑캐들로부터 배워야 한다"는 새로운 사조는 아편전쟁의 패배로부터 나타난 그 당시 중국 지식인들의 반성의 결과물이었다. 그리고 여러 나라의 역사와 지리를 설명한 『해국도지』는 유신파(維新派)들에 의해서 간행된 최초의 계몽 교과서였다. 강유위, 양계초, 담사동(譚嗣同) 등 무술변법의 투사들은 모두 이 책의 영향을 받았다고 할 수 있다. 이 책은 바로 중국의 개혁사상을 가르치는 온상이었다. 강유위는 17세 때 『영환지략(瀛環志略)』, 『지구도(地球圖)』를 보기 전까지는 세계의 여러 나라에 대하여 전혀 알지 못하였으며, 20세까지 서구 지식을 배우기 위해 기초가 되는 서양 서적을 수집하지도 않았다. 그는 20세에 이르러서야 『해국도지』와 같은 책을 읽을 기회를 갖게 되었다.

임칙서, 공자진, 위원 등에 의해 제시된 유신사조(維新思潮)는 역사 발전의 경향을 반영한 것이었다. 그들의 선진 사상은 그 뒤를 따르는 유신세대들을 일깨우고 고무시켰다. 이러한 지식인들에 의해 제창된 경세지학(經世之學)에 대한 논의는 당시 일종의 사회풍조가 되었다. 양계초(梁啓超)는 청 말의 사상 변천에 관한 논술에서 다음과 같이 서술하였다.

> 과거 200년 동안 사람들이 전혀 보지 못하고 있던 눈을 뜨게 한 말들은 충격을 주고 심금을 울렸다. 유신파(維新派)들이 제창했던 경세치용(經世致用)의 학문과 실용적인 지식은 중국에는 적용될 수 없거나 비현실적인 것들일 수도 있다. 그러나 그 정신은 학자들에게 과거 200여 년 동안 사로잡혀 있던 한(漢)과 송(宋)의 학파들로부터 벗어나야 한다는 깨달음을 주었다. 요컨대 최근 30여 년 동안 사상 변천의 파도는 그 이전보다 더욱 강성해졌고 그 내용은 훨씬 복잡해

---

14) 위원, 「주해편3(籌海篇3)」, 『위원집(魏源集)』(하), 중화서국, 1983, p.874.

졌다. 이러한 사상 변천을 낳은 최초의 원동력을 감히 한 마디로 말한다면 명말 청초 사상가이며 철학자인 황종희(黃宗羲) 사상의 부활이라고 할 수 있다.[15]

앞서 언급한 임칙서, 공자진, 위원 세 사람은 중화민족의 서구 문명 학습의 선구자들로서 근대 중국에 크고 광범위한 영향을 끼쳤다. 아울러 경세사조(經世思潮)의 흥기는 새로운 학파와 학풍이 탄생하기에 유리한 여건을 만들어 주었다.

양계초는 그의 저서 『청대학술개론(淸代學術槪論)』에서 경세사조(經世思潮)의 생성과 함께 정통학파(正統學派)의 몰락이 상황의 변화와 함께 초래되었는데, 그것은 주로 다음과 같은 두 가지 측면에서 파악할 수 있다고 하였다.

(1) 가경(嘉慶) 황제와 도광(道光) 황제 이후로 황실의 위엄이 날로 떨어지고 인심이 점점 자유분방해졌다. 이에 더하여 문, 무관들 모두가 극단적인 안락과 게으름을 즐기는 반면, 작은 식견이라도 있는 사람들은 곧 큰 혼란이 닥칠 것을 알아채고 있었다. 기본적으로 이와 같은 현상은 교육과 실무 사이가 서로 일치하지 않은 것에 그 근원이 있는 것이다.

(2) '아편전쟁' 이후에 나라와 민족을 위한 뜻을 지닌 사람들은 격정과 분노를 더 이상 억제할 수 없었다. 그리하여 그들은 부끄러운 패배의 고통을 느끼면서 패배의 원인을 생각하기 시작하였다. 이와 더불어 해상무역 금지령이 해제되자 소위 '서학(西學)'을 배우려는 현상이 점차 나타나게 되었는데, 이는 캄캄한 방에 있던 학자들에게 창문이 활짝 열린 것과 같은 상황이어서 학자들은 전에는 전혀 보지 못하던 외부세계의 눈부신 일들을 볼 수 있게 되었다. 그들은 어두운 방을 둘러보고는 그 방이 어둡고 불결하다는 것을 깨닫게 되었다. 벽을 허물고 암흑에서 벗어나기 위하여 그들은 무엇보다 먼저 낡은 정치와 투쟁할 수밖에 없었다. 그리하여 마침내 초보적인 서학 지식과 청초 계몽기의 소위 경세지학이 서로 결합하여 새로운 학파가 형성되었다.[16]

---

15) 양계초, 『중국근삼백년학술사(中國近三百年學術史)』, 중국서점, 1985, pp.28-29.
16) 양계초, 『청대학술개론(淸代學術槪論)』, 동방출판사, 1996, pp.64-65.

중국 근대화 과정에서 경세사조(經世思潮)가 갖는 의미는 임칙서, 공자진, 위원 등이 행한 개혁의 실천에 있다기보다는 그들의 개혁 사상에 있었다. 그들의 변법개제(變法改制)사상, 특히 "오랑캐를 제압하기 위하여 그들의 장점을 배워야 한다(師夷長技以制夷)"는 사상은 역사 발전과 새로운 시대정신을 구체화하는 과정에서 필연적으로 나타난 현상이었다. 아편전쟁 이후의 양무운동(洋務運動)은 "오랑캐의 장점을 배운다(師夷長技)"는 주장에서 비롯된 것이었다. 실제로 양무신정(洋務新政)은 이러한 사상을 구체화한 것이었다.

19세기 후반 중국에서 전개된 양무운동은 청국 정부의 최고 통치자인 자희태후(慈禧太后)의 윤허를 받은 것이었다. 그리고 이 운동에 적극적으로 참여한 사람들은 대부분 청국 정부에서 실권을 장악하고 있던 관리들이었다. 예를 들면 이들 가운데는 총리각국사무아문(總理各國事務衙門)의 대신 혁흔(奕訢), 대학사(大學士) 계량(桂良), 호부좌시랑(戶部左侍郎) 문상(文祥), 양강총독(兩江總督) 증국번(曾國藩), 직례총독(直隸總督) 겸 북양대신(北洋大臣) 이홍장(李鴻章), 섬감총독(陝甘總督) 좌종당(左宗棠), 양광총독(兩廣總督) 장지동(張之洞) 등이 있었다. 이들 중 이홍장은 오랜 기간 동안 수많은 서양과의 외교 업무를 처리하였다.

1865년 "북양(北洋)에 주재하며 조정을 원격조정했던(坐鎮北洋, 遙執朝政)" 이홍장(李鴻章)은 중국에 온 외국인들이나 중국 주재 외교사절들과의 빈번한 교류 및 양무운동을 통하여 국내외 상황과 대응책에 대한 더욱 명확한 인식을 하게 되었다. 그리하여 "수천 년 동안 경험할 수 없었던 비상시국"과 "수천 년 동안 부딪쳐 본 적이 없던 최강의 적"이라는 중요한 명제에 대한 제안을 하였다. 그는 이 제안에서 "밖으로는 오랑캐와 화해하고 안으로는 법과 제도를 개혁하여야 한다(外須和戎, 內須變法)"는 주장을 강조하였는데, 이는 외교문제를 일반적인 원칙으로 뒷받침하기 위한 것이었다. 그는 이러한 제안이 중국의 자강(自强)과 자립(自立)을 위한 요구이고 반드시 필요한 조치임을 확신하였다.

1856년에 영국과 프랑스 침략자들은 2차 아편전쟁을 일으키고 다음 해 광주(廣州)를 점령하였다. 1860년 9월 영국과 프랑스 연합군은 북경을 함락시키고 원명원(圓明園)을 불태웠으며 이로써 중국의 주권은 더 한층 상실되고 말았다. 이와 같은 상황에서 청국 정부는 1861년 초(함풍 10년 말)에 외교업무를 총괄하는 중앙기관인 총리각국사무아문을 설치하였다. 이후 남양(南洋)과 북양(北洋)통상대신을 임명하였고 상해와 천진은 각기 남, 북 지역의 외교통상 업무를 수행하는 중요기지가 되었다.

당시 양무운동은 다음과 같은 내용들을 특징으로 하였다.

(1) 군수공장의 설립. 이홍장은 중국 "군대의 강화와 무기 확산"의 핵심은 서구 국가들이 보유하고 있는 형태의 대포와 군함을 제작하는 것이라고 판단하고, 이를 위해서 군수산업의 관리와 발전에 중요성을 부여하였다. 1865년 증국번(曾國藩)의 지지 하에 이홍장은 상해강남제조국(上海江南制造局)을 설립하여 총포와 군함을 생산하였다. 1870년대부터 1890년대까지 화약 공장, 총알 공장, 포탄 공장, 어뢰(魚雷) 공장 등이 설립되었으며 또한 "서양인들을 고용하고, 서양의 기계를 수입하며, 서양 방식을 적용한다"는 원칙에 따라서 총포를 개량하기 위하여 끊임없이 노력하였다. 1867년 북양삼구통상대신(北洋三口通商大臣) 숭후(崇厚)는 천진기계국(天津機械局)을 설립하였고 바로 이전 해인 1866년에 민절총독(閩浙總督) 좌종당(左宗棠)은 복주(福州)에서 마미조선국(馬尾造船局)을 설립하였다.

(2) 국영기업의 설립. 사회, 경제적 발전에 의해 갖출 수 있는 확고한 기반의 부족으로 군수산업은 어려움을 겪게 되었다. 투자의 고갈, 1차 기초 원료의 부족, 연료의 태부족, 낙후된 기술, 유능한 인력의 부족, 그리고 관리와 조직의 난맥상 등 갖가지 어려움이 이어지면서 군수산업 발전을 저해하는 큰 장애가 되었다. 이 문제들을 해결하기 위해서는 군수산업에 적합한 견실한 기업과 운송체계가 필요하였다. 이런 점들에 착안하여 양무파(洋務派)는 "평상시에는 정부의 식량과 화물을 운반하고, 전쟁 시기에는 군 병력과 무기를 수송하는 한편 상인들의 어려움을 해결하면서 동시에 자강(自强)의 기세를 북돋울 수 있다"[17]는 의도 하에 윤선초상국(輪船招商

17) 이홍장(李鴻章), 「윤선초상청장절(輪船招商請獎折)」, 『이문충공전서(李文忠公全書)』 상주문 편 제25권, 상해상무인서관, 1922, p.4.

局)을 설립하였다.

1876년 이홍장은 중국 최초의 면방직 공장인 상해기기직포국(上海機器織布局)을 창설하였으며 1878년에는 이홍장의 지시에 따라 개평광산국(開平鑛山局)을 설립하여 석탄을 생산하였고 1889년에는 막하금광(漠河金鑛)을 개설하였다. 1880년에 좌종당(左宗棠)은 감숙기계라사(甘肅機械羅紗) 공장을 설립하였고, 1893년과 1894년에 장지동(張之洞)은 호북성(湖北省)에서 직포(織布), 방사(紡絲), 제마(制麻), 소사(繅絲) 관련 네 개의 공장을 설립하였다.

(3) 북양해군의 창설. 자본주의 열강의 도전에 직면하여 중국이 당면한 중요한 문제는 해안의 방어였다. 아편전쟁으로 상황이 바뀌어서 지금까지 중국의 국가 방위는 서북지역에 중점을 두어 왔으나 이제 국경 주요 방어선을 동남쪽 해안으로 옮길 수밖에 없게 된 것이었다. 해안 방어는 서양으로부터 기술을 배워서 스스로를 현대화하여야 하는 중국의 핵심적인 과업이 되었다.

1875년에 청국 조정은 이홍장을 북양해안 방어임무를 담당하는 북양대신(北洋大臣)으로 임명하고 그 첫 단계로서 북양(北洋)해군 창설을 결정하였으며 이후 북양해군이 본궤도에 오르면 이를 셋으로 분리하기로 계획하였다. 북양함대는 1888년 9월 정식으로 창설되었다.

(4) 신식교육의 확대. 일련의 군사 및 경제 분야의 개혁에 더하여 양무운동은 학교의 설립과 인재의 육성에도 개혁을 진행하였다.

이홍장은 양무운동의 각 요소들이 상호 의존하여 부강(富强)의 단계로 발전한다는 것을 깨닫고 조정의 과거제도의 개혁과 함께 학교 설립을 강력히 주장하였다. 이홍장은 "과거제도의 개혁이 조정의 명령으로 이뤄져야 하고, 외교업무를 배우는 과정도 재능 있는 인재를 양성하기 위하여 개설되어야 한다"고 제안하였다. 이홍장은 해안 방어를 담당하고 있는 모든 성(省)에는 "양서국(洋書局)"을 설립하고, 당면한 정세와 조류를 정확히 알고 있는 관리들을 양서국의 관리자로 임명할 것을 주장하고 "양서국"은 근대 서구의 자연과학 및 공정기술 관련 인재들을 책임지고 교육시켜야 하며 그 목적은 그들을 "과거시험 출신자들과 차이가 없도록" 양성하는 데 있다고 하였다. 그는 과거제도를 융통성 있게 고치고 시험과목에서 "소해시첩(小楷試帖)"이라는 서예과목을 없애 버릴 것을 요청하였으며 과거제도의 개혁을 추진하기 위해 힘을 기울였다.

그 당시의 과거제도인 팔고취사제도(八股取士制度)는 부패한 관료 체제를 유지하기 위한 제도이었으며 신분이 귀한 관료들은 세상 물정도 모르면서 오직 자신들의 치부(致富)와 급료에만 몰두하는 자들이었다. 이러한 관료들은 대부분 옛 방식의 과거제도에 의해 선발된 사람들이었다. 그러한 이유로 "한나라와 송나라의 학문을 겸비하고 중국과 서양을 두루 잘 아는 인재"를 양성하는 한편 문란한 관료체제를 바꾸려 하는 의도로 팔고취사제도를 개혁하는 일은 구관료체제의 개혁을 위한 필수 선결조건이면서 동시에 중요한 구성 요소였다.

양무파(洋務派)는 서구의 교육제도를 높이 평가하고 "서양의 학교는 인재를 양성하는 탁월한 방법을 가지고 있으며, 중국은 그들을 상대하여 경쟁자가 될 수 없다"고 판단하였다. 양무운동 시기 동안 중국 과거시험에 대한 개혁사조는 전통적인 과거제도와 교육제도에 큰 충격을 주었으며 양무파는 학교의 설립과 서학의 전파를 촉진시켰다. 이에 따라 경사동문관이 설립되었고, 이는 경사대학당 곧 국립 북경대학 창설의 전주곡이 되었다.

(5) 해외 유학생의 파견. 해외 유학생 파견을 최초로 주장한 사람은 용굉(容閎)이었으며 이홍장과 증국번은 용굉을 지지하는 후원자였다. 용굉은 강한 애국사상을 지닌 신식 지식인이었다. 그는 청국 최초로 미국 예일대학에 자비로 유학을 한 우수한 학생이었으며 평생 동안 "동양에 서양 학문을 소개하는 일"에 헌신하였다. 선진 서양문명으로 중국을 개혁하기로 결심한 그는 증국번에게 어린 학생들을 조직적으로 선발하고 유학시켜서 서양의 과학기술과 문화를 체계적으로 배울 수 있도록 하여 그들을 중국의 과학과 기술 분야를 새롭게 이끌어 갈 인재들로 육성할 것을 제안하는 건의서를 보낸 적이 있었다. 그의 제안은 증국번과 이홍장의 전폭적인 지

지를 받았다. 두 사람은 서학을 연구하기 위하여 학생을 유학 보내는 것은 인재를 양성하고 국가를 강하게 하는 방법이라고 인식하였다.

1870년 8월에 그들은 증국번이 작성하고 이홍장이 연명으로 서명한 글을 청국 조정에 올려서 유럽과 미국의 기술 연구를 위하여 총명한 젊은 이들을 유학 보내야 할 필요성에 대해 자세히 설명하였다. 증국번과 이홍장의 진정 내용은 다음과 같다.

> 외국에서 특별한 기술을 습득하고 돌아온 사람들을 연구기관에 수용하여 그들의 연구 주제를 계속 연구하도록 하고 그들 자신 또한 더욱 연마하도록 하여야 합니다. 이런 조치들이 후일 육군과 해군에 적용된다면 많은 사람들의 생사와 관련된 학문으로 매우 유용하게 활용될 수 있습니다. 만약 중국이 서양의 경험을 배우려 하고 그들의 방식에 익숙해지려 한다면 지금 단계에서 영민한 젊은이들을 선발하여 유학을 보내서 그들의 능력을 향상시킴으로써 우리 황상(皇上)이 가진 자강의 의도를 실현할 수 있을 것입니다.[18)]

어린 학생들을 선발하여 서양을 연구하기 위하여 유학을 보내는 것은 당시 전국에 퍼져 있는 수구(守舊)적인 풍조에 타격을 주었다. 그러나 이들의 유학은 중국에서 서학 연구의 확산을 촉진시켰고, 그 후 중국 근대 시기에 유학생 파견의 서막을 열었다.

(6) 교회학교의 설립. 서방 기독교 선교사들에 의해 중국에 도입된 서구과학은 무술(戊戌)혁신에 또 하나의 중요한 사상적 원천이 되었다. 교회의 사업과 활동은 중국인들로 하여금 외부 세계를 바라보게 하는 주요 창구의 역할을 하였으며 아울러 중국에 근대 신문, 출판, 교육, 병원, 도서 출판 사업 등과 같은 각종의 새로운 문명을 가져다주었다. 비록 교회의 사업과 활동이 전통적인 중국의 사회생활과 문화생활에 파동과 불안을 가져 왔지만 한편으로는 새로운 요소와 활력이 유입되도록 하였다. 오랫동안의

---

18) 이홍장(李鴻章), 「유동출양이업사의절(幼童出洋肄業事宜折)」, 『이문충공전서(李文忠公全書)』 상주문 제19권, 상해상무인서관, 1922, p.7.

쇄국정책과 전제적인 문화 때문에 중국 일반 백성들은 외부 세계와 교류할 수 있는 정상적인 통로가 전혀 없었다. 선교활동은 상당히 오랜 기간 동안 중국과 서양 간의 문화교류 및 중국에 대한 서학동점(西學東漸)의 가장 주요한 더 나아가서 거의 유일한 수단이었으며, 아울러 중국 근대 이래의 개혁사업과도 불가분의 관계를 맺게 되었다.

선교활동의 주요 대상은 중국의 지식인들이었다. 유명한 선교사이자 교육자인 마티어[적고문(狄考文), Calvin Wilson Mateer]는 "나라를 바로 세우는 일을 성공시키려면 교육 받은 인재에 의지하여야 하고 인재는 반드시 학교에서 양성되어야 한다"[19]고 하였다. 교회들은 수많은 학교들을 설립하였다. 1839년 광주(廣州)의 외국 거류민들이 세운 모리슨교육회[마례손교육회(馬禮遜教育會), Morrison Education Society]는 마카오에 모리슨학당을 설립하였다. 이 학당은 1842년 홍콩으로 이전하였는데, 여기서는 중국어, 영어, 수학, 대수, 기하, 생물, 화학, 역사, 지리 및 학생들이 서학을 체계적으로 공부할 수 있도록 하기 위한 기타 과목들을 가르쳤다. 이 학교의 학생 중 두 사람인 용굉(容閎)과 아편전쟁 이후 중국 최초의 서양 의학박사인 황관(黃寬)은 각각 미국과 영국으로 유학을 갔다가 1857년에 돌아왔다.

1842년부터 1860년까지 교회학당들은 50여 개에 모두 천여 명의 학생들이 있었는데, 그중 12개는 여자학교였다. 이 학교들은 중국인들이 근대문명을 접할 수 있는 유일한 통로였다. 손문(孫文)이 서양 문명을 받아들이기 시작한 것도 서양의 교회학교 덕분이었다.

1870년대 중엽 제2차 아편전쟁 이후 중국의 교회학교는 800여 개가 있었고 총 학생 수는 거의 2만여 명에 이르렀다. 그리고 1899년에는 그 숫자가 2천 개 학교에 학생이 약 4천 명에 이르렀다. 이 학교들은 중국의 전통적인 교육기관인 서원(書院)과 사숙(私塾) 등에 매우 심각한 충격을 주었을 뿐 아니라 대량의 서양문화를 전파하였다. 그 한 예로 선교사 알렌[임락지(林樂知), Young John Allen]은 중국에서 18년 동안 정부기관의 번역사와 교습으로 일하였고,

---

19) 『베이징대학사료』 제1권, 베이징대학출판사, 1993, p.17.

390여 권의 책을 번역하였다. 또한 그는 상해에 중서서원(中西書院)과 여학교인 맥타이어(McTyeire)학교, 곧 상해중서여숙(上海中西女塾)의 창건에 참여하였다. 그는 또 1874년부터 1907년까지 오랫동안 월간 「만국공보(萬國公報)」의 책임 편집자를 역임하였으며, "백일간의 혁신운동"이라고 일컫는 무술유신운동(戊戌維新運動)에 적극 참여하였고 개혁주의자들인 유신파(維新派)에게 진정한 동정과 지원을 보내었다.

다른 예는 토모시 리차드[이제마태(李提摩太), Tomothy Richard]인데 그는 1891년, 그리고 1894년 청일전쟁 이후 동문서회(同文書會), 즉 광학회(廣學會)의 총간사를 역임하였다. 그는 강유위(康有爲)와 빈번히 접촉하였으며 양계초(梁啓超)도 잠시 동안 그의 개인비서를 한 적이 있었다.

유신파들은 교회와의 관계가 유난히 긴밀하였다. 왜냐하면 무술사조(戊戌思潮)의 주요사업이 서학을 전파하는 것이었으며 서학을 배우기 위한 초기 수단은 교회에서 번역을 담당하는 것이었기 때문이다. 강유위는 1882년 자신이 상해를 거쳐 지나던 때를 추억하면서 "서양 책을 여러 권 구입하여 집에 돌아와서 그 책들을 숙독하고 깊이 연구하였는데, 그 뒤로 나는 서학을 널리 펴고 낡은 사고방식을 포기하기로 하였다"라고 말하였다. 각종 서양 서적은 무술사조가 최초로 시작되게 하는 중요한 촉발작용을 하였다. 지금까지의 설명에서 알 수 있듯이, 중국에서 서양문명은 옛 봉건 문명의 도전을 받고 이와 대결하게 되면서 사회사조의 동요와 신문화의 발흥을 야기하고 동시에 유신사조의 탄생을 이끌어 내었으며 양무운동의 전개를 촉진시켰다.

양무운동을 통하여 나타난 교육개혁은 그 사상의 근원이 주로 "중국의 학문을 본체로 하고 실질적인 응용은 서양의 학문으로 한다(中學爲體, 西學爲用)", 줄여서 "중체서용(中體西用)"이라고 하는 관점에 그 뿌리를 두었다. 이것은 아편전쟁과 청일전쟁 이후에 문화와 교육 영역에서 크게 유행하였으며 신식학교를 설립하는 사상적 지침이 되었다. 이는 중국 지식인들이 나라를 어려움에서 구하고 강하게 하기 위해 취한 문화적인 선택을 대표하는 사상이었다. 아편전쟁에서 중국이 겪은 패배는 중국 지식인들에게 전대미문의 타격을 주었던 바, 자강(自强)의 길을 찾기 위하여 그들은 자기 자신을 재점검하고 중국과 서방의 자본주의 국가들을 객관적으로 비교한 뒤에 "중체서용"이라는 주장을 제시하였던 것인데, 그들은 이것이 국가와 민족을 멸망에서 구하고 살길을 찾는 유일한 길이라고 생각하였다. 당시에 중체서용에 대한 가치를 가장 높게 평가한 사람은 양무운동을 대표하는 장지동(張之洞)이었다.

"중국의 학문을 본체로 한다(中學爲體)"는 것은 무엇을 의미하는가에 대하여 장지동은 해설하기를 "도(道)의 근본은 삼강사유(三綱四維)이다"라고 하였다. 삼강(三綱)은 곧 군위신강(君爲臣綱), 부위자강(父爲子綱), 부위부강(夫爲婦綱)이며 사유(四維)는 예(禮), 의(義), 염(廉), 치(恥)로서 이는 곧 봉건사회의 계층관계와 종법관계를 규정하는 것이다. "실질적인 응용은 서양의 학문으로 한다(西學爲用)"는 것은 서양의 과학기술을 도입하여 부국강병(富國强兵)을 이룬다는 의미이다. 이 당시 중국에는 아직까지 이와 같은 의미로서의 과학이라는 개념은 없었다. 이러한 개념은 5·4운동(五四運動) 이후에 북경대학에서 제기되었는데 이후 점차로 중국사회에 널리 받아들여지게 되었다.

중체서용이라는 말의 의미에 관한 논의는 1894년 청일전쟁을 경계로 하여 일반적으로 두 가지였는데 각각의 초점은 서로 상이한 것이었다. 전쟁 이전에는 논의의 초점이 '부강의 근본(富强之本)'과 '입국의 근본(立國之本)'의 관계 사이에 그 강조점이 놓여 있었으며 중국은 전통적으로 정치가 여전히 나라의 근본이라고 인식하고 있었다. 전쟁 이후 지식계의 사상적 변화에 따라 토론의 초점은 정치(政)와 교육(敎) 사이의 관계로 옮겨가기 시작하였다. 장지동(張之洞)은 『권학편(勸學篇)』 서(序)에서 "나라를 구하려는 자는 신학문을 말하고 반대로 과거의 도(道)를 해칠까 우려하는 자는 옛 학문에 집착한다. 옛 학문은 작은 장애로 인하여 긴요한 일을 그르치게 하고 새로운 학문은 길이 여러 갈래이므로 진리를 찾기 어렵다. 옛 학문은 서로 소통하는 것을 알지 못하고 새로운 학문은 근본을 알지 못한다. 융통성을 모르면 적에 대항할 때 올바른 방법이 없을 것이며, 근본을 모르면 봉건적인 예의와 가르침을 경시하는 마음을 가질 것이다"[20]라고 하였다. 장지동의 말은 삼강을 핵심으로 하는 중국의 전통적인 도덕적 규약이 이미 위기에 직면하고 있다는 것을 보여 주

20) 장지동(張之洞), 『권학편(勸學篇)·서문』, 양호서원, 광서 24년(1898년) 3월

었다.

1890년에 양계초는 그의 저서『학교총론(學校總論)』에서 동문관 및 각지에 양무(洋務)학당이 개설된 이후로 이들의 서학(西學) 교육이 추구하는 것은 "정치와 도의보다는 기술을 두드러지게 더 가르친다." 이것이 바로 양무학당이 "특별한 인재를 얻을 수 없는 원인이다"라고 하였다. 그는 "서양의 방식을 중국의 틀 안에서 수용하거나 아니면 서양의 틀에 중국의 방식을 수용하여야 한다. 하지만 이를 이끌어 갈 세 가지 원리는 첫째 도의, 둘째 정치, 셋째 기술이어야 할 것이다"[21]라고 지적하였다. 그의 관점에서는 중국과 서양의 문화 교류는 도의, 정치, 기술 세 가지 영역이 포함되어야 하되 그중에 제일 중요한 것은 도의와 정치라고 생각하였다.

장지동이 "중학위체(中學爲體), 서학위용(西學爲用)"의 주장을 명확하게 제기한 것도 신식학당의 설립에 적용하기 위해서였다. 그는『양호, 경심서원개조학당판법편(兩湖, 經心書院改照學堂辦法篇)』중에서 "두 개의 학교, 곧 전통적인 중국의 서원과 신식학당은 모두 도덕적인 구도에 있어서는 '중체서용'의 원칙에 따라 운영되어야 한다"[22]고 기술하였다. 이것은 케케묵었다는 비난을 면할 수 있을 뿐 아니라 상궤를 벗어나 도리를 어기는 것도 막을 수 있다고 하였다.

그런데 왜 "중체서용"이라는 구호가 모든 신식학당을 설립할 때 제시되었는가? 어떤 학자는 당시 장지동이 이를 내세운 진정한 뜻은 수구세력이 신식학당을 공격하는 것에 대하여 중학위체(中學爲體)로 방패를 삼는 데 있다고 하였다. 그러나 사실 전통적인 유학(儒學)은 본래 본체가 있고 응용이 있는 학문이며 내재적인 수신(修身)과 외재적인 치국(治國)이 상대적으로 통일된 것이었다. 그러니까 중체서용의 문화 패턴은 본래 본체와 응용이 있는 중국의 학문이 그때 와서 이미 본체는 있으나 응용이 없는 학문이 되어, 고유의 경세(經世)의 기능을 잃어 버렸다는 생각을 나타내기 위한 것이었다. 이것은 바로 장지동이 "중국 학문을 내재적 학문으로 하고 서양의 학문을 외재적 학문으

21) 양계초(梁啓超),『음빙실합집(飮冰室合集)』제1권, 중화서국, 1932, pp.18-19.

22) 허강신(許岡莘),『장문양공주고(張文襄公奏稿)』제29권, p.34.

로 하여 중국 학문으로 심신을 다스리고 서양 학문으로 세상사에 대응하여야 한다"고 한 바와 같다. 본래 본체와 응용을 모두 갖추었던 중국 학문은 이제 "몸과 마음을 다스린다"는 뜻만 남아 있고 "세상사에 대응한다"는 기능은 이미 없어졌으므로 서양의 실용적 학문을 도입하여 세상사에 대응하는 일이 필요하게 되었다는 것이다.

"중체서용"의 문화 패턴이 초래한 결과는 서양 학문의 수입이었다. 서양 학문을 좀 더 잘 배우기 위하여 신식학당을 설립하는 한편 장지동은 각종 방법으로 서양 지식을 배울 것을 제창하였다. 그 방법의 첫째는 유학이었다. 즉 유학생을 보내거나 사람을 파견하여 외국에 현지조사를 하게 하는 것이었다. 둘째는 광범위하게 서양의 서적을 번역하는 것인데 서양의 책을 대량으로 번역하여 서양 학문을 보급시키는 것이었다. 셋째는 신문을 읽는 것이며 이를 위해 신문사를 창설하여 신문 사업을 발전시키려는 것이었다.

정치변혁의 역사적 임무가 시작된 뒤에 중체서용의 내용과 형세는 갈수록 부적절하게 되어 여기저기에서 충돌하게 되었다. 양무파와 유신파는 중체서용을 서양 과학문명을 받아들이는 깃발로 삼았는데 반하여 보수파는 중체서용을 서양 근대문화 중에서 정수(精髓)인 민주주의를 거부하는 이론적인 근거로 하여 보수주의의 문화패턴으로 발전시켰다.

중국과 서양의 학문에 두루 정통하고 중국 근대의 매우 유명한 자산계급 계몽사상가인 엄복(嚴復)은 중국 전통문화와 서양 근대문화 간의 본질적인 차이는 바로 "자유와 부자유의 차이"에 있다고 지적하였다. 그는 동서양 문화의 여러 가지 차이를 열거하였는데 그중 첫 번째가 바로 "중국인은 삼강을 가장 중요시하고 서양인은 평등을 먼저 내세운다"는 것이었다. 그는 서양의 민주정치가 자유를 토대로 하는 것이기 때문에 삼강을 본체로 하고 서양의 정치체제를 응용하면 서로 결합되지 않는다고 생각하였다.

중체서용은 정치면에서 점차로 중국 정치 변혁의 장애가 되었고 보수적 경향이 나타나기 시작하였다. 그러나 학술 문화면에서는 5·4운동 전까지 중체서용의 사상적 구성에는 기본적으로 변화가 없었다. 중체서용을 비판한 엄복조차도 1912년 북경대학 총장을 역임할 때 여전히 중체서용의 원칙에 따라 학교 운영 취지를 제시하였다.

공장 설립, 신식교육 추진 등을 구체적 내용으로 한 양무운동이 19세기 중엽부터 시작된 것은 당시의 국내외 정치 경제와 사상 문화의 배경과 깊은 관련이 있었으며 객관적인 역사적 환경과 조건하에서 결정된 것이었다. 이는 근대 중국과 서양의 문화가 서로 부딪치고 충돌하며 융합하고 교류하게 되면서 나타나는 필연적인 결과였다. 근대 중국인의 서학에 대한 인식과 태도는 표면에서 중간층으로, 그리고 다시 심층으로까지 발전하였으며 처음에는 널리 펼쳐나가다가 뒤에는 내던져 버리고 서로 제약하는 역사적 과정을 거쳤다. 임칙서, 위원의 "오랑캐의 장점을 배워서 오랑캐를 제압한다"는 관점을 따라서 양무파의 중체서용이 나타날 수 있었고, 양무파의 중체서용이 있었기에 양무학당이 탄생할 수 있었으며, 양무학당의 탄생으로 후일 경사대학당(京師大學堂)이 마침내 창설된 것이다.

제2장
경사동문관(京師同文館)에서의 양무파(洋務派)와 보수파의 격렬한 투쟁

제2차 아편전쟁 이후 태동하여 진척되어 온 양무운동(洋務運動)은 청국 조정의 고위직에 있던 진보적인 인사들이 유신(維新)이 구국(救國)의 길임을 깊이 인식하고 그것을 실천에 옮긴 구체적 행동이라고 볼 수 있다. 총리각국사무아문(總理各國事務衙門)과 경사동문관(京師同文館)의 설립은 이 양무운동의 발전에 따른 필연적 결과로서 청국이 외부 세계로부터 유익한 것들을 배우는 첫걸음을 내딛는 획기적인 이정표가 되었다. 총리각국사무아문은 설립 이후 청국이 멸망할 때까지의 약 50여 년 동안 국내외의 사건들을 주동적으로 관장하였다. 또한 경사동문관은 청국이 현대식 학교를 세우려는 최초의 시도였으며, 이 시도가 성공적이었는가의 여부에 관계없이 청국이 후일 경사대학당(京師大學堂)의 설립을 최종적으로 결심하는 일에 기초가 되었다.

역사상 경사동문관의 설립과 발전 과정은 시종일관 결코 순조롭지 않았으며 오히려 양무파(洋務派)와 보수파 간의 격렬한 싸움으로 가득하였다. 역사자료를 통해 살펴보면 그 당시 자희태후(慈禧太后)는 양무운동의 적극적인 지지자이자 배후 조종자이기도 하였다. 그의 허락이 없었다면 경사동문관의 설립과 훗날의 발전도 없었을 것이다. 이것은 우리로 하여금 자희태후가 왜 무술변법(戊戌變法)을 폭력적으로 진압하는 반면 백일유신(百日維新) 중 가장 중요한 개혁조치인 경사대학당의 창립은 지지하였는가를 이해하게 해 준다.

1861년 1월(함풍 11년 2월) 공친왕(恭親王) 혁흔(奕訢), 대학사(大學士) 계량(桂良), 호부좌시랑(戶部左侍郞) 문상(文祥) 등의 신하들은 외국인을 상대하는 일에 가장 큰 어려움은 전문적으로 외교 사무를 관장하는 기관이 없다는 것을 함풍(咸豊) 황제에게 연명으로 상주(上奏)하고 수도인 북경에 총리각국사무아문(總理各國事務衙門)을 설립하여 외국인과의 교섭과 각종 관련 사무를 관장할 수 있도록 할 것을 제안하였다. 그 상주문의 내용은 이러하였다.

> 외국과의 교섭에서는 무엇보다도 상대방의 성정을 잘 알아야 합니다. 그런데 지금은 말이 통하지 않고 글자도 몰라서 서로 간에 장벽이 있는데 어떻게 그들과의 타협을 바랄 수 있겠습니까? 예전부터 러시아 문자는 규정을 정하고 문관(文館)을 설립하여 배웠는데 이것은 매우 깊은 의미가 있습니다. 지금은 이 규정이 오래되어 쓸모없게 되었지만 이를 적절히 활용한다면 외국어를 능통하게 하는 데 도움이 될 것입니다.[1]

혁흔 등의 신하들은 상주문에서 이전 러시아관의 설립 방법을 본보기로 하여 광동(廣東)과 상해(上海) 두 지역에서 영국, 프랑스, 미국 3개국 언어에 능통한 성실하고 신뢰할 수 있는 청년 네 명을 선발하여 각국의 서적을 가지고 경사동문관에 오도록 하는 한편 팔기(八旗)의 자제들 중에서 천부적으로 총명하고 지혜로운 13~14세 미만의 청소년들을 선발하여, 이들이 전문적으로 그 언어들을 배우게 함으로써 대외사무를 위한 인재로 양성할 것을 제안하였다.

> 선발된 청소년들에게 이전 러시아관에서 교육한 경험을 참조하여 충분한 봉급을 주고, 2년 후에 부지런한 자와 게으른 자를 구분하여 좋은 결실을 본 자에게는 상을 주도록 하고, 러시아관도 역시 적절한 규정을 만들어 학습을 장려하여야 합니다. 아울러 외국의 언어와 글을 배워 능숙한 자에게는 주청하여 시상한다면 장기간이 경과하여도 문란해지지 않을 것입니다.[2]

외교사무의 처리와 역원(譯員)을 양성하는 일이 급선무이었으므로 혁흔 등

---

1) 『주판이무시말(奏辦夷務始末)』 함풍왕조 제71권, 고궁박물원 사본, 1930, p.17.

2) 상동.

의 신하들이 상주문을 올린 지 바로 1주일 후에 청국 정부는 총리각국사무아문과 그 아래 기구로서 경사동문관의 설립을 동시에 재가하였다. 그러나 여러 가지 사정으로 경사동문관은 1862년 6월에서야 정식으로 창립되었다.

여기서 러시아관과 그 전신(前身)인 사이관(四夷館)에 대하여 설명할 필요가 있다. 명나라 사료에 따르면 일찍이 1407년[명 영락(永樂) 5년]에 중국에는 후일 사역관(四譯館)이 된 사이관이 설립되었다. 당시에는 몽골(蒙古), 여진(女眞), 서번(西番), 서천(西天), 회회(回回), 백이(百夷), 고창(高昌), 면전(緬甸) 등 주변국으로부터 조공하기 위하여 온 사신을 영접하기 위하여 8개관을 설립하였다. 이 8개관의 직무는 주로 각국 언어의 통역과 번역 및 사신을 직접 상대하는 등의 사무를 담당하는 것이었다. 명나라 정덕(正德) 6년에는 팔백대전(八百大甸) 란자가(蘭者哥)의 조공을 받기 위하여 팔백관(八百館)을 증설하였다. 만력(萬歷) 7년에는 섬라관(暹罗馆)을 증설하였다.[3)]

처음에 사이관은 한림원(翰林院) 소속이었으나, 1494년[명 홍치(弘治) 7년]에 태상사경(太常寺卿)과 소경(少卿) 각 1명을 증원하여 제독(提督)에 임명하였으며 이후 사이관은 태상(太常)의 소속이 되었다. 사이관은 통상 국자감생(國子監生)과 그들의 자제 중에서 학생을 선발하여 번역을 배우게 하였다. 1426년[명 선덕(宣德) 6년]에야 비로소 관리와 일반인의 자제도 함께 선발하였으며 관리를 교사로 위촉하고 한림원 학사(學士)가 그들의 수업을 관찰하여 평가하도록 하였다. 선발된 자들은 1년 후 시험에 합격하여야 정식으로 채용되고, 불합격자는 퇴학되었다.

명 정통(正統) 1년(1436년)에 규정을 만들어 시험에서 일등급을 하면 역자관(譯字官)을 맡기고, 1년 후 다시 시험에 합격하면 정식 관직을 수여하였다. 명 홍치(弘治) 3년(1491년)에는 사이관에 뽑혀 공부하게 된 국자감생(國子監生)들은 다른 직업에 종사하지 못하도록 규정하였다. 이들이 3년 후 시험에 합격하면 매달 쌀 한 섬을 주고, 또다시 3년이 지나 계속 합격하면 반직사(班職事)로 임명하였다. 또한 규정에 따라 첫 번째 시험에 합격하지 못하면 다시 치를 수 있지만 연속하여 3번 불합격하면 면직되어 서민으로 돌아가야 하였다.

3) 『명사(明史)·직관3(職官3)』 제74권, pp.1797-1798.

국자감생이 관청에서 근무하는 동안에는 국자감과 동일한 봉급을 받을 수 있고, 3년 후 시험을 통과하면 매달 쌀 한 섬을 더 받을 수 있으며, 다시 3년이 지나 합격한 자에게는 관리들의 제복인 관대(官帶)를 주고, 또다시 3년 후에 계속 합격한 자에게는 종팔품(從八品) 관직을 주도록 하였다. 그러나 시험에 3번을 치르고도 합격하지 못한 자는 국자감으로 되돌려 보내어 다른 일을 하도록 하였다. 홍치 8년(1496년)에는 과거시험을 보고자 하는 자제들은 순천부(順天府)에 보내어 시험에 참가할 수 있도록 규정하였다.

홍치 21년(1509년)에는 역자생(譯字生)으로 첫 번째 시험에서 우수한 성적을 받은 자는 원래의 직위에 따라 봉급을 받을 수 있고 동시에 다른 일반 사무도 공부할 수 있도록 하였다. 그러나 성적이 보통인 자는 연령과 소질을 고려하여 양성할 가치가 있는 자는 사이관으로 보내서 계속 공부할 수는 있으나 봉급을 받지 못하고 3년 후에 다시 시험을 치르도록 하였다. 시험 성적이 안 좋고 배운 게 없거나 시험에 두려워서 결시하거나 뇌물을 주는 자는 예외없이 면직하여 서민으로 돌아가도록 하였다.

명나라 가정(嘉靖) 1년(1522년)에는 역자생(譯字生)의 학습기간을 3년으로 정하고 사이관 전체 시험을 통과하지 못하면 곧바로 퇴출시키고, 6년 후에 시험을 통과하지 못한 자에게는 관복(官服)을 지급하고, 9년 후 불합격자에게는 적당한 직함을 주어 고향으로 보내 편히 쉴 수 있도록 하고 부역도 면하게 하였다. 또한 연령이나 경력 측면에서 일을 좀 더 시킬 수 있는 자들은 한림원에서 상황을 보아 재시험을 볼 기회를 줄 수 있는지 결정하였다.[4]

이상에서 명나라 때부터 사이관은 이미 학교의 성격을 갖추었으며 이곳에서 근무하는 자들은 모두 엄격한 훈련과 시험을 거쳐야 하였고 시험에 불합격한 자는 채용될 수 없었다는 것을 알 수 있다. 또 사이관 근무는 종신고용제가 아니라 3년마다 시험을 거친 후 성적에 따라 지속적인 근무의 가부를 결정하였으며, 장기근속자는 탈락되어도 후한 대우를 누릴 수도 있었다. 사이관은 청대까지 유지되었지만 그 체제에 있어서 약간의 변화가 있었으며 명칭도 사역관으로 변경되었다.

---

4) 『명회전(明會典)』 제221권, pp.4386-4387.

『청사고(清史考)』에 따르면 1664년(순치 1년)에 사역관은 회동관(會同館)과 사역관으로 분리되었다. 회동관은 예부(禮部)에 소속되어 만주족(滿州族)과 한족(漢族) 제독(提督) 각 1명씩을 임명하고 주로 각종 대외사무를 처리하였다. 사역관은 한림원에 소속되어 태상사한소경(太常寺漢少卿)을 제독에 임명하였으며 각국의 조공문을 번역하는 일을 담당하였다. 당시 사역관은 회회(回回), 면전(緬甸), 백이(百夷), 서반(西番), 고창(高昌), 서천(西天), 팔백(八百), 섬라(暹罗) 등 8개관으로 나뉘어 있었다. 1749년(건륭 13년)에 사역관은 편제를 축소하여 예부에 소속되었고 원래 설치했던 8개관은 서역(西域)과 백이(百夷) 2개관으로 합병되었으며 명칭도 회동사역관(會同四譯館)으로 변경되고 예부랑중(禮部郎中) 겸 홍려사소경(鴻臚寺少卿)이 모든 사무를 전체적으로 관장하였다. 사역관은 1903년(광서 29년)에 폐지되었다.[5)]

공친왕(恭親王) 혁흔이 총리각국사무아문과 경사동문관을 설립하기 위하여 황제에게 올린 상주문에서 언급한 러시아관은 1757년(건륭 22년)에 창설되었고 내각(內閣)에 소속되었다. 러시아관은 당시 호시탐탐 청국을 노리는 제정 러시아의 위협 때문에 설립되었는데 러시아어 통역자와 번역자 양성 목적의 전형적인 러시아어학교였다. 러시아관의 학생들은 모두 팔기(八旗) 구성원의 자제들 중에서 선발된 우수한 인재들이었으며 보통 한 기(期)는 24명이고 5년마다 졸업시험을 보았다. 성적이 우수한 학생에게는 관직을 수여하고 이번원(理藩院)이나 서북 변방의 직무를 맡도록 하였다. 1863년(동치 2년)에 러시아관은 동문관에 귀속되었다.

동문관은 1862년 6월 북경 동당자(東堂子) 거리에 있는 총리각국사무아문에서 정식 설립되었는데 처음에는 규모가 크지 않았으며 학생은 10여 명으로 영어관만 개설하였으나 1863년 프랑스어관이 개설되었고 1866년에는 천문관(天文館)과 산학관(算學館)을 증설하였다. 원래 동문관은 과거시험을 통과한 우수한 만주족과 한족 청년들을 학생으로 모집하려고 하였으나 보수파의 강력한 반대에 부딪혔다. 반년 동안 98명의 수험생이 지원하여 시험을 실시하였으나 과거시험을 통과한 자는 1명도 없었으며 결국 겨우 30명만 선발하였다.

5) 『청사고(清史稿)·직관1(職官1)』 제114권, pp.4283-4284.

1869년(동치 8년)에는 비로소 상해광방언관(上海廣方言館)과 광동동문관(廣東同文館)에서 경사동문관에 우수한 학생들을 보내기 시작하였다. 이에 따라 당시 중국의 저명한 수학자인 이선란(李善蘭)을 경사동문관의 교습으로 임명하였다. 아울러 미국인 학자인 윌리엄 마틴[정위량(丁韙良), William Alexander Parsons Martin]을 총교습으로 임명하고 교육과 관리 방면에 대한 일련의 개혁을 실시하여 동문관의 상황은 예전보다 많이 개선되었다.

1871년 경사동문관은 독일어관을 증설하였다. 1876년부터 동문관의 학생들은 영어, 프랑스어, 러시아어, 독일어 이외에 수학, 물리학, 화학, 천문학, 국제법, 세계역사, 세계지리 등의 과목도 함께 배우게 되었다.

1877년(광서 3년)에 경사동문관의 총학생 수는 백 명을 넘게 되었다. 1888년 동문관은 격치관(格致館)과 번역처를 설치하였으며, 1895년의 청일전쟁 이후 동문관(東文館)을 증설하고 일본어 교수도 채용하였다. 1902년 1월 조정의 명령에 따라 경사동문관은 경사대학당에 합병되었다.

1862년(동치 1년)에 공식적으로 출범한 경사동문관은 기존의 사이관(四夷館), 사역관(四譯館), 러시아관과는 확연히 달랐다. 경사동문관은 양무운동의 산물이었던 것이다. 그 때문에 설립을 기획할 때부터 양무파와 보수파 사이에는 오랫동안 격렬하고 치열한 싸움이 벌어졌다. 이 싸움은 동문관이 경사대학당에 합병될 때까지 40여 년간이나 끈질기게 계속되었다.

1862년 1월 공친왕(恭親王) 혁흔 등의 신하들은 황제에게 상주문을 올려 조정이 광동(廣東), 상해(上海) 두 지역의 독무(督撫)들에게 명을 내려 영어와 프랑스어에 능통한 성실하고 신뢰할 수 있는 상인들을 선발하여 경사동문관에 보내서 교습으로 임명하고 그들에게 후한 대우를 해 줄 것을 제안하였다. 조정은 이 제안을 수락하고 총리각국사무아문에 문서를 내려 그 일을 처리하고 감독하도록 하였다.

총리각국사무아문은 양광총독(兩廣總督)과 강소순무(江蘇巡撫)에게 교습의 선발 업무를 맡기는 공문을 보내는 동시에 팔기(八旗)에도 학생을 선발하라는 공문을 보냈다. 공문을 받은 후 각 팔기에서는 학생을 선발하여 속속 총리각국사무아문에 보냈으나 교습들의 인선을 확정하지 못하여 지연되고 있었다. 광동에서는 마땅히 보낼 사람이 없다고 하였고, 상해에서는 인선은 하였지만 외국어 실력은 형편없으면서 터무니없이 높은 봉급을 요구하여 보낼 수 없다고 하였다.

표면상으로 보면 이것은 단지 교습을 선발하는 문제였으나 실제로는 양무파와 보수파가 경사동문관의 설립 문제에 대해 서로 의견이 크게 달랐기 때문에 생기는 문제였다. 교습 인선을 하지 못하면 동문관의 설립은 단지 탁상공론일 뿐이었다. 따라서 이 일은 총리각국사무아문을 매우 난처하게 만들었다. 결국은 높은 봉급을 주면서 영국 주중공사의 비서인 웨이드[위타마(威妥瑪), Thomas Francis Wade]가 추천하는 영국선교사 버든[포이등(包爾騰), John S. Burdon]을 영어교습으로 채용하고, 사전에 그에게는 단지 언어만 가르치도록 하고 선교는 절대 할 수 없도록 규제하였다.

동문관의 설립이 너무 지체되었고 교습의 선발도 함풍(咸豊) 황제의 본의에 어긋났으며 설립되었을 때는 이미 자희태후(慈禧太后)와 자안태후(慈安太后)가 함께 수렴청정을 하고 있었기 때문에 혁흔 등의 신하들은 1862년 동문관을 설립한 직후에 황제에게 상주문을 올려 설립 지연의 원인을 설명하였다.

> … 저희들은 양광총독(兩廣總督)과 강소순무(江蘇巡撫)에게 교습을 선발하여 보내라는 공문을 보냈고 아울러 팔기에도 학생을 선발하라는 공문을 보내서 각 팔기에서는 학생들을 선발하여 속속 동문관에 보냈지만 교습을 선발하여 보내야 할 광동에서는 보낼 만한 사람이 없다고 하였고 상해는 적당한 사람이 있기는 하지만 실력은 형편없으면서 봉급을 많이 달라고 하여 보낼 수 없다고 하였습니다. 저희는 각국의 실제 상황을 잘 파악하기 위해서는 우선 그 나라의 언어를 알아야 기만당할 일이 없을 것이라고 생각합니다. 각국이 모두 중국 사람을 고용하여 중국어를 가르치는데 우리나라에는 지금까지 외국어에 능통한 사람이 없어서 각국의 실제 상황을 정확하게 파악하지 못하고 있습니다. 광동성(廣東省)과 강소성(江蘇省)에서는 보낼 사람이 없어서 저희도 어쩔 수 없이 외

국인을 고용할 수밖에 없었습니다. 영국인 웨이드가 자기 나라의 버든이라는 사람이 중국어도 능통하다고 하여 이 직무를 대신 담당할 수 있으리라고 생각하였습니다. 자세한 조사를 실시해 보니 성실한 사람인 것 같고 더 자세히 알지는 못하지만 교습직을 맡길 만하다고 판단되었습니다. 따라서 지난달 15일에 학생 10여 명을 선발하여 동문관에 보내 공부하게 하였고 웨이드에게도 단지 언어를 가르치는 일만 할 것이며 선교는 절대 할 수 없다는 경고를 하였습니다. 그리고 한족교습 서수림(徐樹琳)을 초빙하여 중국어를 가르치면서 그를 비밀리에 감독하라고 지시하였습니다. 이것이 동문관 설립에 관한 과정입니다.[6]

상주문에서 혁흔 등의 신하들은 양광총독과 강소순무가 동문관의 설립에 대하여 얼버무리면서 책임을 회피하고 소극적인 태도를 가지고 있었음을 비판하였다.

높은 봉급으로 외국인 교습을 초빙하는 일에 대해 혁흔 등의 신하들은 상주문에서 다음과 같이 설명하고 있다. "저희들은 외국인들이 모두 이익만 추구한다는 것을 잘 알고 있지만 그들이 학생들을 가르쳐야 하기 때문에 어쩔 수 없이 높은 봉급을 주어서 그들로 하여금 그 직위를 욕심내게 할 수밖에 없습니다."[7] 이 설명에 의하면 그 당시 외국인 교습을 초빙하여 학생을 가르치는 것은 부득이한 일인 것을 알 수 있다. 그러나 이러한 조치는 신식학교, 특히 외국어학교에서 외국인 교수를 초빙하는 선례가 되었다.

같은 상주문에서 혁흔 등의 신하들은 총리각국사무아문이 기초한 동문관 장정 초안을 첨부하여 올리고 황태후들의 재가를 요청하였다. 동문관 장정에는 다음과 같은 6개 방면의 내용들이 포함되어 있다.

(1) 학생의 선발은 신중하여야 한다. 러시아관의 규정은 선발할 수 있는 학생 수를 24명으로 제한하였었는데, 현재 설립 초기인 동문관도 학생들에게 많

6) 『주판이무시말(奏辦夷務始末)』 동치왕조 제8권, 고궁박물원 사본, 1930, p.29.
7) 상동.

은 불편이 있을 수 있으므로 비슷한 제한을 두어 우선 10명의 학생을 선발하고 성과를 보아서 추가하도록 하지만 24명을 넘지 않도록 한다. 학생은 팔기에서 타고난 자질이 총명하고 학식이 있는 15살 미만의 청소년을 후보자로 선정하고 총리각국사무아문이 상황에 따라 선발한다.

(2) 수업을 잘 진행하기 위해서 중국어와 외국어를 가르치는 교습을 별도로 배치하여야 한다.

(3) 제조(提調)를 두어 동문관 내의 모든 업무를 관장하게 한다. 이의 인선은 총리각국사무아문의 인원 가운데서 한다.

(4) 정기시험제도를 공식화한다. 예전에 러시아관에서도 월례(月例)시험, 계례(季例)시험, 연례(年例)시험 등의 규정을 두었다. 월례시험은 매월 초하루에 학과별 교습이 시험문제를 출제하여 학생들에게 시험을 보게 하고 학생들이 시험 후에 문의할 수 있도록 성적을 기록한다. 계례시험은 매년 2월, 5월, 8월, 11월 초하루에 실시하는 시험이다. 시험문제 출제방법과 채점기준은 월례시험과 같으나 단지 시험지는 학관(學館)의 심사를 거쳐서 보존 비치한다. 계례시험이 있는 달에는 월례시험을 치르지 않는다. 연례시험은 매년 10월 초 10일 이전에 학관이 일자를 정하여 면접시험을 실시한다. 동문관의 시험을 치르는 규정은 월례시험과 계례시험을 제외하고 모두 러시아관이 예전에 시행했던 규정을 계속하여 사용한다. 그러나 외국어 시험은 학생들이 입학한 지 1년 이후에 치르도록 한다.

(5) 학제는 3년으로 정하고, 그 후의 학생의 거취와 직무는 총리각국사무아문이 시험을 통하여 정한다.

(6) 교습의 봉급과 학생에게 줄 지원금에 대해서도 규정을 정한다.[8)]

상술한 6개조의 장정은 기본적으로 이전 러시아관의 규정을 참고하여 작성한 것이지만 일단 이를 실행하게 되자 부족한 점이 적지 않았다. 1865년 말에 총리각국사무아문은 서태후(西太后)와 동태후(東太后)에게 다시 상주문을 올리고 재차 수정 보완한 6개조의 동문관 장정을 제출하였다. 새로운 장정의

8) 『주판이무시말(奏辦夷務始末)』 동치왕조 제8권, 고궁박물원 사본, 1930, pp.29-35.

내용은 대체로 다음과 같다.

(1) 학생 소요경비의 재원을 확보하기 위하여 원래 각 성(省)의 팔기(八旗)에서 지출하여 동문관 학생들에게 지급하던 지원금 가운데 부족분을 총리각국사무아문(總理各國事務衙門)에서 지급하는 것으로 개선하고 일인당 매월 은화 석 냥을 지급한다. 학생들이 시험에 합격하여 관직을 얻은 후에는 지급을 정지한다. 이렇게 공제된 은화는 성적이 우수한 학생에게 장려금으로 지급한다.
(2) 학업을 격려하기 위하여 장려상을 시상하는 정책을 제정한다. 각 관(그 당시 프랑스어관과 러시아어관이 이미 설립되었다)의 연례시험과 계례시험에서 5등 안에 든 학생에게는 장학금을 지급한다,
(3) 교습들의 봉급 수령 절차를 간소화한다. 원래 문서를 가지고 호부에 가서 봉급을 수령하던 것을 총리각국사무아문에서 직접 분기별로 봉급을 지급하는 것으로 개선한다.
(4) 학업을 충실하게 마칠 수 있도록 휴가신청 제도를 엄격하게 규정한다. 장정에 따라 학생은 매월 2일 이상 결석할 수 없다. 2일을 초과하면 초과한 날수에 따라 지원금을 삭감한다. 계례시험과 월례시험 때 결시할 수 없고 규정 위반자는 당월 지원금을 삭감한다. 사고가 있을 경우 휴가를 신청하고 이 경우 100일을 초과할 수 없다. 이를 초과하는 자는 제명한다. 또한 집이 너무 멀어서 학교에서 유숙하고자 하는 학생은 허가를 받아야 한다는 규정을 둔다.
(5) 탈락제도를 제정한다. 신입생들을 대상으로 3개월 후에 교습이 출제하여 시험을 치르고 총리각국사무아문이 학생의 거류 문제를 재결정한다. 이 시험을 통과한 학생에게는 1년 후에 다시 시험을 치르게 하여 이 시험 성적에 따라 잔류할 학생을 다시 선발한다. 서양 언어를 배우기 아주 어려운 자는 즉시 다른 자로 대체한다. 신입생의 지원금은 1년 후 시험을 통과하여 잔류가 결정된 이후에 지급한다.
(6) 동문관의 조교(助教) 이하 직원의 급료를 인상 지급한다.

이와 같은 6개조의 새로운 장정을 제정하자 동문관의 관리는 확실히 강화

되었고, 그것은 또 동문관이 신식학교로 전환하는 과정에서 중요한 역할을 하게 하였다.

지금까지 동문관이라고 하면 사람들은 그저 단순한 언어학교로만 생각해 왔지만 사실 그것은 매우 좁은 시각이었다. 많은 사료를 통해 살펴보면 동문관에서는 외국어 수업만을 강화하다가 후에는 천문관과 산학관을 설립하였으며, 점차 물리, 화학, 지리, 생물, 의학과 같은 근대 서방 선진국의 자연과학 과정 등을 추가로 개설하여 종합적인 성격의 수준 높은 고등학당이 되었다.

그러나 곧바로 이 서양 선진국의 자연과학 과정의 증설에 대한 양무파와 보수파 간의 견해가 서로 달라서 상호간의 싸움이 치열하게 일어났다. 그 가장 대표적인 것으로 1867년에 동문관에 천문관과 산학관을 설립하는 문제에 대하여 양무파와 보수파는 서로 공존할 수 없을 정도의 대립적인 모습을 보였다.

1862년 동문관을 설립했을 당시에는 교습의 부족으로 인하여 단지 영어관만 설립되었다. 1863년 5월 6일 혁흔 등의 신하들은 자희태후와 자안태후에게 상주문을 올려 프랑스어와 러시아어 교습을 선발하여야 한다는 것을 언급하였다.

> 세계 여러 나라의 언어를 능숙하게 구사하는 인재를 두루 갖춰야 하는데 현재 영어 교습 외에 프랑스어와 러시아어는 아직 교습도 없는 상태입니다. 그래서 이 두 나라 공사를 접견하였을 때 교습의 초빙을 협의하였습니다. 이에 프랑스 공사 클레츠코브스키[가사기(哥士耆), Kleczkowski]와 러시아 공사 바르체크[바류첩극(把留捷克), Balluseck]가 각각 소모렌버그[사묵영(司默靈), A. E. Somorrenbeg]와 포포프[백림(柏林), A. Popoff]를 추천하였습니다. 조사에 따르면 소모렌버그가 프랑스 선교사라서 클레츠코브스키가 소모렌버그를 추천하자마자 대신들이 반대를 하였습니다. 이에 클레츠코브스키가 소모렌버그는 선교사이기는 하지만 현재 선교를 하고 있지 않을 뿐더러 사람도 성실하며 교습 직책을 맡길 만한 사람이라고 거듭 변명하였습니다. 그리하여 소모렌버그를 궁중에 불러 만나 보니 선

> 교사의 모습이 거의 없으므로 동문관에 부임하여 선교를 한다면 즉시 해직시키기로 약속하고 채용하였습니다. 러시아인 포포프는 전에 공무로 총리각국사무아문에 여러 번 왔었기 때문에 저희들이 모두 만나본 적이 있습니다. 그는 원래 러시아 공관에 근무하는 통역관이었는데 지금은 통역을 대신하는 사람이 있어서 잠시 쉬고 있습니다. 그리고 이 사람은 전혀 잔꾀를 부리는 사람이 아니라서 학생들을 가르치는 일을 맡겨도 큰 문제가 없으리라 생각해서 그를 고용하기로 바르체크와 약속하였습니다.[9]

자희태후와 자안태후는 비록 서양 선교사에 대하여 반감을 가지고 있기는 하였으나 총리각국사무아문의 상주문을 재가하지 않을 수 없었다. 같은 해 동문관에서 프랑스어관과 러시아어관을 증설하여 임용한 교수는 바로 총리각국사무아문이 올린 상주문에서 추천한 프랑스 선교사 소모렌버그와 러시아 주중공관의 통역관 포포프였다. 두 곳에서 공부하는 학생들도 상주문의 건의에 따라 팔기의 자제들 중에서 선발하였으며 각 관에는 불과 10명의 학생밖에는 없었다. 그 당시 학생들의 나이가 어렸으므로 동문관에서는 외국어를 제외하고는 중국어 수업 한 과목만 개설하였다.

동문관을 설립한 지 4년이 지나고 양무운동이 계속 진척되던 1866년에 접어들자 양무파 관원들에게는 국내에 과학기술자가 부족하다는 것이 날이 갈수록 큰 문제로 대두되었다. 그들은 특수한 기능을 보유한 인재를 양성하기 위해서 동문관 안에 천문관과 산학관을 설립할 필요가 있다고 생각하였다. 12월 11일에 혁흔 등의 신하들이 조정에 상주문을 올려 나이가 있고 학식 있는 청년들을 선발하여 동문관에 보내 천문학과 수학에 관한 지식을 가르칠 것을 제의하였다.

이 신하들이 언급한 것은 동문관을 설립한 지 5년이 되어 각 관 학생들의 외국어 실력은 이미 어느 정도의 수준에 도달하였지만 입학 당시의 나이가 너무 어려서 중국어 수준이 낮기 때문에 아직까지 업무를 감당할 수 없으므로 그들의 실력을 향상시키기 위하여 외국어를 중국어로 번역하는 연습을 많

9) 『주판이무시말(奏辦夷務始末)』 동치왕조 제15권, 고궁박물원 사본, 1930, pp.12-16.

이 할 필요가 있다는 것이었다. 그런데다가 이 학생들에게 추가로 천문학과 수학을 공부시키면 "지식은 광범위해지지만 깊이 들어가지 못하는 상태(博而不專)"가 된다고 하였다. 외국인들이 천문학과 수학에 정통하여 기계와 총포 등의 무기와 선박을 제조할 수 있다는 점을 고려하고 더구나 지금은 상해(上海), 절강(浙江) 등 지역에서 여러 개의 공장을 설립하였다는 것을 감안한다면 만약 근본부터 공을 들여서 배우지 않는다면 단지 피상적으로 조금 알고 있는 것이지 결국 실용적인 면이 없다고 비판하였다.

따라서 20세 이상의 한문에 능숙한 만주족과 한족 중에서 향시에 급제한 거인(擧人)을 모집하여 총리각국사무아문에서 시험을 치르게 하고 합격자를 동문관에 입학시켜서 전문적으로 천문학과 수학을 공부시키도록 하며 또한 5품 이하의 관리 중에서 타고난 자질이 있고 총명하며 동문관에서 공부하기를 원하는 자들에게 시험에 참가할 수 있는 기회를 주어 합격한 자는 외국인 교수에게 외국어를 배울 수 있게 할 것을 요청하였다. 그렇게 하면 수년 간의 공부를 통해서 실용적인 지식을 배우게 되고 반드시 뛰어난 결실을 보이게 될 것이라고 주장하였다.

혁흔 등의 신하들은 상주문에서 "중국인의 재능과 지혜는 서양인보다 못한 것이 없으며 수학, 격치학, 천문학, 의학을 깊이 탐구하여 정수를 파악하는 것이 바로 나라를 강하게 만드는 길이다"[10]라고 강조하였다. 혁흔 등의 주장은 제출되자마자 보수파 관리들의 반대와 비난에 직면하게 되었다. 그들은 과거에 합격한 사람들을 모집해서 외국인 교수에게 배우게 하는 것은 체통이 서지 않는 일이라고 생각하였다.

산동도감찰어사(山東道監察御史) 장성조(張盛藻)가 보수파를 대표하여 가장 먼저 나서서 반대하였다. 1867년 3월 5일(동치 6년 1월 29일)에 장성조가 상주문을 올려 총리각국사무아문을 탄핵하였다. 상주문의 내용은 이렇다.

> 예로부터 지금까지 노동에 관한 책들 가운데 노동하는 사람이 학교에 다녀야 한다는 말은 전혀 찾아볼 수 없고 조정의 관리들도 노동의 도리에 관하여 배

10) 『주판이무시말(奏辦夷務始末)』 동치왕조 제46권, 고궁박물원 사본, 1930, pp.3-4.

> 워야 한다는 것은 들어본 적이 없습니다. 우리 청조에서 출판된 각종 참고도서들은 모두 황제폐하가 승인한 수학이론서에 따라서 작성된 것들입니다. 이들은 추호의 오차도 없으며 옛사람들의 것들에 비해 몇 배 더 훌륭하다고 해도 과언이 아닙니다. 비록 서양인의 수학을 참조한다 하더라도 그것은 우리 중국인의 방법을 다시 증명하는 것일 뿐입니다.

그는 또 상주문에서 다음과 같이 지적하였다.

> 최근의 관보(官報)를 보니 총리각국사무아문에서 동문관을 설립하고 과거에 합격한 자들을 선발하여 전문적으로 천문학과 수학을 공부시켜 선박과 서양의 총포를 만드는 일을 맡기도록 장정 6조를 작성한 목적은 바로 가르침에 전념하고 학습을 근면하게 하는 데 있습니다. 또한 성심성의를 다하지 않는 사람이 없도록 후한 대우를 하고 우수한 자를 표창함으로써 그들을 격려하기 위해 매우 고심한 것을 알 수 있었습니다. 소신이 우매하나 조정에서 임명하는 관리는 반드시 과거에 합격한 사람 중에서 뽑아야 하고 공자와 맹자의 저서를 읽어야 하며 요(堯)와 순(舜)의 정신을 알아야 비로소 명체달용(明體達用)이 된다고 알고 있습니다. 모름지기 기본적인 도리를 알고 실천에 옮겨야 명관(命官)이 될 수 있다는 것입니다. 왜 하필 기계를 다루는 방법을 익혀서 선박과 서양 총포를 만드는 것을 배워야 하는지요?[11)]

장성조는 조정이 법률과 기율을 잘 정비하고 상벌을 엄격히 하며 현인(賢人)을 찾아 백성들의 삶을 향상시키고 병사를 엄격하게 훈련하며 경비를 조달하면 자강(自强)의 목적을 이룰 수가 있을 것이라고 판단하였다. 그리고 조정은 백성들의 기개(氣槪)를 양성하는 것을 강화하여야 한다고 하였다. 그렇게 하면 앞으로 어떤 재난을 당하더라도 모두가 한결같이 분발하는 힘을 품게 된다고 믿었다. 그는 "그것으로써 재난을 막으면 이겨낼 수 있고 적을 막으면 적을 소멸시킬 수가 있습니다. 이것은 수백 년 이래 공맹지도(孔孟之道)

---

11) 『주판이무시말(奏辦夷務始末)』 동치왕조 제47권, 고궁박물원 사본, 1930, pp.15-16.

를 교육의 기본으로 삼았기 때문입니다. 승진과 봉급 인상을 미끼로 삼아 과거에 합격한 자들에게 기술 교육을 하면 그들이 명성과 이익을 중시하게 되고 기개를 상실하게 됩니다. 사람으로서 기개를 상실하면 무슨 큰일을 더할 수 있겠습니까"[12]라고 하였다.

양궁(兩宮)의 태후들은 장성조의 상주문을 보고는 당일 바로 유지(諭旨)를 내려 그가 올린 탄핵을 부결시켰다. 그 조서의 내용은 다음과 같다.

> 전에 총리각국사무아문의 상주문에 동문관을 설립하고 과거에 합격한 자들을 모집하여 천문학, 수학 등을 가르칠 것을 제의하면서 장정 6조를 작성하여 올렸는데 이에 대하여 유지를 내려 허락해 주었다. 지금 장성조(張盛藻)의 상주문을 보면 과거에 합격한 자에게 책을 읽히고 도를 닦게 하여야 하는데 왜 기술을 배우게 하는가, 이것은 사기(士氣)와 관련이 있다 하였지만 조정은 동문관을 설립하여 올바른 길을 통하여 공부를 시키려는 것이다. 그뿐만 아니라 천문학과 수학 등의 지식은 본래 유생들이 배워야 하는 것이며 단순한 기술로 보아서는 안 된다. 정식으로 과거시험을 통과한 자들은 자질이 뛰어나서 오히려 연구에 집중하고 도리를 가르치고 배우는 일에 도움이 되고 학업을 등한히 하지 않는 것이다. 이에 서계사(徐繼畬)로 하여금 이 일을 총괄하게 하여 전적으로 일을 맡아 추진하도록 한다. 이것은 서양의 지식을 빌어 우리나라의 지식을 다시 검증하는 것에 불과한 것으로 절대 신성한 도(道)를 버리고 잘못된 길로 들어서는 것이 아니다, 사기에 불리하다는 말도 적당하지 않다. 따라서 이 일은 다시 상의할 필요가 없다.[13]

이 유지는 장성조가 상주문에서 나열하여 거론한 양무파가 동문관 설립으로 인하여 저질렀다고 거론한 죄명들에 대하여 일일이 반박하였다. 이 반박은 보수파 구성원들에게 찬물을 끼얹은 동시에 공친왕(恭親王) 등 양무파 구성원들에게 보내는 최고의 긍정과 지지였다.

---

12) 『주판이무시말(奏辦夷務始末)』 동치왕조 제47권, 고궁박물원 사본, 1930, pp.15-16.

13) 위의 책, pp.16-17.

양궁(兩宮)의 태후들이 왜 그렇게 강한 태도를 취했을까? 그 이유의 하나는 그 당시 자희태후가 공친왕을 매우 신뢰하였다는 것이다. 또한 영국과 프랑스 연합군이 북경을 점령하여 원명원(圓明園)을 불태운 후에 자희태후는 서양인들을 극도로 증오하였다. 그리고 자희태후의 본심에 의하면 그가 보수파를 지지하고 서양인 교습들을 고용하는 것을 반대하여야 하는데 공교롭게도 혁흔 등의 신하들이 장성조가 제기한 힐책에 대해서 이미 사전에 자희태후에게 상세한 해명을 하였기 때문이었다.

사실 장성조가 양무파를 힐책하기 이전에 조정의 보수파들이 이미 동문관의 운영방침에 대하여 많은 비판을 한 바 있어, 혁흔 등의 신하들은 이미 두 달 이전인 1867년 1월에 이에 대해 상주문을 올려 설명하였던 것이다. 그들은 상주문에서 보수파를 9가지에 걸쳐 반박하였다. 9가지 반박의 개략적인 내용은 다음과 같다.

(1) 동문관에 언어를 학습하는 새로운 관(館)을 증설하고 만주족과 한족 과거합격자 및 5품 이하의 관리를 선발하여 동문관에 보내 공부시키며 외국인 교수를 초빙하여 가르치는 것은 사전에 이미 황제폐하의 허락을 받고 실행한 것이다. 다시 말해서 보수파의 반대는 황제폐하의 결정을 반대하는 것과 같다. 즉 황제폐하의 명을 거역하는 것이다. 바로 이 죄명만으로도 반대하는 자들은 변명의 여지가 없어 할 말이 없을 것이다.

(2) 천문학과 수학을 공부할 신입생을 모집하여 가르칠 것을 건의한 것은 맹목적으로 서양의 지식을 숭상하고 서양의 수학이 중국의 수학보다 더 좋다고 생각해서가 아니다. 외국인은 기계를 만드는 데 수학을 토대로 삼는다. 지금 중국에서는 너도 나도 선박과 서양 총포의 제조법을 배우고 있는데, 그 제조 원리를 서양인이 전부 다 가르쳐 주지 않을까봐 아예 배우지 않는다면 손해를 보는 것은 중국일 뿐이다. 이에 대하여 소신들도 심사숙고한 후 제의를 올린 것이다.

(3) 사실 서양인에게 배우면 수치스럽고 서양의 것을 배우면 중국의 것을 잃게 된다고 생각하는 자들이 있는데 그 자들은 진정 시국을 알지 못하는 자들

이다. 시국을 잘 알고 있는 자는 중국이 강하게 되려면 서양의 것을 배워야 한다고 생각할 것이다. 좌종당(左宗棠), 이홍장(李鴻章) 등은 이러한 도리를 잘 알고 있어서 상주문에서 이런 이치를 거듭 언급하였다. 그들이 설립한 기기국(機器局)에서는 설립 때부터 항상 서양인 교습을 초빙하여 수업을 하였다. 이것으로 소신(小臣)들의 요구가 사적인 견해로 한 것이 아님을 알 수 있을 것이다.

(4) 어떤 자는 선박을 임대하고 총포를 사서 쓰면 오히려 더 싸고 편리한데 왜 고생하며 쓸데없는 짓을 하느냐고 질문하는데, 그들은 중국이 외국에서 배우는 것이 오직 선박과 총포의 제조법뿐만이 아니라는 점을 모르고 있다. 그들의 진정한 기술을 다 배우고 나면 나중에 혜택을 보게 되는 것은 바로 우리 중국이 아니겠는가. 전자는 임시적인 방법인데 반하여 후자는 영구적인 계책인 것이다. 어느 것이 더 좋은가 하는 것은 너무나 명명백백하다.

(5) 외국인에게 배운다는 것이 대역무도(大逆無道)라는 말은 정말 황당한 말이다. 외국인의 방법론을 그 기원으로부터 자세히 공부하다 보면 모두 중국에서 나온 것이라는 것을 알 수 있다. 그들은 학문을 갈고 닦는 일에 능숙하였기 때문에 낡은 것을 밀어내고 새로운 것을 창조하였던 것이다. 천문학, 수학 모두가 그러하고 다른 것들도 마찬가지다. 옛날에는 농부도 천문을 잘 알았는데 중국에서는 어느 시기부터 이것을 알아서는 안 되는 불가 영역으로 삼았기 때문에 이에 관한 것을 잘 아는 자들이 점점 적어지고 말았다. 사람이 자기 집을 나와서 머리를 들면 하늘이 보이는데 별이 어떤 것인지를 모른다면 너무나 우스운 일이 아니겠는가?

(6) 외국인에게 배우면 수치스럽다는 말은 더욱 황당한 말이다. 가장 수치스러운 것은 바로 모든 것이 남보다 못하다는 것이다. 수십 년 동안 서양 각국에서는 선박을 제조하는 방법을 탐구하고 서로 배웠기 때문에 기술이 점차 발전하였다. 일본도 근래 들어 사람들을 영국에 유학 보내기 시작하였다. 일본과 같은 작은 나라도 분발하여 발전하기 위해서는 어떻게 하여야 하는지를 알고 있는데 중국은 여전히 낡은 것을 답습하면서 보수적으로 안주하고 있다는 것은 진정으로 수치스러운 일이다.

(7) 제조하는 것은 장인의 일이고 학자들은 그런 일을 할 가치가 없다고 여긴다는 말에 대해서는 소신들이 올릴 말이 더욱 많다. 『주례(周禮)』, 『고공(考工)』에 따르면 수천 년 전 옛날에 이미 학교에서 수레와 선박 그리고 기계를 만드는 수업을 필수과목으로 정하였다. 왜 그랬을까? 장인들이 하는 일을 학자들이 잘 이해할 수 있으면 더 많이 그리고 더 좋은 새로운 것들을 만들어 낼 수 있기 때문이다. 지금 배우는 것은 수학과 물리에 불과하고 사대부들에게 직접 이러한 것들을 만들라고 강요하는 것도 아닌데 왜 그것이 안 된다는 것인가?

(8) 한마디로 새로운 학교를 설립하는 일을 늦추면 안 된다고 생각한다. 사람들의 염려가 많겠지만 궁중의 관리들이 뜻을 모아 결심만 하면 소신들이 최선을 다해 기획하고 처리하겠다. 이번 일은 처음으로 시행하는 것이기 때문에 규정이 있어야 한다. 수업 관리를 엄격히 하고, 후한 봉급을 주며, 학생들이 아무 걱정 없이 공부에만 전념하고, 상황에 따라 승진할 수 있는 기회를 준다는 규정이 필요한 것이다. 이 때문에 소신들은 6개조의 장정을 작성하여 올려 황제폐하의 재가를 삼가 기다린다.

(9) 한림원(翰林院)의 편수(編修), 검토(檢討), 서길사(庶吉士) 등의 관리들은 학문도 있고 일도 많지 않아서 천문학과 수학을 쉽게 배울 수 있을 것이다. 또한 수도 이외의 지역에서 근무하는 진사(進士) 출신의 5품 이하 관리는 거인(擧人) 이하의 관리와 같은 조건의 공평한 대우를 받아야 하고 거인 이하의 관리가 진사시험에 응시하는 것은 그중에서 우수한 인재를 선발하기 위해서이다.

공친왕 등은 상술한 내용으로 보수파의 공격에 대해 반박하였을 뿐만 아니라 다시 작성한 6개조의 장정에서 과거시험에 통과한 자를 모집하는 구체적인 방법, 학생의 숙박규정, 월례시험과 연례시험의 규칙, 그리고 학생들에게 주는 봉급과 상금을 추가 지급하는 규정 등을 보완하였다.[14)]

이것을 보면 장성조의 탄핵은 새로운 내용이 없는 것이었다. 그가 나열한 모든 죄명들은 일찍이 철저하게 반박을 당하였다. 따라서 양궁의 황태후들

14) 『주판이무시말(奏辦夷務始末)』 동치왕조 제46권, 고궁박물원 사본, 1930, pp.44-48.

이 그의 상주문을 외면한 것은 전혀 이상한 일이 아니었다.

그러나 보수파는 이것으로 포기하지 않았다. 그들은 북경에서 동문관에 관한 수많은 유언비어를 퍼뜨렸다. 보름 후인 1867년 3월 20일에는 보수파의 수령이며 동치(同治) 황제의 스승이자 대학사인 왜인이 직접 조정에 상소하여 또 다시 동문관에서 천문관과 산학관을 설치하는 일에 대해 반대하는 상주문을 올렸다.

> 소신이 보기에는 천문과 수학은 이로움이 심히 작습니다. 아울러 서양인이 학생들을 가르치는 것은 손실이 더 크다고 생각합니다. 입국지도(立國之道)는 권모(權謀)보다는 예의를 숭상하는 것이 필요합니다. 곧 근본지도(根本之道)는 기술이 아니라 인심(人心)에 있습니다. 그런데 지금은 기술을 중요시하고 외국인을 교습으로 삼았습니다. 외국인은 교활하여 학생들을 반드시 잘 가르친다고 할 수 없는 것은 물론이고 가르치는 사람이 진심으로 가르치고 배우는 사람이 열심히 배워도 점성술(占星術)로서 학문을 성취할 자는 소수에 그칠 것입니다. 옛날부터 점성술로 번창할 수 있는 일이 있다는 말은 들어본 적이 없습니다. 온 천하에 기술자가 없다고 걱정할 필요는 없습니다. 만약 천문학과 수학을 반드시 가르쳐야 한다면 뛰어난 기술자는 얼마든지 있습니다. 하필이면 외국인을 우러러 보고 그들을 우리의 선생님으로 모셔야 합니까?[15)]

다음으로 왜인은 과거 200여 년 동안 서양인들의 중국 침범을 열거하면서 과거시험을 통과한 자들이 국가에 유익한 인재가 되어야 하는데 그들로 하여금 서양인들에게 배우게 한다면 "바른 기운은 위축되고 요사스러운 기운이 일어나게 될 것이다." 그러므로 조정에서 "즉시 이 논의를 중단하고 대국(大局)을 유지하여야 한다"고 요청하였다.

이때 비록 동치 황제의 스승이 직접 나서서 동문관에 천문학과 수학 과목을 개설하는 것을 반대하였지만 양무파는 여전히 마음을 움직이지 않고 자신들의 의견을 견지하고 있었다. 1867년 4월 6일 혁흔 등은 다시 상주문을 올

15) 『주판이무시말(奏辦夷務始末)』 동치왕조 제47권, 고궁박물원 사본, 1930, pp.24-25.

려서 왜인의 반박에 대해 자신들을 방어하는 해명서를 제출하였다. 물론 왜인의 특별한 신분 때문에 혁흔 등이 상주문에서 사용한 어휘는 완곡했다.

소인은 왜인의 상주문을 보았는데 뜻이 아주 고상하고 논의는 심히 정의로움을 지니고 있습니다. 소인 등이 양무운동(洋務運動)을 하기 전에는 의견이 이와 동일하였습니다. 그러나 이제 황공하옵게도 이런 의견을 올리는 것은 어쩔 수 없는 일입니다. 저희들이 그 이유를 폐하께 말씀드리겠습니다.[16)]

돌이켜 보면 춘추시대부터 성하지맹(城下之盟)의 치욕을 당했습니다. 송나라의 한기(韓琦)가 말하기를 적과 친하게 지내는 것은 다른 선택을 할 수 없기 때문이며 이는 일시적인 임기응변의 계책인데 반해 공격할 수도 있고 수비할 수도 있는 것이야말로 근본적인 계책이라고 하였습니다. 옛날부터 서양인을 대응하기 위해 마땅히 좋은 방법이 없는데 일반적으로는 대의를 깨우쳐 주어 사기를 북돋우는 한편 실력을 증강하고 전술을 강구하여 적을 제압하는 방법을 얻는 것입니다. 양무를 실행한 지 이미 2, 30년이 되었으나 조정(朝廷) 안에 그 참뜻을 아는 사람이 없기 때문에 강화회담이나 전쟁회담을 막론하고 핵심을 간파하지 못하여 경신년의 난(1860년, 2차 아편전쟁)을 초래한 것입니다.

그때 적군이 성 아래까지 쳐들어오고 전쟁이 도처에서 일어났는데 수도의 위험은 경각에 처해 있었습니다. 학사와 대부들은 수수방관하거나 도피하기에 바쁜 경우도 있었습니다. 선제(先帝)께서는 혁흔 등을 중시하시고 저희들을 수도에 남게 하시어 민심을 위무하는 일을 하도록 하셨습니다. 저희들은 가의(賈誼)처럼 통곡할 수도 없고 호전(胡銓)처럼 동해에 투신할 수도 없는 채로 아무 말도 할 수 없었습니다. 그러나 여전히 수도의 안팎에 숨어 있던 신하들은 강화조약에 일찌감치 서명하지 않은 것을 원망하고 있었습니다. 만주족 대신과 한족 대신들은 심지어 연명으로 황제에게 상주(上奏)하여 밤낮으로 하루속히 서양인과의 조약내용을 바꾸라고 재촉하고 있었습니다.

그와 같은 상황에서 저희들은 여론을 따를 수밖에 없었습니다. 이는 모두 전체적인 형국을 보전하기 위해서였습니다. 조약을 체결한 이래 8년 동안 외국

16) 『주판이무시말(奏辦夷務始末)』 동치왕조 제48권, 고궁박물원 사본, 1930, p.1.

과의 교섭업무가 무척 힘들었지만 저희들은 힘을 모아 그 조약의 내용을 유지하기 위해 최선을 다하고 있습니다. 그렇지만 그것은 단지 잠시의 현상 유지일 뿐입니다. 몇 년은 방비할 수 있어도 그 후에는 문제가 다시 제기될 것입니다. 따라서 저희들이 장기적인 대책을 생각하고 국경수비를 맡은 대신들과 함께 의논한 후 외국어와 기계제조의 방법을 배우고 서양의 총을 사용하는 부대를 훈련시키며 사람을 각국에 파견하여 풍습을 고찰하고 수도 근처에 6개 군부대를 창설하여 호위를 협동으로 하는 것 등은 모두 자강(自强)을 위한 목적에서입니다.

서양인들이 승리할 수 있는 것은 그들의 배와 무기 때문입니다. 이전에 어사(御史) 위목정(魏睦庭)은 서양인들에게 돈을 아끼지 않고 주어 무기를 제조하고 천문학과 수학을 연구하도록 하여 우리보다 기술이 더욱 정밀해 진 뒤 상하이 등지에서 몇 개소의 기술자 양성소를 설립했습니다. 진정경(陳廷敬)도 광동해구(廣東海口)에서 무기제조국을 세울 것을 요청한 적이 있습니다. 우리들은 증국번(曾國藩), 이홍장(李鴻章), 좌종당(左宗棠), 영계(英桂), 곽숭도(郭嵩燾), 장익풍(蔣益澧) 등과 함께 제조기술의 완벽한 습득은 수학으로부터 시작하지 않으면 안 된다는데 합의하였습니다. 저희들은 자세히 검토한 후 이 일은 아주 유익하다고 생각하여 천문관과 산학관을 개설하기를 간청합니다.

학생을 엄격하게 선발하지 않으면 왜인이 걱정한 것처럼 서양인들에게서 나쁜 영향을 받을지도 모릅니다. 그리하여 반드시 과거에 합격한 사람들이어야만 선발시험에 참가할 자격이 있다고 생각합니다. 그들은 큰 뜻을 품고 있어서 오늘날과 같은 상황에서 자강을 실현하기 위해 반드시 열심히 공부할 것이고 국가의 형편에 아무 관심이 없는 사람들과는 전혀 다를 것입니다. 왜인이 서양인들과 우리 사이에 원한이 있다고 하는 것은 와신상담의 뜻이 담겨 있을 것입니다. 그러나 우리는 묻지 않을 수 없습니다. 와신상담을 하는 자는 명예를 위해서인가요, 아니면 이익을 위해서인가요? 이익을 위하는 것이라면 그것은 바보스러운 것인가요, 아니면 현명한 것인가요? 사대부가 바보라면 그러한 자들이 속임수에 더 잘 떨어지나요, 아니면 사대부가 현명하다면 그러한 자들이 더 속임수에 잘 떨어지나요? 이것이 바로 우리가 엄격하게 인재를 모집하여야 한다고 요청하는 이유입니다.

오늘 왜인의 상주문을 보니 절대로 이렇게 되어서는 안 됩니다. 왜냐하면 왜인은 대학자로서 오랫동안 공자철학으로 명성을 누려왔기 때문에 그의 견해가 퍼지면 많은 사람들이 크게 반응할 것입니다. 우리는 그동안 양무를 기획해 왔는데 지혜를 모아서 국가에 이롭기를 바라고 다른 뜻은 담지 않고 있습니다. 그러나 왜인의 상주문으로 인하여 학자들이 앞으로 나아가기를 주저하는데다가 과장하지 않고 실제적인 일에 진력하는 애국심을 가진 사람들의 사기를 꺾게 될 것을 우리는 두려워하고 있습니다. 소신들이 거듭 생각해 보니 서양인들이 중국에 와서 감히 제멋대로 나쁜 짓을 벌릴 수 있는 이유는 그들이 수십 년 전부터 중국의 언어문자와 형세의 허실 등을 모두 잘 알고 있기 때문입니다. 그러나 그들의 국가상황에 대해 우리는 전혀 아는 것이 없이 공리공론만을 일삼을 뿐이었습니다. 눈 깜짝할 사이에 조약 변경의 날짜가 다가올 것인데 밤낮으로 일을 계속해도 우리는 그 상황에 대처할 수 없을 것입니다. 만약 우리가 아직도 우리들의 무지에서 벗어나지 못하면 더 이상 어찌해 볼 기회는 없을 것이 아니겠습니까? 폐하께서 지혜를 구하실 때는 또 다시 군중의 포위공격을 당할 것입니다. …

이상과 같이 길게 해명을 한 후에 혁흔 등은 자신들의 화제와 논조를 바꾸었다.

대학사는 우리들의 계획이 여러 가지 일에 장애가 된다고 믿고 있기 때문에 반드시 묘책을 갖고 있을 것입니다. 만약 확실히 외국을 견제하고 외국에 견제를 당하지 않는 방법이 있다면 소신 등은 이제 대학사와 함께 상의할 생각입니다. 만약 다른 좋은 방법이 없고 그냥 빈말일 뿐이라고 한다면 소신 등은 도무지 그가 하는 말을 신뢰할 수가 없습니다. 지금 논의되고 있는 동문관의 새로운 과목의 개설에 대한 폐하의 마지막 판단을 들을 수 있기를 엎드려 바랍니다.[17]

---

17) 『주판이무시말(奏辦夷務始末)』 동치왕조 제48권, 고궁박물원 사본, 1930, p.1.

혁흔 등의 마지막 몇 마디는 대학사로서의 왜인을 최대한으로 풍자한 것이었을 뿐만 아니라 왜인의 제안에 대한 냉혹한 공격이었다. 상주문을 본 다음날 양궁(兩宮)의 태후들은 전교를 내려 혁흔 등의 상주문을 증국번(曾國藩)에게 요점을 발췌하도록 하여 군기대신 문상(文祥)과 강원방(江元方)을 시켜서 왜인이 볼 수 있도록 전해 주도록 하였다.

그 당시 왜인은 대학사이며 동치 황제의 스승으로서 조정에서 큰 권력을 가지고 있는 인물이었다. 전달된 상주문 관련 문서를 보았을 때 그는 분노를 참을 수 없었다. 1867년 4월 12일, 즉 문서를 받은 지 5일이 지난 후에 왜인은 다시 상주문을 조정에 올려서 자신의 관점을 재차 설명하였다.

> … 전에 동문관에서 외국인들을 교습으로 채용하여 가르치는 것이 나라와 인심에 나쁜 영향을 끼친다는 것을 숨김없이 직언한 것은 단순히 감정적으로 한 말이 아닙니다. 총리아문에서 전달된 문서를 보니 충성, 신의, 예의, 의리 같은 것들은 적을 이기고 자강을 이루는 것에 비해 전혀 쓸데없는 것이라는 의견입니다. 소신은 그렇게 생각하지 않습니다. 성공을 하려면 반드시 충성과 신의를 품고 있는 인재가 있어야 하며 자강을 이루기 위해서는 반드시 예의와 의리를 품은 인재가 있어야 하기 마련입니다. 만약 서양인을 선생으로 모셔 중국 학문을 습득하는 자들한테 공부를 가르치도록 한다면 학생들의 심성을 대략 짐작할 수 있고 학문도 제대로 배우지 못할 것입니다. 설령 제대로 배울 수 있는 학생이 있더라도 그 학생이 직무에 최선을 다하여 나라에 충성할 수 있을지는 모르는 일입니다. 아마 서양인들에게 이용을 당하지 않는 자가 별로 없을 것입니다. 게다가 서양인은 늘 속셈이 많고 성격이 교활한데 자신의 기술을 배워서 자기를 상대하려는 우리들에게 겉으로는 가르치는 척하겠지만 그 남모르는 속임수는 우리가 어찌 알 수 있을까? 저는 그들의 속임수에 빠지지 않을까 걱정하는 것은 지나친 것이라고는 생각하지 않습니다.[18)]

왜인은 혁흔 등의 비난에 대해 반박하였다.

---

18) 『주판이무시말(奏辦夷務始末)』 동치왕조 제48권, 고궁박물원 사본, 1930, pp.10-12.

혁흔은 지금은 매우 어려운 시기여서 모든 사람들이 힘을 합쳐야 하는데 어찌 명예와 명성만을 위해서 쓸데없는 생각을 가지고 있느냐고 말하고 있습니다. 그러나 잘못된 것으로부터 올바른 것을 구별하기 위한 논의가 이루어지려면 다양한 의견을 가지고 있어야 합니다. 그가 주장하는 것처럼 만약 소신의 관점이 학자들이 앞으로 나아가는 것을 막고 양무파를 따라서 국내외에서 활동하는 사람들을 의기소침하게 하였다면 그의 주장은 너무 주관적인 것입니다. 이익을 볼 수 있으니 사람들은 분명히 돈을 따라서 떼 지어 달려들 것입니다. 돈과 승진이 제공되는데 어떻게 사람들이 이를 모른 체하겠습니까? 더구나 한 개인의 견해가 어떻게 수천 사람들의 애국심을 꺾을 수 있겠습니까? 많은 대신들이 있고 또 해야 할 일이 쌓여 있는데 어찌 한 개인의 견해 때문에 나라가 나락으로 떨어질 수가 있겠습니까? 이 일은 거론할 필요도 없습니다.

마지막으로 왜인은 다음과 같이 말하였다.

한마디로 서양인이 수학을 가르치는 문제에 관심이 있는 조정대신들이 실제로 수학에 정통하여야 기계를 정밀하게 만들 수 있다는 확신을 가지게 된다면 중국의 학자들은 서양인들에게 이익을 넘겨주지 않을 것이며 서양인들과 그 밖의 다른 못된 자들은 반드시 중국에서 소탕될 것입니다. 그러면 폐하께서는 밤낮의 근심을 내려놓으실 수 있고 폐하의 분노는 서양인들을 향해 나타내게 될 것입니다. 그렇게 되면 얼마나 좋겠습니까? 만약 그렇게 되지 않는다면 실질적인 효과를 거두기 전에 인심을 먼저 잃을 수 있으니 차라리 처음부터 시작하지 않는 것이 더 좋을 것입니다. 전쟁의 승리는 조정(朝廷)에 달려 있습니다. 사람을 중국 고유의 도의를 기준으로 뽑고, 거기에 더하여 실제적인 바른 법령이 시행된다면 참다운 자강이 실현될 수 있습니다. 이번 일처럼 불필요한 움직임을 피할 수만 있다면 백성들이나 나라에 이로운 일이 될 것입니다.[19]

---

19) 『주판이무시말(奏辦夷務始末)』 동치왕조 제48권, 고궁박물원 사본, 1930, pp.10-12.

왜인의 상주문을 받고 동궁(東宮)과 서궁(西宮)의 황태후들은 여전히 총리각국사무아문에 회답하는 방법을 취해 혁흔 등의 대신들에게 알아서 처리하도록 하였다.

왜인의 비난에 대해 혁흔 등은 당연히 수긍할 수 없었다. 심사숙고한 뒤에 4월 23일 하루 동안 두 번씩이나 상주문을 올려 자신들을 방어하였다. 첫 번째 상주문에서 혁흔 등은 정통적인 과거시험으로 사람을 뽑아 천문학과 수학을 배우게 하는 중요성을 거듭 천명한 외에 왜인이 자기의 반대의견을 고수함으로써 이미 초래되었고 또 장래 곧 초래될 결과에 대하여 분명히 밝혔다. 이 상주문 중에서도 혁흔 등은 앞에서처럼 예의에 어긋남이 전혀 없었다.

> … 서양인들은 다만 방법만을 가르치기 위하여 고용되고 학생들은 이들에게 제자로서의 예는 갖추지 않는다는 것이 상주문에 분명히 기재되어 있습니다. 그 상주문의 주요 내용이 여러 부서에 하달되어 있기 때문에 왜인이 그것을 몰랐을 가능성은 전혀 없습니다. 결과적으로 소위 "스승으로서 외국인을 아는 것" 다시 말하면 "스승으로서 외국인을 존경하는 것"과 같은 말들은 사람들이 그렇게 하려는 것을 못하게 하려고 근거 없이 조작된 비난인 것입니다. 그 문제에 대하여 장성조(張盛藻)가 올린 상주문에 폐하께서 답을 하신 후 신이 근무하는 총리각국사무아문에는 시험에 응시하기 위하여 오는 자가 있게 되었습니다. 그러나 왜인이 제안을 한 이래 수도 및 각 지방의 사대부들이 이를 저지하기 위하여 사사로이 모이기도 하였습니다. 그들은 심지어 어처구니없는 헛소문으로 인심을 미혹시켜 결과적으로 신의 아문에 응시하러 오는 사람이 없게 되었습니다. 그리하여 그들은 사람들의 의지에 부끄러운 짓을 하였습니다. 인심을 잃어버리게 만든 그 헛소문을 관원들 사이에 퍼뜨린 것은 그들이었습니다. 생각건대 법령을 행하는 것은 본래 즐겁게 따르도록 하여야 하는 것인데 지금 인심은 이미 헛소문으로 흔들려 버렸으니 신 등도 억지로 그들을 따르도록 할 수 없습니다. 그러나 지금 날짜를 정하여 응시자들을 위하여 시험을 보도록 계획하였습니다. 합격자들을 동문관에 보내어 공부하도록 하고 항상 잘 살피겠습니다. 만약 폐단이 발견되면 당장 그들을 해임하게 해 달라고 주청하겠습니다.

그러나 만약 왜인의 주청 내용이 불확실하다면 신들이 할 수 있는 것은 저희들의 임무에 대해 최선을 다하는 것뿐입니다. 어떤 일의 성패(成敗)에 대해선 한나라 신하인 제갈공명과 같은 현명한 사람도 예측할 수 없었거늘 신들이야 오죽하겠습니까? 그래서 이 일의 확실한 예측은 본래 왜인의 제안이 낳게 될 여러 가지 장애를 감안한다 하더라도 극히 어려운 것입니다. …[20]

상주문을 올린 후 혁흔 등은 자신들의 생각을 모두 드러내지 못했다고 생각하여 바로 그날 상주문 하나를 더 올려 자기들의 입장을 진술하였다.

도광 20년 이래 해안 지역에서 사건이 많이 일어났으므로 어명을 받들어 특별한 재능이 있는 자들을 모집하려고 하였으나 이제까지 나타난 성과가 없습니다. 최근 몇 년 사이에 신들은 변방을 지키는 대신들과 열심히 노력해 보았지만 아직도 얻은 것이 없습니다. 그리하여 할 수 없이 천문학과 수학 분야에서 인원을 모집할 것을 주청하고 서양의 장단점을 파악하기 위하여 서양인을 채용할 것을 요청하였습니다. 그리고 중국 스스로 기선, 총포 등의 무기를 제조하기 어려우므로 지식인들이 서양의 서적과 문자를 알고 열심히 연구하여 중요한 것들을 모두 번역하면 나중에 그것을 스스로 가르칠 수 있으므로 그때에는 반드시 서양인을 채용하지 않아도 될 것입니다.

이어서 그들은 또 다시 황태후에게 건의서 하나를 올렸다.

지금 헛소문이 떠돌아다녀서 저희가 이전에 이루고자 기대하였던 것은 더 이상 실행할 수 없습니다. 다만 왜인의 상주문 가운데 "천하가 이렇게 큰데 어찌 인재가 없음을 걱정할 수 있겠습니까? 천문학이나 수학과 같은 것을 꼭 가르쳐야 한다면 주위에서도 그런 것에 정통한 사람을 반드시 구할 수 있는데 하필 외국인만을 쳐다보아야 합니까"라고 하였습니다. 그가 말한 그 같은 인재들은 소신들이 궁에서 20년 이상 찾았으나 아직 구하지 못했습니다. 저희들은 왜

20) 『주판이무시말(奏辦夷務始末)』 동치왕조 제48권, 고궁박물원 사본, 1930, pp.12-14.

인의 그런 사람이 있다는 말을 들으니 참으로 걱정을 덜었습니다. 그러면 폐하께서는 왜인에게 그런 사람 몇 명을 추천하라고 요구하시고 그 자신이 책임자가 되어 다른 부서에 또 다른 천문관이나 산학관을 설립하게 하십시오. 저희는 기다리면서 그의 이런 건의가 어떻게 되는지를 지켜보겠습니다.[21]

그 뜻은 기왕 왜인이 중국에 천문학이나 수학에 정통한 사람이 있다고 말한 바에야 조정이 유지(諭旨)를 내려 왜인에게 사람을 추천하고 학관(學館)을 설치하여 왜인이 감독하도록 한 후 그 결과가 어떤지를 지켜보자는 것이었다.

황태후들은 혁흔과 그 동료들의 건의를 채택해서 4월 23일 같은 날에 유지를 내리고 혁흔 등의 대신들을 위안하면서 그들에게 원래의 계획대로 과거시험에 합격한 사람들을 선발하여 동문관에 입학시키고 공부할 수 있도록 하였다. 다른 한편으로는 왜인에게 "사람을 몇 명 추천하고 장소를 택하여 학관을 설치하고 왜인이 직접 감독하고 관리하도록 하며 동문관에서 모집한 학생들과 함께 공부하면서 서로 격려하여 이 일에 모든 사람이 실제 효과를 거둘 수 있도록 하라"[22]는 유지를 내렸다.

이 교지의 내용은 겉으로 보아서는 공평한 것 같지만 실제로는 혁흔 등의 편을 들어주는 뜻이 드러났으므로 왜인을 진퇴양난에 빠지게 하였다. 유지를 본 왜인은 더 이상 이에 대항할 용기가 없어 이틀 후, 즉 1867년 4월 25일에 스스로 이 논쟁에서 떠날 뜻을 다음과 같이 올렸다.

… 소신은 전에 외국인을 교습으로 채용하는 것이 정치 체제에 방해가 될 수 있다고 생각하였으므로 그것은 안 된다고 하였습니다. 이것은 신하인 제가 마땅히 하여야 할 일이고 사사로운 이익을 위해 감정적인 싸움을 벌인 것이 아닙니다. 유지를 곰곰이 읽어보니 동문관에서 천문학과 수학을 잘하는 사람을 모집하는 것은 대신들이 세심하게 검토한 후 내린 결정이고 더 이상 그 내용이

21) 『주판이무시말(奏辦夷務始末)』 동치왕조 제48권, 고궁박물원 사본, 1930, pp.12-14.
22) 위의 책, p.15, p.19.

바뀌면 안 될 것이니 신이 어찌 더 참견을 할 수 있겠습니까? 다만 소신이 전에 상주문에서 말씀드렸듯이 수학도 육례(六藝) 중의 하나이므로 이를 강의하라면 중국에도 어찌 이에 정통한 사람이 없겠습니까? 따라서 추측하건대 대대로 천문학과 수학을 잘하는 전문가가 있을 것이니 서양인을 교습으로 모실 필요가 없다고 생각하는 것입니다.

상주문에서 말씀드렸듯이 입국(立国)의 방도는 예의와 인심을 근본으로 하여야 하는데 술수로는 나라를 강하게 할 수가 없습니다. 천문학과 수학은 모두 하급의 학문이니 가르치지 않아도 나라의 대계에는 나쁜 영향을 미치지 않을 것입니다. 자강을 위해 반드시 수학을 가르쳐야 하는 것은 아닙니다. 동문관은 이미 특별히 설립되었고 이를 중단할 수 없으니 소신이 앞에서 아뢴 것은 거론할 만한 것이 못됩니다. 다른 학관을 설치하고 소신이 감독 관리할 필요가 없습니다. 거기다가 소신 곁에는 천문학이나 수학에 정통한 사람이 없어서 스스로 추천할 수 없습니다. …

황태후가 왜인의 이 상주문을 본 후 당일에 다음과 같이 회답하였다.

… 대학사의 상주문에 따르면 "곁에 천문학과 수학에 정통한 사람이 없어 스스로 추천하지 못한다"고 하였다. 왜인은 지금 추천할 만한 사람이 없다고 하지만 여전히 인재를 주의 깊게 찾아보아야 한다. 나중에 알맞은 사람이 있으면 즉시 추천하고 학관을 설치하여 강의할 수 있도록 하라.[23)]

이 유지에는 왜인이 천문관과 산학관의 설치를 반대하는 것에 대해 비판하는 동시에 왜인의 체면도 세워 주는 뜻이 담겨 있다. 왜인이 황제의 스승이었으므로 양궁(兩宮)의 황태후들이 이런 결정을 내린 것이다.

이러한 지경에 이르도록 양무파와 보수파는 동문관에 천문관과 산학관을 설치하는 일에 대하여 6개월 동안이나 다투다가 왜인의 패배로 종말을 고하고 말았다. 왜인은 이 일로 인해 심한 병에 걸려 황태후에게 휴가를 간청하

23) 『주판이무시말(奏辦夷務始末)』 동치왕조 제48권, 고궁박물원 사본, 1930, p.15, p.19.

였다. 황태후는 당장 "한 달의 휴가를 주니 안심하고 조리하라"는 유지를 내려 그를 잠시 이 일에서 벗어나게 해 주었다.

그러나 보수파는 여기에서 그치지 않았다. 1867년 5월 16일에 숭실(崇實)은 상주문을 올려 과거에 합격한 사람들을 천문학과 수학을 배우도록 모집하는 것에 계속 반대하였다. 6월 23일에 동문관에서 시험을 치르고 과거에 합격한 사람들을 모집하여 동문관에 입학시켜 공부하도록 할 무렵에도 후선(候選) 하북주지주(河北州知州)인 양연희(楊延熙)가 도찰원(都察院)에 상주문을 제출하였다. 양연희는 이 상주문에서 "하늘의 현상이 경고하고 여론이 들끓고 있다"는 구실을 삼아 동문관 폐기를 주청하였다. 그의 상주문은 수천 자에 달하는 긴 글로 10개 방면에 걸쳐 혁흔 등의 대신들이 동문관을 설치한 것에 대하여 비판하고 이의를 제기하였다. 그가 쓴 상주문의 마지막 부분은 다음과 같다.

> 신은 동문관이 총리아문의 제안과 폐하의 윤허에 따라 설치된 것으로 알고 있습니다. 그러나 이 일은 그 설치로 유발될 폐단과 그것을 그만 두었을 때의 이득을 생각해 보지 않고 한 일입니다. 이 일은 전혀 당치 않은 이유를 내세워 억지로 이루어진 것입니다. 수렴청정 이후에 동서궁(東西宮)의 황태후들께서는 일이 있으면 꼭 조심성 있게 사람들에게 물어보시고 심사숙고한 후에 비로소 결정을 내리셨으며 전혀 편견을 갖지 않으셨습니다. 동문관 설치에 대하여 덧붙여 말씀드리자면, 폐하께서 내린 명령을 거둬 주시기를 삼가 바랍니다. 그럼으로써 재앙의 싹을 자르고, 교육과 문화도 바른 길로 되돌리고, 하늘의 노여움도 가라앉혀 백성들의 마음을 편하게 해 줄 수 있을 것입니다.
>
> 더욱이 동문관이라는 세 글자는 송나라 시대의 감옥의 이름이었습니다. 송대(宋代)의 역사책을 보면 채경(蔡京) 등이 정권을 장악하면서 충신을 살해하고 정의로운 사람을 배척하며 자기의 의견과 다른 사람이 있으면 무조건 동문옥(同文獄)에 투옥시켰습니다. 따라서 동문관이라는 이름은 좋은 이름이 아닙니다. 지금 이 명칭을 그대로 답습해서 사용하고 한림, 진사 등 과거 출신 사람들이 여기에 모이면 그 기원과 배후가 의심스러울 뿐만 아니라 결코 선비들이

하는 사업으로서는 칭송할 만하지 못합니다.

양연희의 상주문은 조정이 동문관을 설치한 것은 본래의 의도에 어긋난다고 주장하였을 뿐 아니라 혁흔 등의 대신들을 공격하는 강경한 표현의 언설로 가득 차 있었다. 그리고 황태후들이 동문관의 창설을 지지하는 것은 "천리(天理)에 맞지 않고 민심이 바라는 것이 아니며 여러 사람들의 의견과도 어긋난 것입니다"라고 하였다. 양궁의 황태후들은 양연희의 상주문을 보고 격노하였다. 6월 30일에 유지가 내각으로 내려와 양연희의 상주문에 대해 "수천 자의 말이 모두 터무니가 없다"고 꾸짖었다. 유지의 내용은 이렇다.

> 동문관이 개설된 지 이미 몇 년이나 되었고 올해는 천문관과 산학관을 증설하여 실용적인 것을 보완하기로 한 것이다. 어사 장성조(張盛藻), 대학사 왜인이 전에 폐지해 달라고 주청하였는데 그들의 식견이 짧으므로 여러 번 그 내용을 설명해 주었다. 지주(知州)가 올린 열 가지 조항은 전에 다른 사람이 말했던 것을 다시 한 것뿐인데 지금 이것으로 자기를 내세우려고 한 것이다. 원래 이것에 대하여 그대로 내버려 두어도 되는데 이것이 풍속이나 민심과 깊이 관련되어 있어 다시 명확하게 설명할 수밖에 없다.
>
> 양연희는 동문관을 개설한 것에 대하여 각 부(部)의 대신들을 중상하였다. 양연희가 지주의 신분으로 도성(都城)에 있는 대신들을 중상하는 것은 도대체 무슨 속셈인지 다들 생각해 보라. 그리고 그는 '천문학과 수학은 변방의 대신들이 행하면 되고 황제폐하가 행하시면 안됩니다'라고 하였다. 천하는 모두 조정의 명령에 따라서 행하여야 되는데 어찌 변방의 대신은 그런 일을 할 수 있고 조정에서는 행할 수 없다는 타당한 이유가 있겠는가! 또한 '이 일을 반드시 행하여야 한다면 한림(翰林), 진사 출신의 관리들을 제외시켜 주십시오'라고 하였는데 이것도 터무니없는 말이다. 나라에서 과거시험을 시행하는 것은 인재를 등용하고 필요할 때 그들을 기용하기 위한 것이다. 증국번(曾國藩), 이홍장(李鴻章)은 모두 한림출신으로 어명을 받고 국내외 업무를 처리하였는데 책임을 남에게 전가한 적이 없다. 한림출신이면 반드시 사부(詞賦)에만 전념하고 나라의 정무를 내버려

두고 묻지 않아도 된다는 것인가?

소위 '서양의 교육은 본래 중국에는 없던 것인데 총리아문이 실행하도록 청해서 실행되었다'는 말은 모두 입에서 나오는 대로 망언을 한 것이니 더욱 역겹다. 그 연유를 따져보면 모두 왜인이 총리각국사무아문의 행주(行走)를 맡은 후에 그 일을 계속 회피해서 초래된 것이었다. 양연희의 이 상주문이 만약 왜인이 시킨 것이라면 대신의 신분에 걸맞지 않고 그 속마음이 무엇인지도 모르겠다. 모른다고 하더라도 당파의 분쟁이 이로부터 시작되었는데 이것은 세상을 올바르게 다스리는 도리와 민심과는 관계가 없다. 대학사는 나라의 안위와 관련된 일에 대하여 자기 개인의 의견을 고집하면 안 된다. 휴가가 끝난 후 즉시 총리각국사무아문에 부임하고 그 기관의 대신과 논의하여 조정의 은혜를 저버리지 마라. 양연희는 너무나 무지몽매하지만 지금은 사람들의 많은 논의가 필요할 때이니 조정은 관대하게 처리하고 심하게 책망하지 않겠다. 공친왕(恭親王)과 보윤(宝鋆)은 대신을 보내 양연희가 제기한 열 가지 사항을 재검토하라. 그리고 해당 왕공대신 및 현임 각 대신들은 모두 잠시 총리각국사무아문에 모여 진상조사를 기다려라. 이는 양연희의 상주문 중에 '권력을 독점하고 협박한다'는 말 때문이다. 지금처럼 매우 어려울 때 해당 대신들은 원망에 마음을 상하지 않고 어려움을 극복하면서 일을 하고 있는데 어찌 헛소문으로 서로 책임을 남에게 전가할 수 있겠는가. 그 소청(所請)에 대해 더 이상 논의하지 마라.[24)]

이것은 양무파와 보수파가 동문관에서 천문관과 산학관을 증설하는 문제에 대해 의견충돌을 시작한 이래 양궁의 황태후들의 언급으로는 가장 격한 유지였다. 이 유지에서는 양연희의 주장에 대해 엄하게 꾸짖었을 뿐 아니라 양연희가 상주문을 올리는 행위를 모두 왜인의 탓으로 돌려 왜인이 배후에서 시킨 것이라고 생각하였다. 왜인에게 휴가가 끝난 후 즉시 총리각국사무아문에 부임하여 공친왕과 같이 일을 하도록 명령한 것도 그러한 판단에서였다. 이 명령은 왜인에 대한 명백한 처벌이었다. 서일사(徐一士)가 쓴 『왜인

24) 『주판이무시말(奏辦夷務始末)』 동치왕조 제49권, 고궁박물원 사본, 1930, pp.24-25.

여총서동문관(倭仁與總署同文館)』 중의 기록은 이렇게 되어 있다. "그날 왜인이 자기가 맡은 일에서 일체 떠나게 해 줄 것을 청원하자 위에서 허락을 하였다. 그는 단지 대학사의 신분으로 홍덕전(弘德殿)에서 일하게 되었다 …"[25]고 하였다.

1867년 6월 30일에 내린 이 유지는 동문관에 반대하는 보수파에게 더 이상 공개적으로 이의를 제기하지 못하게 하였다. 이때에 이르러 동문관에서 천문관과 산학관을 개설하는 일에 대한 보수파의 반대는 완전히 실패로 끝났다.

1867년 6월 21일에 경사동문관의 천문관과 산학관은 신입생을 모집하는 시험을 시행하였다. 지원자는 과거시험을 통과한 자 및 기타 관리를 합하여 총 98명이었는데 실제로 응시한 사람은 72명이었으며 최종적으로 30명이 입학하게 되었다. 그로부터 천문관과 산학관은 정식으로 개관하여 수업이 시작되었다. 이후 상해광방언관(上海廣方言館) 및 광주동문관(廣州同文館)의 졸업생들도 진학을 하기 위하여 경사동문관으로 가게 됨으로써 상해와 광주에 있는 두 개의 외국어학당은 동문관의 예비학교가 되었다. 이때의 동문관은 이미 초급 외국어학당이 아니라 종합적인 현대식 고등교육을 시행하는 초기 형태의 전문대학이 되었다.

1869년 청국 조정은 윌리엄 마틴을 동문관의 초대 총교습(總教習)으로 임명하였다. 그를 임명한 이후 동문관의 교육과정은 상대적으로 크게 개선되었고 교사와 학생의 숫자가 해마다 증가하였다. 이 시기의 동문관은 이미 중국인은 물론이고 외국인이 보더라도 확실하게 정규 고등교육을 시행하는 학부(學府)가 되었다.

동문관에서 25년이라는 오랜 기간을 근무한 마틴은 그가 저술한 『동문관기(同文館記)』에서 다음과 같이 기술하였다.

25) 서일사(徐一士), 「일사담회(一事譚薈)」, 「왜인여총서동문관(倭仁與總署同文館)」, 『중국근대학제사료(中國近代學制史料)』 제1권(상), 화동사범대학교출판사, 1983, p.573.

1865년에 역원학교(譯員學校)인 동문관은 과학관을 추가로 설치할 것을 결정하고 중국어의 기초가 잘 갖추어진 학생들을 모집하였는데 이로써 학교는 대학수준에 이르게 되었다.

각 성(省)에서 온 우수한 수험생들의 답안지는 총리아문으로 보내서 동문관에서 채점하게 하였다. 가장 높은 점수를 받은 수험생들은 진사(進士)들이었는데 그들은 모두 동문관에 입학하게 되었다. 이때부터 동문관은 국립대학의 지위를 갖게 되었다.[26)]

26) 정위량(丁韙良), 『동문관기(同文館記)』, 『교육잡지(教育雜誌)』 제27권, 제4호, 1907.

제3장
경사동문관(京師同文館)의 발전

경사동문관(京師同文館)이 1862년(동치 1년) 정식 개관하여 1902년(광서 28년) 경사대학당(京師大學堂)에 합병될 때까지 40년이 경과하였다. 이 40년 동안에 동문관은 발전을 거듭하여 초등학교 수준에 불과한 언어학당으로부터 다양한 학과를 갖춘 종합적인 고등학당으로 확장되었다. 그만큼 동문관의 탄생은 중국 신식교육의 시작을 상징하는 것이었다. 중국의 학생들은 동문관에서 여러 분야의 새로운 학문과 사상을 정식으로 교육받으면서 그 영향을 받기 시작하였다. 따라서 동문관의 설립이 중국 신식교육의 효시라고 하는 견해는 조금도 지나친 것이 아니다.

과거에 동문관은 겨우 초등학교 수준이었고 아무리 높게 평가해도 중학교 수준 정도에 불과하였다는 견해가 있었다. 그러나 수많은 자료에 의하면 19세기 후반기에 탄생한 경사동문관은 수십 년 동안의 발전을 거친 후 광범위한 교육과정의 설치나 시험 체계 및 졸업생의 취업 등을 통해 볼 때 이미 고등학부(高等學府)의 수준을 갖추었다는 것을 알 수 있다. 동문관에서는 청국 정부의 수많은 유용한 인재들을 배출하였다.

그렇지만 동문관의 학생들은 주로 팔기(八旗)나 관료 집안의 자제들로 총애를 받고 자랐기 때문에 관내의 학생 관리에 많은 어려움이 있었다. 이로 인하여 상당히 긴 기간 정상적인 교육 질서를 갖추지 못하였다.

동문관은 설립 초기부터 학생에 대한 대우가 매우 후했다. 이는 청국정부 관리들의 부정부패와 밀접한 관계가 있었으며, 동문관이 최초 20년 동안 제자리에 머물고 발전하지 못하게 된 주요 원인이 되었다. 저명한 연극계의 학자였던 제여산(齊如山)은 소년 시절에 동문관에서 서양의 언어를 배운 적이 있었다. 그는 만년에 쓴 회고록에서 동문관에서의 학생 생활을 다음과 같이 묘사하였다.

> … 동문관에서의 생활을 다시 이야기해 보자. 여기서 생활하는 학생들에게는 의복을 제외한 나머지 물품들을 모두 제공해 주었다. 등유나 양초, 심지어 종이, 먹, 성냥 등에 이르기까지 모두 동문관으로부터 공급을 받았다. 음식은 아주 좋았는데, 여섯 명분의 식사 한 상에는 모두 큰 접시 네 개, 사발 여섯 개의 요리가 제공되었다. 여름에는 연잎 죽, 과일, 연근 등을 담은 큰 대접 하나를 더 제공하였다. 겨울에는 이런 큰 대접의 음식은 없었으나 신선로 하나를 추가하였다. 요리는 물론이고 신선로만 하더라도 세 가지로 나뉘어 있어 학생들이 임의로 선택하여 먹을 수 있었다. 첫 번째는 다양한 식재료로 만든 것이고, 두 번째는 돼지고기로 만든 것이며, 세 번째는 양고기로 만든 것이었다. 각종 양고기 편육, 생선회, 내장 편육, 달걀, 그리고 언두부 등등 모든 식재료가 없는 것이 없었다. 한 마디로 예전 그 유명한 북경의 정양루(正陽樓)와 같았고 부족하면 더 요구할 수 있었다. 그뿐만 아니라 원하는 요리가 없으면 다시 입에 맞는 다른 요리를 시킬 수도 있었다. 혹시 아는 사람이 와도 여기에서 식사를 할 수 있을 뿐 아니라 그 사람 역시 마음대로 요리를 시킬 수 있었다. 물론 돈 한 푼 내지 않았고 조금치의 사례도 하지 않았다.[1)]

위의 묘사는 동문관 학생의 사치스럽고 안일한 생활 모습을 구체적으로 재현하고 있다.

당시 동문관 교습들의 실력은 차이가 매우 심하였다. 이에 대하여 제여산은 회고록에서 다음과 같은 생동감 있는 예를 하나 들었다.

> 동문관의 총교습은 영국인 올리버[구예비(歐禮斐), C. H. Oliver]였다. 그는 대단히

---

1) 제여산(齊如山), 『제여산회억록(齊如山回憶錄)』, 대만보문당서점, 1989, p.30.

우쭐대고 극단적으로 교만스러우며 학자답지 않았을 뿐 아니라 글도 잘 쓸 줄 몰랐다. 그가 어떤 학생의 영어 시험지를 고쳐 주는 것을 본 적이 있는데 잘못된 부분을 보면 단숨에 고치는 다른 사람들에 비해 그는 그것을 고칠 때 너무 힘들어 하였다. 붉은 대머리의 그는 한 번 고치고, 지워 버리고, 다시 한 번 고치고, 또 지워 버렸다. 채점을 하기 전에 이렇게 여러 번 하고서야 비로소 마칠 수가 있었다. 그 당시 학생들의 영어 수준은 지금 대학교 1학년 학생들의 수준밖에 되지 않았는데 그가 그 시험지를 고칠 때 그렇게 힘들어 하는 것을 보며 그의 언어 능력의 수준이 어느 정도인지를 짐작할 수 있었다. 그리고 영문관(英文館) 학생들의 말에 의하면 그의 손을 거쳐 고쳐진 문장도 그다지 매끄럽지 못한 편이었다고 하였다.[2)]

교습의 수준이 낮은 데다가 몇몇 학생들은 인내심을 가지고 공부를 꾸준히 하지 못하였으므로 일부 학생들의 학습의 질에 심각한 문제가 발생하였다. 제여산의 회고에 따르면, 어떤 학생들은 6, 7년 동안 러시아어를 배웠지만 군기처(軍機處)에서 시험을 치러 보니 러시아어의 자모(字母)조차도 읽을 줄 몰랐다. 이로 인하여 군기처에서는 매우 화가 나서 총리아문 및 동문관에 공문을 보내 크게 힐책하였다고 하였다.

이와 같은 상황은 1869년 말에 미국인 학자인 윌리엄 마틴[정위량(丁韙良), William Alexander Parsons Martin]이 동문관의 총교습으로 임명되고 나서야 비로소 호전되기 시작하였다. 경사동문관 40년 역사 가운데 단지 2명의 총교습이 있었다. 그중에 재임 기간이 가장 긴 사람이 바로 마틴 선생이었다.

윌리엄 마틴은 1827년에 태어나서 1916년에 사망하였다. 그는 반평생을 거의 모두 중국에서 보냈다. 한때 마틴은 미국 장로회에서 파견된 선교사였는데 1846년 인디아나 주립대학을 졸업하고 이후 뉴 알바니(New Albany) 신학원에서 신학을 전공하여 1849년에 졸업하였다. 1850년 처음으로 중국에 온 그는 먼저 홍콩에 있다가 이후 영파(寧波)에서 거의 10년의 세월을 보냈다. 1854년에 마틴은 중국어로 쓴 종교서적인 『천도연원(天道淵源)』이라는 책을

2) 제여산(齊如山), 『제여산회억록(齊如山回憶錄)』, 대만보문당서점, 1989, p.33.

출판하였다. 이 책은 여러 번에 걸쳐 재판되었는데 일본어와 한국어로도 번역되었다. 1862년 이후 마틴은 상해(上海), 북경, 개봉(開封) 등지에서 학교를 설립하였다. 1865년에 경사동문관의 영어 교습으로 초빙되었다가 후에 다시 국제공법교습으로 초빙되었다. 이를 위하여 마틴은 특별히 미국에 돌아가 예일대학교에서 국제법을 공부하였다. 1869년에 중국에 돌아오자 그는 동문관의 총교습으로 초빙되었다. 마틴이 경사동문관에서 총교습을 역임한 기간은 25년에 달했다. 1898년에 경사대학당이 설립된 이후 서양학 총교습에 임명되었으며 1902년에 해임되었다. 그 후로 마틴은 1916년 북경에서 병으로 사망할 때까지 계속하여 중국에서 학문을 가르치고 선교를 하였다.

경사동문관의 총교습을 역임했던 또 다른 사람은 바로 앞에서 언급한 영국인 올리버였다. 올리버는 1857년에 태어났는데, 사망 시기는 확실하지 않다. 청년 시절에 아일랜드 퀸스 칼리지(Queen's College)에서 공부하였고 그곳에서 석사학위를 받았다. 올리버는 1897년에 중국에 왔는데 세관에서 근무하다가 같은 해 경사동문관에서 영어와 물리 두 개 과목의 교습을 맡으면서 화학과 천문학의 교습도 겸임하였다. 1902년에 동문관이 경사대학당에 합병된 후 올리버는 다시 세관으로 돌아가 근무하였는데 이후 남경(南京), 소주(蘇州), 봉천(奉天) 등에서 세무관을 역임하였다.

또한 당시 총리아문은 상주문을 올려서 유명한 수학자인 이선란(李善蘭)을 추천하여 동문관의 수학 교습에 임명하였다. 이선란은 중국 근대 과학사에서 지명도가 매우 높은 학자로 수학, 물리학, 천문학, 생물학 등 여러 분야에서 모두 뛰어난 업적을 거두었다. 그는 많은 저서를 냈는데, 그 가운데서도 영향이 큰 저서로는 『방원천유(方圓闡幽)』, 『호시계비(弧矢啓秘)』, 『대수탐원(對數探源)』, 『화기진결(火器眞決)』, 『칙고석재산학(則古昔齋算學)』, 『천문약론(天文略論)』 등이 있다. 그 외에 수많은 외국 과학서적들을 번역하였는데 예를 들면 『기하원론(幾何原論)』 9권, 『대수학(代數學)』 12권, 『대미적습급(代微積拾級)』 18권, 『곡선설(曲線說)』 3권, 『담천(談天)』 18권, 『중학(重學)』, 『식물학(植物學)』, 『나단수리(奈端數理)』 등이 바로 그의 대표적 번역서이다.

관리인원들과 교습들의 수준을 개선하는 일 외에 총리아문은 국면을 전환하기 위하여 일련의 장정(章程)들을 제정하지 않을 수 없었다.

경사동문관은 1902년 경사대학당에 합병되기 이전까지 총리각국사무아문에 소속된 하나의 교육 및 사무기구였다. 이 기구가 발전하고 확대되는 동안 모두 44개 조항으로 구성된 총 5개 장정을 제정하였다. 동문관 설립 초기의 장정에 포함되어 있는 각 조항들은 대부분 학기, 시험, 교습과 학생의 봉급 등에 대한 규정을 명확히 해 놓은 것으로, 이것들은 나중 경사동문관이 더욱 발전하도록 격려하는 데 그 뜻이 있었다. 장정들의 구체적인 내용은 이 책의 제2장에서 이미 인용하였으므로 여기에서는 더 이상 서술하지 않기로 한다.

광서(光緖) 연간에 이르러 1898년까지 동문관은 18개 조항의 장정을 새로 제정하였다. 이 18개 조항의 장정이 구체적으로 언제 제정되었는지는 지금까지 입증할 수 있는 자료가 없다. 그러나 북경도서관에 소장된 「동문관장정 및 속증조규(同文館章程及續增條規)」 기록을 보면 1898년, 즉 무술변법(戊戌變法)이 일어난 해에 동문관의 장정에는 다시 새로운 8개 조항을 추가하여 광서 연간의 동문관 조항이 26개 조항으로 증가되었다. 이 26개 조항에는 관리인원의 직책, 사무 처리의 절차로부터 학생의 시험, 상벌에 이르기까지 모두 상세하게 규정하였다. 이로부터 동문관 후기의 교육과 관리가 이미 매우 정규화되었다는 것을 알 수 있다. 예를 들면 장정에는 동문관의 관리인원에 대하여 아래와 같이 규정하였다.

> 2명의 방제조(幇提調)는 동문관의 일체 사무를 관리하고 동문관의 전체 학과의 일에 대해서는 절대로 관여할 수 없는 규정을 두어 방제조들은 자신들의 관리 영역에 대해서만 책임을 진다. 긴급한 일이 생기면 방제조는 반드시 서로 주야 교대로 동문관에 있어야 한다. 동문관 내의 모든 서류는 방제조가 처리하고 정제조(正提調)들은 사무실에 회동하여 함께 열람하고 결재하는데, 서류에는 각 제조(提調), 총판(總辦), 장경(章京) 등이 결재하도록 직함을 기재한다. 매월 문서의 수발 업무는 별도 처리하고 장경의 관리를 받을 필요는 없다. 매월 처리하고 보관하여야 할 서류는 모두 규정에 따라 월별대로 분류하여 보존한다.

서류를 교정하는 일도 역시 방제조들이 나누어 처리하며 서류 보관고에 옮기는 일까지 할 필요는 없다.

2명의 방제조는 동문관에서 교대로 주재하는데 교대할 때는 반드시 직접 인계하여야 한다. 처리하여야 할 일이 있으면 방제조가 상황에 따라 시행 여부를 판단한 후 다른 방제조와 함께 처리하여야 한다. 학생들도 보고하거나 제안할 일이 있으면 방제조를 통하여야 하며 학생들 스스로가 보고하거나 직접 제안하면 안 된다.

제여산의 회고에 따르면 예전에 동문관의 어떤 학생이 매우 제멋대로 행동하여 밤에 기생집에 갔다가 새벽 두세 시까지 동문관에 돌아오지 않은 일도 있었다고 하였다.[3] 이런 상황을 고려하여 동문관의 장정은 교습과 학생의 출석에 대한 엄격한 규정을 두었다.

동문관의 중국인 교습들이 수업을 열심히 하는지에 대하여 방제조들은 항상 관찰하여야 한다. 수업에 지각하거나 결근하는 사람이 있으면 정제조 등은 여하간 숨기거나 지체하지 말고 보고하여 처리한다.

동문관에서 숙박하지 않는 학생은 춘분(春分)부터는 매일 10시, 추분(秋分)부터는 매일 9시에 동문관에 도착하여야 한다. 그들이 동문관에 도착하는 시간을 방제조는 직접 기록하여야 한다. 학비 보조금을 받는 학생이 하루를 지각하면 지각한 날짜만큼 하루치 보조금을 감액 처분한다.

학생들은 장례, 혼례의 경우나 휴가를 허락 받은 사람 외에는 종합시험, 월례시험, 계례시험, 연례시험에 핑계를 대고 불참하면 안 된다. 만약 시험에 참가하지 않은 자는 월례시험의 경우 3일의 보조금, 계례시험의 경우 5일의 보조금, 연례시험의 경우 15일의 보조금, 종합시험의 경우 한 달의 보조금을 감액 처분한다. 보조금이 없는 학생의 경우 시험에 한 번 불참하면 한 번의 보조금 미지급 처분을 받는다. 또한 연말 시험에 한 번 통과하지 못한 학생들은 종합시험에 참가할 수 없다.

---

3) 제여산(齊如山), 『제여산회억록(齊如山回憶錄)』, 대만보문당서점, 1989, p.38.

또한 장정 중에는 학생의 품행에 대한 규정도 있다.

> 동문관에서 기숙하는 학생은 만일 이유 없이 밤에 외출하거나 외박을 하면 첫 번 규칙을 어긴 자에게는 한 달의 보조금을 감액 처분하고 두 번째의 경우는 퇴관시킨다. 보조금이 없는 학생의 경우는 첫 번의 경우라도 즉시 퇴관시킨다. 평일에 동문관에서 음주하는 자, 도박하는 자, 문제를 일으키는 자에 대하여 방제조는 정제조와 함께 사실을 조사해서 사실이 판명나면 즉시 공공기관에서 음주나 도박하는 경우의 규정에 따라 가차 없이 처벌한다.[4]

1898년에 추가된 8개 조항은 주로 교육 중에 발생하는 문제에 관하여 제정하였다. 예컨대 학생의 수업에 대하여 장정에는 다음과 같이 규정되어 있다.

> 동문관에서의 수업은 서양의 언어를 중심으로 한다. 서양의 언어에 능통하게 되면 다른 전공과목을 함께 공부할 수 있도록 한다. 최근에는 한 사람이 여러 가지 과목을 동시에 공부하는 경우가 있지만 그렇게 한다면 공부하는 모든 분야에 대해 전문가로서의 지식을 갖추지 못하는 것은 불가피한 일이다. 더구나 서양의 언어를 모르고 다른 과목만 공부한다면 당초 동문관을 세운 본래의 취지에 어긋난다. 그리므로 나중에 들어온 학생들에게는 먼저 서양의 언어를 공부하게 하여야 한다. 서양의 언어에 능통한 뒤에도 역시 한 가지 전공과목만 함께 공부할 것을 허용하도록 한다. 만일 그들 중에 서양의 언어를 하지 못하는 자가 있으면 제조가 총교습과 함께 상의하여 등급을 나누어서 차별화 한다.[5]

교습의 직책에 대해서도 다음과 같이 규정하였다.

---

4) 「동문관장정 및 속증조규(同文館章程 및 續增條規)」, 『중국근대학제사료(中國近代學制史料)』 제1권(상), 화동사범대학교출판사, 1983, pp.22-24.

5) 상동.

> 중국인과 외국인 교습 및 부교습들은 인재를 양성할 책임이 있다. 그리고 수업을 감독하는 일에 최선을 다하지 않거나 학생들이 제멋대로 하는 것에 대해서 방임하는 태도를 취하는 자는 제조가 수시로 점검하여 사실을 확인한 후 총교습과 함께 상의하여 중국인 교습은 즉시 해고 조치한다. 만일 학생들 중에 교습 및 부교습의 가르침을 따르지 않는 자가 있으면 즉시 퇴관시켜서 동문관에서 지켜야 할 규정을 엄히 지키도록 한다.[6]

다른 정규 학교들과 같이 동문관도 학사 일정이 있었다. 지금 찾을 수 있는 동문관의 학사 일정을 보면 시험, 휴일, 학기의 시작과 종료 등의 시기에 대하여 모두 명문화하여 규정하였다.

> 시험 날짜
> 시험은 월례시험, 계례시험, 연례시험으로 나뉨.
> 월례시험과 계례시험은 모두 월말에 시행함.
> 연례시험은 동문관을 봉인(封印)하기 전에 시행함.
> 월례시험과 계례시험은 2일 간 시행, 제조와 총교습 등이 시험을 감독함.
> 연례시험은 3일 간 시행, 관리대신이 감독함.
> 월례시험 상여금 은 32냥 지급.
> 계례시험 상여금 은 48냥 지급.
> 연례시험 상여금 은 72냥 지급.
> 하절기 중국어 수업을 늘리고 매월 은 8냥 추가 지급.
> 연례시험과 계례시험 성적 결과에 따라 봉급의 증감을 결정.

종합시험은 3년에 한 번 치르며 성적이 우수한 자들은 추천을 받아 벼슬에 오르고 성적이 좋지 않은 자는 우수한 성적을 거둘 수 있도록 동문관에 남아 공부하도록 하였으며 열등한 자는 제명하였다.

---

6) 「동문관장정 및 속증조규(同文館章程 및 續增條規)」, 『중국근대학제사료(中國近代學制史料)』 제1권(상), 화동사범대학교출판사, 1983, pp.22-24.

방학 날짜

정월(동문관 봉인을 떼는 날 개학)

12월(동문관 봉인날 방학)

청명절(1일 휴가)

단오절(3일 휴가)

중원절(1일 휴가)

추석(3일 휴가)

하절기 초복부터 중국어 외의 수업은 모두 한 달 간 휴강.

서양인 교습은 서양인의 매달 나흘의 일요일에 대응되는 방(房), 허(虛), 성(星), 모(昴) 나흘과 시험 다음날 하루를 쉰다.

관공서에 근무하는 학생들은 비정기적으로 수일간 쉰다.[7)]

동문관을 설립한 초기의 목적은 외국어에 능통한 인재를 양성하는 데 있었으므로 초기에는 영국 선교사인 버든(J. S. Burdon)을 초빙하여 학생들에게 영어를 가르치게 하였다. 선발된 학생들은 모두 10대의 팔기자제(八旗子弟)들이었는데, 이 청소년들은 만주에서 태어나 어렸을 때부터 만주어를 사용해 왔기 때문에 중국어 수준이 매우 낮아서, 이것이 그들의 영어 공부에 직접적인 지장을 주었다. 이에 총리아문은 팔기(八旗)에서 시험으로 한족을 선발하여 동문관에서 중국어 교습을 담당하도록 하는 규정을 마련하였다. 동문관의 초대 중국어 교습은 서주림(徐澍琳)이었다. 그는 학생들에게 중국어를 가르치는 외에 수업시간에 버든이 선교하는 것을 감시하고 제지하는 임무도 맡고 있었다.

1863년에 프랑스어관(法文館)과 러시아어관(俄文館)의 개설과 함께 팔기 중의 양람기(鑲藍旗)에서 온 중국어 교습인 장욱승(張旭升)과 팔기 중국어 교습 후보자인 양역명(楊亦銘)이 두 학과에 초빙되어 프랑스어관과 러시아어관의 중국어 교육을 담당하였다. 그 후 천문학, 수학, 화학, 격물 등의 과학기술관이 개설됨에 따라 동문관의 교습은 해마다 증가하였다.

---

7) 『동문관제명록(同文館題名錄)』, 1889, pp.1–3.

『동문관제명록(同文館題名錄)』의 기록에 의하면 1862년부터 1898년까지 동문관은 모두 110명의 정교습과 부교습을 초빙하였다. 그 가운데 중국어 교습 29명, 영어 교습 19명, 프랑스어 교습 15명, 러시아어 교습 12명, 독일어 교습 7명, 화학 교습 4명, 천문 교습 4명, 수학 교습 8명, 격치 교습 2명, 의학 교습 4명, 일본어 교습 1명이 있었다.

동문관 110명 교습 중에 기록이 있는 자의 명단은 다음과 같다(동문관 부임 연도순).

중국어 교습 29명:

서주림(徐澍琳)	1862년(동치 원년)
조패가(曺佩珂)	1863년(동치 2년)
장욱승(張旭升)	1863년(동치 2년)
양역명(楊亦銘)	1863년(동치 2년)
정여매(丁汝梅)	1865년(동치 4년)
왕중린(王仲麟)	1865년(동치 4년)
하삼영(何森榮)	1867년(동치 6년)
하금성(何金聲)	1873년(동치 12년)
두당(杜棠)	1873년(동치 12년)
하지승(賀之升)	1878년(광서 4년)
고인영(顧仁榮)	1878년(광서 4년)
적여필(翟汝弼)	1878년(광서 4년)
장금란(張金蘭)	1878년(광서 4년)
황흥렴(黃興廉)	1880년(광서 6년)
모빈(茅彬)	1883년(광서 9년)
사원조(謝元祖)	1883년(광서 9년)
진효기(陳孝基)	1884년(광서 10년)
강인보(江仁葆)	1885년(광서 11년)
정등갑(程登甲)	1887년(광서 13년)

주의전(周儀典) 1888년(광서 14년)
왕유신(王裕宸) 1889년(광서 15년)
하일잔(夏日盞) 1891년(광서 17년)
진계준(陳啓浚) 1891년(광서 17년)
문빙진(文聘珍) 1893년(광서 19년)
주존리(朱存理) 1895년(광서 21년)
황계영(黃啓蓉) 1895년(광서 21년)
홍석잉(洪錫仍) 1896년(광서 22년)
나의진(羅意辰) 1897년(광서 23년)
왕중준(王中雋) 1898년(광서 24년)

영어 교습 14명:

버든[포이등(包尔騰), J. S. Burdon] 1862년(동치 원년)
프라이어[전란아(傳蘭雅), John Fryer] 1864년(동치 3년)
마틴[정위량(丁韙良), W. A. P. Martin] 1865년(동치 4년 동문관 부임, 동치 7년 총교습 승임)
오브라이언[액백연(額伯連), M. J O'Brien] 1872년(동치 11년)
코울스[가리사(柯理士), J. P. Cowles] 1874년(동치 13년)
모스[마사(馬士), H. B. Morse] 1879년(광서 5년)
올리버[구례비(歐禮斐), C. H. Oliver] 1879년(광서 5년 동문관 부임, 광서 21년 총교습 승임)
핸콕[한위례(韓威礼), W. Hancock] 1885년(광서 11년)
열제(烈悌) 1888년(광서 14년)
안격련(安格聯) 1889년(광서 15년)
현안덕(見安德) 1892년(광서 18년)
마도납(馬都納) 1892년(광서 18년)
서매덕(徐邁德) 1898년(광서 24년)

프랑스어 교습 12명:

스모렌버그[사묵영(司默灵), Smorenberg]	1868년(동치 7년)
아르누[덕달나(德達那), D'Arnoux]	1871년(동치 10년)
리셀위버[임춘(林春), Ristelhueber]	1871년(동치 10년)
베페로[화필락(華必樂), C. Vapereau]	1871년(동치 10년)
로쉐[뇌락석(雷樂石), L. Rocher]	1876년(광서 2년)
피리[백여(帛黎), Piry]	1876년(광서 2년)
셀저[사극화(師克和), Scherzer]	1882년(광서 8년)
시극화(施克和)	1892년(광서 18년)
가필달(柯必达)	1892년(광서 18년)
담안(譚安)	1894년(광서 20년)
철사란(鐵士蘭)	1897년(광서 23년)

러시아어 교습 10명:

포포프[백림(栢林), A. Popoff]	1863년(동치 2년)
베베르[위패(偉貝), C. Waeber]	1871년(동치 10년)
티토스킨[제도진(第圖晋), Titoushkin]	1872년(동치 11년)
하겐[하간(夏干), Hagen]	1872년(동치 11년)
반탁[반탁(班鐸)]	1881년(광서 7년)
가락덕(柯樂德)	1888년(광서 14년)
노등비(勞騰飛)	1894년(광서 20년)
단이(單爾)	1896년(광서 22년)
고제애(郜悌愛)	1897년(광서 23년)
갈락발(葛諾發)	1898년(광서 24년)

독일어 교습 6명:

오락복(吳樂福)	1888년(광서 14년)
빌저[위례사(威禮士), A. H. Wilzer]	1891년(광서 17년)

그른트만[고륜만(顧倫曼), H. M. W. Grundmann] 1895년(광서 21년)
노이만[섭무만(聶務滿), Julius Neumann] 1895년(광서 21년)
아삼마(阿森瑪) 1896년(광서 22년)
비스마르크[필사마(畢斯瑪), H. M. A. Bismarck] 1898년(광서 24년)

화학 교습 2명:

빌레퀸[필리간(畢利干), A. Billequin] 1871년(동치 10년)
스툴만[시덕명(施德明), C. C. Stuhlmann] 1893년(광서 19년)

천문학 교습 3명:

해링톤[해령돈(海灵頓), Harrington] 1878년(광서 4년)
프리처[비리칙(費理飭), Fritsche] 1878년(광서 4년)
러셀[낙삼외(駱三畏), S. M. Russell] 1879년(광서 5년 동문관 부임, 광서 8년 화학 강의 겸임)

산학 교습 3명:

이선란(李善蘭) 1868년(동치 7년)
석감(席淦) 1886년(광서 12년)
왕계동(王季同) 1895년(광서 21년 부교습 승임)

물리 교습 2명:

올리버[구례비(歐禮斐), C. H. Oliver] 1888년(광서 14년 영어 교습에서 전임)
스툴만[시덕명(施德明), C. C. Stuhlmann] 1894년(광서 20년 겸임)

의학 교습 4명:

더전[덕정(德貞), Dudgeon] 1872년(동치 11년)
부셀[복세례(卜世禮), S. W. Bushell] 1884년(광서 10년)

영덕수(英德秀) 1890년(광서 16년)

콜트만[만락도(滿樂道), Robert Coltman] 1896년(광서 22년)

일본어 교습 1명:

수끼 이쿠타로(杉几太郎) 1898년(광서 24년)[8]

110명 교습 중에서 외국인은 27명으로 각 과의 강의를 분담하였다. 그 명단은 다음과 같다.

영어 교수 버든 선교사	1862년
프랑스어 교수 스모렌버그 선교사	1863년
러시아어 교수 포포프 선생	1863년
영어 교수 프라이어 선생	1864년
영어 교수 마틴 박사	1865년
화학 교수 빌레퀸 선생	1871년
프랑스어 교수 레피저 선생	1868년
국제공법 교수 마틴 박사	1867년
영어 교수 브라이언 선생	1868년
러시아어, 독일어 교수 베베르 선생	1871년
프랑스어 교수 아르누 선생, 리셀위버 선생	1871년
프랑스어 교수 베페르 선생	1871년
러시아어, 독일어 교수 티토스킨 선생	1872년
영어 교수 맥킨 선생	1872년
러시아어, 독일어 교수 하겐 선생	1872년
영어 교수 코울스 선생	1874년
프랑스어 교수 피리 선생	1876년
프랑스어 교수 로쉐 선생	1876년

8) 『중국근대학제사료(中國近代學制史料)』 제1권(상), 화동사범대학교출판사, 1983, pp.37–41.

천문 교수 해링톤 선생	1878년
천문 교수 프리처 박사	1878년
영어 교수 모스 선생	1879년
영어 교수 올리버 선생	1879년
천문 교수 러셀 박사	1879년
러시아어, 독일어 교수 판더 선생	1881년
프랑스어 교수 셀저 선생	1882년
영어 교수 핸콕 선생	1885년
생리학 교수 부셸 박사	1884년[9]

동문관에서 여러 해 동안 강의를 해 오며 열심히 근무하여 뛰어난 공헌을 한 서양인 교습들에게는 이를 장려하는 뜻으로 총리각국사무아문이 조정에 상주하여 그들에게 관직을 수여할 것을 요청하였다. 예를 들면 1885년(광서 11년)에 당시 총리아문의 대신인 혁광(奕劻)은 다음과 같은 상주문을 올렸다.

> … 신 등이 조사해 보니 동문관의 총교습인 정위량은 동치 4년 동문관의 영어 번역 교습에 임명되어 동치 7년에 총교습으로 승임되었으며, 화학 교습인 필리간, 프랑스어 교습인 화필락 두 사람은 모두 동치 10년에 동문관에 부임하였는데 세 사람은 근속기간이 가장 길면서 매우 열심히 가르쳤습니다. 이들을 격려하는 뜻으로 명예 관직을 상으로 하사하여 주시기를 청원하오며 삼가 그 명단을 작성하여 폐하께 올립니다.
>
> 첨부 명단
>
> 동문관 총교습 정위량(丁韙良), 3품 관직 시상 요청.
> 동문관 프랑스어 교습 화필락(華必樂), 4품 관직 시상 요청.
> 동문관 화학 교습 필리간(畢利干), 4품 관직 시상 요청.[10]

9) 정위량(丁韙良), 『동문관기(同文館記)』, 『교육잡지(教育雜誌)』 제27권, 제4호, 1907.
10) 중국사학회 편, 『양무운동(洋務運動)』(2), 상해인민출판사, 1961, p.65.

1862년 6월 경사동문관이 정식 설립되었을 때 영문관 하나에 학생은 모두 열 명이었다. 1863년에 프랑스어관와 러시아어관을 증설한 뒤 학생은 30명으로 증가하였다. 이때 동문관에 입학한 학생들의 지식 수준은 기껏해야 초등학교 졸업 정도에 불과하였다. 1867년 6월에 경사동문관에서 천문관과 산학관을 증설하여 30명의 학생들을 추가 모집하였다. 이때의 동문관 신입생 모집 대상자는 이제 초등학교 지식수준의 청소년이 아니라 "거인(擧人), 은공생(恩貢生), 발공생(拔貢生), 부공생(副貢生), 세공생(歲貢生), 우공생(優貢生)과 과거시험 출신의 5품 이하의 지방 관리들"[11]로 바뀌었다. 그러나 한림원(翰林院) 원장이며 대학사인 보수파의 우두머리 왜인으로부터 비롯된 반대와 유언비어에 의한 방해 때문에 실제로 동문관 입학을 지원하는 과거시험 출신자들은 그다지 많지 않았으며, 국자감 출신의 감생(監生) 및 다른 유형의 지원자들도 이와 비슷하여 지원자가 적었다. 이런 상황에도 불구하고 과거시험 출신자의 합류는 역시 동문관 학생들의 수준을 크게 높였다.

동문관을 설립한 지 20여 년이 지난 1885년에 혁광(奕劻) 등의 대신들은 다시 조정에 주청하여 "만주족과 한족 출신의 거인(擧人), 공생(貢生), 감생(監生)을 시험을 보아 모집하고 평소에 천문, 수학, 서양 각국의 언어를 공부하는 자가 있으면 나이와 상관없이 신원 보증서와 도편(圖片)을 갖추기만 하면 모두 시험을 치를 수 있도록"[12] 허락하여 줄 것을 요청하였다. 그들의 건의는 조정에 의해 채택되었다. 1886년 1월에는 시험을 통하여 108명의 학생을 입학시켰다. 1888년에 동문관의 학생 수는 125명으로 증가하였는데 이때가 동문관의 학생 수가 가장 많은 해였다. 그 후의 학생 수는 대개 120명 정도로 유지되었다.

1868년부터 대외적으로 학생을 모집한 외에 상해광방언관(上海廣方言館)과 광동동문관(廣東同文館)에서는 부정기적으로 우수한 학생들을 선발하여 경사동문관에 보내서 더욱 깊이 있는 단계의 공부를 할 수 있도록 하였다. 1899년까지 두 곳에서는 경사동문관으로 총 68명의 학생을 추천하여 보냈다. 이 학

11) 『주판이무시말(奏辦夷務始末)』 동치왕조 제49권, 고궁박물원 사본, 1930, p.30.
12) 중국사학회 편, 『양무운동(洋務運動)』(2), 상해인민출판사, 1961, p.64.

생들 중에 대다수는 후일 높이 평가되는 중국 제1세대 외교관이 되었다.

동문관은 나라의 인재를 양성하기 위하여 설립된 학교였으므로 학생들 모두가 정부로부터 장학금 혜택을 받았다. 『동문관제명록(同文館題名錄)』의 기록에 의하면 당시에 동문관 후관(后館)에서 외국어를 공부하는 학생들은 매월 은 석 냥을 받았다. 학업성적이 우수한 학생은 전관(前館)에 선발되고 매월 학업 보조금으로 은 여섯 냥을 받았다. 나중에 학문이 증진됨에 따라서 그들의 보조금은 은 열 냥으로 인상되었다. 그들 가운데 우수한 자가 부교습으로 선발되면 매월 봉급으로 은 열다섯 냥을 받았다. 만일 학생이 통역관으로 선발되어 외국에 파견되면 봉급이 은 100냥으로 인상되었고 3등 통역관이 되면 봉급은 최대 은 200냥까지 인상될 수 있었다.[13] 그 당시 동문관 학생의 대우는 매우 후한 편이었다.

동문관 설립 후 최초 6년 동안은 영어, 프랑스어, 러시아어 등 세 가지 외국어 과목만 개설되었다. 동문관에서 영어 교습을 담당하다가 나중에 동문관의 총교습에 임명된 마틴의 회고에 의하면 1868년에 산학관이 개설된 이후 수많은 자연과학 과목이 점차로 동문관에 도입되었고 동문관의 교과과정도 이때부터 크게 확충되었다. 동문관은 또한 단순히 통역관을 양성하는 학교에서 실용적인 학문을 가르치는 학교로 바뀌게 되었다.

이때 동문관에 개설된 과목은 다음과 같다.

(1) 수학: 1868년(동치 7년) 이선란(李善蘭) 교습 담당.

(2) 만국공법: 1869년 총교습 마틴(丁韙良) 담당.

(3) 독일어: 1871년 러시아어 교습 베베르(偉貝) 교습 담당.

(4) 화학: 1871년에 프랑스인 빌레퀸(畢利干) 교습 담당.

(5) 의학과와 생리학: 1872년 더전(德貞) 교습 담당.

(6) 천문학: 1878년(광서 3년) 미국인 해링톤(海灵頓) 담당.

(7) 물리: 1879년 올리버(歐禮斐) 교습 담당.

13) 『동문관제명록(同文館題名錄)』, 1887, p.32.

10대에 동문관에 입학하여 외국어를 배우기 시작하여 모든 과정의 공부를 마치기까지는 8년이 소요되었다.

1년: 글자 읽기와 쓰기, 기초단어와 문장 해석, 기초서적 읽기.

2년: 기초서적 읽기, 문법 연습, 단문 번역.

3년: 각국 지도 연구, 각국 역사책 읽기, 선집 번역.

4년: 수리학(數理學) 입문, 대수학(代數學), 공문 번역.

5년: 자연과학 연구, 기하학 입문, 평면삼각법, 구면삼각법, 서적 번역 연습.

6년: 기기(機器) 연구, 미분 적분, 항해 측량계산법, 서적 번역 연습.

7년: 화학 연구, 천문학 측량계산법, 만국공법, 서적 번역 연습.

8년: 천문학 측량계산법, 지리, 금석학, 부국책(富國策), 서적 번역 연습.

위와 같이 정해진 8년의 수업 과정은 확정된 것은 아니어서 경우에 따라 변경될 수 있었다. 연령이 비교적 많고 서양 언어를 배우지 않고 과학기술 과정만 공부하는 학생은 관련 과정을 마치기까지 5년이 소요되었다.

1년: 수리학 입문, 9장 수학, 대수학.

2년: 4차 연립방정식, 기초 기하학, 평면삼각법, 구면삼각법.

3년: 자연과학 입문, 화학 강의, 역학(力學) 계산법.

4년: 미분 적분, 항해 측량계산법, 천문 측량계산법, 기기 연구.

5년: 만국공법, 부국책, 천문 측량계산법, 지리, 금석학.

1876년(광서 2년)에 공표된 강의 시간표에는 다음과 같은 설명이 첨부되어 있다. "한문(漢文) 경학(經學)은 원래 입학할 때부터 졸업 시까지 공부하여야 하기 때문에 수업 과목에 함께 나열하지 않았다. 이제까지 처음으로 배우는 학생은 하루에 반나절씩 한문을 배워 왔고, 약간 진도가 앞선 학생도 역시 수시로 작문연습을 해 왔다. 의학이 수업 과목에 들어가지 않은 것은 학생들이 반드시 배워야 할 과목이 아니기 때문이다. 수시로 인체구조와 골격 등의 이론을 섭렵함으로써 학식을 넓히거나 동문관을 책임진 관장의 명령에 따라 그 과목에 대해 전문적으로 배울 수도 있다"[14]라고 하였다.

외국어를 배우는 학생들의 조속한 지식 습득을 위하여 동문관은 자주 학생들을 총리아문에 보내서 외국 사신과의 회담을 방청하고 듣기를 연습할 수 있도록 하였다. 규정에 따르면 결과를 검증하기 위하여 학생이 방청하고 돌아오면 들었던 내용을 모두 기록하고 총리아문에 보고하여야 하였다.

자료에 의하면 동문관의 시험 제도가 매우 엄격하다는 것을 알 수 있는데 외국어의 경우에는 계속해서 외교 문서나 각국의 조약에 대한 번역을 시험문제로 출제하였으며 다른 과목의 시험문제도 수업 과목이 늘어나고 수준이 높아짐에 따라 해마다 난이도가 높아졌음을 알 수 있다.

1872년(동치 11년)에 동문관의 연례시험에서 각 과목의 시험문제는 비교적 쉽게 출제되었다. 예컨대 수학 문제 중에 다음 두 가지 문제가 바로 그러한 것이다.

(1) 지금 포탄의 직경이 1.5척(寸)인데 만약 쇠가 물보다 8배 더 무겁다고 하면 그 포탄의 무게는 얼마인가?

(2) 위로 총알을 발사하고 20초 후에 떨어지기 시작한다면 그 총알이 상승한 높이는 얼마인가? 그림으로 그 원리를 설명하라.

다른 과목의 시험문제도 비교적 간단하였다.

화학 문제:

(1) 날씨가 불길을 더 키울 수 있는데, 그 이유는 무엇인가?

(2) 황화수소를 만드는 방법은 무엇인가?

---

14) 『동문관제명록(同文館題名錄)』, 1879, pp.19–23.

물리 문제:

(1) 어떤 방식의 수증기 동력 기계로 산길을 닦을 수 있는가?

(2) 스팀 터번의 높은 회전과 낮은 회전에 따르는 원리는 무엇인가?

의학 문제:

(1) 근시와 원시의 차이는 무엇인가?

(2) 중간 개구(開口)의 위치와 내부 개구의 기능에 대해서 설명하라.[15)]

1878년(광서 4년) 각 과목의 시험문제 난이도가 조금 높아졌으며 수학의 연례시험 문제가 외국어로 출제되는 것으로 바뀌었다. 이해의 연례시험 문제 중에서는 공법과 천문학 시험문제의 문항이 증가하였다. 1886년(광서 12년)에 동문관 각 과목의 시험문제 난이도가 또 다시 높아지고 수학문제가 중국어와 외국어 두 가지 언어로 출제되었다.

동문관의 외국어 종합시험에서는 대체로 각국의 각서 등 외교 문건을 학생들이 번역하게 하였다. 동문관의 시험문제, 특히 천문학, 화학, 물리학, 수학, 의학 과목의 시험문제들은 오늘날의 관점으로 보면 지나치게 어려운 편은 아니었지만 그 당시 그와 같은 난이도의 문제들은 중국 국내에서는 유일무이하였고 일반 초등학교나 중학교의 수준과는 비교할 수 없을 만큼 훨씬 더 어려웠다. 1902년에 동문관을 경사대학당에 합병시킨 원인도 바로 이러한 점에 있었다. 왜냐하면 동문관이 완벽하지는 않았지만 교육의 체계와 내용이 이미 "전문대학" 수준에 도달하였기 때문이었다.

---

15) 정위량(丁韙良) 외, 『중서문견록(中西聞見錄)』 제7호, 1872년 8월 창간, pp.10-13.

제4장
경사동문관(京師同文館)의 유산과 영향

경사동문관(京師同文館)은 중국 근대사에서 최초로 정부에 의해 설립된 외국어와 과학지식을 주요 교육 내용으로 하는 고등학부(高等學府)였다. 교육 운영과정에서 비록 수많은 시행착오도 있었지만 동시에 중국의 신식교육을 새롭게 세워 나가기 위하여 40년 동안 꾸준히 경험을 축적해 나갔다. 이 장기간의 교육시행을 통하여 동문관(同文館)은 중국의 외국어와 과학기술 관련 인재를 양성하기 위하여 효과적으로 활용할 수 있는 일정한 관행을 만들어 냄으로써 중국 신식교육의 기초를 다졌으며 또한 수많은 귀중한 유산을 남겼다.

경사동문관은 현대의 대학과 마찬가지로 교수가 학생을 양성하면서 동시에 자신의 전문 지식을 발휘하여 수업시간 외에는 저술을 하고 수많은 서양의 각종 서적을 번역하였다. 이 책들은 교재로 쓰이면서 한편으로는 학생들의 시야를 넓히고 그들에게 서양의 과학기술과 문명에 관해 알려주었다. 후일 외국어를 배운 일부 학생들은 인재로 성장한 뒤에 번역에 참여하거나 독자적으로 번역 일을 하기도 하였다. 교습은 물론이고 학생도 번역 서적이 출간되면 모두 상을 받을 수 있었으며 이러한 서적들은 대부분 동문관에서 설립한 출판소에서 인쇄하여 무상으로 국내의 관리들에게 증정하였다.

『동문관제명록(同文館題名錄)』의 기록에 의하면 당시에 동문관에서 번역된 책은 모두 27종으로 다양하였다.

만국공법(萬國公法) [총교습 마틴(丁韙良) 번역]

물리입문(物理入門)	[총교습 마틴 저작]
화학지남(化學指南)	[화학 교습 빌레퀸(畢利干) 번역]
법국율례(法律律例)	[화학 교습 빌레퀸 번역]
성요지장(星軺指掌)	[부교습 연방(聯芳), 경상(慶常) 번역, 총교습 마틴 감수]
공법편람(公法便覽)	[부교습 왕봉조(汪鳳藻), 봉의 번역, 총교습 마틴 감수]
영문거우(英文擧隅)	[부교습 왕봉조 번역, 총교습 마틴 감수]
부국책(富國策)	[부교습 왕봉조 번역, 총교습 마틴 감수]
각국사략(各國史略)	[학생 장수(長秀), 양추(楊樞) 번역, 미완]
화학천원(化學闡源)	[화학 교습 빌레퀸 번역, 부교습 승림(承霖), 왕종상(王鍾祥) 번역 보조]
물리측산(格物測算)	[총교습 마틴 구술, 부교습 석감(席淦), 귀영(貴榮), 호옥린(胡玉麟) 기록]
전체통고(全體通考)	[의학 교습 더전(德貞) 번역]
(무인년)중서합력(中西合曆)	[천문 교습 해링톤(海灵頓), 프리체(費理飭) 계산 편집, 학생 희장(熙璋) 등 번역]
(기묘, 경진년)중서합력	[천문 교습 해링톤(海灵頓), 프리체 계산 편집, 학생 희장 등 번역]
(신사, 임오, 계미, 갑신, 을유, 병술, 정해, 무자, 기축, 경인, 신유, 임진, 계사, 갑오, 을미, 병신, 정유, 무술년)중서합력	[천문교습 러셀(駱三畏) 계산 편집, 부교습 희장 번역]
공법회통(公法會通)	[총교습 마틴, 부교습 연방(聯芳), 경상(慶常) 등 번역 보조]
산학과예(算學課藝)	[부교습 석감(席淦), 귀영(貴榮) 편집, 산학 교습 이선란(李善蘭) 감수]
중국고세공법론약(中國古世公法論略)	[총교습 마틴 저작, 부교습 왕봉조 번역]
성학발인(星學發軔)	[부교습 희장, 좌경(左庚) 등 번역, 천문교습 러셀 감수]

싱가포르형률(新加坡刑律)	[부교습 왕봉조 번역, 총교습 마틴 감수)
동문율량(同文律梁)	[총교습 마틴 감수]
한법자휘(漢法字彙)	[화학 교습 빌레퀸 저작]
전리측미(電理測微)	[총교습 올리버 저작]
곤상구원(坤象究原)	[부교습 문우(文祐) 번역, 총교습 올리버 감수]
약재통고(藥材通考)	[의학 교습 더전 번역]
호삼각천미(弧三角闡微)	[총교습 올리버 저작]
분화진량(分化津梁)	[화학 교습 스튤만(施德明) 구술 번역, 찬수관 이며 화학 부교습 왕종상(王鍾祥) 기록][1]

동문관에서 번역된 서양 서적들은 그 내용에 따라 대체로 세 가지 유형으로 나뉠 수 있다. 첫째 인문사회과학류로 각국의 법률, 국제 지식, 세계 역사, 국제무역 등이 포함되며 『만국공법』, 『각국사략』, 『부국책』 등이 있다. 둘째 자연과학류로 물리학, 화학이 포함되며 『격물입문』, 『화학천원』 등이 있다. 셋째는 언어학습류로 중국어와 외국어의 사전인 『한법자휘』와 『영문거우』 등이 있다.

동문관에서 번역된 많은 책들은 당시의 국제학술계에서 상당히 높은 지위를 차지하였다. 지면의 제한 때문에 여기서는 몇 권만을 소개한다.

『만국공법(Elements of International Law)』의 저자는 미국의 유명한 변호사이며 학자인 휘톤(惠頓, Wheaton)이다. 1820년대에 휘톤은 미국 정부의 외교관으로 유럽에 파견되었으며 그 임기가 20년에 달하였다. 1836년 재임 기간 중에 그는 『만국공법』을 출판하였다. 1847년에 휘톤은 외교관 생활을 마치고 하버드 대학에 돌아가 국제법 교수를 역임하였다. 『만국공법』은 유럽과 미국에서 공인된 국제법의 경전이라고 할 수 있는 서적이다. 1862년에 윌리엄 마틴은 이 책의 번역에 착수하였으며 2년 후인 1864년에 중국어 번역본이 경도숭실관(京都崇實館)에서 출판되었다. 마틴은 그 후로 동문관에서 교습과 총교습을 장장 20여 년이나 맡게 되었기 때문에 이 책도 여전히 동문관의 번역서로 여겨

1) 『동문관제명록(同文館題名錄)』, 1898.

져 왔다.

『만국공법』은 모두 네 권으로 되어 있다. 제1권은 총론으로 공법의 의미를 설명하고 그 근본을 명확히 하였으며 이에 대한 일반적인 원리를 논술하였다. 제2권은 국가의 주권으로 국가의 자연적 권리를 논술하였다. 제3권은 외교관계로서 국가의 평상시 외교 교류의 권리에 대해서 논술하였다. 제4권은 교전(交戰) 조례와 규칙을 논술하였다.

청국 정부는『만국공법』을 지침으로 삼아 학회를 열고 국제 분규에 대처하는 방법을 강구하기 시작하였다. 예컨대 1864년 프러시아가 중국 영해에서 덴마크 상선을 포획해서 분쟁이 발생하자 총리아문은『만국공법』중의 해당 조례를 인용하여 사리에 입각한 집요한 논쟁 끝에 프러시아로 하여금 포획한 상선을 중국에 인계하도록 하였다.[2)]

이 사건이 발생한 뒤 총리아문은『만국공법』300부를 인쇄하여 각 성(省)에서 사용하도록 교부하였다. 1870년대 이후부터 이 책은 중국 개항장에 반드시 비치하여야 하는 책이 되었다. 이 책은 큰 영향력으로 인하여 중국에서 출판된 이듬해에 바로 일본에서도 출판되었다.

동문관의 학생인 왕봉조와 봉의(鳳儀)(후에 부교습 역임)가 집필하고 마틴이 감수한『공법편람(公法便覽)』은 미국인 울시(J. D. Woolsey)의『국제법도론(國際法導論)』을 번역한 것으로 총 여섯 권으로 1877년에 출판되었다. 이 책과 함께 마틴이 동문관 학생인 연방(聯芳), 경상(慶常)과 공동으로 번역하여 1880년에 출판한『공법회통(公法會通)』10권 및 연방과 경상이 공동 번역하고 마틴이 감수하여 1876년에 출판한『성요지통(星軺指通)』그리고『나폴레옹법전』을 번역한『법규율례(法規律例)』등의 책은 모두 중국에 심원한 영향을 끼쳤다.

왕봉조가 번역하고 마틴이 감수한『부국책(富國策)』은 그 원저자가 영국학자인 포셋(H. Fawcett)이다. 총 3권의『부국책』은 국제무역을 논술한 명작이다. 양계초(梁啓超)도 이 책에 대하여 높은 평가를 하였다. 그는 이 책에는 "매우 많은 깊은 이치가 있다. 책의 내용에서 언급한 상업의 원리와 이치는 전 세계에 부합되고 무수한 국제법의 원리를 담고 있어 전문가로서 명망이 높은 사

---

2) 웅월지(熊月之),『서학동점 및 만청사회(西學東漸 및 晩淸社會)』, 상해인민출판사, 1995, p.318.

람이 아니면 그 깊은 이치를 이해할 수 없다. 중국이 상업을 진흥시키려면 상학회(商學會)가 있어서 사람들을 모아 이런 이치를 설명해주지 않으면 안 될 것이다"[3)]라고 하였다.

자연과학분야에서 빌레퀸이 번역한 『화학지남(化學指南)』 10권은 기초화학에 관한 거작이다. 이 책 전반 6권은 금속과 비금속에 대해서 논술하였고 후반 4권은 화합(化合)의 원리에 관해 논술하였다. 빌레퀸이 번역한 또 다른 번역서는 『화학천원(化學闡原)』 10권인데 화학에 대해서 분석한 거작이다. 동문관 학생인 승림(承霖), 왕종상(王鐘祥)이 이 책의 번역에 참여하였다.

이 당시의 서양서적들은 더 이상 보수파가 선전했던 "이단사설(異端邪說)"이 아니었다. 왜냐하면 이러한 서적들은 한편으로는 중국 지식계에 서양의 문화, 과학, 법률, 역사 등 여러 분야의 정황을 소개하고 과학 지식을 보급시켰으며 각 지역의 신식학교에 교재로 제공되었다. 또 다른 한편으로는 서양서적들을 통해 서양의 선진 문화와 과학지식을 적극적으로 전파할 수 있게 되어 양무운동의 발전이 촉진되었다. 요컨대 서양서적의 번역, 출판은 중국에 서양의 선진 문화와 과학지식을 전파하는 데 매우 적극적인 역할을 하였다.

동문관은 처음에는 총리각국사무아문에 필요한 번역 인재를 양성하고 준비하기 위하여 설립하여 중국의 제1세대 외교관들을 배출하였다. 40년 동안의 동문관 졸업생 가운데 많은 사람들이 중국 청 말기와 중화민국 초기의 영향력 있는 외교관이 되었다. 이후 동문관 졸업생 수가 증가하면서 중국의 외교상 위치가 갈수록 중요해지자 많은 사람들이 일본, 영국, 프랑스, 독일과 그 밖의 여러 나라에 주재하는 외교사절이 되었다.

일찍이 1866년에 직무를 담당할 만한 능력을 갖춘 통역관을 양성하기 위하여 동문관은 선발한 학생들을 중국 공사(公使)를 수행하여 외국 시찰을 가도록 함으로써 언어능력을 수련할 수 있도록 하였다. 광서(光緖) 연간에 이르러서는 학생들을 외국에 유학 보내는 것을 일종의 훈련방법으로 삼았다.

3) 양계초, 『독서학서법(讀西學書法)』, 시무보관, 1896, p.9.

1896년(광서 22년) 동문관은 1년에 연이어 두 번 학생들을 유학 보냈다. 첫 회에는 15명의 학생들을 영국, 프랑스, 러시아, 독일에 유학을 보냈고 다음 회에도 16명의 학생들을 다시 이들 네 개 나라에 보냈다. 파견된 학생들에게 총리아문은 후한 대우를 하여 외국에서 순조롭게 유학생활을 할 수 있도록 해 줄 것을 조정에 주청하였다. 총리아문은 1896년 2월에 조정에 올린 상주문에서 해외에 유학한 학생들의 경비 문제에 대하여 특별히 여섯 개 조항의 제안을 하였다.

(1) 유학생에게는 유학하는 학교에 도착하여 과정을 이수할 때까지 매월 은 50냥을 봉급으로 지급하고 서양인 교습은 학습 진도를 평가하여 등급 석차를 정하며 출사대신(出使大臣)은 지급하는 봉급의 등급을 높이는 것을 결정한다. 매 등급은 10냥을 초과할 수 없다.
(2) 유학생 1명당 북경을 출발할 때 은 150냥을 지급한다.
(3) 각 학교의 연수비용은 일정하지 않으므로 출사대신이 명확하게 조사하여 지급한다.
(4) 유학생은 천진에서 출항하며 선편은 총세무사(總稅務司)가 2등선실표를 대신 구입하고 비용을 정산한다.
(5) 학생의 유학기간은 3년을 만기로 하고 귀국 선편은 출사대신이 2등선실표를 대신 구입하고 비용을 정산한다.
(6) 현지에 도착한 유학생은 대사관에 기거하고 식사비용은 매월 지급하는 봉급에서 자비로 지출하고 그 밖에 서양서적 및 학용품의 구입비용은 모두 출사대신이 지급한다.

이 같은 조치의 실시로 동문관은 해외에 유학하는 학생들에게 풍족한 조건을 제공하여 그들이 우수한 인재가 될 수 있는 여건을 만들었다.

『동문관제명록(同文館題名錄)』의 기록에 의하면 1879년부터 1898년까지 동문관 출신의 176명 학생들 가운데 26명의 학생들은 여러 유형의 신식학당에서 교습이나 학당의 재장(齋長)을 담당하였다. 이러한 학당의 예를 들면 사천학당(四川學堂), 훈춘아문서원(琿春俄文書院), 안휘학당(安徽學堂) 등이 있다. 33명의 학생들은 영국, 프랑스, 독일, 러시아, 미국, 일본의 외교관 직책을 맡음으로써 청국 말기 중국의 외교 인재에 대한 갈증을 해소하였다. 그 외에 39명의 학생들은 통역관이 되었는데 그들 가운데 대부분은 외국에 주재하는 여러 대사관들의 통역관이 되었다. 또 다른 일부는 국내의 변방지역에서 통역업무를 담당하였다. 그 밖에 강남기계제조국(江南機器製造局)에 들어가 기술 분야에서 번역 업무에 종사한 사람도 있었다.

동문관을 졸업한 많은 학생들 중에 청국 정부와 지방의 관직에 임명된 사람은 65명에 달하였다. 그 가운데 2품이 된 사람이 9명이었는데 그 사람들 중에는 천진기계국총판(天津機械局總辦)인 승림(承霖), 프랑스 주재 대사 경상(慶常), 일본 주재 대사 왕봉조(汪鳳藻), 영국 주재 참사관 장덕이(張德彝) 등이 있었다. 3품과 4품이 된 사람은 25명이었는데 병부(兵部), 호부(戶部), 도찰원(都察院), 형부(刑部), 공부(工部), 내각(內閣) 등 중요한 정부 부문에서 관직을 맡았다. 또한 과학기술 부문에 들어가 공정기술 등의 업무에 종사한 졸업생들도 있었다.

이처럼 동문관이 배출한 학생들은 청국 정부의 많은 부문에서 중요한 직무를 담당하였다. 이와 같은 요직을 담당하는 인물들은 소학당에서는 결코 배출해 낼 수 없었으며 이는 경사동문관이 실로 고등교육을 담당하는 학당이었음을 증명하는 중요한 증거의 하나이다.

당시의 학당들 가운데 동문관은 그 규모가 가장 컸으며 학당의 시설도 아주 잘 완비되어 있었다. 『동문관제명록(同文館題名錄)』의 기록에 따르면 동문관 서고에는 4,400여 권의 장서가 있었다. 그중에는 한문서적이 1,300권, 외국어서적이 2,100권, 한문으로 쓰인 수학 등의 서적이 1,000권 있었다. 이러한 서적의 일부는 외국인이 기증한 것이었다. 지금까지 줄곧 북경대학교와 긴밀한 협력관계를 유지하고 있는 프랑스 파리의 동방어언문화학원은 일찍이 1872년에 중국에서 동문관이 설립된 것을 알게 된 후 동문관 책임자인 마틴에게 한 번에 책 188권을 증정하였다. 이 서적들의 내용은 화학, 의학, 물리, 수학, 지리, 농사법, 병법 등의 과목으로부터 프랑스어사전, 시사(詩史)

등에 이르기까지 매우 광범위하였다. 이에 보답하기 위하여 총리아문도 많은 중국서적을 구입해서 동문관 총교습인 마틴을 통하여 프랑스 파리 동방어언문화학원에 보내 주었다. 동문관의 교습과 학생들은 서고의 장서를 마음대로 빌려서 읽을 수 있었다.

각 외국어관의 교육을 돕기 위하여 동문관은 1873년에 인쇄소를 설립하였다. 인쇄소에는 한자 활자와 로마자 활자 및 수동 인쇄기 7대가 갖춰져 있었다. 당시에 동문관의 교습과 학생들이 번역한 서적 및 시험지는 모두 이 인쇄소에서 인쇄된 것이었다. 인쇄소에서는 총리아문을 위한 공문서를 인쇄하는 임무도 맡고 있었다. 동문관 총교습인 마틴은 친구에게 보낸 서신에서 1877년에 동문관 인쇄소에서 중국 수학의 고전과 청국 황제의 친필 시를 인쇄한 적이 있다는 것을 전하고 있다. 동문관 인쇄소는 사실상 무영전(武英殿)의 황실 인쇄소를 대체한 것이었다.

1876년에 동문관은 근대중국 최초의 화학실험실과 박물관을 설립하였으며 1888년에는 물리실험실을 설립하였다. 그리고 천문관의 교육을 돕기 위하여 1888년(광서 4년) 동문관은 천문대를 만들었다. 천문대는 높이가 약 50척(16.65m)이었으며 지붕이 사면으로 회전할 수 있고 내부에는 하늘을 관측하는 기구를 설치하였다. 교습은 때때로 학생들을 인솔하여 천문대에 올라가서 하늘을 관측하였다.[4)]

19세기 중엽 양무운동이 일어났을 때 중국의 황제는 여섯 살에 즉위한 동치[(同治), 애신각라(愛新覺羅) 재순(載淳)]였다. 그러나 실제로 권력을 장악한 사람은 동치 황제의 생모인 자희태후(慈禧太后)였다. 동치 황제는 친히 정사를 돌본 지 얼마 되지 않아 병으로 사망하였다. 새로 즉위한 광서 황제가 당시 불과 네 살밖에 되지 않았으므로 자희태후는 계속하여 정권을 장악할 수 있는 기회를 갖게 되었다. 자희태후의 통치 기간은 동치 황제의 집권기(1862~1874)로부터 광서 황제의 집권기(1875~1908)까지 장장 47년간이나 되었다. 자희태후는 역사상 봉건통치 세력의 우두머리 자리를 굳건히 지킨 대표적인 인물로서

4) 『동문관제명록(同文館題名錄)』, 1896, p.79.

청국의 통치에 위해를 가할 수 있는 신흥세력에 대하여 이를 단호히 탄압하는 입장을 취하였다. 그러나 이와 동시에 필요할 때는 자신의 통치전략과 방식을 유연하게 바꾸기도 하였다. 예를 들면 양무운동과 양무학당의 설립에 대해서 자희태후는 자신의 통치에 위해가 되지 않으면 당분간 내버려 두거나 때로는 지지하는 태도를 취하기도 하였다. 자희태후는 경사동문관 설립 문제에 대한 강경파들의 끈질긴 반대에도 불구하고 혁흔(奕訢)을 우두머리로 하는 양무파(洋務派)의 양무학당 설립 주장을 확고하게 찬성하였다. 이것은 함풍(咸豊) 황제 사후에 자희태후가 권력을 쟁취할 때 혁흔이 강력한 지지를 한 공이 있었기 때문이었다. 그러나 더욱 확실한 이유는 양무운동이 외세의 침략에서 청국을 보호하고 태평천국(太平天國)의 난을 진압하는 데 도움이 되는 이점이 있었으며 또한 청국 통치의 강화에도 도움이 되었기 때문이었다. 자희태후의 경사동문관 설립에 대한 찬성과 허락은 경사동문관을 40년이라는 장기간 동안 유지하도록 하였을 뿐만 아니라 신식학당에 대한 이러한 태도는 이후에 자희태후가 경사대학당 문제에 대해 취한 입장에도 영향을 주었다.

경사동문관은 19세기 중엽에 중국에서 전개되기 시작한 양무운동의 산물이었다. 그러나 이 양무운동에 의하여 세워진 양무학당은 경사동문관 하나만 있었던 것은 아니었다. 동문관의 탄생은 여러 지방에서 양무학당의 설립을 촉발하였다. 사료의 고증에 따르면 당시의 양무파 관리들은 신식학당을 설립하는 것을 양무운동의 핵심 내용으로 삼아 잇따라 30여 개의 새로운 양무학당들을 설립하였다. 전문적으로 외국어 인재를 양성하는 학당은 경사동문관 외에 상해광방언관(上海廣方言館), 광주동문관(廣東同文館), 신강아문관(新疆俄文館), 대만서학관(臺灣西學館), 훈춘아문서원(琿春俄文書院), 호북자강학당(湖北自强學堂) 등 여섯 개의 학당들이 더 있었다. 이 같은 "서양언어"를 공부하는 학당 외에 청국 정부는 서양의 근대화된 군사 및 과학기술을 교육하는 학당들을 설립하였다. 그중에 가장 대표적인 것이 복건선정학당(福建船政學堂), 강남제조국부설조포학당(江南制造局附設操砲學堂), 광동실학관(廣東實學

館), 천진수사학당(天津水師學堂), 천진무비학당(天津武備學堂) 등이었다. 이러한 양무학당들 가운데 경사동문관은 등급이 제일 높고 최대 규모라는 명성을 누렸다. 다른 학당들의 학생들은 졸업한 후에 경사동문관으로 가서 계속 공부하여 더욱 깊이 있는 연구를 하였고 경사동문관의 졸업생은 다른 학당에 가서 교습에 임명될 수 있었다. 양무학당 중에서 비교적 영향력이 있는 학당들은 다음과 같이 다섯 곳이 있었다.

(1) 상해광방언관(上海廣方言館)

경사동문관이 창설된 뒤 얼마 후인 1863년 3월 28일에 강소순무(江蘇巡撫) 이홍장(李鴻章)은 경사동문관의 예를 따라서 상해에도 외국어학당 한 곳을 설립할 것을 주청하였다. 그는 상주문에서 "… 경사동문관의 설립은 아주 좋은 방법입니다. 계속 운영하게 되면 반드시 학식과 덕행이 높고 어진 정인군자(正人君子)나 재주 있는 사람들이 배출될 것입니다. 그리하면 이 사람들이 서양지식의 핵심을 알게 될 것이고 그들이 변방의 평정에 공헌하게 될 것입니다. 외국인이 가장 많이 모여 사는 상해와 광동(廣東)에는 또한 여러 나라의 외국인들뿐만 아니라 많은 서양의 서적들과 지식정보가 모여 있습니다. 단순히 외국어를 가르치기 위해서는 평범한 외국인으로도 충분하지만 넓고 유용한 정보와 생각을 가지고 있는 훌륭한 능력을 지닌 사람은 상해와 광동에서만 찾을 수 있습니다."[5]라고 하였다.

황태후의 신분으로 수렴청정을 하고 있던 자희태후는 이홍장(李鴻章)의 의견을 들어서 상해에 외국어학당의 설립을 재가하였다. 학당은 처음에는 "학습외국어언문자동문관(上海學習外國語言文字同文館)"이라고 이름을 정하고 40명의 학생을 모집하여 경사동문관을 모범으로 삼아서 운영을 시작하였다. 이는 1867년 11월에 상해광방언관으로 개칭되었고 1898년에 상해강남제조국부설조포학당(上海江南制造局附設操砲學堂)에 합병되었다. 1905년(광서 1년)에 양강총독(兩江總督)인 주복(周馥)의 건의에 의하여 상해광방언관은 다시 공업학당(工業學堂)으로 이름이 바뀌었다.

5) 오여륜(吳汝綸) 편, 『이문충공전서(李文忠公全書)』 상주문 제3권, 상해상무인서관, 1922, p.12.

상당한 기간 동안 상해광방언관은 사실상 경사동문관의 예비학교 역할을 하였다. 상해광방언관은 우수한 학생들을 선발하여 계속 깊이 있게 공부할 수 있도록 경사동문관으로 보냈다. 1868년부터 1896년까지 28년 동안 상해광방언관은 경사동문관으로 28명의 우등생을 보냈으며 후에 이런 학생들 중의 일부는 능력을 갖춘 중국 제1세대 외교관으로 성장하였다. 예를 들면 후일 왕봉조(汪鳳藻)는 벼슬이 2품에 올랐고 일본 주재 대사를 역임하였으며 유식훈(劉式訓)은 브라질과 페루 주재 공사, 당재복(唐在復)은 네덜란드 주재 공사, 대진림(戴陳霖)은 일본과 스페인 주재 공사, 호유덕(胡維德)은 프랑스 주재 공사, 유경인(劉鏡人)은 러시아 주재 공사, 양서문(楊書雯)은 캐나다 주재 총영사, 육정상(陸征祥)은 중화민국 외교장관 겸 국무총리서리, 오종렴(吳宗濂)은 중화민국 총통부(總統府)의 외교자문을 역임하였다.[6] 상해광방언관은 42년 동안 존립하였다.

(2) 광주동문관(廣州同文館)

광주동문관도 이홍장이 건의하여 상해광방언관과 동시에 자희태후의 재가를 받고 설립되었다. 광동은 그 당시 서양 선교사들이 많이 모여 사는 곳이었으므로 자희태후는 하루에 두 번이나 유지(諭旨)를 내렸다. 하나는 광주(廣州)의 장군인 고극길태(庫克吉泰)와 양광총독(兩廣總督), 도찰원좌부어사(都察院左副御史) 안단서(晏端書)에게 광주동문관을 설립하는 일을 공동으로 감독하고 처리하라는 것이었고, 다른 하나는 광주동문관의 학생들에게 단지 외국어만을 공부할 수 있도록 하고 서양인이 이를 핑계로 암암리에 천주교를 선교하지 못하도록 특별히 규정한 것이었다.[7] 이를 통해 양무학당의 설립을 두고 자희태후가 약간의 망설임이 있었음을 알 수 있다.

광주동문관은 1864년 6월 23일(동치 3년 5월 20일) 정식으로 개관하고 20명의 학생을 모집하였다. 당시에 미국인 교사 1명만이 교육을 담당하였으므로

---

6) 오종렴(吳宗濂), 「상해광방언관시말기(上海廣方言館始末記)」, 『경사동문관학우회제일차보고서(京師同文館學友會第一次報告書)』, 경화인서국, 1926, p.2.

7) 『주판이무시말(奏辦夷務始末)』 동치왕조 제14권, 고궁박물원 사본, 1930, p.5.

처음에는 영문관만 개설하였다. 1879년에 광주의 장군인 장선(長善)의 주청으로 광주동문관은 프랑스어관과 프러시아어관을 증설하였으며 각 관의 학생은 10명이었다.

상해광방언관과 마찬가지로 광주동문관도 우등생을 선발하여 경사동문관에 보내서 더욱 깊이 있게 공부할 수 있도록 하였다. 1871~1890년간 경사동문관으로 보낸 학생들은 40명에 이르렀다. 이렇게 경사동문관에 보낸 학생들 가운데 중국 근대 외교계 및 정계에 영향을 끼친 여러 명의 인물들이 배출되었다. 예를 들면 좌병륭(左秉隆)은 싱가포르 주재 청국 총영사, 양추(楊樞)는 일본과 벨기에 주재 대사, 주자제(周自齊)는 농상총장(農商總長)을 역임하였다. 광주동문관은 1902년에 광주주방중학당(廣州駐防中學堂)에 합병되기까지 39년 동안 존속하였다.

(3) 호북자강학당(湖北自强學堂)

호북자강학당은 광서 연간에 개설된 양무학당이었다. 1893년 11월 근대 신식교육의 적극적인 제창자이며 양광총독(兩廣總督)인 장지동(張之洞)은 무한(武漢)에 호북자강학당을 창설하였다. 그는 11월 9일에 올린 상주문에서 "호북(湖北)은 장강(長江) 상류지역에 위치하고 남북의 요충이며 한구(漢口)와 의창(宜昌)이 모두 개항장(開港場)이어서 서양과의 업무가 빈번하여 이곳에서 일어나는 일들이 나라 전체의 국면에 대해서 영향이 있으므로 이러한 일들을 수행할 인재의 양성이 시급합니다"[8]라고 하였다. 또한 그는 자강학당(自强學堂)의 설립 목적이 당면한 업무나 정세를 중시하고 중국과 서양의 지식에 통달하며 기계와 수학을 깊이 있게 연구하도록 교육하여 인재를 양성함으로써 관리로 임명될 수 있도록 대비하는 것이라고 강조하였다.

호북자강학당은 설립 초기에는 외국어, 수학, 격치, 상무(商務) 네 개 학과를 개설하였다. 각 학과의 학생 정원은 20명이었고 교육기간은 5년이었다. 1896년에 수학과는 양호서원(兩湖書院)에 통합되었고 격치, 상무과(商務科)는 모두 외국어를 공부하는 것으로 바뀌었다. 이로부터 이 학당은 완전히 외국

8) 허강신(許岡莘), 『장문양공주고(張文襄公奏稿)』 제21권, p.20.

어학당이 되었는데 영어, 프랑스어, 러시아어, 독일어 등 네 개 과를 개설하고 각 과의 학생 수는 평균 30명 정도였다. 1898년에는 일본어과를 증설하였으며 그 당시 전체 학생 수는 150명이었다.

호북자강학당의 총판(總辦)은 채석용(蔡錫勇)이었는데 그는 1867년에 광동동문관을 졸업하였고 후에 경사동문관에서 천문학과 수학을 공부하였다. 채석용은 호북자강학당의 총판에 임명되기 전에 미국, 일본, 페루 등의 나라에서 중국대사관의 통역과 참사관 등을 역임하였다. 1903년에 장지동은 자강학당을 일반 중학당으로 개편하였다.

(4) 복건선정학당(福建船政學堂)

복건선정학당은 구시당예국(求是堂藝局)이라고도 하는데 근대중국 최초의 해군학교로서 근대중국 해군 인재의 요람으로 널리 알려져 있다.

1866년 6월 25일 민절총독(閩浙總督) 좌종당(左宗棠)은 복주(福州)의 마미(馬尾)에 선정국(船政局)의 설치와 함께 선정학당(船政學堂)을 부설해 줄 것을 주청하였다. 그는 자희태후에게 올린 상주문에서 이렇게 말하였다.

> 신이 청하건대 바다에서의 피해를 예방하고 이익을 얻으려면 반드시 해군을 정비하여야 합니다. 해군을 정비하려면 반드시 부서를 설립하여 선박의 제조를 감독하여야 합니다. 서양의 국가들이 정교한 기량을 가지고 있는데 비하여 중국은 정교한 기량이 부족함에도 안심하고 있어서는 안 되며 서양의 국가들이 많은 능력을 보유하고 있는데 비하여 중국은 아무런 능력도 가지고 있지 못하면서 허세를 부려서는 안 됩니다. … 하급무관이나 낮은 계급의 사람이라도 교육에 능통하고 선장 능력이 있으면 즉시 천(千), 바(把), 도(都), 수(守)와 같은 무관 직급에 임명하고 점차로 상위 직급으로 승진시켜서 해군 지휘관이 될 수 있도록 하여야 합니다. 이렇게 하여야 유능한 자들이 서로 가진 재능을 가지고 경쟁하여 그 직위에 이르려고 최선을 다할 것입니다. 앞으로 교육이 진행될수록 해군의 인재들도 셀 수 없을 정도로 증

가할 것입니다.[9)]

자희태후는 곧 좌종당의 이 건의를 수락하였다. 이에 복건선정학당의 설립 준비가 시작되었다. 1866년 10월 좌종당은 민절총독(閩浙總督)에서 섬감총독(陝甘總督)으로 부임할 때 강서순무(江西巡撫)인 심보정(沈葆楨)이 선정(船政)과 관련된 업무를 주관하도록 적극 추천하였다.

1867년 초 복건선정학당이 정식으로 개교하였다. 복건선정학당은 전학당(前學堂)과 후학당(後學堂)으로 나뉘었다. 전학당은 프랑스어와 선박제조기술을 가르치고 후학당은 영어와 선박관리를 가르쳤으며 교육기간은 5년이었다. 수업과목은 외국어 외에 수학, 기하, 대수, 물리, 화학, 제도(制圖), 천문학, 지리, 항해술, 기관사 업무, 운항 등이 있었다.

복건선정학당에서 선박제조기술을 배우는 학생들은 대부분 선정국(船政局)에 소속된 각 조선소에서 모집한 이해력이 뛰어난 젊은 노동자들이었다. 그들의 나이는 15~18세로 제한이 있었다. 처음에는 10여 명의 학생들만 있었으나 이후에 100여 명으로 발전하였다. 이러한 학생들을 "예도(藝徒)"라고 하였다. 예도들은 각 조선소에 분산되어 있어 보통 낮에는 조선소에서 일을 하고 밤이 돼서야 공부를 하였다. 그래서 선정학당은 사실상 일하면서 공부하는 교육제도를 실행하였으므로 근대중국 최초의 산학협동 교육제도라고 할 수 있다.

복건선정학당의 후학당은 1871년에 시작하여 연습선이라는 의미의 "연선(練船)"제도를 만들었다. 즉 학생이 훈련을 거쳐 시험을 통과한 후에는 서양인 교습의 지휘 아래 바다로 나가 배를 운항하는 교육을 받는 것인데 전체 과정의 정해진 교육기간은 3년이었다.

복건선정학당은 가장 번창할 때 학생 수가 300여 명이나 되었다. 그중에 성적이 우수한 사람은 영반(領班), 감공(監工), 공정사(工程士)로 승진되거나 해외유학을 갈 수 있었다. 후일 북경대학교 총장을 역임한 엄복(嚴復)도 복건선정학당이 파견한 제1회 유럽 유학생이었다. 1907년에 선정학당은 학생모집

9) 『좌문양공전집(左文襄公全集)』 상주문 제18권, 상해서국, 1986, p.5.

을 중지하였다. 1913년 중화민국정부는 선정학당과 선정국을 분리시켜 복주제조학교(福州制造學校), 복주해군학교(福州海軍學校), 복주예술학교(福州藝術學校) 등 세 개의 학교로 개편하였다.

복건선정학당은 47년 동안 존속하였는데 졸업생 수가 637명에 이르렀으며 근대중국을 위하여 많은 조선(造船) 전문가와 해군 지휘관을 양성하였다. 그중에 적지 않은 사람들이 해군 함대의 핵심인물이 되었다. 예를 들면 북양수사(北洋水師)의 주요 12척 군함의 함장 중에 11명이 복건선정학당의 졸업생이었다. 임태증(林泰曾), 유보섬(劉步蟾), 등세창(鄧世昌), 임영승(林永昇), 황건훈(黃建勛), 임리중(林履中) 등의 함장은 청일전쟁 중에 벌어진 해전에서 일본 침략자들과 용감히 싸우다가 순국하였다. 또 황종영(黃鍾瑛), 살진빙(薩鎭冰), 유관웅(劉冠雄), 정벽광(程壁光), 이정신(李鼎新) 등의 졸업생들은 신해혁명 후에 잇따라 정부의 해군총장에 임명되었다. 살진빙은 1949년 이후 중화인민공화국 정부에서 관직에 임명되었다. 이로써 복건선정학당은 중국근대 교육역사상 특수한 지위를 차지하는 학교였다는 것을 알 수 있다.

(5) 광동실학관(廣東實學館)[서학관(西學館)]

상해광방언관, 광동동문관, 복건선정학당에 이어서 해군을 지휘할 더욱 많은 인재들을 양성하기 위하여 1876년 12월에 양광총독인 유곤일(劉坤一)은 광동(廣東)에 서학관(西學館) 하나를 설립할 것과 서학관을 설립하기 위한 부지로 삼기 위하여 은화 8만 냥으로 황포(黃埔)에 있는 조선소를 매입할 것을 건의하였다.

1880년(광서 8년)에 후임 양광총독인 장수성(張樹树)은 황포에 실학관(實學館) 설립을 추진하기 시작하였다. 1882년 광동실학관은 정식으로 개교하여 40명의 학생을 모집하였다. 광동실학관의 학생들은 영어 외에 조선, 운항 두 개 과목이 더 개설되어 공부할 수 있었다. 실학관의 규정에 따르면 조선 과목의 성적이 우수한 학생은 조선 외에 채광(採鑛) 및 총포와 수뢰(水雷) 등의 과목을 더 수강할 수 있었다. 광동실학관의 교육기간은 5년이었다. 1884년에 장지동(張之洞)은 황포실학관(黃埔實學館)을 "박학관(博學館)"으로 개명하였고

1887년에 광동수륙사학당(廣東水陸師學堂)에 합병시켰다.

19세기 하반기에 자희태후는 앞에서 언급한 몇 군데의 비교적 규모가 큰 학당에 추가하여 그 밖에 군사학당들의 개설을 재가하였다. 그중에서 상해강남제조국조포학당(上海江南制造局操砲學堂), 천진수사학당(天津水師學堂), 천진무비학당(天津武備學堂), 광동황포어뢰학당(廣東黃埔魚雷學堂), 광동수륙사학당(廣東水陸師學堂), 북경곤명호수사학당(北京昆明湖水師學堂), 산동위해위수사학당(山東威海衛水師學堂), 강남수사학당(江南水師學堂) 등 13곳의 군사학당이 영향력이 있었다. 이러한 학당들은 모두 근대중국을 위하여 수많은 군사 지휘관 인재들을 양성하였다.

이와 동시에 그 밖의 과학기술 인력을 전문적으로 양성하는 학당들도 양무운동 중에 시대의 요구에 따라 생겨났다. 그 예들은 다음과 같다.

(1) 복건전기학숙(福建電氣學塾)[전보학당(電報學堂)]

복건전기학숙은 근대중국 시기에 최초로 설립된 전기통신 인력을 전문적으로 양성하기 위한 학교였다. 1876년 6월 24일(광서 2년 5월 3일)자 「만국공보(萬國公報)」의 보도에 의하면 복건전기학숙은 처음 개교 당시 학생이 32명이었는데 그중의 28명은 홍콩에서 영어를 배운 적이 있다고 하였다. 학숙(學塾)의 창시자는 중승(中丞)인 정우생(丁雨生)이었다. 이 학숙의 우등생은 영국의 더욱 큰 전신학교에 유학을 보내거나 다른 교육기관에 가서 계속하여 학업을 마치도록 하였다.

(2) 천진전보학당(天津電報學堂)

1880년 9월 16일 북양대신 이홍장은 조정에 상주문을 올려 외국을 본보기로 하여 천진과 상해 사이에 전보선로 가설을 허락해 줄 것을 요청하였다. 그는 상주문에서 그 이유를 다음과 같이 설명하였다.

러시아에서 보낸 전보는 상해까지 하루가 걸리는데 지금 상해에서 북경까지 이것을 선편으로 보내고 있으므로 6, 7일이 걸려야 비로소 북경에 도착할 수 있습니다. 만약 바닷길이 막히면 역마로는 최소한 10일이 걸립니다. 상해에서 북경까지의 거리가 2천수백 리인데 러시아로부터 상해까지의 수만 리보다 오히려 소식의 전달 속도가 10배 정도 늦습니다. 만일 군대를 움직여야 할 일이 있을 때 외국군대의 소식 전달이 중국보다 훨씬 더 빠를 것이니 누가 더 유리할지는 분명히 알 수 있습니다.[10)]

그는 전선(電線)을 가설하는 동시에 전보학당을 설립하고 서양인 교사를 초빙해서 중국 학생들을 가르칠 것을 건의하였다.

얼마 후 곧 이홍장은 자희태후의 재가를 받았다. 같은 해 10월에 천진전보학당은 정식 개교를 하고 제1기로 32명의 학생들을 모집하였다. 그 후에 학당은 부정기적으로 학생을 모집하여 학생 수가 가장 많았을 때 50명이 되었고 나이는 16세에서 22세로 고르지 않았다. 영어와 수학의 기초가 충실한 학생은 4, 5년 후에 졸업할 수 있었다. 천진전보학당의 수업과목은 전보실습, 기초전기통신, 기구의 운영규칙, 국제전보규약, 전자학(電磁學), 전기측정, 수륙전선의 가설, 전보선로측량, 재료학, 전보지리학, 수학, 도면제작, 전기조명, 영어와 중국어 등이 있었다. 이 학당의 졸업생은 300명에 달하였다. 1895년 경사동문관의 학생이었던 경상은 이 학당의 제조(提調)와 영어교습을 함께 담당하였다.[11)]

(3) 천진의학당(天津醫學堂)[북양의학당(北洋醫學堂)]

1880년 북양대신(北洋大臣) 이홍장은 런던선교회의 의사인 존 매켄지(John K. Machenzie)가 자기 부인의 오랜 고질병을 치료해 주자 그가 천진에 소형 신식병원을 개설할 수 있도록 후원하였다. 이 병원은 "총독병원(總督病院)"(Viceroy's Hospital)이라고 불렸다. 1년 후 매켄지는 미국유학을 다녀온 몇 명의 학

10) 오여륜(吳汝綸), 『이문충공전서(李文忠公全書)』 상주문 편 제38권, 상해상무인서관, 1922, p.16.

11) 『필내덕기천진전보학당(畢乃德記天津電報學堂)』, 『중국근대학제사료(中國近代學制史料)』 제1권(상), 화동사범대학교출판사, 1983, pp.486-488.

생들에게 육해군의 군의관이 될 수 있도록 현대의학에 관한 교육을 시켰다. 이렇게 하여 "총독병원부설 의학교"가 설립되었다. 이 학교는 1881년 12월 15일에 개교하였는데 학생은 8명이었고 천진에 주재하는 영국과 미국의 해군 가운데 외과 의사를 선발하여 교습으로 초빙하였다.

1888년 의사 매켄지가 별세한 뒤 총독병원은 런던선교회가 매입하였다. 이홍장은 현지 상인의 기부금으로 천진에 신식 병원을 세우고 여기에 의학당을 부설하였다. 1893년 이 학교는 학교 건물을 신축하였는데 이를 북양의학당(北洋醫學堂)이라고 하였으며 혹은 천진서의학당(天津西醫學堂)이라고도 하였다. 이 학당은 천진수사학당과 천진무비학당의 선례에 따라 모든 비용을 해안방어 경비에서 지출하였다. 학당의 교과과정은 서양의 의과학교의 기준에 따라 설치하였다.[12]

(4) 남경육군학당부설철로학당(南京陸軍學堂附設鐵路學堂)

1896년 1월 양강총독 장지동은 남경육군학당부설철로학당을 창설하는 일에 관한 상주문을 광서 황제에게 올렸다. 이 상주문에서 장지동은 독일 육군을 예로 들어 용감하고 전투에 능한 군대를 훈련시키려면 "학당을 많이 설립하여 실질적인 것을 가르치지 않으면 장군 재목의 인재를 양성할 수 없습니다"라고 주장하였다. 또한 그는 "외국의 철도부서의 경우 전적으로 그 일만을 담당하는 높은 관직의 대신이 있으며 크고 작은 학당이 매우 많습니다. 독일에서는 철도에 관한 지식과 기술을 가진 사람이 수만 명에 달하는데 이런 정도는 되어야 전국 십만여 리의 철도 수요를 충족시킬 수 있다고 들었습니다"[13]라고 하였다. 그리고 육군학당 아래 철로학당을 부설하고 90명의 학생을 모집하여 철도 관리를 전문적으로 배울 수 있도록 할 것을 제안하였다.

(5) 남경저재학당(南京儲才學堂)

1896년 2월 양강총독 장지동은 남경에 통신교육, 농정, 공예, 상업 등의

12) 위의 책, pp.491-492.

13) 허강신(許岡莘), 『장문양공주고(張文襄公奏稿)』 제26권, p.8.

내용을 모두 포함한 저재학당(儲才學堂)을 창건하였다. 이 학당은 법률, 조세, 재배, 수리(水利) 목축, 농기구, 화학, 증기기관, 광업, 기계공정, 중국 토산품, 재정 및 경제, 각국 상품소개 등의 과정을 개설하였는데 마치 무역학교와 같았다. 1898년에 유곤일(劉坤一)이 양강총독을 이어받은 뒤 저재학당은 강남고등학당(江南高等學堂)으로 바뀌었고 후에 다시 남경물리서원(南京物理書院)으로 변경되었다.

그 외에 당시에 일정한 규모를 갖추고 과학기술 인재를 양성하는 학당에는 상해전보학당(上海電報學堂), 호북산술학당(湖北算術學堂), 호북광무국공정학당(湖北鑛務局工程學堂), 산해관철로학당(山海關鐵路學堂), 호남상향동산정사(湖南湘鄉東山精舍), 호북농무공예학당(湖北農務工藝學堂), 상해강남제조국공예학당(上海江南制造局工藝學堂) 등이 있었다.

양무파가 양무학당을 창설한 목적은 서양 관련 업무를 담당하여 처리하는 인재를 양성해서 청나라 외교와 군사 방면의 수요를 충족시킴으로써 봉건통치를 공고히 하기 위한 것이었지만 중국 근대 교육사에서 19세기 후반기에 활발하게 설립이 시작된 양무학당은 분명히 매우 중요한 위치를 차지하였다. 양무학당의 탄생과 발전은 수천 년의 전통을 가진 중국 봉건사회의 과거제도 방식의 교육에 극심한 충격을 주었다. 수많은 양무학당의 설립은 서양의 근대적인 문화, 교육사상, 과학기술을 중국에 전파할 수 있도록 하였다. 이러한 의미에서 양무학당은 당시 일부 지식인들의 "서학동점(西學東漸)"의 꿈을 이루게 하였을 뿐만 아니라 중국의 전통적인 교육을 현대화를 향하여 한 발짝 더 나아가게 하였다. 또한 이와 같은 양무학당의 성쇠는 후일 경사대학당 등 많은 고등학부의 창설을 위한 경험을 축적하고 기초를 다지게 하였다.

제5장
강학회(强學會), 관서국(官書局)에서 경사대학당(京師大學堂)의 설립 기획까지의 과정

"중국이 4천 년의 긴 꿈에서 깨어난 것은 청일전쟁에서 비롯되었다."[1)]

1894년 7월(광서 20년 6월) 일본은 북양(北洋)함대의 병력 운송선을 공격하는 한편 조선을 중국 침략의 발판으로 삼기 위하여 육상으로 중국 군대를 공격함으로써 청일전쟁을 일으켜서 세계를 충격에 빠뜨렸다. 8개월 동안 계속된 청일전쟁은 마침내 북양함대가 완전히 궤멸하고 청국 정부가 일본과 주권을 상실하는 굴욕적인「마관조약(馬關條約)」을 체결함으로써 끝이 났다.「마관조약」은 총 11개 조항으로, 주요 내용은 다음과 같다.

(1) 중국은 요동반도(遼東半島), 대만 및 부속도서, 팽호열도(澎湖列島)를 일본에 할양한다.
(2) 중국은 전쟁배상금으로 고평은(庫平銀) 2억 냥을 일본에 지불한다.
(3) 중국의 사시(沙市), 중경(重慶), 소주(蘇州), 항주(杭州)의 개항과 일본 선박의 양자강(揚子江) 및 그 부속 하천에 대한 자유로운 통행을 허용한다.
(4) 중국의 각 개항 항구에서 일본인의 공장 설립과 공산품의 제조를 허용하고 잡세(雜稅)를 면제한다.

「마관조약」은 중국을 반 식민지화하였고 민족의 위기를 크게 심화시켰다. 왜냐하면 조약에 규정된 거액의 전쟁배상금은 중국의 전년도 재정수입의 3배에 달하는 엄청난 금액이었기 때문이다.

1) 중국사학회 편,『무술변법(戊戌變法)』제1권, 상해인민출판사, 1953, p.296.

이 조약이 중국 사회와 경제에 미친 심각한 영향은 역사상 전례가 없는 것이었다. 청일전쟁 이전까지 청국 정부의 재정은 대체로 수지균형을 유지할 수 있었으며 약간의 잉여금도 있었다. 그러나 청일전쟁 이후인 1896년(광서 22년)부터 매년 외채 원금과 이자를 합하여 2천만 냥을 상환하여야 했으며 1898년부터 이것은 2천5백만 냥으로 증가하였다. 「마관조약」에 따라 할양된 영토의 면적도 「남경조약(南京條約)」에 의한 홍콩 할양을 훨씬 상회하는 것이었다. 더구나 개항지에서 일본인의 공산품 제조를 허용한 것은 중국의 국민경제를 더욱 심각하게 해치는 결과를 낳았다.

「마관조약」의 체결이 입힌 경제적 손실은 그것이 제국열강들에게 자본유출을 통하여 중국을 약탈하는 중요한 수단이 되게 하였다는 점이었다. 은의 대량유출로 인하여 청일전쟁 이후부터 해체되기 시작한 중국의 자연경제는 결국 붕괴하는 지경에 직면하게 되었다.

그 당시 청국 조정의 지배계층 가운데 종실왕공(宗室王公), 부원(府院), 간관(諫官), 직례독무(直隸督撫), 장군(將軍) 등은 상주(上奏)하여 「마관조약」의 체결을 저지하려고 하였으며 심지어 일부는 조약을 파기하고 다시 일본과의 전쟁을 주장하기도 하였다.

청일전쟁의 패배는 청 왕조의 양무운동을 통한 "오랑캐의 장점을 배워서 오랑캐를 다스린다(師夷治夷)"는 꿈을 산산조각 내버렸다. 제1차 아편전쟁 이후부터 중국이 번번이 겪게 된 외교업무뿐만 아니라 정치나 군사상의 실패와 좌절은 진보적인 정치인과 지식인들의 자각을 불러일으켰다. 마침내 그들이 명백하게 깨닫게 된 진리는 양무운동이 중국을 멸망에서 구할 만병통치약이 아니라는 것이었다.

양무운동의 지도자인 이홍장(李鴻章)과 장지동(張之洞)은 이제 갈 곳이 없었다. 양무운동을 통해 정치, 군사, 경제, 교육 등 모든 방면을 앞장서서 이끌어 나가던 규범들이 이제는 시대적 요구를 전혀 충족시킬 수 없게 되었기 때문이었다. 바로 이와 같은 배경 하에서 강유위(康有爲)를 비롯한 새로운 세대의 변법유신자(變法維新者)들과 손중산(孫中山)을 대표로 하는 혁명주의자들이 시대의 요청에 따라 동시대에 탄생하였다.

1895년 중일 강화협상이 진행되던 시기는 마침 회시(會試) 무렵이었다. 각 성(省)의 거인(擧人)들이 수도인 북경에 모여들었고, 강유위도 그중의 한 사람이었다. 강유위의 자는 광하(廣廈), 호는 장소(長素) 또는 조이(祖詒)이며, 무술변법(戊戌變法) 이후에 호를 바꾸어 갱생(更生)으로 하였다. 그는 1858년 3월 19일(함풍 8년 2월 5일) 태어나 1927년 3월 31일 사망하였다. 그의 출생지가 광동성(廣東省) 남해현(南海縣)이므로 학계에서는 남해(南海) 선생 혹은 강남해(康南海)라고 높여 부르기도 하였다.

강유위의 가문은 대대로 내려오는 학자 집안이었다. 고조부 강휘(康輝)는 광서포정사(廣西布政使)였으며 증조부 강건창(康建昌)은 복건안찰사(福建按察使)를 지냈고 자정대부(資政大夫)에 봉해졌다. 그리고 조부 강찬수(康贊修)는 도광(道光) 연간에 거인(擧人)으로서 합포현(合浦縣) 교유(敎諭), 흠주(欽州) 학정(學政), 연주(蓮州) 훈도(訓導)를 담당하였으며, 부친 강달초(康達初)는 광동성(廣東省)의 유명한 학자 주차기(朱次琦)의 제자였다. 강유위의 부친은 고금의 지식이 해박하였으며 여러 나라의 내란을 평정하고 국가를 다스리는 학문에 큰 흥미를 가지고 독자적인 이론을 정립하여 연구를 진행하였다. 강유위 가문의 친인척과 친구들도 대부분 벼슬을 하거나 학자들로서 평소에 서적을 모으고 함께 모여 국사(國事)를 논의하기를 좋아하였으므로 강유위는 어려서부터 이러한 환경에 큰 영향을 받았다.

강유위는 어린 시절부터 영민하여 4세 때 이미 많은 글자를 알았고, 5세 때는 당시(唐詩) 수백 수를 암송할 수 있었다. 6세 때 부친은 광동(廣東)의 유생인 여봉간(呂鳳簡) 선생을 가정교사로 초빙하여 강유위가 『대학(大學)』, 『중용(中庸)』, 『논어(論語)』, 주희(朱熹)가 주해한 『효경(孝經)』 등의 고전서적을 체계적으로 공부하도록 하였다. 강유위는 고전을 무턱대고 기계적으로 암송하지 않고 항상 도리와 이치를 체계적으로 철저하게 이해하고 궁리하여 스승으로부터 높은 평가를 받았다.

그가 10세 때 부친이 병으로 세상을 떠나자 그의 조부인 강찬수는 손자를 매우 사랑하여 자신이 직접 강유위를 양육하기로 결심하였다. 그는 조부의 가르침에 따라 『강감(綱鑒)』, 『대청회전(大淸會典)』, 『동화록(東華錄)』, 『명사(明史)』, 『삼국지(三國志)』 등의 서적과 황제의 성지(聖旨)와 신하들의 상서(上書)가 담긴 저보(邸報)를 읽으면서 많은 역사 지식과 정사(政事)에 관해 알게 되었다. 젊은 강유위는 증국번(曾國藩), 이홍장(李鴻章), 좌종당(左宗堂), 낙병장(駱秉章) 등을 매우 숭배하였다. 그는 시대의 대변동(大變動)을 이해하기 시작하면서 점차로 일종의 역사적인 사명감을 갖게 되었다.

16세 때 향리(鄕里)에서 거행된 문학시험에서 강유위는 단숨에 6편의 글을 써서 제출하였고, 그 시험에서 우수한 글로 선정된 15편의 글 가운데 이 6편의 글이 모두 선정되었을 뿐만 아니라 1, 2, 3등을 모두 그가 차지하였다. 이때부터 그의 명성이 크게 떨치게 되었다. 그 후부터 강유위는 위원의 『해국도지(海國圖志)』, 서계여(徐繼畬)의 『영환지략(瀛環志略)』 등 서양 지식에 관한 서적을 읽으면서 세계 여러 나라에 대해 이해하기 시작하였다.

19세 때 강유위는 향시(鄕試)에 참가하였으나 팔고문(八股文)을 잘 쓰지 못하여 낙방하고 말았다. 이 낙방으로 강유위는 좀더 훌륭한 스승을 모시고 다시 새롭게 공부하기로 결심하였다. 얼마 후 그는 조부의 도움으로 광주(廣州)의 저명한 학자이며 부친의 스승인 주차기(朱次琦)가 설립한 사립학교에 입학하여 3년 간 공부하였다. 주차기는 올바른 지식인이었으며 품행과 학문도 광동성에서 가장 뛰어난, 그 당시 청국에서는 드문 이학대사(理學大師)였다. 주차기의 학문은 주로 경세치용(經世致用)에 관한 것으로 역대 중국 정치개혁의 득실을 위주로 한 많은 저술을 하였고 자신의 견해를 학생들에게 전수하기도 하였다. 강유위는 그의 학문사상과 처세정신으로부터 커다란 영향을 받았다. 주차기의 지도를 받으며 강유위는 전면적이고 체계적으로 중국 고대 유가(儒家)의 경전(經典)을 연구하고, 춘추전국시대의 정치, 역사, 문학, 철학에 관한 수많은 서적을 읽으며 개인의 운명과 나라의 전망에 대하여 깊은 사색을 하곤 하였다.

그렇지만 아무리 궁리하여도 해답을 찾을 수 없었기 때문에 결국 그는 종일 집에 머물기도 하고 심지어는 책을 읽는 것도 멀리하게 되었다. 그러한 때에 그는 우연한 기회에 한림원(翰林院) 편수(編修)인 장내화(張鼐華)를 알게 되고 그로부터 서양 자본주의의 문명, 문화 그리고 예술을 접하고 나서 사상이 바뀌게 되었으며 인생과 세상에 대한 새로운 인식을 갖게 되었다.

1884년 26세가 된 강유위는 공자진, 위원 등의 글에 감명을 받아 매우 진지하게 서양의 학문을 탐구하게 되었으며 그것을 중국의 전통학설과 대조해 나가기도 하였다. 이로부터 강유위는 중국의 유가학설(儒家學說)의 인도주의(人道主義)와 서양 자본주의의 자유, 평등, 박애 사상을 활용하여 나라와 백성을 구할 길을 찾기 시작하면서 첫 번째 자본주의 사상 관련 서적인『인류공리(人類公理)』를 저술하였다. 그는 중국인으로서는 처음으로 "인간에게는 자주권(自主權)이 있으며 서로 평등하다"는 새로운 사상을 제기하고 군주제(君主制)와 종법등급제도(宗法等級制度)에 대해 강렬히 비판하였다. 강유위는 변법(變法)개혁의 길만이 나라를 부강하게 하며 외국에 괴롭힘을 당하고 뒤쳐져서 고통을 당하는 상황을 벗어날 수 있다고 믿었다.

1886년 양무운동의 적극적인 지도자인 장지동이 양광총독에 임명되었다. 강유위는 친한 친구인 장내화를 통하여 장지동에게 편지 한 통을 보냈다. 편지의 내용은 광주에 역서국(譯書局)을 설립하여 서양의 정치 관련 서적을 전문적으로 번역 출판할 것을 건의한 것으로 이 건의는 장지동의 지지를 얻게 되었다

1888년 강유위는 순천부(順天府)에서 열리는 향시에 참가하기 위하여 북경에 도착하였다. 그는 북경에서 9개월 간 머무는 동안 도처에서 자신의 변법 주장을 선전하고 다녔다. 그리고 그는 자희태후와 광서제(光緖帝)에게 "폐하께서는 국가의 위기에 대하여 즉각적인 개혁을 실행하시어 전래의 제도를 바꾸고 현 상황에 대한 비판을 수용하소서"라는 상서(上書)를 올려 변법개혁을 청하였다. 이것이 바로 유명한「상청제제일서(上淸帝第一書)」이다.

상주문에서 강유위는 대담하게도 자희태후와 광서 황제의 나라를 다스림에 있어 무능함을 비판하면서 그들이 온 힘을 다해 나라를 다스려서 안으로 정사(政事)를 훌륭히 다스리고 밖으로는 외적을 몰아내어 이전의 치욕을 씻어내고 나라의 기초를 탄탄히 다질 것을 요청하였다. 동시에 3개항의 건의를

제출하였는데 그 내용은 현행 법률을 개정하고, 민정(民情)을 파악하며, 조정의 대신들과 왕족들을 살피고 감독하여야 한다는 것이었다. 이와 같은 관점은 후일 유신파(維新派)의 기본사상이 되었다.

그런데 이 상주문의 내용이 너무나 격렬하여 자신들이 연루될 것을 두려워한 대신들은 어느 누구도 감히 황제에게 이것을 올리는 자가 없었다. 그렇지만 강유위의 대담한 행동과 주장은 북경에서 강력한 반응을 불러일으켰다. 이로써 본인이 화제의 인물이 되었을 뿐만 아니라 상주문인 「상청제제일서」가 널리 읽혀지고 전파되었다. 이에 조정의 보수적인 관리들은 강유위를 몹시 미워하여 북경에서 그를 내쫓을 것을 주장하였다.

강유위는 이러한 압력 때문에 잠시 북경 교외로 피신하였지만 국정에 대한 관심은 전혀 버리지 않고 있었다. 그는 친한 친구인 도인수(屠仁守)를 위하여 대신 상주문을 쓰게 된 기회를 이용하여 계속 자신의 변법유신 주장을 표방하였다. 1889년 1월 강유위가 친구를 대신하여 쓴 상주문에서 "이화원(頤和園) 공사를 중지하라", "순친왕(醇親王)은 권력을 내려놓고 정치에 관여하지 말라", "재상을 해임하고 환관의 정치참여를 금하라", "언로(言路)를 넓게 열고 변법유신을 시행하라", "자희태후는 광서 황제에게 정권을 되돌려주어라"는 등의 요구를 하여 자희태후를 격노하게 하였으며 이로써 도인수는 해임당하고 영구히 어떤 지위에도 재임용되지 못하는 영불서용(永不敍用)의 처벌을 받게 되었다.

1890년 봄 강유위는 청 왕조에 대한 실망과 친구에 대한 가책 때문에 수도인 북경을 떠나 광주로 돌아와서 "만목초당(萬木草堂)"을 설립하였다. 1890년부터 1894년에 이르는 4년 동안 강유위는 자신의 모든 정력과 지혜를 유신변법의 인재를 양성하고 새로운 학문체계를 세워 나가기 위한 일에 쏟았다. 유신변법의 풍운아 가운데 한 사람인 양계초(梁啓超)가 강유위를 스승으로 모시게 된 것이 바로 이 시기이다.

양계초의 자는 탁여(卓如), 호는 임공(任公)이며, 1873년 광동성(廣東省) 신회현(新會縣)에서 태어나 어려서부터 전통적인 유가 교육을 받으며 자랐다. 1889년 16세에 양계초는 향시에 합격하였다. 이 향시의 시험 책임관은 후일 경사대학당 설립을 주장한 형부시랑(刑府侍郎) 이단분(李端棻)이었다. 이단분은 재능이 출중한 청년학자인 양계초를 아주 좋아하여 자신의 사촌동생인 이혜선(李惠仙)과 결혼시키고 싶어하였다. 1890년 양계초는 회시(會試)에 응시하기 위해 북경에 올라와 진사(進士)에 합격하지는 못했으나 이단분의 주선으로 자신보다 4세 연상인 이혜선과 약혼하고, 이듬해 결혼하였다. 이 결혼은 양계초의 일생에 중요한 전환점이 되었다. 8년 후 무술변법의 와중에 양계초는 이단분을 대신하여 경사대학당의 설립 요청을 포함한 수많은 상주문을 집필하였다. 이단분 또한 무술변법에 대한 강유위와 양계초의 주요 지지자 중의 한 사람이었다. 무술변법이 실패한 후 이단분은 변방에 유배되었다.

1890년 양계초는 친구의 소개로 강유위를 처음 만나게 되었다. 강유위의 학식에 곧 바로 감복한 그는 지금까지 배워 온 모든 학문을 버리고 강유위의 문하에서 수제자이자 유능한 조수가 되었다. 1895년 초 강유위는 제자인 양계초와 함께 다시 북경에 올라갔는데, 그것은 양계초를 그해에 시행된 회시를 치르게 하기 위해서였다.

강유위는 중일 강화협상이 시작되었을 때 협상의 진전에 많은 관심을 기울였다. 4월 15일 「마관조약」의 초안이 북경에 전해졌을 때, 강유위는 조정의 관원을 통해서 알게 된 조약의 주요내용이 나라의 주권을 잃고 치욕을 당하는 것이어서 크게 놀라고 비통해하였다. 슬픔의 고통을 진정한 다음 그는 양계초와 맥맹화(麦孟華) 등의 제자들에게 지시하여 각 성(省)에서 회시에 응시하기 위하여 올라온 거인들에게 연락을 취하여 공동으로 「마관조약」의 체결을 거부할 것을 조정에 요청하도록 하였다.

다음 날 회시에 응시하기 위하여 상경한 광동과 호남(湖南)의 거인들 일부가 강유위의 숙소에 모여 들었다. 강유위는 비분강개하여 「마관조약」의 주요내용에 대하여 설명하면서, 실제 조약이 시행될 경우에 닥칠 위해(危害)들을 상세히 분석하며 비통한 나머지 목이 메도록 통곡하였다. 그곳에 모인 거인들도 모두 격앙하여 연명(聯名)으로 조정이 「마관조약」을 체결하지 않도록 황제에게 상서하기로 결정하였다. 강유위는 즉시 상주문을 기초하고 모두 81명의 거인들이 서명하여 이것을 강유위가 도찰원(都察院)에 올렸다. 광동과 호남의 거인들이 앞서서 상서를 올렸다는 소식을 들은 다른 성(省)에서 올라온 거인들도 잇달아 연명하여 상서를 올리게 되었다. 복건(福建), 사천(四川), 강서(江西), 귀주(貴州)의 거인들이 제일 먼저 호응하였고 그 뒤를 이어 강소(江蘇), 호북(湖北), 섬서(陝西), 감숙(甘肅), 광서(廣西), 하북(河北), 산동(山東), 산서(山西), 운남(雲南)의 거인들도 일본이 제출한 불평등조약의 체결 반대를 연명으로 상서하였다.

삽시간에 북경에서는 청국 정부의 「마관조약」 체결을 반대하는 물결이 일어나기 시작하였다. 이러한 상황에 고무된 강유위는 이 같은 유리한 형세를 이용하여 조약체결 반대 투쟁을 확대하고 유신변법 운동을 추진하기 위한 여론을 형성해 나가기로 하였다. 그는 양계초 등으로 하여금 계속하여 북경에 머물고 있는 18개 성의 거인들과 연계하도록 하여 대규모 공거상서[公車上書, 공거는 거인의 별칭]를 일으킬 것을 계획하였다. 강유위는 직접 18,000여 자에 달하는 장문의 「상청제서(上淸帝書)」를 작성하였다.

5월 1일 각 성의 거인 1,300여 명과 일부 수도의 관원 및 유명인사가 북경 송균암(松均庵)에 모여서 상서에 관하여 함께 상의하였다. 이 집회에서 강유위는 「마관조약」의 위해에 대해 비통해하면서 나라의 상황이 매우 힘들고 위험하여 변법 외에는 나라가 존립할 길이 없다는 것을 상세히 설명하고 상주문을 그 자리에서 낭독하며 거인들에게 상주문에 서명할 것을 촉구하였다. 이것이 바로 역사상 "공거상서"라고 하는 사건이다. 이 역사적인 사건은 국내외를 놀라게 하고 중국의 지식인들이 민족 멸망의 길에 선 시점에서 각성하였다는 역사적 의의를 갖는 사건으로, 이로써 지식인들이 애국적인 변법유신 운동의 중요한 참여자들로 출발하게 되었다. 이 사건을 통하여 오랫동안 성숙되어 온 유산계급의 유신사조(維新思潮)는 실질적인 정치적 의의를 갖는 유신 행동, 즉 유신혁명으로 바뀌게 되었다. 공거상서는 또한 강유위에게 변법유신 운동의 지도자로서의 지위를 확실히 갖게 하였다.

상주문에서 강유위는 일본과 타협하고 일본의 가혹한 강화조건을 받아들이는 것만이 청국을 보전할 수 있다고 하는 매국적인 주장을 반박하였다. 그는 "대만 백성들을 포기하는 것은 작은 일이지만 모든 백성들의 마음을 떠나게 하는 것은 큰일이며, 영토의 할양은 작은 일이지만 나라의 멸망은 큰일인데 사직(社稷)의 안위가 이번 일에 달려 있다"고 하였다. 강화조약을 반대하는 동시에 강유위는 "조서(詔書)를 내려 백성들의 마음을 사로잡고, 천도(遷都)하여 나라의 기초를 공고히 하며, 군대를 길러 국력을 강화하고, 변법을 시행하여 나라를 다스려야 한다"는 4개항을 건의하였다. 변법의 필요성과 필연성을 설명할 때 강유위는 물건이 오래되면 낡게 되듯이 명나라로부터 수백 년 동안 지속적으로 이용해 온 청나라의 각종 제도는 너무 오래되어 이제는 많은 폐단이 생겨났고, 봉건적인 정치, 경제, 문화제도는 이미 중국의 사회발전과 경제발전의 큰 장애가 되고 있다고 지적하였다. 그는 또한 중국이 수많은 서양 선진국의 포위와 침략에서 살아남기 위해서는 반드시 시대의 요구에 부응하지 못하는 옛 제도와 국가 관리 방법을 바꿔야 한다고 생각하였다. 변법의 핵심은 나라를 부강하게 하고 백성들의 살림살이를 돕고 교육하는 데 있다고 생각하여 이 세 가지 측면에 대한 구체적인 시행조치를 제안하였다.

나라의 부강을 위해서 강유위는 6가지 조치를 시행할 것을 제안하였는데 그것들은 다음과 같다. 첫째, 국가은행을 설립하여 상업을 확충하여야 한다. 둘째, 철도를 건설하여 교통을 발전시켜야 한다. 셋째, 기계와 선박을 제조하여 민영 공업과 수상(水上) 운송을 보호하고 발전시켜야 한다. 넷째, 기계를 사용하여 광산을 개발하고 광업학교를 설립하여 광업 인재를 양성하여야 한다. 다섯째, 은화를 주조하여 외국 돈을 배제하여야 한다. 여섯째, 전국 단위의 우정(郵政) 조직을 건립하여야 한다.

강유위는 백성들의 살림살이를 돕는 방안으로는 농업에 종사하도록 격려하고, 노동자가 될 것을 권하며, 상업을 장려하고, 가난한 백성을 구제하는 4가지 조치의 시행을 제안하였다.

백성들의 교육을 위해서는 청국 정부가 동문관 등 겨우 몇 개의 양무학당만을 설립하여 소수의 부잣집 자제들만 입학하여 공부할 수 있도록 한 현실을 지적하고 거국적인 교육 보급의 확충을 위한 국민교육 요강을 제안하였다. 그는 각 주(州), 현(縣)에 학교를 개설하여 중국 역사와 천문, 광학과 전기학, 수학, 화학 등의 현대 과학기술 지식을 가르치고 새로운 서적의 저술을 장려하며 널리 도서관을 설립하고 잡지의 출판과 신문사를 설립할 것을 주장하였다. 상주문의 마지막 부분에서 강유위는 청 왕조의 정치와 관리제도(官吏制度)의 부패 및 무능을 비판하고 개혁에 관한 견해를 제시하였다.

강유위는 중국 빈곤의 가장 큰 근본 원인은 비민주적인 관리제도에 있다고 생각하였다. 그는 백성들, 특히 지식인들을 광범위하게 국가 관리에 참여시켜야 한다고 주장하였다. 이것은 젊은 자산계급과 신식교육을 받아 의식이 깨어난 상류층의 정권 참여를 요구하는 목소리를 반영한 것이었다.

타협파들의 방해로 광서 황제에게 전해지지는 않았지만 7년 전 강유위가 쓴 「상청제제일서」와 마찬가지로 장문의 상주문은 또 다시 북경에서 큰 파문을 일으켜 많은 사람들이 이것을 베껴서 퍼뜨리고 각 성의 거인들에 의해 전국 각지로 널리 전파되었다. 상주문의 변법개혁 주장은 중국 내에 널리 알려져서 훗날 무술변법의 여론을 조성하는 데 도움이 되었다.

강유위가 "공거상서" 운동을 이끌고 있던 같은 시기에, 중국의 역사를 바꿀 또 다른 인물인 손중산(孫中山)이 중국의 앞날에 대한 진로를 찾으며 변법개혁을 위하여 힘을 쏟고 있었다.

손중산의 본명은 손문(孫文)이며 자는 일선(逸仙)이다. 1866년 11월 12일(동치 5년 10월 6일) 광동성(廣東省) 향산현(香山縣) 취형촌(翠亨村)에서 태어났다. 1879년 13살인 손중산은 모친과 함께 미국 하와이로 가서 형님의 도움으로 서양의 문화교육을 받았다. 강성하고 발달한 미국과 가난하고 낙후된 중국을 비교해 보면서 청년 시절의 손중산은 조국을 부흥시켜서 국가와 국민을 구하는 길을 찾겠다는 뜻을 세웠다.

손중산은 일찍이 강유위와 이웃에 살고 있어서 동맹을 맺을 수도 있었다. 1894년 초 손중산이 의사로 개업하였을 때 살았던 집은 강유위가 강의하고 있던 만목초당(萬木草堂)과는 아주 가까운 곳이었다. 강유위는 손중산이 의사로 일하고 있던 성교서루(聖教書樓)에 자주 가서 서양 서적을 구입하였다. 손중산은 강유위가 서양 학문에 관심이 많다는 것을 알고 자신과 뜻이 통하는 사람이라고 여기고 친교를 맺고 싶어 하여 친구를 통하여 그 뜻을 전하였다.

그러나 손중산보다 거의 열 살이나 많은 강유위는 자신을 스승으로 모셔야 왕래할 수 있겠다고 하였다. 그 반면에 혁명의 열정으로 충만한 손중산은 이 조건에 불응하는 바람에 중국 근대사의 위인 두 사람이 서로 교류할 절호의 기회를 잃게 되었다.

그 당시 손중산은 위로부터 아래로의 개혁과 변법의 길을 시도하였다. 그는 청국 정부의 지배조직이 너무 깊이 뿌리 박혀 있기 때문에 이것을 전복시키기 위해서는 막대한 희생을 치러야 한다는 것을 알고 있었다. 그래서 손중산은 조정에 청원하는 방법을 통하여 새로운 정강정책을 시행하는 평화적인 수단으로 혁신의 목적을 이루려고 하였다.

1894년 봄 손중산은 양무운동의 영수(領袖)인 이홍장에게 서신을 올려 우선 그의 지지를 받고자 하였다. 손중산은 「상이홍장서(上李鴻章書)」를 작성하고 진소백(陳少白)에게 부탁하여 수정한 후에 직접 천진(天津)으로 올라가 이홍장의 막료를 통해 이 서신을 이홍장에게 올렸다.

모두 약 일만여 자에 달하는 서신에서 손중산은 중국 개혁에 대한 그의 주장을 상세히 진술하였다. 그의 핵심사상은 서구국가로부터 배우고, 교육제도의 개혁, 신식 인재의 양성, 선진과학기술의 도입, 농업과 상공업의 발전 등을 통하여 국가의 독립과 부강을 이루어야 한다는 것이었다.

그러나 이홍장은 이름도 없는 이 젊은이에게 전혀 관심을 두지 않고 접견을 거절하였을 뿐만 아니라 그의 편지마저 무시해 버렸다. 이 서신의 실패로 손중산은 의연히 무장혁명을 통한 정권 탈취의 길을 선택하고 반청(反淸)의 큰 깃발을 높이 치켜들었다. 1894년 11월 손중산은 단향산(檀香山)에서 중국 역사상 최초의 자산계급 혁명단체인 흥중회(興中會)를 창설하고 "만주족 축출, 중화(中華) 회복, 연합정부 건설"을 혁명 강령으로 제시하였다.

1895년 강유위가 북경에서 강학회(强學會)를 창립하기 위하여 분주할 때, 손중산은 홍콩에서 광주봉기를 모의하여 정권을 탈취하고 임시정부를 세우려고 하였으나 배반자의 밀고로 봉기는 일어나지도 못하고 실패로 돌아갔다. 이로써 수십 명의 봉기 참가자들은 체포되어 희생되고 손중산은 일본으로 망명하고 말았다.

강유위와 손중산은 북쪽과 남쪽에서 각자의 방법으로 1890년대 중국의 위기에 처한 민족을 구하려는 공동의 목적을 위하여 감동적인 투쟁을 벌였다. "공거상서"와 광주봉기는 서로 연관이 없는 독자적인 사건이 아니었다. 두 사건은 당시 상당한 수의 중국 지식인들의 정치적 경향을 드러낸 것이었으며 새로운 시대의 물결이 다가오고 있다는 것을 상징하는 것이었다.

아편전쟁 이후 50년 동안 중국 근대의 유신사조(維新思潮)는 처음에는 경제개혁과 발전에 뜻을 두었으나 정치혁신에 대한 요구로까지 발전하였다. 그리고 이 요구는 청일전쟁 이후 강유위가 이끌어 온 공거상서를 기점으로 하는 유신사조가 지식인들을 중심으로 일부 관원들의 지지를 받는 정치운동으로 발전하였다. 이 정치운동이 실패하게 되면서 손중산이 이끄는 자산계급 혁명이 왕성하게 전개되었다. 강유위 등 유신 인사들은 다른 한편에서 국가와 민족을 멸망에서 구하고 변법유신을 시행하는 일에 뜻을 모으고 학회 조직, 신문 발간, 신식학교 설립을 유신운동을 추진하기 위한 최우선 과제로 삼았다.

유신인사들은 학회를 조직하는 일이야말로 민족을 멸망의 위기에서 구하고 변법유신을 추진하며 국가를 부강하게 하는 가장 강력한 수단이라고 생각하였다. 그들은 서양이 부강한 이유는 전적으로 학회들의 노력 때문이며[2] 변법유신을 하기 위해서는 많은 인재들이 단결하여 자강(自强)을 추구해야 한다고 주장하였다. 다시 말하면 지금 중국을 일으키려면 많은 인재를 모아야 하고 인재를 많이 모으려면 학회를 창립해야 하며 학회를 통해야 서양 학문에 정통한 지식인들을 양성하고 단결시키며 유신사업에 진력하는 핵심 집단을 조직하는 일이 가능하고 이로써 많은 사람들이 뭉쳐서 힘을 키울 수 있게 되어 기풍을 널리 전파하여 세상을 바꿀 수 있다는 것이었다.

양계초(梁啓超)는 「논학회(論學會)」에 실린 글에서 학회 창립의 목적을 16가지로 자세히 열거하였다.

1. 학회 창립의 이로운 점들을 일일이 진술하고, 청원서를 올려서 국민의 마음을 안정시킨다.

2) 장지동 대신에 강유위 집필, 「상해강학회(上海强學會) 서문」, 「강학보(强學報)」 제1호.

2. 공자 묘당(廟堂)을 건립하고 그 안에 공자의 조각상을 세워서 강학회(强學會)의 정신적 지도자임을 상징하도록 한다.
3. 학회의 힘과 물적 자원을 확대하기 위하여 국내외 관리들에게 기부금을 요청하는 서신을 보낸다.
4. 국내외 모든 지역의 같은 뜻을 가진 동지들을 불러 모아 학회에 가입하도록 하고 뛰어난 기량을 발휘하게 한다.
5. 각국의 학회에 문서를 보내고 항상 서신으로 교류를 유지한다.
6. 중국에 살고 있는 서양인 인사들에게 학회 가입을 권유하는 초청장을 보내서 그들의 조언을 구할 수 있도록 한다.
7. 정부에서 발간하는 서적들을 수집하고 분류 수장(收藏)한다.
8. 번역된 서양 서적을 구입하고 수집 분류하여 쉽게 빌려서 읽을 수 있도록 한다.
9. 서양 서적을 선별 구입하고 분류하여 번역한다.
10. 세계의 신문들을 번역하여 각 성에 보내어 견문을 새롭게 한다.
11. 국내외 지도를 수집하여 사람들이 쉽게 볼 수 있도록 회의장에 걸어 놓는다.
12. 각종 과학기구를 전시하고 실험을 할 수 있도록 박물관을 개관한다.
13. 유용한 서적을 편찬하고 다량 인쇄하여 싼 값에 팔아서 배움의 기풍을 일깨운다.
14. 회원들의 학습과목을 엄격하게 설정하여 각자가 전공을 가지며 실학(實學)을 장려한다.
15. 총명한 학생을 선발하고 학당을 설립하여 인재를 육성한다.
16. 학업이 우수한 회원은 저술을 돕기 위하여 국내외 연수를 보낸다.[3)]

유신운동 과정에서 학회는 인재들이 서로 연합하여 새로운 기풍을 만들어 나가며 또한 민권(民權)을 신장시키고 상하층 사람들의 상호간 교류를 증진시키는 역할을 수행할 수 있었다. 유신 인사들은 중국 정치의 폐단은 신분의 존

3) 하효홍(夏曉虹) 편, 『양계초문선(梁啓超文選)』, 중국방송국출판사, 1992, p.31.

비 격차가 매우 커서 상하층 신분 간의 교류가 차단되어 있는 상태라고 생각하였다. 일찍이 1888년 강유위는 처음으로 황제에게 올린 상주문에서 "백성들의 목소리를 들어야 한다"는 주장을 제기하였다. 담사동(譚嗣同) 역시 중국 정치에는 "황제와 신하, 대신과 일반 관리, 현직 관리와 상류계층, 상류계층과 학자, 학자와 일반 백성 사이에 장벽이 있고, 또한 관리, 상류계층, 학자, 일반 백성들도 각기 자신들이 속한 계층 내에서 서로 간에 장벽이 있다"고 하였다. 이 장벽을 없애고 백성들의 사정을 이해하고 알아주는 일이 가장 시급한 일이었다.

유신 인사들은 "민권의 신장"을 제기하여 봉건통치의 특권과 신분상의 등급 제도를 적당히 제한하고 국민들에게 어느 정도의 정치적 권리를 부여할 것을 요구하였다. 그들은 학회를 통하여 이와 같은 권리를 쟁취하고 이로써 정치활동의 가능성을 높이려고 하였다. 그러나 국민들의 지적 수준이 아직 낮고, 관료와 학자들 또한 학회의 중요성을 쉽게 이해하지 못하였기 때문에 여론 조성을 위하여 신문과 잡지의 창간이 필요하였다.

1895년 8월 17일 강유위는 북경에서 양계초를 책임자로 하여 「만국공보(萬國公報)」를 창간하였다. 「만국공보」는 짝수 날에 간행되었는데, 한번에 1,000여 부를 발간하였으나 후에 3,000여 부까지 늘어났다. 「만국공보」를 창간한 뒤 반응이 크게 일어나 북경의 관리들과 사대부들이 세계의 정세에 대해 점차로 어느 정도 이해할 수 있게 되었다. 영국 선교사 티모시 리차드(李提摩太, Timothy Richard)는 이 신문에 대해 "정부의 기관지인 「경보(京報)」가 천여 년 동안 수도의 유일한 간행물이었는데, 이제 중국 역사상 새로운 신문이 출현하였다. 비록 은밀히 정부의 보조금을 받고는 있지만 정부로부터는 독립적이다. 이 신문은 유신학회가 간행하는 것이며 그 내용은 광학회가 전파하고 있는 서양사상을 소개하고 있다"[4]고 논평하였다.

1895년 7월 강유위와 거인(擧人)들, 군기처(軍機處) 장경(章京)인 진치(陳熾), 형부낭중(刑部娘中) 심증식(沈曾植), 한림원(翰林院) 편수(編修)이자 시독(侍讀)인

4) 티모시 리차드(李提摩太, Timothy Richard), 「유화45년기(留華45年紀)」, 『무술변법(戊戌變法)』(제3권), 상해인민출판사, 1953, p.560.

문정식(文廷式), 편수 장효겸(張孝謙) 등은 서로 협의하여 북경에 강학회를 창립하기로 하였다. 소재지는 북경 선무문(宣武門) 밖에 있는 강유위가 창간한 「만국공보」 소재지인 후손공원(後孫公園)으로 정하였다.

『강남해자편년보(康南海自編年譜)』에 의하면 "신문이 발간된 지 두 달 만에 여론이 점차 밝아졌다. 처음에는 사람들이 두려움을 가졌으나 점점 혁신의 유익한 점을 알게 되었다. 매일 나가서 사대부들과 신문 내용에 관해 토론하고 학회 창립의 이유를 설명하면서 듣는 사람이 증가하게 되었다"고 기술하였다.

강학회는 11월 중순에 강학서국(强學書局)이 개설됨에 따라 정식으로 창립되었다. 북경강학회(北京强學會)의 창시자인 강유위는 청국 정부 보수파들의 비방과 공격이 심해지자 진치 등의 권고에 따라 1895년 8월 말 북경을 떠나 천진(天津)을 거쳐 남경(南京)으로 갔는데, 그곳에서 그는 양강총독 장지동에게 상해강학회(上海强學會)의 창립을 설득하였다. 그는 양계초를 북경에 남겨두어 북경강학회의 창립과 관련한 기획업무에 참여하도록 하였다.

강학회 지도자들의 인적 구성은 매우 복잡하여, 그중에는 유신파, 양무파, 보수파가 모두 있었으며 황제당(皇帝黨), 서태후당(西太后黨)도 있었다. 양계초와 몇 사람을 제외하고는 대부분 청국 조정의 고급관리와 유명인사들이었다. 강유위가 저술한 『강남해자편년보』의 기록에 의하면 북경에서 강학회 창립을 기획할 당시 참여한 사람들은 진치, 심증식, 심증동, 원세개, 양예(楊銳), 정입균(丁立鈞), 장효겸, 양계초, 티모시 리차드, 유곤일(劉坤一), 장지동, 왕문소(王文韶), 송경(宋慶), 섭사성(聶士成), 저성박(楮成博), 장중흔(張仲炘) 등이었다. 그 후에 왕붕운(王鵬運), 문정식(文廷式), 서세창(徐世昌), 장권(張權) 네 사람도 강학회에 가입하였다.

이에 대해 강유위는 그의 저서인 『만목초당유고외편(萬木草堂遺稿外編)』에서 "7월 강학회 창설 이래 관리들이 많이 모여들고 군기처(軍機處), 총리사무아문(總理事務衙門), 어사(御史), 한림원(翰林院) 등의 부서에서 참가자가 수백 명이나 되어 마치 외국의 의회와 같은 모습이었다"[5]라고 묘사하였다. 강학회

5) 강유위, 『만목초당유고외편(萬木草堂遺稿外編)』(하), 대북성문출판사, 1978, p.568.

의 주요 지도자들은 후에 모두 무술변법의 참여자들이 되었다.

진치는 강서성(江西省) 서금(瑞金) 사람으로 거인(擧人)이며 군기처의 장경이었다. 광서(光緖) 16년 말에 임호부(任戶部) 주사(主事), 원외랑(員外郞)이 되었으며, 호부상서(戶部尙書) 옹동화(翁同龢)는 그를 아끼고 높이 평가하였다. 광서 20년 군기처에 들어가서 다음 해에 총리각국사무아문으로 옮겼는데 여기서 강학회 발기인 중의 한 사람이 되었으며 강학회 창립 후에 제조(提調)로 선출되었다. 강학회가 폐쇄되고 관서국(官書局)으로 바뀐 후에도 지도층 구성원이 되었다.

심증식은 절강성(浙江省) 가흥(嘉興) 사람으로 형부낭중(刑部郞中)이었다. 일찍이 경사동문관(京師同文館)의 제조(提調)를 역임하였으며 북경강학회 발기인 중의 한 사람으로 강학회에서는 총동(總董)을 담당하였다. 강학회가 폐쇄된 후에 그는 이의 회복에 주력하였다. 강학회를 관서국으로 바꿀 때에는 황제에게 주청하는 일을 도맡았으며 여기저기 열심히 설득하여 이를 서둘러 성사시켰다.

심증동은 심증식의 동생이며 한림원 편수였다. 북경강학회 발기인 중 한 사람으로 후에 관서국에서 신문 업무를 담당하였다.

문정식은 강서성(江西省) 평강(平江) 사람으로 한림원 시독학사(侍讀學士)였다. 북경강학회 발기인 중 한 사람이며 강학회에서 부동(副董)을 담당하였다. 후에 관서국에서 서적을 선발하는 일을 주관하였다. 광서 22년 2월 19일 양숭이(楊崇伊)의 탄핵으로 파직되어 영구히 재임용되지 못하는 영불서용(永不敍用)의 처벌을 받았다.

장효겸은 한림원 편수로 이홍조(李鴻藻)의 애제자인 득의문생(得意門生)이었다. 북경강학회의 발기인이며 주사(主事) 중의 한 사람으로 관서국이 세워진 후에는 업무를 주관하였으며 재정을 분담 관리하였다.

정입균은 강소성(江蘇省) 단도(丹徒) 사람으로 한림원 편수이며 북경강학회 주사 중의 한 사람이었다. 순천부(順天部) 고시동고관(考試同考官), 산동성의 기주부지부(沂州府知府), 의서탁도원(議敍擢道員)을 역임하였다.

양예는 사천성(四川省) 금죽(錦竹) 사람으로 내각중서(內閣中書)였다. 북경강학회 발기인 중의 한 사람으로 장지동(張之洞)의 측근이었다. 후에 관서국에서 서적을 선발하는 일을 주관하였다.

장권(張權)은 직례(直隸) 남피(南皮) 사람으로 거인이며 주사(主事)로서 장지동의 아들이며 북경강학회의 발기인 중의 한 사람이었다. 그와 양예가 권유하여 장지동이 강학회에 기부금을 내도록 하였다.

원세개는 하남성(河南省) 항성(項城) 사람으로 생원(生員)이며 북경강학회 참가자였다. 장효겸과 사이가 아주 가까웠다.

서세창은 직례 천진(天津) 사람으로 북경강학회 참가자였다. 장효겸과 함께 원세개와 교류하였다.

왕대섭(汪大燮)은 절강성 전당(錢塘) 사람으로 거인(擧人)이며 내각중서(內閣中書)였다. 북경강학회 참가자로 양계초와 함께 강학서국(强學書局)의 신문기사 번역 업무를 공동 관리하면서 주필을 담당하였다.

웅여파(熊余波)는 한림원 편수이며 북경강학회의 참가자로 강학서국의 실무담당자였다. 관서국 설립 후 업무를 주관하였으며 재정업무를 관리하였다.

장중신(張仲炘)은 호북성(湖北省) 강하(江夏) 사람으로 북경강학회 참가자이며 어사(御士)였다. 장효겸을 따라 강학회 활동에 참여하도록 사람들을 불러 모으는 일을 맡았다.

왕붕운(王鵬運)은 광서성(廣西省) 임계(臨桂) 사람으로 북경강학회의 참가자로 어사였다.

강유위가 북경을 떠난 뒤 그의 제자인 양계초는 강학회의 발기를 돕고 창립하는 일에 참여하였다. 그는 그 이전에는 「만국공보」의 편집을 주관하고 있었다. 『양씨삼십자술(梁氏三十自述)』에 의하면 강학회가 창립되었을 때 양계초는 서기원(書記員)을 맡아 일하였다고 하였다. 강학회 창립 후에도 양계초는 왕대섭(汪大燮)과 함께 계속해서 신문 업무를 주관하였다. 그 후 양계초는 상해(上海)로 가서 「시무보(時務報)」를 창간하였다.

앞에서 언급한 강학회에 직접 참여한 청국 정부의 고위관리 외에도 옹동화(翁同龢), 손가내(孫家鼐)와 같은 직접 나서기가 어려운, 더욱 높은 지위의 사람들도 강학회의 적극적인 지지자가 되었다.

옹동화는 강소성(江蘇省) 상숙(常熟) 사람으로 청일전쟁 당시 호부상서(戶部尙書)로서 군기처(軍機處)를 관장하고 있었다. 그는 광서 황제의 스승으로 가장 신임을 받고 있었다. 전하는 바에 의하면 "광서 황제는 모든 일을 반드시 그에게 묻고 전적으로 의지하였다"고 한다. 그는 북경강학회의 창립을 적극 지지하여 강학회가 사용하도록 호부에서 황금 수천 냥과 인쇄기를 내어 주었다. 문정식, 심증식, 심증동, 정입균 등은 그의 제자들로서 모두 강학회의 적극적인 발기인이며 참가자들이었다.

손가내는 안휘성(安徽省) 수주(壽洲) 사람으로 상서(尙書)이며 광서 황제의 스승이었다. 강학회와 유신파 사람들은 그의 많은 지지를 받았다. 강학회가 폐쇄된 후에 광서 황제는 그를 관리관서국대신(管理官書局大臣)으로 임명하여 경사대학당의 설립을 기획하도록 하였다. 대학당이 설립된 후에는 관학대신(管學大臣)에 임명되어 경사대학당의 초대 교장이 되었다.

이홍조(李鴻藻)는 하북성(河北省) 고양(高陽) 사람으로 대학사(大學士)이며 군기처 대신이었는데 강학회의 적극적인 지지자였다. 강학회가 폐쇄되었을 때 그는 외지에 출장 중이었다. 그는 북경에 돌아와 옹동화와 상의하여 강학회를 관서국(官書局)으로 바꿀 것을 건의하였다.

장음환(張蔭桓)은 광동성 남해(南海) 사람으로 일찍이 미국, 일본, 페루 세 나라의 대사를 역임하였다. 귀국한 후에도 총리각국사무아문에서 일하였으며, 북경강학회의 지지자였다.

유곤일(劉坤一)은 호남성(湖南省) 신녕(新寧) 사람으로 북경강학회의 지지자였는데 강학회에 황금 5천 냥을 기부하였다.

왕문소(王文韶)는 절강성 인화(仁和) 사람으로 광서 21년 직례총독(直隸總督)과 북양대신(北洋大臣)으로 전임되었다. 강학회에 황금 5천 냥을 기부하였다.

장지동은 직례 남피(南皮) 사람으로 중국의 양무운동을 일으킨 지방의 고위관리였다. 「마관조약」을 체결하기 전에 상소를 올려 이를 저지하려 하였다. 북경강학회의 열렬한 지지자였으며 양강총독을 역임할 당시 강학회에 황금 5천 냥을 기부하였다. 그 후 그는 상해강학회에 참가하였다.

티모시 리차드(李提摩太, Timothy Richard)는 영국 선교사였으며 북경강학회의 지지자였다.

강학회가 설립된 후에 이홍장도 황금 3천 냥을 내고 가입할 뜻을 전하였다. 그러나 청일전쟁에서 이홍장이 취한 행동으로 미루어 보아 그가 중국이 전쟁에서 패배하게 된 원흉 중의 한 사람이라고 여겨 그의 강학회 입회 요구를 거절하였다. 이홍장은 이 일에 대하여 불만을 품고 반 년 후 자기 사돈인 어사(御史) 양숭이(楊崇伊)를 시켜서 탄핵 상소를 하여 결국 강학회가 폐쇄되는 결과를 낳게 하였다.

북경강학회는 정식 창설 후에 신문 발간을 통하여 서양 학문과 신학문을 소개하고 주로 유신변법을 선전하는 일을 하였다. 신문 발간 외에도 유리창(琉璃廠)에 셋집을 구하여 도서실을 세웠다. 그곳에서는 사람들을 모아서 서양 서적을 번역하고, 열흘에 한 번씩 작자교(炸子橋)에 있는 숭운초당(崇雲草堂)에서 집회를 하면서 현실 문제를 토론하고 변법(變法)의 선전과 국가 부강의 길을 찾아내려 하였다. 강학회 내부 구성은 동사(董事), 제조(提調), 회판(會辦)이라는 직책이 있었는데, 이들은 모두 선거를 통하여 선출되었다.

분명한 사실은, 강학회는 중국의 근대 유신파가 최초로 창립한 정치단체라는 것이었다. 양계초는 "강학회의 성격은 학교와 정당을 결합한 것이다"[6] 라고 생각하였다. 그는 비록 강학회가 관서국으로 바뀌었지만, 계속 신문과 잡지의 발간이 성행하고 수많은 학회가 창립되어 "참신한 학풍이 싹터서 전국에 퍼지게 되었다"고 하였다.

강학회는 청일전쟁 후에 유신파와 황제당(皇帝黨)이 결합한 정치단체였다. 본래 청국 정부 내부에는 소위 황제당과 서태후당(西太后黨)의 투쟁이 이어져 왔다. 자희태후를 비롯한 보수파가 서태후당이 되었고 옹동화를 비롯한 황제 지지파들이 모여서 황제당을 결성하였다. 황제당과 서태후당의 투쟁은 궁중 내부의 사소한 분쟁이 아니고 민족을 위기로 몰아넣은 통치 집단의 분

---

6) 하효홍(夏曉虹) 편, 「이북경대학교환영회연설사(莅北京大學校歡迎會演說辭)」, 『양계초문선(梁啓超文選)』(하), 중국방송국출판사, 1992, p.385.

열과 투쟁이었다.

청일전쟁 시기에 서태후당은 주화파였고 황제당은 주전파였다. 청일전쟁이 끝난 뒤 황제당은 자희태후를 비롯한 극단적인 보수파의 압제에서 벗어나서 현실을 개혁하려고 하였다. 유신파는 나라가 주권을 잃고 치욕을 당하도록 하는 서태후당의 주장을 맹렬히 공박하고 강화를 거부할 것을 요구하였다. 변법은 황제당의 정치적 욕구에 부합하는 것이었다. 1895년(광서 21년) 6월 16일 황제당과 유신파는 함께 「마관조약」 체결 이후 전국에서 일어난 국민들의 분노를 이용하여 「마관조약」의 체결은 일본에게 항복하는 것이라고 주장하면서 새로운 정책의 실행을 방해하는 서태후당의 손육문(孫毓汶)과 서용의(徐用儀)를 군기처와 총리각국사무아문에서 축출하고 변법운동을 추진하였다.

강학회는 참가 인원의 구성이 복잡하여 내부 모순이 심화되었다. 창립 준비 단계에서 원래 정한 단체의 대표자격인 총동(總董) 네 사람(진치, 문정식, 심증식, 심증동)은 모두 황제당 소속이었다. 이홍조의 심복인 장효겸과 장지동의 신임을 받는 정입균이 가입하자 장효겸이 심증동 대신에 총동이 되었다. 장효겸은 사무를 독단적으로 처리하였기 때문에 정입균이 이에 대하여 불만을 갖게 되었다. 얼마 후 장효겸이 진치와 언쟁이 있자 정입균은 오히려 장효겸의 편을 들어 주었다. 당시 유신파 중에는 신문 업무를 주관하는 양계초만 있었고 강학회의 총동이 되는 사람은 없었다. 이후 유신파와 비교적 가까운 황제당 소속의 총동은 점차로 밀려나게 되었다.

강학회 운영에 있어서도 서로 의견이 모아지지 않았다. 유신파는 신문 발간을 통하여 "옛 것을 지키려 하고 변하지 않는" 것은 위험하며 민족의 위기를 초래한다는 것을 알리려고 하였으나 장효겸은 오히려 유리창(琉璃廠)에 상점을 개설하여 이익을 취하려고 하였다. 유신파는 많은 인재들을 규합하여 변법의 실현을 촉진하려고 하였다. 그러나 정입균과 장효겸은 강학회를 정쟁의 장소로 만들어 설립 본래의 목적을 바꾸려고 하였다. 유신파는 황제당에 의존하고 황제당도 유신파를 지지하며 그들에게 의지하였다. 그러나 그들이 패당을 이룬 결과는 국사를 주관하는 군기처의 심복인 장효겸에게 강학회의 실권을 넘기는 결과를 낳았다.

장효겸, 정입균과 황제당 그리고 유신파 사이의 갈등은 단순히 개인들 사이의 감정적인 싸움을 넘어서는 것이었다. 강학회의 참여자들은 지나치게 관료적이고 능력은 부족하여 강학회보다는 사적인 이익을 우선하는 경우와 주장이 많았다. 또한 강학회의 주요한 목적을 저해하는 무질서한 토의로 인한 갈등으로[7] 강학회 내부는 매우 어수선하게 되었다.

그럼에도 불구하고 서태후당은 강학회의 창립에 대해 불만이 많았다. 이홍장은 강학회 창립 초기에 황금 3천 냥을 기부하면서 가입하려고 하였다가 황제당 진치의 거절을 당하고 나서 불만을 품게 되었다. 그는 아들의 장인인 사돈 어사(御史) 양숭이(楊崇伊)로 하여금 1896년 1월 20일 탄핵 상소를 올렸다. 상소의 내용은 강학회가 전문적으로 서양 서적을 판매하면서 여러 신문사의 기사를 베껴 「중외기문(中外記聞)」을 간행하여 집집마다 팔러 다니고 있고, 공적인 비용을 모금한다는 구실로 지방 고위관리들에게 강학회 기금을 청구하면서 명예를 훼손하는 협박을 하고 있으므로 폐쇄를 명할 것을 청한다는 것이었다.[8]

광서 황제는 서태후의 압력에 굴복하여 어쩔 수 없이 "도찰원(都察院)은 명확히 수사하고 강학회를 폐쇄하라"고 명하였다. 강학회는 1895년 7월 창립 준비를 시작하여 8월에 창립된 뒤 1896년 1월에 이르러 불과 반 년 만에 결국 폐쇄되었다.

1월 20일 정오에 장효겸은 군기처로부터 그 소식을 듣고 강학회 사람들에게 급히 움직이도록 하였다. 양계초, 왕대섭(汪大燮)은 많은 사람들과 연명하여 광서 황제에게 그 명을 거두어 줄 것을 청하는 상주를 올렸으나 호응하는 사람이 없었다. 대부분의 사람들은 누구에게 닥칠지 모를 재앙에서 자기 자신만 어떻게든 벗어나거나 숨어 버리려고 하였기 때문이었다. 1월 23일 조정이 포고문을 발표하고 관련자들을 체포하기 시작하면서 사람들은 더욱 전전긍긍하게 되었다. 그때 이홍조는 출장에서 돌아오지 않았고 옹동화는 강

---

7) 오초(吳樵), 『치왕강년서(致汪康年書)』, 광서 21년 11월 12일.

8) 『덕종경황제실록(德宗景皇帝實錄)』 제381권, p.8.

학회를 폐쇄한다는 소식에 서태후의 뜻인 것을 간파하여 다른 대안이 없다는 것을 알고 만나는 사람들에게 "황제와 태후가 해결할 일이다"라는 말만 할 뿐이었다.

1월 29일 이홍조가 출장에서 돌아오자 진기장(陳其璋)은 학당을 널리 개설할 것을 상서하였고, 문정식은 외교서적을 편찬할 것을 청하는 상소를 올렸다. 어사(御史) 호부신(胡孚宸)은 관서국(官書局)은 인재들에게 유익하므로 이를 다시 정비하여 설립한다면 시국에 도움이 될 것이라고 청하는 「서국유익인재청칙주설이비시국절(書局有益人才請飭籌設以裨時局折)」이라는 제목의 상서를 올리고 해금을 주청하였다. 호부신의 상서 내용은 다음과 같다.

> 최근 조정은 수도에 있는 강학서국(强學書局)을 어사 양송이의 주청으로 폐쇄하였는데 이는 조정의 유폐(流弊)를 예방하게 되어 그 착상이 깊고 원대합니다. 그러나 서국에 수집 소장된 서적들은 우선 선왕과 선조들의 훈계와 각종 국가 문서 및 동문관에서 발간한 서책들과 상해제조국(上海製造局)에서 인쇄한 수많은 서양 서적 및 지도가 있으며, 또한 과학기구, 기밀 도서, 자연과학 서적들 모두가 학문을 공부하는 자들이 이용하고 있는 것들입니다. 이번 서국의 폐쇄가 유폐를 막기 위한 것이지 학문 연구를 금하는 것은 아닐 것입니다. 만약 널리 인재를 선발하여 그들이 이 같은 서적들을 읽고 공부할 수 있다면 이들이 나중에 국가의 은혜에 보답하여 충성을 다하는 자들이 될 것이니 그 효과가 결코 적지 않을 것입니다.[9)]

이홍조는 이 기회를 틈타서 강학회를 관서국으로 바꾸어 귀족 자제들의 강습소로 운영할 것을 제안하였다. 이 건의는 광서 황제의 지지를 받았다. 총리각국사무아문의 대신은 황제에게 상주하여 팔기(八旗) 관학(官學)의 운영 규칙에 따라 강학회를 관립서국(官立書局)으로 바꾸도록 하며, 중국과 서양의 학문에 정통한 외국인 교습을 초빙하여 그들이 전담하여 번역할 서적과 신문들을 선택하고 각종 서양 학문을 가르치도록 하였다. 관서국에 필요한 경비

9) 『광서조동화록(光緖朝東華錄)』 제7권, 중화서국, 1958, p.3773.

는 총리각국사무아문의 경비 중에서 매월 1천 냥을 주어 도서, 기구, 각국 신문의 구입, 교사 급료, 운영비, 번역비 등을 지출하는 데 사용하도록 하였다.

1896년 2월 청국 조정은 공부상서(工部尙書) 손가내(孫家鼐)를 관리서국대신(管理書局大臣)으로 임명하였다. 관서국은 사실상 동문관에 이어 청국 정부가 개설한 두 번째 관영학교(官營學校)가 되었으나 정치적인 색채가 매우 농후하였다.

많은 사실에 비추어 볼 때, 동문관 등의 서구식 학교들은 당시의 정치적 상황에서 필요로 하는 것들을 충족시키지 못하였다. 양계초는 「학교총론(學校總論)」에서 그 당시 상황을 다음과 같이 기술하였다.

> 동문관(同文館), 광방언관(廣方言館), 수사학당(水師學堂), 무비학당(武備學堂), 자강학당(自强學堂), 실학관(實學館) 등의 학교들이 뛰어난 인재를 양성해 내지 못하는 이유가 무엇인가? 그것은 바로 기술은 많이 가르치고 있지만 정치와 도의는 적게 가르치고 있기 때문이다. 기술은 단지 언어 연구와 마찬가지로 깊이가 없는 분야이고 군사학에서도 가장 아래 단계로서 가장 나중에 배워야 하며 근본을 탐구하지 않더라도 배움에 이를 수 있다. 이러한 이유로 결국 이루어 내는 성과가 거의 없는 것이다. 이와 같은 병폐의 근본원인은 세 가지가 있는데 첫째, 과거제도가 바뀌지 않아 제대로 배운 인재가 부족하다. 둘째, 사범학당(師範學堂)을 세우지 않아 교사가 없다. 셋째, 전공이 나뉘어 있지 않아 정통한 사람이 없다는 것이다.[10)]

양계초는 정곡을 찌르는 말로 인재 양성에 있어 서구식 교육의 부족한 점들을 지적하였다.

1896년 강학회의 창립과 그 후에 변경된 관서국은 모두 신식교육의 실험이었다. 강학회가 관서국으로 명칭을 바꾸었지만 실질적으로 내용이 바뀐

---

10) 하효홍(夏曉虹) 편, 양계초(梁启超), 「학교총론(學校總論)」, 『양계초문선(梁启超文選)』(상), 중국방송국출판사, 1992, p.26.

것은 없었으며 오히려 그 임무와 목적은 더욱 분명하게 되었다. 강학회의 주요 발기인과 지도층 일부는 다시 관서국에서 지도적인 직무를 담당하였다. 예를 들면 강학회 발기인이며 제조였던 진치는 관서국의 지도층 구성원이 되었고, 심증동은 관서국에서 신문 업무를 주관하게 되었다. 강학회 발기인이며 부동(副董)이었던 문정식은 관서국에서 서적 선발을 주관하였고, 강학회의 주사(主事)인 장효겸은 자금과 식량에 관한 사무를 주관하였으며, 장지동의 측근인 양예(楊銳)도 서적 선발의 업무를 맡게 되었다. 장효겸, 정입균과 거의 동시에 강학회에 가입한 웅여파(熊余波)는 강학회가 폐쇄되고 관서국을 설립할 것을 논의할 때 광서 황제의 스승인 손가내에게 서신을 올려서 관서국 조직의 규모, 자금 청구, 관원 증원, 업무 분장, 가입과 퇴출의 엄격한 심사, 인재 선발, 교사 초빙, 명확한 상벌 등의 문제들을 목록으로 작성하여 제출하였다.

관리서국대신 손가내와 서국(書局)에서 일하는 여러 관리들은 전심전력으로 기획하여 관서국 창립 장정을 기초하고 1896년 2월 21일 7개조의 장정을 확정하여 황제의 명에 따라 시행하였다. 이 7개조 장정은 후일 경사대학당(京師大學堂) 창립의 청사진이 되었다. 7개조 장정은 다음과 같다.

(1) 서적 소장: 장서원(藏書院)을 설립하여 역대 황제들의 훈계, 황제의 명령으로 제정된 서적과 각국의 서적, 조정 각 부서의 현행 규례, 각 성(省)의 기록물, 수운(水運)과 소금 관련 세금에 관한 각종 정부 문서, 경사자집(經史子集)의 장서 분류법에 따라서 고금의 정치, 학술, 기술 관련 온갖 서적들을 구입하여 장서원에 비치하고 시사(時事)에 관심이 있거나 학문을 탐구하는 사람들이 들러서 빌려보고 학식을 넓힐 수 있도록 한다.

(2) 서적 간행: 서적 간행처를 설치하여 각국 서적들을 번역 출판한다. 법률, 공법(公法), 상무(商務), 농무(農務), 제조, 측정학(測定學), 무기, 공정(工程) 관련 서적, 국가 경제와 국민 생활, 외교 등에 유익한 서적들을 번역 출판하여 널리 보급한다.

(3) 과학기구 구비: 유예원(遊藝院)을 설치하여 화학, 전기공학과 관련한 새로운

기기들을 다량 구입하고, 광물, 토양, 동물, 식물들을 분류하여 진열한다. 학생들로 하여금 직접 실험을 통한 연구를 할 수 있게 하고 이를 통해 학습능력을 향상시킬 수 있도록 한다.

(4) 교육 장소의 확대: 한 곳의 학당을 설립하여 중국어와 외국어에 능통한 교사를 초빙하고 젊고 열정이 있는 북경의 관리와 영리하고 단정하며, 외국어 공부나 기계제작에 흥미가 있는 관리 자제들이 적당한 학비를 지불하고 입학하여 공부할 수 있도록 한다.

(5) 경비 조달: 예전의 산발적인 소액 기부금 모금은 황제의 명에 따라 정지하고 기꺼이 참여하는 자발적 거액 기부자들로부터 경비를 조달받아 운영한다.

(6) 직무 분장: 일하는 자들이 자신이 맡은 업무에 집중하도록 하여 기일이 경과함에 따라 성과를 거둘 수 있게 한다. 관서국에 근무하는 모든 관원들의 직무 명단은 황제에게 올려 재가를 받도록 한다.

(7) 관인(官印) 제작: 관리관서국대신지관방(管理官書局大臣之關防)이라는 글을 새긴 나무 도장을 만들어 총리아문에서 경비를 수령하거나 공문을 보낼 경우에는 이 도장을 증표로서 날인하여야 한다.[11)]

그런데 손가내는 관서국 장정 초안 중에서 신문 발간 항목을 삭제하고 각국 서적의 번역을 주요업무로 하였다. 또한 그는 정치 상황의 논의, 인물에 대한 평가, 개인의 주관적 판단에 의한 견해 표출을 금지하고 "황제의 눈과 귀를 어지럽히는 말을 하지 않도록" 하여 점차 정치상황에 관한 말을 피하도록 하였다. 관서국 장정에는 학무, 서적 선정, 서국(書局) 관리, 신문 업무 네 부서로 나누었다. 직원 배치는 황제당 몇 명 외에는 모두 장효겸, 양예, 웅여파 등 이홍조와 장지동 계파의 인물들이었다. 그러나 관서국의 설립은 후일 경사대학당의 창립을 위한 훌륭한 기반이 되었다.

강학회로부터 관서국까지, 반 관영에서 관영으로, 황제당의 은밀한 지원에서 공개적 지휘감독에 이르기까지의 모든 과정은 경사대학당의 설립 기획

11) 심동생(沈桐生) 외 편, 『광서정요(光緒政要)』 제22권, 상해송의당, 선통 원년(1909), p.1.

에 중대한 전환점이 되었다. 특히 광서 황제의 스승인 손가내가 관리서국대신을 맡아 관서국의 장정을 제정하고 "한 곳의 학당 설립"을 목표로 확정한 것은 실로 경사대학당의 설립을 위한 최초의 기획업무가 이미 정식으로 시작되었다는 의미를 갖는 일이었다.

아편전쟁이 일어난 이후, 특히 청일전쟁 이후에 중국의 지식인들은 어렵고 힘든 시국에 필요한 인재의 부족을 깊이 깨닫고 서양식 학교의 운영 방식과 선진 과학기술을 배워서 부강한 국가를 만들기에 도움이 되는 인재를 양성하여야 한다고 주장하였다. 그와 같은 이유로 과거제 폐지와 신식학교의 설립은 지식인들이 지속적으로 추구하는 목표가 되었다. 이와 같은 시도는 관서국이 설립된 뒤에 최고조에 이르렀다. 그들은 중국에서 서양 학문의 발전을 촉진하기 위하여 글을 발표하거나 혹은 황제에게 진언하기도 하면서 여러 가지 수단을 통하여 실제 행동을 병행하며 호소하였다. 그 당시 신식학교의 설립 주장은 이미 일종의 분위기를 형성하게 되었고 사회적인 흐름이며 압력이기도 하였다. 광서 황제가 그의 스승을 관서국의 책임자로 임명하고 학당을 설립할 것을 결심한 것은 대신들과 많은 사람들이 신식학교의 설립 주장을 여러 번 진언하였기 때문이었다.

사실상 일찍이 경사동문관의 창설 이후부터 서양의 학교에 관한 상황들은 잇달아 소개되었다. 예를 들면 1882년(광서 8년)에 러시아 대사였던 왕지춘(王之春)은 그의 「광학교편(廣學校篇)」이란 글에서 서양 학교의 등급, 교학과정 및 각종 전공의 설치에 대하여 소개하였다. "… 지방 학교인 향숙(鄕塾)이 있고 상급학교로서 군학원(郡學院)이 있다. 그 다음 상급학교로 좀 더 실질적인 지식을 배우는 전문학교인 실학원(實學院)이 있으며 다시 그 위에 단과대학이라고 할 수 있는 사학원(仕學院)이 있다. 이 과정을 마치면 종합대학교인 대학원에 입학한다. 전공은 경학, 법학, 철학, 의학 등 4개 분야로 나누어져 있다. …"[12] 왕지춘은 이 글에서 중국 사람들에게 처음으로 대학원이라는 용어를 소개하였다.

12) 왕지춘(王之春), 「광학교편(廣學校篇)」, 『모측위언(蠡測危言)』 제13권.

청국의 또 다른 외교관인 설복성(薛福成)은 영국, 프랑스, 벨기에, 이탈리아 4개국의 대사였는데 그는 1891년(광서 17년)에 저술한 『출사사국일기(出使四國日記)』에 다음과 같이 기술하였다.

> 서구 여러 나라의 국민교육 방법은 오늘날 크게 융성하여 8세 이상의 어린이는 남녀 누구나 학교에 입학하지 않으면 그의 부모가 처벌을 받는다. (…) 나라의 흥망성쇠를 살펴보면 모두 근본적인 원인이 있다. 오늘날 서양이 발흥한 근본적인 원인은 학교가 흥성하였기 때문이다. 서양 국가들에서는 크고 작은 학교가 어느 곳에나 있어서 교육의 시작부터 연구를 훌륭히 잘해낼 수 있는 인재가 될 때까지의 일정한 과정이 규정되어 있다. 인문학은 사학원(仕學院)이 있고, 군사학은 무학원(武學院), 농학은 농정원(農政院), 공학은 공예원(工藝院), 상학은 상통원(商通院)이 있다.[13)]

양무운동의 중요한 실천자였던 정관응(鄭觀應)은 상해기기직포국(上海機器織布局) 총판(總辨), 윤태초상국(輪胎招商局) 회판(會辨), 한양철창(漢陽鐵廠)과 월한철로공사(粵漢鐵路公司) 총판을 역임하였는데, 교육에 대하여 많은 연구를 한 인물이었다. 1892년(광서 18년)에 그는 큰 영향을 끼친 『성세위언(盛世危言)』이라는 책을 저술하였다. 이 책에서 정관응은 "학교는 인재를 양성하는 곳이며, 나라를 다스리는 근본이 되는 곳이다"[14)]라고 하면서 신식학교를 설립하여 인재를 양성하여야 한다는 점을 정밀히 논하였다. 그는 또한 서양 여러 국가들의 초등학교, 중학교, 단과대학과 종합대학을 상세히 소개하였을 뿐만 아니라 반 편성, 교과과정, 교수법, 학제의 기간과 전공의 구분 등 청국 정부가 신식학교를 창설하여 운영하는 데 청사진이 될 풍부한 내용을 소개하였다. 정관응은 경사동문관(京師同文館), 광방언관(廣方言館), 수사학당(水師學堂), 무비학당(武備學堂) 등이 창립한 지 오래되었는데도 "아직도 각 학문에 정통한 사람이 없고 전문적인 기술을 갖춘 능숙한 사람도 없으며 교수법에 능

13) 설복성(薛福成), 『출사사국일기(出使四國日記)』, 호남인민출판사, 1981, p.229.
14) 정관응(鄭觀應), 『성세위언(盛世危言)』 제1권, 상해서국, 광서 22년(1896), p.4.

통한 사람도 없음"[15]을 비평하였다.

1895년(광서 21년) 호율분(胡燏棻)은 「변법자강소(變法自强疏)」에서 "오늘날 공자와 맹자가 다시 살아나더라도 자강(自强) 외에는 나라를 지킬 방법이 없다. 서양의 방법을 시행하지 않고서는 자강도 불가능할 것이다"라고 지적하였다. 그가 황제에게 제출한 10개 조항의 건의 가운데 하나는 바로 "학교를 설립하여 인재를 비축한다"는 것이었다.

> 서양의 여러 국가에서 인재가 많이 배출되는 근본적인 원인은 전국에 많은 학교를 설립하였기 때문이다. 상업학교가 있으면 이익을 내는 방법을 수련하여 점차 능숙해 지고, 공업학교가 있으면 기계를 제조하고 이를 운용하는 기술을 배우게 되고, 농업학교가 있으면 농업과 축산업이 날로 번창할 것이고, 광업학교가 있으면 묻혀 있는 지하자원에 관한 연구가 나날이 성행할 것이고, 의학교가 있으면 출산과 양육에 관련한 의료 기술이 크게 발전할 것이다. 소리, 광선, 화학, 전력 등을 배우는 과학학교가 있으면 새로운 이론과 물건들이 매일 끊임없이 출현하게 될 것이다. 학교의 제도는 반드시 정부가 규정할 필요는 없으며, 국가는 규모가 큰 고등학문 연구소라고 할 수 있는 대서원(大書院)을 설립하고 시험을 보아 학생들을 모집하여야 한다. 지금 중국의 각 성(省)에는 서원(書院)이나 의숙(義塾)이 많이 있고 학제도 완비되어 있지만 팔고문(八股文), 시첩(試帖), 시(詩)와 부(賦), 경의(經義) 외에는 그 이상의 다른 학문을 가르치지 않는다. 쓸모없다는 것을 알면서도 법령이 있어서 바뀌지 않기 때문에 시간과 정력을 낭비하고 있다.[16]

이 문제에 대해 한층 더 논증하기 위하여 호율분은 일본을 예로 들어 "일본의 경우 비좁은 섬나라이면서도 명치유신 이래로 서양의 방법을 따른 지 겨우 30년이 지났을 뿐인데 작업의 수행이 정교하여 생산되는 물품이 매우

15) 상동.
16) 호율분(胡燏棻), 「변법자강소(變法自强疏)」, 『변법자강주의회편(變法自强奏議匯編)』 제1권, 상해서국, 광서 27년(1901).

많으며, 광업, 우편, 상업이 크게 번창하여 국가의 일 년 세입 금액이 총 8천여 만 원에 이르고 있다. 이것이 바로 서양의 방법을 따르면 나라가 부유해진다는 분명한 증거이다"라고 하였다.

호율분은 다시 보불전쟁을 예로 들었다. "전쟁을 치른 프랑스는 거의 모든 도시와 전선, 철도가 대부분 파괴되고 프로이센 제국에 50억 프랑을 전쟁 배상금으로 지불하였다. 이 배상금은 청일전쟁으로 중국이 일본에게 지불한 배상금의 수십 배가 되는 많은 돈이었다. 그러나 프랑스 국민들은 상하가 합심하여 부지런히 일하고 악정(惡政)을 개혁하여 10년이 채 안 되어 다시 부강한 나라가 되었다."

양계초는 일찍이 광서 10년에 영국, 프랑스, 독일의 교육을 시찰하고 신식교육 진흥에 헌신할 것을 결심하였다. 훗날 그는 다음과 같이 회상하였다. "나는 광서 10년에 영국에 갔다. 그 당시 나는 중국인들이 서양의 학문을 널리 배우게 될 시기가 멀지 않다고 생각하여 영국, 프랑스, 독일의 국학부대신(國學部大臣)을 만나서 신식학문의 진흥 방법에 대한 조언을 구하고 이 내용을 후일 중국에 전파하여 활용할 계획을 세웠다."[17] 양계초는 중국의 구식학교와 서양의 학교를 상세히 비교 연구한 뒤에 「학교여론(學校余論)」과 「학교총론(學校總論)」이라는 두 편의 글을 발표하고 신식학교의 설립을 소리 높여 외쳤다.

관서국의 본연의 목표가 학교 설립과 인재 양성이라는 것을 널리 알리기 위하여 1896년 6월 12일(광서 22년 5월 2일) 형부좌시랑(刑部左侍郎)인 이단분은 광서 황제에게 양계초가 대신 기초한 상주문을 올렸다. 이 상주문에서는 수도와 각 성, 부, 주, 현에 모두 학교를 설립하자는 건의를 처음으로 명확히 제기하였다. 그는 이 상주문에서 다음과 같이 주장하였다.

> 수도의 대학은 30세 이하의 공감생(貢監生)을 선별하여 입학시키고 수도의 관원 중에서도 성실히 공부할 만한 사람은 여기에서 배울 수 있도록 한다. 개설 과목은 각 성(省)의 학교에 설치된 과목과 같게 하되, 더욱 심오하고 전문적인

17) 하효홍(夏曉虹) 편, 양계초, 「논변법불지본원의 해(論變法不知本願의 害)」, 『양계초문선(梁啓超文選)』(상), 중국방송국출판사, 1992, p.17.

> 과목을 추가하여 한 개의 전공과목을 3년 간 집중하여 배우고 탐구하게 한다. 만약 각 성의 학교나 대학에 개설된 과목이 지나치게 많다면 송나라 학자인 호원(胡瑗)의 예를 따라 고전학문과 응용학문 두 가지로 나누어 가르치도록 한다. 또한 이 학교 출신은 관리로 채용될 수 있도록 한다. 이렇게 하면 모든 사람들이 이러한 배움의 기회를 얻기 위하여 치열한 경쟁을 하게 될 것이고 수도에 있는 사람은 누구나 그렇게 되기를 간절히 원할 것이다. 이렇게 스스로 기량을 습득하려는 풍조가 널리 퍼지게 되면 수많은 인재가 양성되어 그 인재들이 무궁무진한 결과를 가져올 것이다.[18]

이 밖에도 이단분은 상주문에서 학교 설립 경비 및 교사 초빙에 관한 건의와 함께 좋은 기풍을 확대하기 위하여 장서원(藏書院), 각종 과학 측정 기구를 위한 의기원(儀器院), 역서국(譯書局), 신문사를 설립하고 사람들을 선발하여 해외 연수를 보낼 것을 주장하였다. 그는 다음과 같이 생각하였다. "이미 관서국은 설립되었으니 대학당(大學堂)이 설립되고 5가지의 조치가 시행되어 뒷받침을 한다면 보통 사람들도 모두 열심히 공부하여 더 나은 지식을 갖추게 되고 비상한 재주를 가진 사람들은 학문의 성과를 크게 거두게 되어 10년 후에는 훌륭한 인물들이 무수히 배출될 것이다." 이를 통하여 일찍이 1896년(광서 22년) 이전에 이미 "대학당 설립"이라는 견해가 있었음을 알 수 있다.

이단분의 상주문은 광서 황제의 관심을 끌게 되었고, 황제는 이 상주문을 총리아문에 내려 보내서 논의하고 다시 상주하도록 하였다. 두 달 후인 1896년 7월 13일에 이 상주문에 대한 총리아문의 답변서인 「총리아문의복이시랑추광학교절(總理衙門議復李侍郎推廣學校折)」이라는 제목의 문서로 이분단의 상주문은 확정되었다.

> 지난 30여 년 동안 세계 여러 나라를 둘러보고 이를 종합하여 보니 학교를 설립하고 학문을 장려하는 것이 사회의 안정과 외부 침략에 대한 방어의 기초가 된다는 것을 알게 되었습니다. 학문을 중시하는 나라는 안정되고 부강한 나

18) 『중국근대학제사료(中國近代學制史料)』 제1권(하), 화동사범대학교출판사, 1986, p.485.

라가 되며 학문을 멸시하는 나라는 반드시 쇠하여 빈약한 나라가 됩니다. 이것은 확실하며 그 결과도 분명한 일입니다. 오늘날 학문을 장려하는 것이야말로 자강의 진정한 해결책임이 분명합니다.

아울러 총리아문은 다음과 같이 건의하였다. "수도에 대학당을 설립하자는 이 시랑(侍郎)의 주청은 관서국을 확충하기 위한 목적이므로 관리서국대신에게 상황을 파악하여 타당하게 처리하도록 하명하셔야 할 것입니다."[19] 광서 황제는 총리아문의 의견을 받아들여 즉시 관리서국대신 손가내에게 명하여 우선 관서국 확충을 시작하도록 하고 수도에 신식 대학당의 설립을 기획하도록 하였다.

이와 같은 역사는 경사대학당 설립을 위한 기획의 정확한 시기가 실제로는 1896년 7월이었으며, 공식적인 창립 시기는 무오변법(戊戌變法)이 일어난 1898년이었음을 우리에게 말해주는 것이다. 수도는 국가의 심장과 같은 곳인데, 그곳에 최초로 전국 최고의 학교가 설립된다는 소식이 전해지자마자 전국의 중국인들뿐만 아니라 중국에 거주하는 여러 나라 인사들의 관심을 끌게 되었다. 그들은 글을 발표하거나 황제에게 잘못된 일을 고치도록 간언을 함으로써 경사대학당의 설립 문제에 대하여 제각기 자신들의 의견을 말하였다.

1897년(광서 23년) 요문동(姚文棟)은 대학당의 규모, 인적 관리, 전공 구분 등의 문제에 대하여 다음과 같이 서술하였다.

세계 여러 나라의 수도에는 모두 대학당이 있고 모든 인재들이 모여드는데 매년 비용은 20~30만 원이 소요된다. 그 이유는 수도가 최상의 모범이 되므로 모든 지방의 본보기가 되고 세계 여러 나라가 주시하고 있어서 규모가 클 수밖에 없으며 교육 방법도 반드시 미리 갖추어져 있기 때문이다. (…) 학부대신(學部大臣)이라는 직위를 두어 전국의 교육행정을 총괄 관리하고, (…) 학생들

19)『중국근대학제사료(中國近代學制史料)』 제1권(하), 화동사범대학교출판사, 1986, pp.488-489.

> 은 전공학과에 따라 공부하는데, 영어, 프랑스어, 러시아어, 독일어와 같은 언어 전공학과가 있고 천문 수학, 지리학, 격치학, 국제법 등과 같은 학술 전공이 있다. (…) 교육실무 책임 관리자를 임명하여 인사관리, 상벌, 진급과 유급 등의 모든 일을 어느 누구의 간섭도 받지 않고 독자적으로 결정하고 시행하도록 하여 사소하고 번잡한 일에 신경을 쓰지 않도록 하였다.[20)]

중국에서 오랫동안 살았던 미국인 선교사 길버트 레이드[이가백(李佳白), Gilbert Reid]는 특별히 한 편의 글을 썼는데, 그는 이 글에서 총학당(總學堂)으로서의 경사대학당이 창립 과정에서 반드시 주의하여야 할 문제 및 수도에 설립되는 대학당의 중요한 의의에 대하여 8가지 측면에서 상세히 논급하였다. 글의 내용은 다음과 같다.

> 총학당의 창립은 가장 완벽하여야 하며 절대로 일반적인 보통의 방식을 따라서는 안 된다. 왜냐하면 일반적인 보통의 방식을 따라 총학당을 창립한다면 이미 중국에 설립되어 있는 학당들과 전혀 차이가 없기 때문에 총학당이라고 부를 수 없으며, 가장 완벽한 방식을 따라 창립되었다고 할 수도 없다. 만약 학생들이 서양의 언어는 능통하지만 그 뜻을 완전히 알지 못하거나, 수학이나 격치학을 겉으로만 능통하고 심오한 의미를 이해할 수 없다면 이것은 그저 몽학당이나 중학당의 수준에 불과하고 최상급의 총학당 수준이라고 하기는 어렵다. 만약 지방의 성(省)에 분립 학당이 설립된다면, 그것이 중학당이든 대학당이든 아니면 총학당일지라도 그 학당은 한 지방에는 유익하나 국가 전체에는 크게 기여하지 못할 것이다. 이제 수도에 최상급의 총학당이 설립되면 천하의 뛰어난 인재들이 총학당에 모여들게 될 것이다. 후일 학업을 마치고, 각 성에 근무하거나 각처의 교습으로 나가게 되더라도 수도에서 주요 직위를 여전히 장악하고 통제를 잃지 않는다면 해이하여 기강이 무너지거나 조직의 하부가 강하고 상부가 약하여 생기는 뜻대로 지휘할 수 없는 어려운 지경에 이르지

20) 요문동(姚文棟), 「경사학당조의(京師學堂條議)」, 『베이징대학교사료』 제1권, 베이징대학교출판사, 1993, p.11.

않게 될 것이다. 오늘날의 추세로는 모든 일이 반드시 먼저 수도에서 시작되어 다음에 각 성에 이르게 된다. 이러한 정세를 유리하게 이끌면 한편으로는 인재의 천거를 비교적 용이하게 하고 다른 한편으로는 권한을 행사하면서도 공익을 위한 올바른 도리를 판별함으로써 국가의 체통이 높아질 것이다."[21]

북경에 살고 있던 칼빈 윌슨 마티어[적고문(狄考文), Calvin Wilson Matteer] 등 수 명의 미국인들도 연명하여 총학당 창설에 대하여 총리아문에 보내는「상역서의청창설총학당의(上譯署擬請創設總學堂議)」라는 제목의 글을 썼다. 그 글은 인재 양성에 관한 중국 구식교육의 결함을 돌이켜보는 내용 외에 재차 경사대학당 설립의 중요성에 대하여 세심하게 진술하였다. 그 내용은 다음과 같다.

수도 북경은 세상 사람들이 모두 우러러보는 곳입니다. 수도에 살고 있는 상류층 사람들이 모범을 보이면 각 성에 사는 보통 사람들은 반드시 이를 따르고 더 나아가 능가하게 될 것입니다. 보통 백성들은 성공은 기꺼이 함께할 수 있지만 걱정이나 염려를 함께하기는 어렵습니다. 그렇기 때문에 수도에 총학당이 설립되어야 전국의 모든 사람들이 각 성에 호소하여 한결같이 따르는 풍조가 일어나게 될 것입니다. 높은 곳에 올라 외쳐야 멀고 가까운 곳의 호응을 얻을 수 있으며 다급한 목소리가 아니더라도 그 뜻을 쉽게 전할 수 있습니다. 이제 총학당을 설립하면 중국과 서양의 언어, 경사(經史), 정사(政事), 법률, 국제법, 군사학, 천문 수학, 지리학, 지형학, 항해술, 광학, 전기학, 음향학, 화학, 증기기관학, 체육심리학, 의학, 약학, 동식물학, 농정학, 상학, 제조학, 공학 등의 교과과정을 모두 갖추게 될 것입니다. 이 학문들을 통해 세상의 본질을 밝힐 수 있고, 사람의 심신을 더욱 유익하게 할 수 있으며, 온 세상에서 일어난 일들을 이해할 수 있고, 만물을 적절히 활용할 수 있게 될 것입니다. 또한 국민을 부유하고 지혜롭게 하며, 국고를 확충하고 국위를 떨치게 하고, 국가의 치욕을 설욕하고, 오랜 폐해를 씻어 내고, 내란을 평정하고, 외교를 안정되게

21) 길버트 레이드[이가백(李佳白), Gilbert Reid],「의청경사창설대학당의(擬請京師創設大學堂議)」,『베이징대학교사료』 제1권, 베이징대학교출판사, 1993, p.14.

> 하고, 국토를 지키고, 새로운 생활을 이어갈 수 있으며, 유교의 기풍을 진작시키고, 국민의 잘못된 행위를 바로잡고, 모든 국가를 연합하여 통솔할 수 있습니다. 나아가 수도의 총학당은 전국의 인재들이 모여드는 곳이 되어 서로 보고 배우면서 더욱 발전하게 될 것입니다. 이렇게 되면 국내외 많은 사람들이 흠모하여 우러러보게 될 것이며 조정의 체통도 더욱 존엄해지고 점차로 모든 국가의 정중한 주목을 받게 될 것입니다.[22]

이들의 글은 경사대학당 창립의 온갖 장점들을 더할 나위 없이 찾아내어 설명하였다.

경사대학당 창립 기획에 대한 황제의 명을 받은 관서국대신 손가내가 1896년 8월 광서(光緖) 황제에게 올린 상주문에서도 경사대학당 창립은 오래 전에 설립된 동문관이나 각 성의 광방언관(廣方言館)의 양식을 따르지 않도록 하고 또한 너무 급하게 서두르지 말며 기획부터 철저하게 하지 않으면 안 하느니만 못하다는 점을 특별히 지적하였다. 그는 또한 6개조의 건의를 올리고 황제의 재가를 청하였다. 6개조의 건의는 경사대학당 설립 취지 결정, 교사(校舍) 건축, 전공학과 설정, 교습 초빙, 학생의 신중한 선발, 직원 고용 보장 등을 포함하였다. 손가내는 "이 6개조의 건의는 과거의 일을 기준으로 하여 현재의 상황을 판단하고 처음부터 끝까지 중국과 외국의 이론을 많이 적용하였다"[23]고 생각하였다. 그리고 그는 대학당 창립을 위한 소요경비가 아직 결정되지 않은 일을 황제에게 상서하였다.

비록 누차에 걸쳐 반복된 대신들의 상주가 있었지만 경사대학당 창립 기획은 처음 하는 일이어서 참고할 만한 경험도 없었고 더구나 조정 내에 아직 남아 있는 일부 수구파 관리들인 공친왕 혁흔, 공부대신(工部大臣) 강의(剛毅) 등이 모두 잠시 연기할 것을 주장함에 따라 신하들이 서로 책임을 미루었기 때문에 2년의 시간이 지연되었다.

---

22) 칼빈 윌슨 마티어[적고문(狄考文), Calvin Wilson Matteer], 「상역서의청창설총학당의(上譯署擬請創設總學堂議)」, 『베이징대학교사료』 제1권, 베이징대학교출판사, 1993, p.17.

23) 『중국근대학제사료(中國近代學制史料)』 제1권(하), 화동사범대학교출판사, 1986, pp.622–626.

양계초가 1912년 그를 위해 열린 북경대학 환영회에서 한 연설은 이러한 모든 상황들을 총괄한 것으로 다음과 같다.

을미년(1895년)에 저는 나라의 위기 앞에서 오직 학교의 설립만이 나라를 구할 수 있다는 선배님들의 견해에 공감하였습니다. 그래서 그들과 함께 학교를 설립하여 이 나라에 서양 학문의 도입을 추진하였습니다. 그러나 그 당시 사회는 신학문에 대해 깊은 증오심을 가지고 있었고 신식학교에 대한 어떠한 말도 반역 행위와 같이 취급하여 많은 박해를 받았습니다. 공식적으로 학교를 설립하는 것은 불가능하였기 때문에 우리는 강학회를 조직하였습니다. 이곳에서는 도서와 과학 기구를 비치하고 사람들을 초청하여 관람하도록 하고 세계의 온갖 학문 지식들을 우리 국민들에게 소개하는 학술 강연 외에 정치의 개혁을 도모하였습니다. 강학회의 본질은 학교와 정당을 합친 것이었습니다. 지금 시각으로는 유치한 단체로 보이겠지만 아직 개화되지 못한 당시의 사회적 분위기에서는 강학회라는 이름을 듣는 사람들마다 모두 놀라고 두려워하면서 심상치 않은 일을 일으키지 않을까 의심하였습니다. 그러나 이 유치한 강학회를 가볍게 보아서는 안 되는 것은 수천 년 동안 이어져 온 낡은 관습을 타파하고 당시 사람들의 견문을 새롭게 하였으며 중국사회를 혁신하는 역할을 하였기 때문입니다. 그 후 강학회에 헛소문과 악의적인 비방이 뒤따랐지만 그 세력은 날이 갈수록 강해졌고 정부의 미움도 따라서 극심해졌습니다. 급기야 을미년 말에는 강학회가 보군통령(步軍統領)에 의해 폐쇄되었으며 모든 서적과 과학 기구들은 압수당하는 지경에 이르렀습니다. 그러나 다행스럽게도 무술년(1898년) 말에 조정은 혁신의 열망이 아주 컸습니다. 손수주(孫壽州) 선생은 원래 강학회 회원이었는데 여러 사람들과 함께 청국 군기처(軍機處)에 강학회가 몰수당한 서적과 과학 기구를 다시 돌려주어 관서국으로 이관하여 달라고 요청하였으며 그 뒤 관서국은 대학교로 바뀌었습니다. 저와 대학교와의 관계에 대하여 말씀 드린다면 대학교의 전신(前身)이 관서국이고, 관서국의 전신이 강학회이기 때문에 저는 대학교와 관련이 있는 사람인 셈입니다.[24)]

24) 하효홍(夏曉虹) 편, 『양계초문선(梁啓超文選)』(하), 중국방송국출판사, 1992, pp.385-386.

양계초의 연설은 강학회가 관서국으로 바뀌고, 관서국이 최종적으로 다시 경사대학당으로 바뀐 과정에 대해 간명하고 요령 있게 설명해 주었다.

제6장
무술변법(戊戌變法)과 경사대학당(京師大學堂)의 정식 창립

북경강학회(北京强學會)가 폐쇄된 후 「중외기문(中外記聞)」도 폐간당하였다. 그 후 비록 관서국(官書局)이 설립되기는 하였지만, 유신파(維新派) 인사 이며 강유위(康有爲)의 제자인 양계초(梁啓超)는 관서국에서 밀려나게 되었다. 강유위에 의해서 설립된 상해강학회(上海强學會)와 그 기관지인 「강학보(强學報)」도 같은 운명에 처하여 상해강학회는 해산되고 「강학보」는 정간을 당하였다. 강유위 자신도 상해(上海)에서 광주(廣州)로 돌아와 만목초당(萬木草堂)에서 학문을 강의하였다.

유신운동(維新運動)을 더욱 알리고 추진하기 위하여 양계초는 청국 조정의 통치 영향이 상대적으로 미약한 상해(上海)에서 신문사를 다시 설립하고, 공거상서(公車上書)에 이어서 북경에 충격을 가하기 위한 활동을 재개하겠다는 생각을 하였다. 이 생각은 강유위의 지지를 받았다.

양계초는 1896년 봄 상해에 도착하였다. 그는 강유위가 강학회(强學會) 운영에서 사용하고 남은 자금에 친한 친구인 황준헌(黃遵憲)이 기부한 돈을 합하여 왕강년(汪康年)과 함께 1896년 9월 「시무보(時務報)」를 정식 창간하였다. 이 신문은 10일에 한 번씩 대략 20페이지를 간행하였다. 신문의 내용은 주로 시사(時事)에 관한 논평과 분석 및 수도 내외의 뉴스와 외국 신문의 기사로 이루어졌다. 신문 편집장으로서 양계초는 특별히 중국의 시국에 관한 외국의 견해와 보도를 신문에 게재하여 독자들이 중국이 당면하고 있는 위기에 대하여 인식할 수 있도록 하는 한편 변법유신(變法維新)의 주장을 적극적으로 지지하도록 유도하였다.

「시무보」의 창간 취지는 국민을 일깨우고, 자강을 추구하며, 중국과 외국의 시사를 중시한다는 것이었다. 당시의 유신파 인물들인 강유위, 양계초, 맥맹화(麥孟華), 왕강년(汪康年), 장태염(章太炎), 서근(徐勤) 등은 모두 신문에 자주 글을 발표하였는데 그중 양계초의 글이 가장 많았다. 「시무보」에 실린 글은 대다수가 민중의 호소를 반영하는 것들이었을 뿐 아니라 대담하게 당시의 정치상황을 비판하였으며, 서양의 문화를 소개하고, 유신변법의 주장을 널리 알리려고 하였다. 양무운동의 적극적인 주창자인 장지동(張之洞)은 「시무보」가 "식견이 정당하고 사사로움이 없으며, 비평이 요점을 잡아 정확하고, 기개를 불러일으킨다"라고 논하고, 나아가 공금으로 신문 수십 부를 구입하여 호북성(湖北省)의 크고 작은 관청과 여러 학교에 보내 주기까지 하였다. 「시무보」는 또한 산서(山西), 호남(湖南), 절강(浙江), 귀주(貴州), 강소성(江蘇省) 등의 지방관원들에게도 높은 평가를 받았다. 「시무보」에 게재된 글은 심오한 사상과 새로운 관점을 지니고 필치가 유창하였기 때문에 독자들의 많은 호평을 받아서 그 발행부수가 곧바로 17,000여 부로 증가하여 전국 최대의 신문이 되었다.

「시무보」가 중국인들의 환영을 받게 되자 중국에서 오랫동안 살고 있던 외국인들에게도 관심을 불러일으켰다. 영국 선교사 티모시 리차드[이제마태(李提摩太), Timothy Richard]는 이 신문이 중국 유신운동 발전의 상징이라고 간주하였다. 그는 『유화사십오년기(留華四十五年記)』에서 다음과 같이 기술하였다. "유신운동은 큰 빙하가 녹는 것처럼, 혹은 얼어붙은 흑룡강(黑龍江)이 풀리는 것처럼 거대한 장애물인 빙하를 바다로 옮기고 있다. 강유위의 제자 양계초가 상해에서 창간한 신문인 「시무보」라는 이름의 유신당(維新黨) 기관지는 처음부터 찬란한 승리를 거두어 온 나라를 크게 뒤흔들었다."[1)]

뒤이어 유신파의 또 다른 신문인 「지신보(知新報)」가 마카오에서 창간되었다. 1896년 11월 강유위는 마카오를 여행하였다. 그 지방의 명사들과 교류하면서, 그는 중국 남쪽 지방에 신문사를 설립하여 유신변법의 주장을 알려

1) 티모시 리차드(李提摩太, Timothy Richard), 「유화45년기(留華45年紀)」, 『무술변법(戊戌變法)』(제3권), 상해인민출판사, 1953, p.560.

야겠다는 생각을 자연스럽게 하게 되었다. 이와 같은 생각은 그의 제자이며 그 지방 유지인 하연광(何延光)의 지지를 얻었다. 두 사람은 상의를 거쳐 신문의 이름을 「지신보」라고 정하고 광동성(廣東省) 관리들의 간섭을 피하기 위하여 마카오에 신문사를 세우기로 하였다. 「지신보」는 1897년 2월 22일 마카오에서 정식으로 창간되었다.

「지신보」의 기고자는 대부분 강유위의 제자들이었으며 변법유신의 적극적인 옹호자들이었다. 그들의 글은 한편으로는 강유위가 주장하는 변법유신 사상을 널리 알리고 그의 저작과 학설을 소개하였으며, 다른 한편으로는 서방 국가들의 정치, 경제, 문화 상황에 대해 소개하는 내용으로 지면을 가득 채웠다. 그러면서 중국 국민들이 일치단결하여 청국 정부에 변법유신을 시행하여 경제를 발전시키고 나라를 구하며 국민을 부강하게 할 것을 촉구하였다.

신문에 실린 글들은 내용이 새롭고 관점이 명확할 뿐 아니라 당시 중국의 많은 지식인들과 해외 애국동포들의 마음의 소리를 대변하였다. 「지신보」는 신속하게 전국 40여 대, 중형 도시와 샌프란시스코, 도쿄, 고베, 요코하마, 하이퐁, 싱가포르에서 발행되어 엄청난 영향을 끼쳤다. 일부 청국 정부의 관리들도 「지신보」를 높이 평가하여 강서포정사(江西布政使)는 온 성(省)의 관원들에게 「지신보」를 읽도록 하는 공문을 발송하기도 하였다.

유신운동이 깊숙하게 전개되면서 「지신보」의 논조도 점차 격렬해졌고 청국 정부에 대한 비판도 더욱 첨예하게 되었다. 또한 「시무보」에서 충분히 하지 못한 많은 말들을 「지신보」에서는 모두 할 수 있었기 때문에 청국 정부 보수파들의 극심한 미움을 받았다. 그렇지만 신문사가 마카오에 있었기 때문에 유신운동이 실패한 후에도 여전히 남아 있어서 강유위 등 유신운동가들의 글을 발표할 수 있는 유일한 신문이 되었다.

1912년 경사대학당이 북경대학으로 학교명을 바꾼 후 초대 총장이 된 엄복(嚴復)도 1897년 10월 하증우(夏曾佑), 왕수식(王修植) 등과 함께 천진(天津)에서 「국문보(國聞報)」라는 신문을 창간하였다. 「시무보」, 「지신보」, 「국문보」의 창간과 간행은 무술변법을 널리 알려서 여론화하였으며, 날이 갈수록 변법유신 사상을 사람들의 마음속에 깊이 침투시켰다.

1898년의 무술변법 운동은 하루 아침에 일어난 것이 아니라 강유위, 양계초를 대표로 하는 유신인사들의 오랜 투쟁의 결과였다. 1895년 강유위는 '공거상서(公車上書)' 사건을 통하여 광대한 중국 대중들의 구체제에 대한 증오와 변법유신에 대한 기대의 외침을 알게 되었다.

이해의 회시(會試)에서 강유위는 수도에 있는 것이 변법유신 운동을 추진하기에 편리하여 관직을 받기는 하였지만, 공부(工部)에 재직하지 않고 변법유신 활동을 계속하였다. 이 기간 동안 그는 '공거상서'의 내용을 바탕으로 다시 황제에게 올리는 상주문을 써서 그것을 진사(進士)의 신분으로 도찰원(都察院)에 제출하였다. 이것이 바로 그 유명한 「상청제제삼서(上淸帝第三書)」이다. 그날은 1895년 5월 29일이었다.

「상청제제삼서」에서 강유위는 변법의 절박한 필요성에 대하여 심도 있게 설파하고 아울러 변법의 구체적인 내용은 당연히 국가 부강, 국민 육성, 선비 양성, 군사 훈련의 네 가지 방면을 포함하여야 함을 주장하였다. 그는 또한 유능한 사람을 등용하여 국가 관리에 참여시켜야만 변법의 순조로운 실행을 보장할 수 있다는 것을 특별히 강조하였다.

그때는 강유위가 관리의 신분이어서 도찰원은 더 이상 그의 상서(上書)를 보류할 수 없었다. 6월 3일에 상서는 군기처(軍機處)에 도달하였고 군기대신(軍機大臣) 옹동화(翁同龢)는 당일로 황제에게 올렸다.

18세에 결혼한 후에야 겨우 그 자신이 친정(親政)할 수 있었던 광서 황제는 사실상 그가 하는 모든 일들에 대해 일일이 자희태후의 견제를 받고 있었다. 청일전쟁의 참패와 「마관조약」 체결에 직면한 광서 황제는 분발하여 신정(新政)을 실행하려는 결심을 하였으나 거듭 자희태후를 비롯한 완고한 봉건세력의 압제에 부딪히고 말았다. 본래 큰 포부를 가지고 있던 광서 황제는 전쟁의 패배, 영토의 할양과 배상의 치욕 때문에 온종일 탄식하면서 나라를 다스릴 훌륭한 정책이 없음을 괴로워하였으나 속수무책이었다.

이때 강유위의 상서는 마치 신선한 한줄기 바람처럼 광서 황제의 근심을 날려 버리고 그에게 중국의 앞날에 대한 한 조각 밝은 빛을 비추어 주었다. 광서 황제는 즉시 명하여 강유위의 상주문을 세 부 베껴 써서 한 부는 최고 정책결정기관인 군기처에 보내어 각 성(省)의 장군, 독무(督撫)들이 심의하도록 하고, 한 부는 황제의 집무실인 건청궁(乾淸宮)에서 친히 읽고, 한 부는 의식을 거행하는 근정전(勤政殿)에서 읽도록 보관하였으며, 원본은 자희태후에게 보냈다. 이름 없는 하급 관리 한 사람의 주청서를 이렇게 처리한 예는 청국 역사상 아주 드문 일인 것으로 보아 광서 황제가 강유위의 상서를 얼마나 중시하였는지를 알 수 있다. 강유위는 이 소식을 듣고 크게 고무되어 곧이어 다시 「상청제제사서(上淸帝第四書)」를 써서 제출하여 더욱 상세한 개혁조치들을 제안하였다. 또한 강학회 창립과 「만국공보」, 「지신보」 창간 등을 통하여 광범위한 여론을 조성하여 변법유신을 준비하였다.

그러나 북경의 완고한 보수 세력이 너무 강하여 강유위의 구상들이 북경에서는 강력한 공감을 불러일으키지 못하였다. 1896년(광서 22년) 겨울에 강유위는 계림(桂林)으로 가서 광서순무(廣西巡撫) 사념조(史念祖), 포정사(布政使) 유지개(遊智介), 안찰사(按察使) 채희빈(蔡希邠), 전 대만순무(臺灣巡撫) 당경숭(唐景崧), 잠춘훤(岑春煊) 등의 지지와 협조로 성학회(聖學會)를 창립하였다. 성학회의 목적은 유교를 널리 알림으로써 변법유신 운동을 추진하자는 것이었다. 양계초는 성학회를 아주 높게 평가하고 다음과 같이 언급하였다. "… 북쪽 수도에는 강학회가 시작되었고 남쪽 계림에는 성학회가 창립되어서 운무로 가득한 어두운 세상을 헤치고 올바른 사회 기풍이 크게 열릴 것이다."[2) 1897년(광서 23년) 7월 강유위는 광주로 돌아와 만목초당(萬木草堂)에서 강의를 계속하였는데 그때 강유위는 이미 불혹의 나이인 40세였다.

만목초당에 있는 동안 강유위는 매일 밤낮으로 강의를 하면서 변법의 사상과 이론을 널리 알렸다. 강유위가 브라질로 이민을 가서 그곳에서 새로운 중국을 건립하겠다는 대담한 구상을 한 것도 이 시기였다. 그와 같은 생각을 하게 된 것은 그의 마음 깊은 곳의 고통과 앞길에 대한 망연함의 반영이었다. 그러나 교주만(膠州灣) 사건이 일어난 후 강유위는 이 생각을 바꾸었다.

2) 양계초, 「일본요코하마 중국 대동학교(大同學校) 연기」, 『시무보(時務報)』 제49호, 1897.

1897년 11월 세 척의 독일 전함은 산동성(山東省) 조주부(曹州府)의 백성들이 교회를 불태우고 독일 선교사를 살해한 사건을 핑계 삼아 교주만을 점령하였고 1898년 3월에는 청국 정부와 강제로 「교오조차조약(膠澳措借條約)」을 체결하였다. 그 일이 있은 후 곧이어 제정러시아, 프랑스, 영국, 일본 등 다른 열강들도 교주만 사건을 계기로 여러 가지 구실로 중국에 약탈의 손을 내밀었으며 강압적으로 청국 정부와 일련의 불평등조약을 체결하였다. 망국의 위기가 눈앞에 다가오고 있었다. 수도에 돌아온 강유위의 마음은 이 일로 인하여 불타는 듯 아주 조급하였다. 그는 한시도 변법유신을 늦출 수 없는 상황이라는 사실을 깨달았다. 그는 1897년 12월 어느 날 밤새워 상주문을 써서 공부(工部)에 올렸다. 이것이 곧 「상청제제오서(上清帝第五書)」이다.

상주문에서 강유위는 침략자들에 대해 무저항 정책을 취하고 있는 청국 조정을 재차 날카롭게 비판하면서 변법유신의 시행을 오랫동안 망설이면서 지연하고 있는 것이 망국 위기의 주요 원인이라고 지적하였다. 그는 "오늘날 큰 재난을 당하고도 어리석어서 사리를 분별하지 못하는 것이야말로 나라의 불안정, 국민의 사기 저하, 외교의 폐쇄, 국내 정치의 추락 등등의 모든 병폐의 원인이다. 이 때문에 소문은 날로 흉흉해지고 예로부터 지켜오던 나라를 다스리는 전례들은 지키기 힘들게 되어 버린 것이다"라고 하였다. 그는 광서황제에게 "나라를 구하고 스스로 지키는 방법은 변법 외에 다른 길은 없다"[3]고 권고하였다. 그러나 상주문에는 정권을 장악하고 있는 관리들을 격렬한 언사로 비판하는 내용들이 많이 있었기 때문에 공부는 강유위의 주청서를 처리하지 않고 황제에게도 올리지 않았다.

「상청제제오서」가 황제에게 올라가지는 못하였지만 강유위의 이전 상주문들과 마찬가지로 진보인사들과 관원들이 베껴서 퍼뜨리고, 상해 등의 도시에서 인쇄되어 출판되었다. 강유위 자신도 끝까지 변법유신에 대한 노력을 포기하지 않고 계속해서 「상청제제육서(上清帝第六書)」와 「상청제제칠서(上清帝第七書)」를 써서 중국의 변법개혁에 관한 더욱 구체적인 건의를 제출하

3) 중국사학회 편, 강유위, 「상청제제오서(上清帝第五書)」, 『무술변법(戊戌變法)』(제2권), 상해인민출판사, 1953.

였다. 수차에 걸친 상주문에서 강유위는 신식대학 설립의 필요성을 반복하여 강조하였다. 그러나 이 상주문들도 광서 황제에게는 전해지지 않았다.

상서를 통하여 뜻을 이루지 못하자 강유위는 이민 계획을 다시 추진하기로 결정하였다. 이 계획이 이홍장의 지지를 얻기는 하였지만, 이홍장은 반드시 브라질 대사가 직접 나서서 부탁을 하여야 시행이 가능하다는 요구를 하였다. 강유위는 이 일을 준비하기 위하여 광동으로 돌아가 전력을 다하기로 하였다.

군기대신 옹동화는 강유위의 재주를 항상 높이 평가하고 그를 광서 황제에게 추천하기 위해 은밀하게 계획하고 있었다. 그러므로 그는 북경을 떠나려는 강유위의 계획을 알고 매우 놀랐다. 좋지 않은 소문이 날 수 있음에도 불구하고 옹동화는 직접 강유위가 머물고 있는 남해회관(南海會館)을 찾아가 그를 극력 만류하였다. 그때 마침 강유위는 막 출발하기 직전이었다. 옹동화는 강유위에게 자신이 이미 황제에게 "강유위의 재주가 자기보다 백 배나 더 낫다"[4]고 진언하였다는 말을 하였다. 그리고 황제가 반드시 그를 중용할 것이라고 하면서 떠나지 말 것을 요청하였다.

다음날 옹동화의 지시로 급사중(給事中) 고섭(高燮)이 광서 황제에게 나아가 강유위를 칭찬하면서 황제가 그를 접견할 것을 주청하였다. 이미 강유위의 「상청제제삼서」를 읽어본 광서 황제는 그에게 상당한 호감을 가지고 있었기 때문에 즉시 총리아문으로 하여금 그를 불러 만나볼 것을 명하였다.

1898년 1월 23일(광서 24년 정월 2일) 오후 세 시에 총리아문은 황제의 명을 받들어 강유위와 만나게 되었다. 당시 그 자리에는 이홍장, 옹동화, 영록(榮祿), 형부상서(刑部尙書) 요수항(廖壽恒), 호부좌시랑(戶部左侍郎) 장음항(張蔭恒) 등 조정에서 요직을 맡고 있는 대신들이 자리하였다. 강유위와 그들 사이에는 영향이 매우 큰 대화가 진행되었다. 이에 대해 강유위의 제자는 『남해강선생전(南海康先生傳)』에서 다음과 같이 기록하였다.

---

4) 하효홍(夏曉虹) 편, 륙내상(陸乃翔) 외, 「남해강선생전(南海先生傳)」, 『추억강유위(追憶康有爲)』, 중국방송국출판사, 1997, p.50.

영록: 조종지법(祖宗之法)을 바꿀 수는 없다.

강유위: 조종지법은 선조의 영토를 다스리기 위함인데, 이제 선조의 영토를 지킬 수 없는데 그것이 무슨 소용입니까? 더욱이 외교담당 관청은 조종지법으로는 관장할 수 없습니다. 그 시대에 적합하도록 법을 바꿔야 하는 것은 어찌할 수 없는 일입니다.

요수항: 변법은 어떻게 시행하는 것이 좋은가?

강유위: 법률과 관직제도부터 우선 시행하는 것이 좋겠습니다.

이홍장: 그러면 육부(六部)는 모두 해체하고 이전의 법규는 다 폐지한다는 것인가?

강유위: 법은 오래되면 폐단이 생기게 마련입니다. 지금은 옛날과 세상이 많이 달라졌습니다. 그러므로 지금의 법률과 관직제도는 바꿔야 합니다. 일시에 모두 다 바꿀 수는 없어도 상황을 감안하여 추진한다면 신정(新政)을 시행할 수 있습니다.

옹동화가 나라의 자금조달에 관하여 묻자 강유위는 일본의 은행 지폐, 프랑스의 인지세, 인도의 토지제도를 예로 들어, 중국은 큰 나라이므로 만약 이전에 제도를 바꾸었다면 세입은 지금과 비교하여 10배는 더 증가할 수 있었을 것이라고 하였다. 그리고 법률, 예산, 학교, 농업, 공업, 상업, 광업, 철도, 체신, 사회, 해군, 육군 등 각 방면에 대한 각종 개혁들을 상세히 설명하고 아울러 일본의 유신 방식이 서양의 방법을 모방한 것인데 제도가 이미 완비되어 있고 우리나라와 비슷하여 그것을 따르기가 매우 쉬울 것이라고 말하였다. 많은 질문과 답변으로 그 자리는 저녁이 돼서야 끝이 났다. 영록은 먼저 가고 공친왕(恭親王) 혁흔과 경친왕(慶親王) 혁광(奕劻)은 일 때문에 참석하지 못하였다.[5]

그날 변법에 반대하여 중도에 가 버린 영록을 제외하고, 옹동화 등의 대신들은 강유위와 변법 문제에 대하여 아주 오랜 시간 토론하였다. 다음날 광서

5) 하효홍(夏曉虹) 편, 장백정(張伯楨), 「남해강선생전(南海康先生傳)」, 『추억강유위(追憶康有爲)』, 중국방송국출판사, 1997, p.115.

황제는 대신들을 불러서 이에 관한 보고를 들었다. 옹동화는 이 기회를 틈타 강유위를 다시 추천하였다. 광서 황제는 공친왕의 저지로 강유위를 직접 만날 수 없게 되자 명을 내려 강유위가 자신의 주장을 상주문에 써서 황제에게 올리도록 하였다.

1898년 1월 29일 강유위는 광서 황제에게 「상청제제육서(上淸帝第六書)」를 봉정하였다. 이것이 바로 유명한 「응조통주전국절(應詔統籌全局折)」이다. 상주문에서 강유위는 일본 메이지유신의 방식을 본받아 네 가지 조치를 취하여 변법을 실시할 것을 건의하였다.

(1) 조서를 내려 국가의 기본정책을 명확히 하고 변법유신을 선포한다.
(2) 대신들에게 명하여 변법에 대한 태도를 분명히 하도록 하고 반대자는 모두 면직시킨다.
(3) 오문(午門)에 상주문을 올리는 자리인 상서소(上書所)를 설치하여 언로를 확대한다.
(4) 궁 안에 제도국(制度局)을 설치하고 전국의 인재들을 선발하여 개혁을 구체적으로 도울 수 있도록 한다.

이외에 강유위는 제도국 산하에 12개의 국(局)을 설치하여 새로운 국가 행정 직능기구로 삼아서 각 부문의 개혁을 분담하여 책임지고 추진하도록 제안하였다. 이 12개의 국은 법률국, 도지국(度支局), 학교국(學校局), 농국(農局), 공국(工局), 상국(商局), 철로국(鐵路局), 우정국(郵政局), 광물국(鑛物局), 유회국(遊會局), 육군국(陸軍局), 해군국(海軍局)이었다.

강유위는 지방정권을 철저히 개혁하기 위하여 각 도에 민정국(民政國)을, 각 현에는 민정분국(民政分局)을 설치할 것을 주장하였다. 그 주요한 기능은 신정(新政)을 시행하는 것이며 지도 제작, 호구 조사, 철로 건설, 농공상업의 발전, 학교 설립, 병원 설립, 경찰국 설립 등을 포함하였다. 「상청제제육서」는 유신파의 개혁요구를 집중적으로 반영하였으며, 몇 개월 후에 광서 황제가 일으킨 무술변법 운동에 매우 큰 영향을 주었다.

이와 거의 같은 시기에 경사대학당의 정식 설립을 위한 공정이 시작되었다. 수도에 대학당을 건립하는 일에 대해 논의한 지 이미 2년이 지났으나 여러 가지 원인 때문에 실질적인 진전은 없었다. 1898년 설이 막 지날 무렵 어사(御史) 왕붕운(王鵬運)은 또 다시 경사대학당의 설립을 요청하는 주청서를 제출하였다. 정월 25일 광서 황제는 유지를 내려 다시 청국 정부의 경사대학당 설립에 대한 태도를 표명하였다. "… 경사대학당은 대신들이 거듭 주청을 하여 이의 설립을 허락하니 조속히 착수하라. 경사대학당의 상세한 장정은 군기대신과 총리각국사무아문의 왕공대신들이 함께 모여 상의해서 결정하도록 하라."[6] 유지가 내렸지만 총리아문은 진척이 느려서 성과가 보이지 않았다.

1898년 봄 중국의 국내 정세는 매우 심각하였다. 러시아는 여순(旅順) 대련만(大連灣)을, 프랑스는 광주만(廣州灣)을, 영국은 구룡(九龍)과 위해(威海)를 요구하였고, 일본은 전쟁배상금을 독촉하였으며, 독일은 교주만(膠州灣)을 점령하였기 때문이었다. 또한 민족의 위기는 통치권 내의 보수파와 개혁파 사이의 갈등을 격화시켰다. 이와 같은 정세에 직면하여 광서 황제는 변법개혁의 신념을 더욱 확고히 하였다.

1898년 3월 12일 강유위는「상청제제칠서」와 함께 그가 서둘러 저술한「러시아피터대제변정기(俄彼得變政記)」를 봉정하였다. 이것은 강유위가 광서 황제에게 청 왕조가 멸망에 직면하고 있으므로 피터대제의 과단성과 대담성을 본받아 개혁의 실행을 결심할 것을 암시한 것이었다. 여러 차례에 걸친 상서에서 강유위는 반복하여 신식대학 설립의 필요성을 강조하였다.

3월은 마침 회시(會試) 무렵이어서 전국 각지에서 만여 명의 거인(擧人)들이 수도에 다시 모여들었다. 강유위는 재차 공거상서를 일으키기로 결심하였다. 3월 하순에 강유위는 러시아의 요구를 거절하고 세계 다른 나라들의 도움을 받기를 청하는 주청서인「걸력거아청중공거보소(乞力拒俄請衆共車保疏)」를 받아쓰게 한 다음 거인 신분의 제자들인 맥맹화, 양계초, 용응중 등을 앞장 세워서 거기에 각 성 거인들의 서명을 받도록 하였다. 3월 27일 백여 명

6)『베이징대학교사료』제1권, 베이징대학교출판사, 1993, p.43.

의 거인들은 도찰원(都察院)으로 몰려가 강유위의 이 상서를 올려 달라고 요구하였다.

제2차 공거상서를 일으킴과 동시에 강유위는 어사(御史), 한림원(翰林院) 편수(編修) 등의 중간급 관원들을 연합하여 조정에 상서를 청원할 것을 계획하고 보국회를 창설하였다. 보국회 설립 대회에서 강유위는 격앙된 어조로 자신의 견해를 피력하면서 국민들이 개혁을 적극 지지할 것을 호소하였다.

보국회 설립은 수구파 관료들의 극심한 반감과 미움을 초래하게 되어 강유위를 체포하여 사형에 처할 것을 요구하였다. 강유위의 제자들과 친구들이 호의로서 그가 잠시 북경을 떠나 박해를 피할 것을 누차 권하였음에도 그는 북경에 여전히 남아서 유신운동을 계속하여 이끌었다.

6월 6일 강유위는 다시 광서 황제에게 「청정국시이명상벌절(請定國是而明賞罰折)」을 올려서 광서 황제가 변법의 시행을 결정할 것을 요청하였다. 그 내용은 다음과 같다.

> 정파들은 물과 불 같이 서로 갈등하고, 새로운 생각을 가진 사람들과 낡은 생각을 가진 사람들은 서로 공격하니, 지금과 같은 내우외환의 시기에 날마다 변법한다고 말은 하지만 의견이 너무 많고 일치하지 않습니다. 이는 모두 국시(國是)가 아직 정해지지 않았기 때문입니다. 옛날 조무령왕(趙武靈王)의 호복(胡服) 도입, 진효공(秦孝公)의 변법, 러시아 피터대제와 일본유신의 변법은 모두 상벌의 원칙을 명확히 한 뒤에야 비로소 신정(新政)을 시행할 수 있었습니다.[7]

총리아문의 경사대학당 설립에 관한 더딘 일처리에 대하여 수년 동안 오로지 경사대학당의 창립을 적극적으로 주장해 온 강유위는 매우 분노하였다. 무술변법이 시작되기 며칠 전에 강유위는 다시 한 번 경사대학당의 창립을 호소하였다. 그는 「청개학교절(請開學校折)」에서 다음과 같이 기술하였다.

---

7) 하효홍(夏曉虹) 편, 장백정(張伯楨), 「남해강선생전(南海康先生傳)」, 『추억강유위(追憶康有爲)』, 중국방송국출판사, 1997, p.117.

… 수도에 대학 설립을 논의한 지 수년이 지났는데 조속한 설립을 독촉하는 것이 마땅할 것입니다. 대학이 설립되면 많은 나라들의 본보기가 될 것입니다. 인재 양성은 나무를 심는 것과 같습니다. 집을 짓는 것은 몇 달이면 완공할 수 있지만 나무는 수년이 지나지 않으면 그늘을 드리울 수 없습니다. 지금 변법과 관련한 온갖 일들은 급히 이루어 낼 수 있지만 학교의 설립과 인재 양성은 하루 아침에 실현될 수 없기 때문에 소신은 학교설립이 속히 진행되기를 요청하는 것입니다.[8)]

중국을 부흥시키겠다는 포부가 가득한 광서 황제는 강유위의 상주문과 글을 보고 나서 그를 대단히 높게 평가하였다. 광서 황제는 국난이 눈앞에 닥쳐오는 시기에 강유위와 같은 인재가 매우 필요하고, 경사대학당 창립을 더 이상 미룰 수 없으며 이미 시행할 수밖에 없는 시점에 와 있다는 것을 절감하게 되었다. 나라가 망할지도 모른다는 위기감에 자극 받은 광서 황제는 변법개혁의 결심을 확고히 하게 되었다. 그러나 사사건건 자희태후의 간섭을 받고 있던 광서 황제는 자신의 뜻대로 일을 처리할 수 없었으므로 신정을 시행하려면 자희태후의 승인을 받지 않을 수 없었다. 광서 황제는 자희태후에게 문안을 드리는 기회를 틈타서 변법을 시행하여야 중국을 부흥시킬 수 있다는 의견을 빈복하여 개진하였다. 어느 정도의 개혁을 시행함으로써 청국 정부에 불만을 가진 국내 정서를 완화시킬 수 있을 것이라는 점을 고려하여 자희태후는 드디어 일부 권한을 광서 황제에게 넘겨주기로 동의하고 유신개혁을 진행할 수 있도록 하였다.

자희태후는 머리를 끄덕여 개혁에 동의하기는 하였으나 영록 등 보수파의 영향으로 뼛속까지 변법에 반대하는 입장은 단호하였으며 강유위와 같은 유신당 사람들을 증오하고 미워하였다. 광서 황제는 강유위가 무척 마음에 들었으나 자희태후의 압력 때문에 중용하지 못하고 심지어 불러서 만나보고 싶어도 그럴 수 없었다. 이에 대해 양계초는 다음과 같이 기술하였다. “황상(皇

8) 강유위, 「무술주고(戊戌奏稿)」, 선통 3년, p.14.

上)은 강 선생을 크게 기용하고 싶었으나 서태후(西太後)가 무서워서 이 뜻을 감히 실행할 수 없었다. 몇 달 동안 황상은 자문을 받을 사안이 있으면 총리아문을 통하여 선생에게 전달하라고 명하고 선생이 어떤 제안이 있게 되면 그것을 상주문 중에 써서 올리었다."[9]

광서 황제가 비록 강유위를 중용할 수는 없었으나 그의 의견은 수용하였다. 옹동화는 강유위의 의견을 근거로 두 편의 청정국시(請定國是) 상주문을 기초하여 어사(御史) 양심수(楊深秀)와 시독학사(侍讀學士) 서치정(徐致靖)에게 각기 한 편씩을 주고 이것을 그들의 이름으로 광서 황제에게 올렸다. 광서황제는 자희태후의 동의를 얻은 후, 1898년 6월 11일(광서 24년 4월 23일) 명정국시(明定國是)의 유지를 내렸다.

1898년 6월 11일 광서 황제는 친히 천안문에 거동하여 선조관(宣詔官)이 「명정국시조서」를 낭독하는 것을 지켜보았다. 국내외를 놀라게 한 무술변법은 이제 그 막이 오르게 되었다. 「명정국시조서」는 개혁변법의 선언이었다.

> 지난 수년 동안 국내외의 대신들과 관원들이 당면한 정세를 감안하여 변법자강을 여러 차례 제안하였다. 최근 학교의 특수과목 개설, 과도한 군대의 축소, 무과제도 개혁, 크고 작은 학당의 설립에 관한 수차의 조서들은 모두 여러 차례 그 계획들을 심사하여 수용할 만큼 충분히 성숙되었다는 것을 확인한 후에야 시행하였다. 불행하게도 이것들을 받아들일 만한 풍토를 아직 이루지 못하여 일치된 결론을 내리지 못하고 애국과 우국(憂國)을 핑계로 수많은 사람들이 옛 법과 제도를 고수하고 새로운 법은 반드시 배제하여야 한다고 떠들어 대었다. 그러나 이러한 빈말들은 모두 쓸데없고 무익한 것들이다. 오늘날의 시국과 나라 형편을 살펴볼 때 여전히 군대는 훈련되어 있지 못하고 국방예산은 모자라며 학자들은 실용적인 학문을 갖추지 못하였고 각종 산업은 우수한 기술자가 없어서 적들과 우리는 강약의 차이와 빈부의 격차가 현격한데도 우리의 나무막대기로 적들의 정예부대를 제압할 수 있다고 할 수 있겠는가?

9) 하효홍(夏曉虹) 편, 양계초, 「무술정변기(戊戌政變記)」, 『양계초문선(梁啓超文選)』, 중국방송국출판사, 1997, p.279.

국시(國是)가 정해지지 않으면 정부의 명령이 시행되지 않아서 결국 당파 간에 악습을 낳고, 서로 용납할 수 없는 당파 분쟁을 일으키게 된다. 이것은 예전의 송(宋)과 명(明)의 전철을 밟는 것으로 지금의 상황에는 전혀 도움이 되지 않는다. 중국의 옛 경전에 의하면 삼황오제(三皇五帝)는 옛날의 국가제도를 그대로 받아들여 답습하지 않았다고 한다. 마치 이는 겨울의 갖옷과 여름의 갈포옷의 비유처럼 옛 제도가 그 당시 사회에 이어서 채택될 수 없다는 것이다. 그러므로 분명히 널리 선포하여 알리노니 이후로 모든 대소신하와 왕공대신으로부터 사대부와 서민에 이르기까지 각자의 발전을 위하여 분발 노력하고, 성현의 도리를 배워 근본으로 삼으며 중국이 당면한 정세나 업무에 적합한 서양의 학문을 힘써 배우고 실력을 향상시켜서 실속이 없고 사리에 맞지 않는 진부한 폐단들에서 벗어날 수 있도록 하라. 온 마음으로 뜻을 다하고 완전함에도 더욱 완전하도록 하며, 천박하고 피상적이거나 실속 없는 학문을 하지 않도록 하고 쓸모없는 것을 유용한 것으로 바꾼다면 유가의 경전에 능통하면서 세상을 변화시키는 일에 도움이 되는 인재가 될 것이다.

경사대학당은 모든 성이 의견을 내놓아 주장하였으므로 우선적으로 설립하도록 하고, 군기대신과 총리각국사무아문의 왕공대신들은 회동하여 속히 상의하고 상주하도록 하라. 모든 한림원 편수(編修), 각 부(部), 원(院), 사(司)의 관원들, 대문시위(大門侍衛), 관원 선발 후 대기자, 도(道), 부(府), 주(州), 현(縣)의 관원, 대원(大員)의 자제, 팔기세직(八旗世職), 각 성 무직(武職)의 후예 중에 학당에 입학해서 공부하려고 하는 자들은 모두 입학하여 배우게 하여 많은 인재를 배출함으로써 일심협력하여 나라의 당면한 어려움을 극복하도록 하라. 적당히 일을 처리하거나, 사람을 추천함에 부정이 있어서 조정이 간곡하게 이르는 뜻을 저버리지 않도록 하고 이 유지를 널리 전하여 모든 사람들에게 똑바로 알리도록 하라.[10)]

「명정국시조서」는 전체 문장이 길지 않았는데, 지면의 삼분의 일이 경사대학당의 정식 창립에 관한 말로 채워졌다. 조서의 공포는 중국 개혁변법의

10) 『덕종경황제실록(德宗景皇帝實錄)』 제418권, p.15.

의사 일정을 상정한 것인데 조서에서 경사대학당의 창립을 결정하고 현대적인 대학당을 설립하도록 함으로써 중국 교육개혁의 중요한 한걸음을 내디디게 되었다.

「명정국시조서」의 공포는 변법지지자들을 매우 고무시켜 주었다. 경사대학당 설립에 관한 부분은 여러 성의 적극적인 호응을 받았다. 강남도감찰어사(江南道監察御史) 이성탁(李盛鐸)은 「주경사대학당판법절(奏京師大學堂辦法折)」에 다음과 같이 기술하였다. "지난달 23일과 이달 8일에 황제폐하의 유지를 받았는데, 이는 경사대학당은 모든 성의 지지를 받았으므로 우선적으로 설립하도록 하고 왕공대신들은 회동하여 속히 상의하고 상주하라는 명령이었습니다. 국내외 신하와 백성들은 한마음으로 기뻐하였습니다."[11] 그는 또한 "상세한 장정 확정", "대학당 부지 선정", "교과목 선정", "광범위한 기금 조성", "전담하는 대신 파견" 등 5개조의 건의를 제출하여 경사대학당 창립에 대한 계책을 제시하였다.

이와 동시에 변법개혁의 절차도 진행에 속도를 내게 되었다. 옹동화, 서치정, 호남순무 진보잠, 내각대학사 장백희는 연이어 강유위가 유능한 큰 인재라고 추천하는 주청서를 올렸다. 광서 황제는 강유위를 6월 16일에 만나겠다는 조서를 내렸다. 그러나 조정에서 광서 황제가 시행하고 있는 변법개혁을 결연히 지지하는 대신들은 옹동화 등 몇 명밖에 없고 반대하는 대신들이 대부분이었다. 그들은 잇달아 이화원에 몰려가서 자희태후에게 광서 황제가 "사람을 제멋대로 임용하는 것"을 막아 달라고 청하고 총관태감(總管太監) 이연영(李蓮英)으로 하여금 자희태후에게 광서 황제의 유력한 조수인 옹동화를 참소하여 그를 극력 제거하려고 하였다. 영록은 양숭이 등을 시켜서 강유위가 "이간질하는 말로 나라 일을 어지럽힌다"고 하여 탄핵하도록 하였다. 유신변법을 반대하는 보수파들은 자희태후의 주위에서 구제도를 지키는 보루를 만들었다. 6월 15일 자희태후는 강제로 광서 황제가 세 가지 유지를 내리게 하여 유신파의 세력을 약화시키려고 하였다. 그 내용은 다음과 같다.

---

11) 『베이징대학교사료』 제1권, 베이징대학교출판사, 1993, p.44.

(1) 옹동화를 일체의 직무에서 면직시켜서 자리를 비우고 고향으로 돌아가도록 한다.

(2) 영록을 직례총독으로 임명하여 북양 삼군을 통솔하게 한다.

(3) 이품 이상 관원의 승진과 이동은 반드시 자희태후에게 가서 감사를 표시하는 예를 갖추도록 한다.

이 세 가지 유지가 내려졌다는 것은 자희태후가 북경과 천진 지역의 군대 지휘권과 고급 관원의 임면권을 다시 되찾았고 광서 황제는 정치 군사상의 실권을 잃게 되어 후일 변법운동이 진압되는 기초가 갖추어졌다는 것을 의미하였다.

옹동화가 면직되었다는 소식은 삽시간에 수도에 퍼졌다. 강유위는 변법의 전망이 비관적이라고 예감하고 수도를 떠나 남쪽 지방으로 가려고 하였다. 그러나 광서 황제가 자신을 높게 평가해 준 은혜에 감사하여 북경에 머물러 광서 황제가 추진하는 변법개혁을 돕기로 하였다. 6월 15일 강유위는 이화원에 가서 광서 황제의 부름을 받고 만나기 위해 기다리고 있었다. 그때 그는 벌써 수상한 정치적 분위기를 감지하였다.

6월 16일 광서 황제는 이화원 인수전(仁壽殿)에서 강유위를 불러 만났다. 군신지간에는 두 시간 반의 오랜 시간 동안 담화가 계속되었다. 장백정(張伯楨)이 쓴 『남해강선생전(南海康先生傳)』에는 이 담화의 일부 내용을 상세히 기술하였다.

황제가 선생의 나이와 출신을 물었다.

선생: 사방의 오랑캐가 동시에 침략하여 나라가 쪼개지고 멸망의 위기가 다가오고 있습니다.

황제: 모두가 구제도에 그 원인이 있다.

선생: 황상(皇上)께서는 현명하시어 병폐의 원인이 구제도임을 통찰하셨습니다. 병의 원인을 이미 아셨으니 그 약도 있으실 것입니다. 구제도가 재앙과

패배의 원임임을 이미 아셨으니 옛 법을 바꾸어 유신을 하시지 않으면 자강은 불가능합니다.

황제: 오늘날 변법 이외에는 다른 길이 없다.

선생: 근년에 변법을 논의는 하였으나 시행한 일은 별로 없었습니다. 변법이 근본적인 것을 바꾸지 않고 표면적인 조치에 그친다면 결국 실패하게 되고 이루는 것이 없게 될 것입니다.

황제도 동의하였다.

선생: 변법에 대해 말씀드린다면 제도와 법률을 무엇보다도 먼저 개정하여야 변법이라고 할 수 있습니다. 지금의 변법은 돌발적인 사건일 뿐이며 진정한 변법이 아닙니다.

이에 더하여 선생은 제도국(制度局)의 설치를 주청하였고 황제도 이에 동의하였다.

선생: 소신은 여러 나라의 변법 시행의 원인과 과정을 참고하여 중국에 시행 가능한 내용을 선택하고 손익을 고려하여 장정, 법령, 규칙, 규정 등을 준비하였습니다. 만약 황상께서 변법을 시행하시기로 결심하셨다면 적용할 준비가 되어 있습니다.

황제: 준비가 매우 체계적이고 상세하구나.

선생: 황상께서도 이미 잘 알고 계시는데 변법을 즉시 확고하게 시행하지 않으시는 이유가 무엇인지요?

견제를 받고 있는데 무슨 일을 할 수 있겠는가? 황제는 창밖을 바라보다가 한숨을 쉬며 말하였다.

조정에서 변법이 순조롭게 진행되지 못하는 상황에 대하여 논의한 후에 강유위는 당시의 과거제도인 팔고고제(八股考制)의 문제에 대해 말하였다.

오늘날의 근심거리는 백성들이 아직도 계몽되지 못한 사실에 있습니다. 백성들이 계몽되지 못한 이유는 팔고과거시험에 통과하기 위해 공부하기 때문입니다. 팔고 학습자는 진, 한 이후의 책을 읽지 않을 뿐만 아니라 세계 여러 나라에서 벌어지는 일들에 관한 시험도 보지 않습니다. 그래도 고전에 능통하기만 하면 고관으로 승진할 수 있습니다. 수많은 대신들 가운데 변법과 관련된 일을 맡길 자가 없는 이유가 바로 이 팔고과거시험 제도 때문입니다.

황제: 그렇다. 서양인들은 실용적인 것을 배우는데, 우리 중국은 쓸모없는 것을 배우고 있는 것은 모두 다 이것 때문이다.

선생: 황상께서 팔고과거제도의 폐단을 알고 계시다면 이를 폐지하시는 것이 어떻겠는지요?

황제: 이제 폐지하는 것이 좋겠다.

선생: 황상께서 그러하시다면 이를 대신들이 서로 상의하도록 넘겨주지 마시고 즉시 조서를 내리셔서 시행하도록 하명하시기를 바랍니다. 만약 대신들에게 상의하도록 하시면 대신들은 반드시 반대할 것입니다.

황제: 그렇게 하겠다.

황제: 최근 국가의 재정이 매우 어려운데 이를 어떻게 마련하겠는가?

선생은 중국 도처에 광산이 매우 많다는 것을 간략히 황상(皇上)에게 아뢰고 나서 이어서 말하였다.

선생: 재정을 마련하는 좋은 방법은 법을 제정하여 세원을 확충하는 것입니다. 그렇게 하면 재정의 부족함은 사라질 것입니다.

선생은 또한 서적 번역, 유학생 파견, 견문을 위한 해외 파견 등을 상세히 진언하였다. 중요한 사안에 대한 담화가 끝나자 잠시 휴식을 하면서 선생은 황상의 명령을 기다렸다. 황상은 여전히 선생을 일어서라고 하지 않고 오히려 인재 등용, 광범위한 백성들의 지혜 향상과 사기 진작, 그리고 반역을 꾀한 무리들에 대한 사면 등을 언급하였다. 틈을 타서 선생은 보국회에 연루되어 탄핵된 자신을 황상이 보호해 준 은혜에 감사를 드렸다. 황상은 머리를 끄덕여 이를 받아들였다. 오랜 담화가 끝이 나고 황상은 "물러가 쉬어라"라고 하고 나서 다시 "할 말이 남아 있다면 상주문에 써서 올리라"고 하였다. 이에 선생은 일어나 나오고 황상은 그가 떠나는 것을 눈으로 전송하였다. 그러자 기다리고 있던 소랍(蘇拉)이 황상에게 인사를 올렸다. 황상과 선생의 대화는 거의 두 시간

반이나 계속되었는데 그러한 경우는 지금까지 없었던 일이었다.[12)]

광서 황제는 강유위를 만나 본 후에 그의 박학다재에 감탄하였으나 궁중의 수구파가 반대하고 자희태후의 강유위에 대한 불만 때문에 육품 관직인 총리아문장경상행주(總理衙門章京上行走)를 수여하는 데 그쳤다.

광서 황제는 강유위의 건의를 받아들여 6월 17일에 총리아문에 명하여 팔고과거제도를 폐지한다는 유지를 기초하도록 하였고, 6월 23일에 정식으로 팔고과거제도 폐지를 공포하였다.

6월 26일에 광서 황제는 다시 유지를 내려 경사대학당 설립 업무를 서두르도록 엄중하게 독촉하였다. 그 내용은 다음과 같다.

> 담당하는 업무를 처리할 때 모든 부(部)와 원(院) 그리고 아문(衙門)은 일을 맡게 되면 꾸물거리고 지체하는 것을 가장 경계하라. 경사대학당은 이전에 모든 성이 의견을 내놓아 주장하였기 때문에 특별히 유지를 내려서 군기대신과 총리각국사무아문의 왕공대신들은 회동하여 논의하고 상주할 것을 명령하였는데, 더 이상 지체하지 말고 즉시 착수하여 신속하게 상주하도록 하라. 모든 부와 원 그리고 아문은 황상의 명을 받아 처리하는 일들에 대하여 기한을 정하여 논의하고 그 결과를 상주하도록 업무를 담당하는 사원(司員)들을 지시하고 감독하라. 만약 예전처럼 일 처리를 태만히 하고 시일을 끌면서 기한 내에 일을 처리하여 상주하지 않으면 가차 없이 엄중하게 처벌할 것이다.[13)]

이 유지가 내리자 군기처와 총리아문의 대신들은 즉시 강유위에게 달려가서 대학당 장정을 기초하는 일을 도와줄 것을 요청하였다. 그러나 강유위는 변법에 관련된 다른 일들에 바빠서 빠져나올 수가 없었기 때문에 대학당 장

12) 하효홍(夏曉虹) 편, 장백정(張伯楨), 「남해강선생전(南海康先生傳)」, 『추억강유위(追憶康有爲)』, 중국방송국출판사, 1997, pp.117-119.

13) 『베이징대학교사료』 제1권, 베이징대학교출판사, 1993, p.43.

정을 기초하는 일을 양계초에게 맡겼다. 양계초는 영국, 미국, 일본 등의 대학 제도를 참고로 하여 심사숙고한 후에 총리아문을 대신하여 작성한 경사대학당 장정을 광서 황제에게 올렸다. 이 장정에서 가장 중요한 점은 경사대학당의 모든 권한이 총교습에게 집중되어 있다는 것이었다.

같은 시점에 총리아문에서 공문 수발을 관장하는 관원인 장경(章京) 장원제(張元濟)도 경사대학당에 관하여 보고할 상주문의 초안 작성을 강유위에게 대신 부탁하였다. 강유위는 이에 대하여 다음 네 가지 건의를 제출하였다.

(1) 사전에 기금을 마련할 것.

(2) 관청 건물을 내어줄 것.

(3) 우수한 교습을 채용할 것.

(4) 교재를 선정하고 출간할 것.

아울러 강유위는 대학당에 관련한 모든 권한을 갖는 총교습이라는 직책을 둘 것을 건의하였다.

1898년 7월 4일(광서 24년 5월 15일) 총리아문은 경사대학당의 설립 계획 및 장정에 관한 상주문인 「주주판경사대학당병의학당장정절(奏籌辦京師大學堂並擬學堂章程折)」을 올렸다. 총리아문은 먼저 황제가 내린 3개의 유지에 대해 기한 내에 상주(上奏)하지 않은 것을 깊이 자책하였다.

올해 정월 25일에 황상께서 "어사(御史) 왕붕운(王鵬運)이 경사대학당의 설립을 주청하였다. 이에 조정 여러 대신들의 검토를 거쳐 경사대학당의 건립을 허용하였다. 당장 조속한 설립을 하도록 하라. 군기처의 대신들과 총리아문의 왕공대신들은 회동하여 상세한 장정을 만들고 주도면밀한 준비를 하여 상주하도록 하라"고 내리신 유지를 받았습니다. 저희들은 이 일이 처음이어서 기획하기가 쉽지 않았습니다. 그래서 즉시 동서양 여러 나라의 학교제도와 각 성에 있는 학당의 장정들을 조사하여 선별하고 이것들을 참고하여 개정하던 중에 일이 아직 완전히 끝나지 않았는데 4월 23일 "경사대학당은 모든 성이 의견을 내놓아 주장하였으므로 우선적으로 설립하도록 하고, 군기대신과 총리각국사무아문의 왕공대신들은 회동하여 속히 상의하고 상주하도록 하라"는 황상의 유지를 받았습니다. 그래서 저희들은 여러 차례의 협의와 토론을 거쳐 이제 막 경사대학당의 장정을 준비하여 상주하려고 하였습니다. 그런데 이달 8일에 또 다시 "경사대학당은 이전에 모든 성이 의견을 내놓아 주장하였으므로 특별히 유지를 내리니 군기대신과 총리각국사무아문의 왕공대신들은 회동하여 상의하고 신속히 상주하도록 하며 다시는 지연시키지 않도록 하라"는 유지를 받게 되었습니다. 저희들은 무릎을 꿇고 이 유지를 읽으면서 두렵기가 그지없었습니다. 오늘날 중국을 서양의 도둑들로부터 지키고 시급히 자강을 도모하기 위해서는 인재 양성과 학교 설립이 가장 중요한 일입니다.

이어서 총리아문은 상주문에서 다음과 같이 아뢰었다.

중국은 이제 막 유신(維新)이 시작되었으며 수도인 북경은 유신의 모범이 되어야 하는 곳입니다. 이렇게 중요한 법률을 새롭게 만들려면 반드시 규모가 원대하고 체계적이어야 백성을 선도하고 인재를 양성할 수 있습니다. 저희들은 황상의 큰 뜻을 따라서 널리 좋은 방법을 모으고 이로움과 폐단을 고려하면서 장정을 기초하여 대체적인 규모를 갖추게 되었습니다.[14)]

총리아문은 황제에게 다음의 4개항을 요청하였다.

(1) 별도의 전용기금을 마련해 줄 것. 학교 창립 비용은 백은 삼십오만 냥이 필요하고, 연간 소요되는 경상경비는 십팔만 냥임. 아울러 이 금액은 서방국가와 비교하면 "십분의 일에도 미치지 못함."
(2) 관청 건물과 부지를 내어줄 것. 관청 건물 중에서 실내 공간이 크고 넓은 것을 내어주어 잠정적으로 학교 건물로 사용하도록 할 것.

14) 「총리아문주주판경사대학당병의학당장정절(總理衙門奏籌辦京師大學堂並擬學堂章程折)」, 『베이징대학교사료』 제1권, 베이징대학교출판사, 1993, pp.45-47.

(3) 대신의 임명. 황상의 유지에 따라 팔고과거시험을 중지하고 서양 학문을 공부함에 따른 경사대학당 사무를 관리할 대신을 선발하여 임명해 줄 것을 요청하되 "이 대신으로 하여금 각 성에 설립된 학당들을 지휘 통솔하고 그곳에서 근무하는 관원들을 선발하고 배치하는 일을 도맡아 처리하게" 해 줄 것.

(4) 총교습을 엄선하여 줄 것.[15]

총리아문은 혁신지사인 양계초가 기초하여 작성한 대학당 장정과 「주주판경사대학당병의학당장정절」을 함께 광서 황제에게 올렸다. 광서 황제는 대학당 장정과 상주문을 받은 당일 유지를 내려서 "유럽 여러 나라의 학교제도를 참고하여 핵심을 정확히 파악하고 준비가 잘 되어 있으니 상주한 대로 즉시 처리하도록 하라. 또한 손가내를 대학당의 사무를 책임 맡아 관리하도록 임명하니 근무할 관원들을 신중히 선발하여 황상의 재가를 받아 배치하는 일을 처리하도록 하며, 대학당의 전반적인 수업을 관장하는 총교습은 중국과 서양의 학문에 두루 정통한 사람을 특별히 엄선하도록 하라"[16]고 명하였다.

광서 황제는 경사대학당의 장정을 승인하면서 이부상서이며 관리서국대신인 손가내를 관학대신으로 위임하여 경사대학당 창립을 책임지고 집행하도록 하고 경친왕 혁광과 예부상서 허응규(許應騤)에게 경사대학당의 건설공사 업무를 공동 관리하도록 하였다. 대학당 창립에 소요되는 비용과 연간 경상경비에 대하여 광서 황제는 호부(戶部)가 각각 구별하여 조달하고 지출하도록 명하였다. 아울러 관서국과 신설된 역서국(譯書局)은 경사대학당에 합병시켜서 관학대신 손가내가 관리 감독하도록 하였다. 이렇게 하여 다년간 논의되어 온 경사대학당의 창립 계획은 정상궤도를 달리게 되었다. 1896년 정월에 설립된 관서국은 그로부터 경사대학당 창립을 위한 기획 및 준비기구의 역할을 담당하게 되었다.

같은 날 거인(擧人) 양계초는 광서 황제로부터 육품 관직을 받고 역서국 업

---

15) 「총리아문주주판경사대학당병의학당장정절(總理衙門奏籌辦京師大學堂並擬學堂章程折)」, 『베이징대학교사료』 제1권, 베이징대학교출판사, 1993, pp.45-47.

16) 상동.

무를 전담하게 되었다. 대학당 건물의 건축을 공동 관리하도록 명을 받은 혁광과 허응규는 지안문(地安門) 안에 위치한 건륭(乾隆) 황제의 넷째 딸인 화가공주(和嘉公主)의 비어 있는 관저를 대학당 부지로 선정하였고, 군기처는 이 관저를 황족의 관리부서인 내무부에서 수리하도록 하여 사용하게 해 줄 것을 주청하였다. 1898년 7월 20일(광서 24년 6월 2일) 광서 황제는 이 경사대학당 부지선정 방안을 승인하였다.

1898년 8월 9일(광서 24년 6월 22일) 관학대신 손가내는 경사대학당 기획업무를 보고하는 상주문에서 대학당 창립에 관한 8가지의 중요한 제안을 하였다. 이 제안의 주요 내용은 사학원(仕學院)을 설립하여 진사(進士)와 거인 출신의 중앙 관청 관원들을 입학시켜서 서양의 학문을 위주로 공부하게 하고 중국 고유의 학문은 더욱 깊이 연마하도록 한다는 것이었다. 진사인 학생들은 관학대신이 학문의 수준을 엄격하게 평가하여 황제의 승인을 받아 임용하는 것으로 하였다. 사학원 학생들의 전공 학습은 관련된 해당 중앙 부서가 전담하여 관리하는데, 정치는 이부, 상무(商務)와 광무(鑛務)는 호부, 법률은 형부, 군사제도는 병부와 육·해군, 제조는 공상부(工商部) 및 각 제조국(製造局), 언어·문자·공법(公法)은 총리아문과 외교관 담당 부서인 사관(使館)이 관리를 맡도록 하였다.[17)]

손가내는 상주문에서 미국의 선교사인 윌리엄 마틴을 경사대학당 총교습으로 초빙하고 서양 학문의 교육을 주관하도록 하며 월급으로 금 500냥을 지급한다는 결정을 하였다는 보고를 하였다.[18)] 또한 학생들에게는 더 이상 학비를 보조해 주지 않고 이를 장학금으로 대신하여 지급할 것을 제안하였다. 마지막으로 손가내는 "학교 건물이 조속히 마련되어야 빨리 개교할 수 있겠습니다"[19)]라고 덧붙였다.

광서 황제는 당일 손가내의 상주문을 읽고 승낙하는 뜻의, 다음과 같은 유지를 내렸다.

---

17) 베이징대학교공문서·제1부·제1권.

18) 상동.

19) 상동.

> 학당 건물은 이미 공공건물을 사용하도록 승인하였으며, 내무부로 하여금 수리하도록 하였다. 내무부는 조속히 수리하고 대학당 관리대신에게 이관하여 빨리 개교할 수 있도록 하라. 일을 미루지 말고 서두르도록 하라. 그리고 서학의 총교습으로 윌리엄 마틴을 임명하며, 손가내의 주청에 따라 그를 격려하기 위하여 이품 관직을 내려 특별한 명예를 드러내 보이게 하라.[20]

이상에서, 경사대학당 창립에 대하여 광서 황제는 거의 모든 요구를 선선히 들어주었으며, 또한 경사대학당에 대해 큰 관심과 열정을 가지고 있었음을 알 수 있다.

1898년 8월 24일(광서 24년 7월 8일) 예부(禮部)는 이미 흠명관리대학당사무대신(欽命管理大學堂事務大臣) 손가내의 관인을 주조해 놓았다. 그리고 "대신이 직접 문서를 구비하여 수령하거나 직원을 예부에 보내서 수령을 요청하는 것도 가능하다"[21]는 것을 대학당에 통지하였다. 같은 날 호부는 "대학당의 연간 경비와 중국과 서양의 교과서 구입대금은 모두 37,245냥 3전 2푼입니다. 자금 출납부서에서는 10일에 해당금액을 지불하기로 결정하였습니다. 귀 학당의 담당자는 관인을 지참하여 당일 묘시(卯時)에 호부의 관련 부서에서 수령이 가능합니다"[22]라고 통지하였다. 예부는 관인을 주조하였고 호부는 경비를 지불하여 경사대학당은 8월 24일에 정식으로 개교하였다.

경사대학당의 총교습 인선 문제에 대하여 관리대신 손가내는 한때 강유위에게 이 중대한 임무를 맡아줄 것을 요청하려고 생각하고 강유위를 직접 만나서 자신의 생각을 두 번이나 말하기도 하였다. 당시 조정의 이홍장, 진치 등의 대신들도 역시 손가내에게 강유위를 극력 추천하였다. 그럼에도 불구하고 강유위는 끝까지 어떤 대답도 하지 않았다. 강유위는 후일 그때의 자기 생각을 다음과 같이 말하였다.

---

20) 『베이징대학교사료』 제1권, 베이징대학교출판사, 1993, p.48.
21) 베이징대학교공문서·제1부·제2권.
22) 베이징대학교공문서·제1부·제7권.

> 당시 재학생들은 각 부에 속한 관리이거나 한림(翰林), 도(道), 부(部), 주(州), 현(縣)의 관리들로서 관료적 습성이 몸에 배어 있는 사람들이었기 때문에 나의 재주와 덕 그리고 나이와 지위를 헤아려 보고 나서 지도력이 부족하다든지 혹은 교육성과가 없다든지 하는 쓸데없는 비방만 초래할 것이기 때문에 내가 그 직위를 거절하였던 것이다. 당시 손가내는 아직 양계초가 기초한 경사대학당 장정을 읽어보지 않았었다.[23]

무슨 말인가 하면, 손가내는 양계초가 기초한 경사대학당 장정을 읽어보기 전까지는 강유위에게 총교습을 맡기려고 생각하였다는 것이다. 그러나 경사대학당 장정에 대학당의 모든 권한이 총교습에게 있다는 내용을 손가내가 읽고 나서는, 강유위가 이홍장 등의 대신들에게 강유위 자신을 총교습으로 추천하도록 부탁하여 대학당의 전권을 장악하고 관학대신인 자기를 배척하여 실권을 잃게 하려는 의도를 가지고 있었다는 의심을 하였다. 그래서 손가내는 노발대발하여 강유위를 공격하고 중상모략하기 시작하였다. 이를 알게 된 강유위는 매우 화가 나서 양계초에게 "대학당 일에는 전혀 관여하지 않을 것을 맹세한다. 이것이 나의 결백함을 나타내는 뜻이다"[24]라는 말을 손가내에게 알리라고 지시하였다.

이후 손가내는 동문관 총교습으로 초빙하였던 미국인 윌리엄 마틴을 경사대학당 서양학 총교습으로, 류가의(劉可毅)를 중국학 총교습으로 임명하면서 윌리엄 마틴에게는 "단지 명확하게 정해진 권한에 따라서만 업무를 수행하고 담당 직무 이외의 사안은 관여하지 않도록"[25] 지시하였다. 총교습 직위는 손가내가 6월 17일 황제에게 올린 「위대학당총교습사청지준행소(爲大學堂總教習事請旨遵行疏)」에서 공부좌시랑(工部左侍郞) 허경징(許景澄)이 맡는 것으로 극력 추천하였으나 당시 허경징이 수도에 없었기 때문에 손가내가 잠시 겸임하는 것으로 하였다.

---

23) 중국사학회 편, 「강남해자편년보(康南海自編年譜)」, 『무술변법(戊戌變法)』(4), 상해인민출판사, 1953, pp.150-151.

24) 상동.

25) 베이징대학교공문서·제1부·제1권.

손가내는 황제당의 대표적인 인물 중의 하나라고 할 수 있었지만 옹동화와는 달랐다. 옹동화는 진보파이면서 유신당 사람들과 관계가 밀접하였으나 손가내는 황제당 중에서도 비교적 보수파에 속하였다. 경사대학당을 창립하는 일을 주관하는 과정에서 손가내는 무술변법의 실패 이후 자신의 운명을 결정지은 두 가지 일을 하였다. 첫째로 손가내는 역서국을 주관하는 양계초가 자기 마음대로 강유위의 학설이나 저술을 "교과서로 채택하여 학습자들에게 나쁜 영향을 줄 것"을 우려하여, 1898년 7월 17일 역서국 편찬 서적은 황제의 승인이 난 후에 출판하도록 하고 나쁜 영향을 주는 서적은 엄금할 것을 청하는 상주문인 「주역서국편찬각서청후흠정반발병청엄금패서소(奏譯書局編纂各書請候欽定頒發幷請嚴禁悖書疏)」를 올렸다. 손가내는 강유위의 공자개제(孔子改制) 학설에 반대하고 "지금과 같은 상황에서 이것을 가르치면 모든 사람들이 혁신적인 사상을 갖게 되고 모두가 왕이 될 수 있다는 생각을 하게 될 것입니다. 인재를 교육할 목적으로 설립한 학당이 결국 백성들의 마음을 미혹시켜서 나라를 어지럽게 할 것입니다"라고 하였다. 강유위의 저서에서 공자개제나 칭왕(称王) 등과 관련된 모든 문구는 "마땅히 분명한 유지를 내리셔서 모두 삭제하라고 명하시기"[26]를 요청하였다. 또 다른 하나는 윌리엄 마틴을 서양학 총교습으로 임명한 것이었다.

「명정국시조서」가 공포된 1898년 6월 11일부터 자희태후가 정변을 일으킨 9월 21일까지의 백일유신(百日維新) 기간 동안 광서 황제가 내린 변법과 관련한 유지는 200개나 되었다. 이 유지들의 내용은 몇 가지 분야로 나누어 정리할 수 있다.

(1) 정치상으로는 언로를 확대하여 신문사나 학회의 자유로운 설립을 허용하고 관민 누구나 상소하여 정사를 논할 수 있도록 장려하였다. 관제를 개혁하고 정부 기구와 관원을 감축하며 만주족의 기생층과 같은 특권을 폐기하였다.

(2) 경제상으로는 국가은행을 설립하고 국가의 예, 결산을 편성하며 산업을 장

26) 『베이징대학교사료』 제1권, 베이징대학교출판사, 1993, p.190.

려하였다. 농공상총국(農工商總局)과 광무철로총국(鑛務鐵路總局)을 설립하여 민영 철로와 광산업을 격려하고 각종 발명을 장려하며 농업협회와 상업협회를 설립하도록 하였다.

(3) 군사적으로는 민병대를 조직하여 육군으로 훈련시키고 철선(鐵船)을 구입하여 해군을 강화하고 한인(漢人)으로 편성된 녹기(綠旗)의 군영(軍營)인 녹영(綠營)을 감축하여 군 병력과 급여를 줄이도록 하였다.

(4) 교육 분야에서는 경사대학당을 창립하고 각 성에 중, 소 학당들을 설립하였으며 팔고과거제도를 폐지하는 대신에 정책 논술시험을 실시하였다. 또한 유학생을 선발하여 일본에 파견하고 역서국을 설립하는 등 여러 가지 시책을 실시하였다.

이러한 유신변법 조치들은 보수파 세력에게는 매우 커다란 위협이 되었으며 유신파와 보수파 사이의 갈등이 격화되었다. 자희태후는 보수파 대신들의 영향으로 광서 황제가 시행하는 유신변법을 처음부터 찬성하지 않았다. 청일전쟁으로 여순(旅順)이 함락되어 나라 전체의 모든 사람들로부터 비난을 받게 되자 자희태후는 매우 화가 나 있었는데, 광서 황제는 이 기회를 틈타 자희태후에게 압력을 가하였다. 광서 황제가 자희태후를 만났을 때 "저는 망국의 군주가 될 수는 없습니다. 만약 황제의 대권을 넘기지 않으신다면 저는 차라리 퇴위하겠습니다"[27]라고 한 적이 있었다. 자희태후는 어쩔 수 없이 단지 공격을 위한 수비의 방책으로 겉으로는 광서 황제의 변법시행에 동의하였으나 실제로는 광서 황제의 주위에 수많은 밀정을 박아 놓아 광서 황제의 일거수일투족을 감시하였다.

광서 황제가 하나의 개혁조치를 공포할 때마다 모든 밀정들은 수시로 자희태후에게 보고하였고 대신들 사이에 의견이 일치하지 않을 때에도 자희태후가 최종 결정을 하였다. 이러한 상황에서 조정의 대신들과 각 성의 관원들은 개혁에 대하여 모두 관망만 하면서 앞으로 나아가지 않는 태도를 취하게

27) 하효홍(夏曉虹) 편, 륙내상(陸乃翔) 외, 「남해강선생전(南海先生傳)」, 『추억강유위(追憶康有爲)』, 중국방송국출판사, 1997, p.54.

되었다.

8월 말에서 9월 초순에 이르기까지 개혁의 교착국면을 타개하기 위하여 광서 황제는 연속적으로 세 가지 과감한 개혁조치를 취하였다. 8월 30일 첨사부(詹事府), 통정부(通政府), 광록사(光祿司), 홍려사(鴻臚寺), 태복사(太僕寺), 대리사(代理寺) 등의 관아와 광동, 호북, 운남성의 순무(巡撫), 하동총독(河東總督), 모든 성의 양도(糧道) 등의 관원들을 철폐하도록 명하였다. 9월 1일에는 주사(主事) 왕조(王照)가 올린 진정서를 저지한 예부상서 회탑포(懷塔布)와 허응규를 징계부서에 넘겨 처벌하고 총리아문대신인 이홍장도 직무를 해임하였다. 9월 5일 담사동(譚嗣同), 양예(楊銳), 유광제(劉光第), 임욱(林旭) 등 네 사람을 군기처 장경(章京)으로 파격적인 발탁을 하여 신정에 참여시켰다.

잇달아 공포된 개혁 조치들은 하나하나가 대형폭탄처럼 조정과 백성들을 놀라게 하였으며 평소 해야 할 일을 하지 않고 여전히 구습만을 따르던 수구적인 대신들을 위태롭게 하였다. 이렇게 되자 혁신파와 수구파의 갈등은 날로 첨예화되고 뜨겁게 달아올랐다.

그러나 아무리 유신파와 보수파 사이의 투쟁이 격렬하고 황제당과 태후당이 대립하였지만 경사대학당의 초기 창설 문제에 대해서는 쌍방의 입장이 유난히 일치하였다. 경사대학당은 격렬한 투쟁이 벌어지고 있는 두 집단 사이의 완충지대 역할을 하였다. 그 이유는 양측 모두가 신식 대학당 창립의 중요성을 인식하고 있었기 때문에 경사대학당 창립을 위한 기획 및 실행 업무는 어떠한 영향도 받지 않는 상황에서 서둘러 진행되고 있었기 때문이었다.

8월 30일 관학대신 손가내는 대학당에서 근무하는 관원들을 일본에 파견하여 학교들을 시찰하도록 할 것을 요청하는 상주를 하였다. 그 내용은 다음과 같다.

> 대학당 설립이 중국에서는 처음으로 시행하는 일이어서 모든 규정은 가능한 한 상세하여야 합니다. 여러 차례의 상주를 거쳐 결정한 장정은 동서양 여러 나라의 제도를 골고루 참고하였습니다. 그런데 외국의 학교들은 하루가 다르게 성장하여 장정의 조목이 많고 복잡하므로 반드시 중국의 교육 현실과의 차

이점과 공통점을 상세히 살펴보아야 대학당의 장정을 보완할 수 있습니다. 일본은 학교 창설 초기에 우선 학문과 식견이 높은 사람들을 서구 여러 나라에 파견하여 널리 조사한 후에 규칙을 정하고 전국이 모두 이를 지키도록 하였으므로 많은 학교가 개설되어 우수한 인재들을 배출하였습니다. 지금 대학당의 장정은 대략 갖추어져 있으나 각 성에서 이미 설립된 중학당과 소학당은 통일된 제도와 규칙을 갖추지 못하고 있으며 설립 준비단계에 있는 학당들은 아직 검토에 머물고 있는 상태이므로 대학당이 그들을 도와서 제도와 규칙을 만들기 위한 모범적 역할을 할 수 있어야 합니다. 학당의 제도와 규칙 중에서 전공학과의 구분, 교수법, 시험제도, 재학 및 졸업 연수는 단지 번역된 서적만을 참고하여 적용할 수밖에 없습니다. 그렇지만 이러한 것들은 반드시 개인의 경험을 통하여 배우는 것이 훨씬 더 좋을 것입니다. 구미 각국은 너무 먼 거리에 있어서 오고 가기에 많은 시간이 걸립니다. 그러나 일본은 아주 가깝고 학교는 구미 각국의 장점을 모두 갖추고 있어서 대학당 관원들을 보내 시찰하도록 한다면 더욱 빠르고 편리할 것입니다. 그래서 강남도감찰어사(江南道監察御史) 이성탁(李盛鐸), 한림원편수(翰林院編修) 이가구(李家駒), 서길사종실(庶吉士宗室) 수부(壽富), 기명어사공부원외랑(記名御史工部員外郞) 양사섭(楊士燮)에게 일본을 두루 다니면서 대학당, 중학당, 소학당의 모든 교과과정 관련 규칙 및 시험제도를 낱낱이 조사하여 매일 기록하였다가 책으로 편찬하여 저뿐만 아니라 폐하께서도 보시도록 올려 드리고 대학당에 보내어 비치하고 수시로 참고하도록 할 계획입니다.[28)]

9월 9일 손가내는 「주청령설의학당절(奏請另設醫學堂折)」을 올려서 중국과 서양의 의학을 연구하기 위한 별도의 의학당을 설립하여 대학당이 겸하여 관할할 것을 건의하였다. 광서 황제는 손가내의 주청서를 당일 승인하였다. "의학은 매우 중요한 과목이므로 마땅히 별도로 의학당을 설립하여 중국과 서양의 의학 이론을 연구하도록 하라. 의학당은 의학의 발전을 위하여 대학당이 겸하여 관할하도록 하고 손가내는 곧 구체적인 설립 계획을 세워서 올

28) 『베이징대학교사료』 제1권, 베이징대학교출판사, 1993, p.131.

리도록 하라."[29] 변법유신 관련 업무로 매일 온갖 정사를 처리하기 위하여 매우 복잡하고 바쁜 중에도 광서 황제는 경사대학당 설립에 관한 상주문이라면 항상 올린 당일에 비답을 내리면서 학교 설립에 대한 높은 기대와 함께 그 중요성을 지적하였다.

수구파들은 황제의 개혁 조치들이 대부분 강유위의 주장에서 비롯된 것임을 알고 있었기 때문에 강유위, 양계초 등의 혁신주의자들에 대한 원한이 뼈에 사무칠 지경이었다. 그들은 한편으로는 강유위 등의 유신당 사람들을 대역무도로 탄핵하는 상서를 올리면서 다른 한편으로는 경친왕(慶親王)과 환관 이연영(李蓮英) 등을 시켜서 자희태후에게 광서 황제가 조종지법(祖宗之法)을 바꾸려 한다고 고자질을 하면서 수렴청정을 할 것을 청하였다. 영록 등은 천진(天津)을 근거지로 하여 광서 황제를 폐위시킬 것을 모의하였다. 자희태후도 광서 황제를 제어하는 것이 점점 더 어렵다는 것을 느끼고 정변을 일으켜서 황제의 권력을 빼앗을 생각을 하게 되었다. 그래서 광서 황제가 이화원으로 자희태후를 문안하기 위하여 갔을 때 그를 대하는 자희태후의 안색도 역시 좋지 않았다.

이때 자희태후의 태도 변화에서 광서 황제는 변법에 대한 불확실한 미래를 예감하였다. 그는 벌써부터 개혁이 중도에서 실패할 것을 걱정하고 있었는데 이제 자신의 황권마저 보전하지 못할까 몹시 두려웠다. 그렇지만 당혹스럽게도 그의 수중에는 군권이 없어서 위험한 경우에 자신을 도울 사람이 없었다. 9월 13일 광서 황제는 군기처 장경 중에서 비교적 침착하고 듬직한 양예(楊銳)를 불러서 자신의 걱정을 해결할 방법을 상의하고 강유위 등에게 보내는 황제의 편지를 쓸 것을 맡기었다.

> 이 어려운 시국에 변법이 아니고서는 중국을 구할 수 없으며 쇠약하고 망령된 수구대신들을 물러나게 하고 박식하고 유능한 인재를 기용하여야 변법을 실현할 수 있다는 것이 짐의 생각이다. 그러나 황태후께서는 그렇게 생각하지

29) 『베이징대학교사료』 제1권, 베이징대학교출판사, 1993, p.182.

않으시고 짐이 몇 번이나 간언하였지만 더욱 화만 내셨다. 지금 짐의 황제 지위도 위태로우니 강유위, 양예, 임욱, 담사동, 유광제 등은 즉시 나를 구할 방도를 비밀히 마련하도록 하라. 짐은 매우 불안하고 걱정스러운 만큼 큰 기대를 가지고 있다.[30)]

강유위는 즉시 양계초와 자신의 동생인 강광인(康廣仁), 서국(徐菊) 등과 함께 광서 황제를 구할 방도를 의논하였다. 이후 그들은 원세개를 설득하여 출병해서 황제를 구원하고 이화원을 포위하여 자희태후를 연금하며 황상이 명실공히 실권을 장악하도록 도와서 영록을 처형하고 수구파를 제거하기로 결정하였다. 원세개는 이전에 북경강학회를 적극 지지하고 가입하였었기 때문에 유신파 사람들은 그에 대해 비교적 호감을 갖고 신뢰할 만하다고 생각하였다. 이 방법을 알게 된 광서 황제는 즉시 원세개를 북경으로 오도록 명하는 조서를 내렸다.

원세개가 조서의 명을 따라 북경에 오자 광서 황제는 양심전(養心殿)에서 연이어 세 번이나 그를 불러 만나고는 파격적으로 발탁하였다. 이것은 유신운동의 운명을 원세개에게 맡긴 것이나 다름없었다.

조서가 내리자 하북총독 영록은 민감하게 눈치를 채게 되었다. 당시 북경과 천진 지역은 세 부대가 나누어 수비하고 있었는데 동복상(董福祥), 섭사성(聶士成), 원세개 세 사람이 각 부대를 통령(統領)으로서 휘하에 두고 있었다. 영록은 즉시 섭사성에게 부대를 이동하여 천진을 지키도록 명령함으로써 원세개의 부대가 북경으로 진입하는 길을 차단하고, 동복상의 부대는 북경으로 이동시켜서 정변을 일으키는 것을 지원하도록 하였다. 삽시간에 북경 성안은 인심이 흉흉해지고 유언비어가 난무하였다. 광서 황제는 큰 재난이 닥치고 있다는 것을 알게 되자 변법유신의 인재들을 보호하여 후일의 재기를 예비하기 위하여 조정의 관례를 깨고 9월 17일 조서를 내려서 강유위를 상해로 보내서 관보를 창간하도록 하였는데 이것은 강유위에게 화급히 북경을 떠

30) 하효홍(夏曉虹) 편, 장백정(張伯楨), 「남해강선생전(南海康先生傳)」, 『추억강유위(追憶康有爲)』, 중국방송국출판사, 1997, p.127.

나라는 암시였다.

같은 날 광서 황제는 비밀리에 조서를 내렸다. "짐이 지금 너에게 관보를 창간하라고 명하는 것은 사실은 글로서 다할 수 없는 부득이한 어려움이 있기 때문이다. 너는 늦추지 말고 조속히 떠나도록 하라. 너의 충심과 열정은 짐이 모두 잘 알고 있다. 몸을 아끼고 건강을 돌보아 장래에 다시 최선을 다하여 함께 대업을 이룰 수 있게 되기를 짐은 크게 바라노라."[31] 강유위 등은 이 밀지를 읽고 나서 광서 황제가 이처럼 위급한 상황에서도 자신들을 지키려고 신신당부하는 것에 대하여 모두들 감격해서 황제를 반드시 구해내겠다고 맹세하였다.

당일 오후 담사동은 단독으로 원세개를 방문하여 원세개가 황제를 보호하여 대권을 회복시키고 황제 측근에 있는 간신들을 몰아내 줄 것을 요청하였다. 원세개는 두말없이 동의하고 담사동과 함께 황상을 구할 구체적인 방안을 협의하였다.

이와 동시에 강유위는 더 나아가 유신운동의 적극적인 지지자인 영국인 선교사 티모시 리차드를 특별히 방문하여 황상이 처한 위급함을 알리고 도울 방법을 찾아줄 것을 요청하였다. 티모시 리차드는 만약 영국공사나 미국공사가 나서서 탄원을 하면 자희태후가 광서 황제에게 과격한 조치를 취하는 것을 막을 수 있을지도 모른다고 생각하였다. 그렇지만 당시 영국공사는 마침 북대하(北戴河)에서 휴가 중이었으며 미국공사도 북경에 없어서 그들에게 도움을 청하려는 계획은 실행되지 못하였다.

다음날 강유위는 광서 황제의 지시를 따라 북경을 떠나서 남쪽 상해로 내려가기 전에 그의 동생인 강광인과 양계초 등에게 최선을 다하여 황제를 구할 것을 거듭 당부하였다. 그날 저녁, 1898년 9월 19일(광서 24년 8월 4일)에 자희태후는 이화원에서 자금성으로 다시 돌아왔다. 9월 20일 어사 양숭이가 이 기회를 틈타 영록, 경친왕 등이 수정을 한 자희태후의 훈정(訓政)을 청하는 주청서를 올렸다. 자희태후는 벌써부터 광서 황제의 권력을 박탈할 것을 결심

---

31) 하효홍(夏曉虹) 편, 장백정(張伯楨), 「남해강선생전(南海康先生傳)」, 『추억강유위(追憶康有爲)』, 중국방송국출판사, 1997, p.127.

하고 있었으며, 수구파 대신들은 양숭이의 주청을 계기로 자희태후가 다시 나서서 대권을 쥘 것을 잇달아 청하였다. 자희태후는 이 적시의 기회를 이용하여 다시 수렴청정을 시작하였다. 이때 영록이 북경에 돌아와 강유위, 담사동이 광서 황제를 구하려는 밀모에 관한 원세개의 밀고를 보고하였다. 자희태후는 이 일을 듣고 노발대발하였으며 광서 황제의 거처로 사람들을 대동하고 가서 그곳의 모든 서류를 가져가고 광서 황제를 자금성의 영대(瀛臺)에 유폐시키도록 하였다. 9월 21일 광서 황제의 이름으로 자희태후의 훈정을 간청하는 조서가 전국에 공포되었다. 자희태후는 정식으로 정권을 접수하고 강유위 등을 체포하라는 지명수배령을 내려서 유신파 사람들에 대한 잔혹한 진압을 시작하였다.

103일에 걸친 유신변법 운동은 이로써 막을 내렸다. 9월 21일 정오에 북경의 아홉 개의 성문이 일제히 폐쇄되고 성 전체에 대한 대대적인 수색과 체포가 시작되었다. 이때 유신당의 강광인, 담사동, 임욱, 양예, 유광제, 양심수, 서치정, 이단분, 송백노, 진보잠, 장음환 등이 모두 잇따라 체포되었다. 9월 28일에는 양심수, 양예, 임욱, 유광제, 담사동, 강광인 등 여섯 명의 유신지사들이 "신정에 참여하여 작당하고 상주하며 비밀리에 조서를 꾸민 대역무도한" 죄명으로 북경 채시구(菜市口)에서 사형에 처해졌다. 유신당과 연루된 다른 사람들은 유배를 당하거나 감금되거나 파직을 당하였다. 예를 들면 예부상서 이단분은 "함부로 도적을 천거한 죄"로 파직되어 신강(新疆)으로 유배되었다. 서예부우시랑(署禮部右侍郎) 서치정은 "국시를 정하고 팔고과거제를 폐지할 것과 신정에 관련한 조목별 진술서를 상주한" 죄로 파직되어 종신형에 처해졌다. 내각대학사(內閣大學士) 장백희는 강유위를 천거하는 상주를 한 죄로 파직되었다. 어사 송백노는 "신정을 적극적으로 주장한 죄"로 파직되어 영구히 재임용되지 않는 영불서용(永不敍用)에 처해졌다. 강유위는 상해 주재 영국 영사의 도움으로 영국의 군함을 타고 여러 곳을 전전하다 홍콩으로 도피하였다. 양계초도 일본 대사관에서 보호를 받다가 얼마 후에 분장을 하고 북경에서 도피하여 천진을 거쳐 일본에 망명하였다. 유신당을 진압하는 동시에 자희태후는 구체제를 회복하고 물러났던 권좌를 다시 차지하여 전면적인 통치를 개시하였다.

9월 26일 자희태후는 조서를 내려 첨사부(詹事府) 등의 관아를 회복시키고 "상주문을 올릴 자격이 없는 사람"은 상서를 할 수 없도록 하고「시무보」의 발간을 취소하였다. 얼마 후에는 명을 내려 팔고과거시험 제도를 회복시켰다. 한마디로 백일유신 기간에 광서 황제가 조서를 내려 공포한 모든 변법 개혁 조치들이 취소되었으나 이미 설립된 경사대학당은 고스란히 살아남게 되었다.

1898년 11월 22일(광서 24년 10월 9일) 무술변법 운동이 진압된 지 두 달 후 내무부는 이미 수리를 마친 대학당 건물을 정식으로 관학대신 손가내에게 이관하였다. 1898년 12월 3일(광서 24년 10월 20일) 손가내는 경사대학당 창립에 관하여 자희태후에게「주대학당개판정형절(奏大學堂開辦情形折)」을 올렸다. 이 상주문의 내용은 다음과 같다.

> 수도에 대학당을 설립할 것을 기획한 이래로 확정한 모든 장정은 순서에 따라서 상주문에 그 내용이 기록되어 있습니다. 이달 9일 내무부가 대학당 건물을 신(臣)이 맡고 있는 부처에 이관하여 접수하였습니다. 건물을 접수한 즉시 업무 담당자를 보내서 이사하도록 하는 한편 명확하게 지시를 내려 대학당에 입학하여 공부하고자 하는 모든 지원자들은 신청서를 내게 하고 선별하여 입학시키도록 하였습니다. 현재 기숙사에는 단지 200여 명 정도를 수용할 수 있는데 신청자는 벌써 천여 명이 넘었습니다. 그중에 인품이 바르고 학식이 우수한 자들을 선발하여 입학시킨다면 많은 인재를 양성할 수 있겠습니다.[32)]

1899년 1월 8일(광서 24년 11월 27일) 손가내는 각 성에 경사대학당의 장정, 교사 성명, 학생 정원 등의 업무현황을 공문으로 발송하면서 통지하였다. "이제 경사대학당이 업무를 시작하였습니다. 각 성은 반드시 관할지역 내의 부(府), 주(州), 현(縣)에 설립되어 있는 모든 학당의 장정, 교사 성명, 학생 정

32) 『베이징대학교사료』 제1권, 베이징대학교출판사, 1993, p.49.

원을 취합하여 대학당에 공문으로 발송해 주기 바랍니다. 이것은 모든 학당들의 현황을 상세히 조사하기 위해서입니다. 성에 있는 학당과 서원에 공문을 보내어 즉각적인 조사를 실시하기를 바랍니다."[33]

1899년 1월 17일(광서 24년 12월 6일) 「신보(申報)」의 「학당기사(學堂紀事)」에는 대학당 총판의 개교를 알리는 고시문을 옮겨 실었다.

총판의 고시문은 다음과 같다.

경사대학당의 일의 경과를 알리고자 하는 바 본 학당의 학생 기숙사는 원래 장정에 규정된 학생 정원에 비해 아직 충분하지 않다. 이에 규칙을 정하여 대학당의 기숙사에 입주하고자 하는 학생들을 세 부류로 나누고 인원수를 상세하게 확정하였다. 사학원(仕學院) 학생은 30명, 중학생은 60명, 소학생은 70명으로 정하였다. 규정에 따라 사학원에 자원 입학하는 학생 12명은 대학당에서 별도로 통보할 것이며 그 밖에 나머지 학생들의 성명은 왼쪽에 열거되어 있는 바와 같다. 해당 학생들은 19일이 개교일이므로 18일까지 대학당에 도착하여야 한다. 기숙사에 입주를 원하지 않는 학생은 18일 이전까지 성명을 통보하여야 한다. 기한 내에 오지 않는 자는 즉시 기숙사 신청 자격을 박탈하고 다른 사람에게 넘길 것이다. 이를 각별히 주의하여 반드시 지키도록 하라. 이상.

경사대학당은 무술변법의 피바람을 겪고도 살아남은 유일한 유신의 성과였으며, 이로써 중국 근대 최초의 명실상부한 국립 최고학부가 정식 탄생하였다.

33) 베이징대학교공문서·제1부·제2권.

제7장
경사대학당(京師大學堂)의 정비

1898년 9월 21일(광서 24년 8월 6일) 자희태후(慈禧太后)는 조정 안에 있는 보수 강경파들의 거듭된 종용과 계획 하에 광서(光緖) 황제를 연금하고 세 번째 수렴청정을 시작하였다. 무술변법(戊戌變法)은 실패로 끝나고 유신파(維新派)는 잔혹한 탄압을 당하였으며 무술육군자(戊戌六君子)라고 불리는 담사동(譚嗣同), 강광인(康廣仁), 유광제(劉光第), 임욱(林旭), 양예(楊銳), 양심수(楊深秀) 등 여섯 사람은 처형을 당하였고, 강유위와 양계초는 해외로 망명하였다. 유신운동을 지지하던 대신들은 관직에서 파면을 당하거나 귀양을 가기도 하고 감금되거나 영구히 관직에 나아가지 못하게 되었다.

광서 황제가 백일유신(百日維新) 중에 공포한 개혁 정책과 조치들은 경사대학당(京師大學堂)을 제외하고는 모두 폐지되었다. 광서 황제가 유신변법(維新變法)을 통하여 중국을 발전시키려던 꿈은 연기처럼 사라져 버리고 말았다.

순식간에 중국의 구체제는 전면적으로 다시 부활하였다. 오직 경사대학당만이 무술변법 이후 유일하게 중국 근대 최초의 국립 최고학부로 살아남아서 설립 계획대로 착실히 진행되었다. 분명히 자희태후는 무술변법 중의 대부분의 개혁조치들을 극도로 싫어하였는데 경사대학당만은 마음에 들어 하였다. 그 원인은 어디에 있었던 것일까? 최근 백 년 동안 사람들은 끝내 모든 사람들이 수긍할 만한 답을 찾지 못하였다.

필자는 경사대학당의 창립 과정을 연구하면서 많은 역사 자료를 분석하고 연구한 끝에 답을 찾지 못하는 원인이 어디에 있는가를 찾아내었다. 그것은 바로 일반적으로 경사대학당이 무술변법의 산물이라고 알고 있지만 엄격히 말한다면 청일전쟁의 산물이라는 것이다.

청일전쟁에서 북양수사(北洋水師)의 전군이 전멸한 것은 양무운동(洋務運動)으로는 나라를 구할 수 없다는 것을 보여주었다. 「마관조약(馬關條約)」이 체결되자 모든 중국인들은 전대미문의 굴욕 속에 빠지게 되었다. 이제 망해가는 나라를 구하고 살길을 찾기 위한 새롭고 효과적인 길을 찾아내는 일이 또다시 위로는 최고 통치자로부터 아래로는 백성들을 위하여 몸을 바치겠다는 뜻을 지닌 사람들에 이르기까지 모두가 심사숙고할 매우 중요한 주제가 되었다. 강유위가 이끌었던 공거상서(公車上書)는 변법유신(變法維新)으로 나라를 구하여야 한다는 나팔을 울렸으며 광서 황제로 하여금 중국에 신식 대학당(大學堂)을 세우도록 결심하게 하였다. 이렇게 하여 "많은 학교를 설립하고 서양의 방식으로 힘써 실행함으로써 인재를 배출하여 나라를 구한다"라는 시도를 하게 되었다.

1896년 광서 황제가 손가내(孫家鼐)를 관리서국대신(管理書局大臣)으로 임명하고 형부좌시랑(刑部左侍郎) 이단분(李端棻)의 경사대학당 창설에 관한 상주문을 승인함으로써 경사대학당 창설을 위한 준비 업무가 시작되었다. 광서 황제의 이러한 결정은 지속적으로 자희태후의 묵인을 받았다. 당시 청국 정부 최고 통치자였던 자희태후는 정권을 공고히 한다는 측면에서 인재 양성을 일관되게 중요시하였다. 이 책의 제2장에서 언급하였듯이 1862년에 경사동문관의 창설 문제로 조정의 보수파와 양무파가 학과 개설과 학생 모집 등에 대하여 끊임없는 논쟁이 벌어졌을 때 자희태후는 처음부터 끝까지 양무파의 입장을 굳건히 지지하고 보수파의 갖가지 비난을 반박함으로써 결국 경사동문관이 외국어 전문학교에서 일정한 규모를 갖춘 고등학당으로 발전하여 1902년 말에는 경사대학당과 합병되도록 하였다. 1898년 광서 황제는 백일유신 동안에 경사대학당 창립과 관련하여 내린 일련의 유지(諭旨)에서 경사대학당 창립을 위한 기획 및 시행업무의 진척을 서두르도록 함으로써 경사대학당 창설을 무술변법의 중요한 내용 가운데 하나가 되도록 하였다.

경사대학당의 창립을 위한 기획 및 시행이 무술변법보다 먼저 시작되었으므로 자희태후는 무술변법 중의 모든 개혁조치들을 폐지할 때에도 경사대학당은 제외시켰을 뿐 아니라 계속하여 남아 있도록 윤허하고 끝까지 관심을 가지고 배려하여 점차 발전하도록 하였다. 자희태후로서는 경사대학당의 당면 문제는 운영을 해야 할 것인지 말 것인지가 아니라 어떻게 운영할 것인가 하는 것이었다. 그리하여 무술변법이 진압된 뒤 경사대학당의 정비는 피할 수 없는 일이 되었다.

자희태후는 줄곧 강유위와 양계초 등 유신파들의 주장에 따라서 경사대학당이 운영되는 것을 반대하였다. 경사대학당이 양성하여 배출하는 인재는 우선 청국 정부와 조종지법(祖宗之法)에 대하여 충성을 다하는 인재여야 한다고 생각하였다. 이 때문에 광서 황제가 1898년 6월 11일에 「명정국시조서(明定國是詔書)」를 공포한 5일 후 자희태후는 광서 황제의 스승이자 변법을 적극적으로 주장하던 옹동화(翁同龢)를 가차없이 제거한 반면에 황제의 또 다른 스승인 손가내는 그대로 남겨두었다. 그 이유는 대학당 창설을 기획하고 준비하는 문제에 관하여 손가내와 강유위는 여러 차례 충돌이 발생하였기 때문이었다. 손가내는 지속적으로 강유위가 경사대학당의 총교습을 맡는 것을 배제하였을 뿐만 아니라 또한 강유위가 교육 방면에 대하여 변법을 주장하는 것을 배척하였다. 예를 들면 1898년 6월 손가내는 「주청역서국편찬각서청후흠정반발병청엄금패서사(奏請譯書局編纂各書請候欽定頒發併請嚴禁悖書事)」라는 상주문을 올리면서 강유위의 학교 운영 사상에 대한 이의를 제기하였다. 그는 상주문에서 다음과 같이 기술하였다.

> 신이 강유위의 저서를 살펴보니 『중서학문경칠종(中西學門徑七種)』이라는 책이 있는데 중국과 서양의 학문을 비교해 보면 일곱 가지 유사점이 있다는 내용입니다. 그중에 여섯째 유학통의(幼學通議) 항목에서는 소학(小學)의 교육방법을 서술하고 있는데 이것은 옛사람의 『예기(禮記)』의 「학기(學記)」편 가운데 입교(立敎)의 뜻과 부합하니 매우 훌륭합니다. 네 번째와 다섯 번째 「춘추계설(春秋界說)」과 「맹자계설(孟子界說)」은 공양지학(公羊之學)과 공자개제고(公子改制考)를 서술하고 있습니다. 이 책의 8권 가운데 「공자제법칭왕(孔子制法稱王)」편은 도참(圖讖)과 위서(緯書)를 인용하고 억지로 갖다 붙여서 공자가 제도를 바꾸고 왕을 칭

하였다는 것을 시종일관 증명하려 하였습니다. 강유위는 춘추시대가 시작되자 주(周)나라가 마침내 망하였는데 이때 왕이 된 사람이 바로 공자였다고 하였습니다. 공자에게 전혀 이와 같이 분수에 넘치는 마음이 있었을 리가 없고 후세 사람들이 공자를 높이 받들게 하기 위해 제왕의 칭호를 붙여준 것뿐인데 구태여 이 일을 거듭 인용하여 이 나라 백성들을 가르칠 필요는 없습니다. 오늘날 황제 폐하께서 위에 계시니 모두 큰 포부를 품고 분발하고 있는 것입니다. 강유위는 주나라의 몰락과 같은 일이 오늘날에도 일어나기를 분명 바라고 있습니다. 제가 두려워하는 것은 이렇게 모든 사람들로 하여금 제도를 바꾸어야 한다는 생각을 갖도록 교육하고 누구나 왕이라 칭할 수 있다고 하는 마음을 갖게 하는 것입니다. 학당을 설립하는 뜻은 본래 인재를 교육하는 것인데 민심을 미혹시키는 것으로 바뀐다면 오히려 이 나라를 혼란에 빠뜨리는 일이 될 것입니다. 신은 살얼음을 밟는 것처럼 두렵기만 합니다. 학당에서 일단 반역자가 나오기라도 한다면 신이 어찌 그와 같은 큰 죄를 감당할 수 있겠습니까? 기왕에 황상(皇上)께서 신에게 각 성(省)의 학당들을 관리하도록 하셨으니 신은 강유위의 책들 가운데 공자가 제도를 바꾸고 왕을 칭하였다는 등의 내용과 관련된 모든 문구(文句)를 조속히 삭제하라고 명령하는 유지를 내리셔야 한다고 생각합니다.[1)]

1898년 8월 9일(광서 24년 6월 22일) 손가내는 다시 상주문인 「주복주판대학당정형절(奏覆籌辦大學堂情形折)」에서 재차 강유위를 이름을 거론하지 않고 비판하였다.

만약 경전(經典)의 내용을 한 사람의 개인적 견해에 따라 임의로 생략하거나 떼어내 버린다면 학자들은 반드시 이를 인정하지 않을 것입니다. 학문은 영원하고도 보편적인 진리이므로 일개 학파의 이론으로 온 나라가 지배되어서는 절대로 안 됩니다. 옛날 송(宋)나라 왕안석(王安石)은 변법을 시행하고 옛 경전인 『시경(詩經)』, 『서경(書經)』, 『주례(周禮)』를 주석한 『삼경신의(三經新義)』를 편찬

1) 『광서정요(光緒政要)』 제24권, 상해숭의당, 선통 원년(1909).

하였으며 학관(學官)제도를 공포 시행하였으나 결국 재앙으로 끝이 났습니다. 송나라가 남쪽으로 천도한 뒤에 왕안석의 변법은 바로 폐지되었고 지금까지도 학자들은 여전히『삼경신의』를 비판하고 있으니 이를 본보기로 삼아 경계를 하여야 합니다. 신의 생각으로는 경전은 결단코 편집할 수 없으며 역대 황제의 명으로 제정한 것만을 정본으로 삼아야 합니다. 경전을 존중하는 뜻에서 아직 황제의 명으로 제정되지 않은 경전이지만 과거부터 학관이 가르쳐 왔던 것이라면 한 글자도 함부로 더하거나 빼버리면 안 됩니다.[2)]

위에서 인용한 손가내의 주장은 자희태후로부터 높은 평가를 받아서 무술변법이 진압된 뒤에도 여전히 손가내가 경사대학당의 운영을 책임지도록 하였다. 경사대학당의 설립에 대하여 자희태후는 줄곧 큰 기대를 가지고 있었다. 정변을 일으킨 지 5일 뒤인 1898년 9월 26일(광서 24년 8월 11일) 자희태후는 교지를 내려 "경사대학당은 인재를 양성하는 곳이다"[3)]라고 하며 경사대학당에 대한 긍정적인 평가를 하였다.

같은 해 11월 16일 자희태후는 다시 교지를 내려 "서양 여러 나라의 관습과 법령은 중국과 다르기는 하지만 군사, 농업, 공업, 상업 등의 실무 면에서 국가를 부강하게 하는 효과적인 능력을 분명히 보유하고 있다. 바르고 좋은 것들을 선택하여 실행한다면 나중에는 반드시 성공적인 결과가 있을 것이다"[4)]라고 하면서 관학대신 손가내가 경사대학당의 설립 준비를 서두르도록 격려하였다. 그런 까닭에 손가내는 "태후마마의 통찰이 심히 깊고 넓으시며 인재 양성을 좋아하시는 뜻이 매우 크십니다. 주도면밀한 생각을 가지시고 나라를 다스리는 이치를 부지런히 찾으시니 지니신 뜻이 미치지 않는 곳이 없습니다"라고 하였다.

1898년 11월 22일 내무부가 새로 수리한 경사대학당 건물을 관학대신 손가내에게 이관하자 손가내는 즉시 그곳으로 업무 직원을 이주시키고 정식으

2) 『베이징대학교사료』 제1권, 베이징대학교출판사, 1993, p.47.
3) 위의 책, 1993, p.49.
4) 위의 책, 1993, p.49.

로 학생을 모집하는 공고문을 붙였다.

12월 3일 손가내는 상주문인 「주대학당개판정형절」에서 그의 대학당 운영 이념을 다음과 같이 보고하였다.

> 인재를 양성하는 방법은 그 근본원리를 알고 나서야 운용을 할 수 있습니다. 신의 생각으로는 학당에 입학하는 자들에게는 먼저 유교 경전(經典)과 역사의 내용과 이치를 가르쳐서 부모를 존경하고 유교의 명분과 교훈을 지켜야 하는 의미를 깨닫게 함으로써 이것을 유생들의 입신(立身)의 근본으로 삼도록 하여야 합니다. 그 뒤에 군사, 농업, 산업, 상업 등과 과학, 수학, 외국어, 문자 등의 여러 학문 분야를 배우도록 하여야 합니다. 학당을 졸업하는 모든 자들에게 경전의 진리와 실천적인 지식을 함께 습득하도록 하는 것이 우리나라가 인재를 육성하려는 뜻에 부합할 것입니다. 학당의 설립 내력에 대해서는 모두 상주문에 기록하여 올리오니 태후마마와 황상께서는 살펴보아 주시기를 바라옵니다.[5)]

손가내는 "경전과 역사의 내용과 이치"가 입신의 근본임을 강조함으로써 학교 운영방침 면에서 강유위 등의 유신인사들과 근본적인 차이가 있다는 것을 나타내 보였다.

그러나 조정의 보수 세력들은 이에 만족하지 않았다. 어사(御史) 오홍갑(吳鴻甲)과 몇 명의 군기대신(軍機大臣)들은 상주문을 올려서 대학당이 낭비가 극심하니 구조 조정을 통하여 규모를 축소시킬 것을 청하였다. 상주문의 언급 내용은 다음과 같다.

> 경사대학당은 원래 500명의 학생들을 모집하려고 하였으나 지금 사학원생(仕學院生), 중학생, 소학생을 모두 합쳐야 130여 명에 불과할 뿐입니다. 이러함에도 학과를 증설하여 교습을 추가 채용하고 그 밖에 각종의 수많은 번잡한 업무 때문에 근무 인원을 확충함으로써 매년 엄청난 돈을 낭비하게 되어 공연

5) 『베이징대학교사료』 제1권, 베이징대학교출판사, 1993, p.49.

히 개인적인 이익을 조달하는 곳이 되어 버렸습니다. 학생들의 수업은 난이도에 상관없이 모두 시험 점수에 따라서 등급을 나누어 실시합니다. 천문, 지리, 병법, 수학 등의 경세지학(經世之學)은 개설한 지 반년이 되었는데 대체로 괜찮은 편이나, 체육의 경우에는 무리한 교육을 하다가 뜻밖의 부상자가 발생하기도 하였습니다. 이러한 일은 학생들에게는 거의 속박이나 혹사를 당하는 것과 같습니다. 장정은 많은 부분이 아직도 완벽할 정도로 갖추어지지 못하였습니다.[6)]

유신파의 사상이 경사대학당 운영에 미친 영향을 완전히 제거해 버리기 위하여 1899년 5월 6일 자희태후는 경사대학당에 유지를 내려 명하였다. 유지는 먼저 손가내를 비판하였다.

대학당을 설립한 목적은 본래 인재를 양성하여 국가에 쓰임 받도록 준비하는 것이었다. 손가내는 총책임자로서 마땅히 전심전력을 다하여 경영함으로써 학당에 입학하여 공부하는 자들을 격려하고 분발하도록 하여 실제 효과를 거두기를 바란다. 대학당이 개설된 이래로 종종 물의를 빚고 있는데 이것은 운영방법이 아직 많은 사람들의 지지를 받고 있지 못하기 때문이다. 이래서야 어찌 선비들을 격려하고 진작시킬 수 있겠는가? 이것은 조정이 대학당에 대하여 가지고 있는 실사구시의 뜻을 완전히 저버리는 것이다.[7)]

이어서 자희태후는 대학당의 정비에 관한 구체적 요구를 다음과 같이 제시하였다.

손가내는 오홍갑이 올린 상주문에서 지적하고 있는 각 사항들에 따라 정실을 타파하고 대학당을 성실하게 정비하도록 하라. 제조 이하의 인원조직을 분

6) 「광서 25년 3월 27일 위정돈대학당유(光緒25年3月27日爲整頓大學堂諭)」, 『베이징대학교사료』 제1권, 베이징대학교출판사, 1993, pp.49-50.

7) 상동.

류하여 정리하거나 합병하고 매년 지급하고 있는 급료는 반드시 심사하고 삭감하도록 하여 헛되이 낭비하는 비용을 절감하도록 하라. 대학당의 모든 수업은 특히 장정을 주도면밀하게 정하여 실용적인 학문을 위주로 시행하도록 하고 겉치장만하여 적당히 하지 않도록 하라. 맡은 바 임무 결과를 공연히 꾸며서 작성한 내용이 없는 문서가 아니라 정비된 상황에 따라서 사실에 근거하여 보고하도록 하라. 오홍갑의 상주문을 중요한 내용만 추려내어 보내니 면밀하게 살펴보도록 하라.[8)]

마지막으로 유지는 공정을 기하기 위하여 오홍갑 등이 올린 상주문 가운데 사실과 다른 부분을 지적하여 해명을 하였다.

대학당의 장정을 확정하였다는 상주문을 찾아서 살펴보니 각 성의 중학당이 아직 대부분 설립되지 않았으므로 대학당 내에 소학당과 중학당이 있는 것은 결코 대학당의 격을 떨어뜨리는 것이 아니라 서로 활용할 수 있는 실질적인 의미가 있다. 작년 겨울 시험을 통해 500여 명의 학생을 선발하였는데 현재 출석하는 자들은 218명이며 이를 증빙할 모든 서류가 있으니 130명을 초과하는 것이다. 서양 학문을 배우는 학생들과 교습 및 직원들의 수는 모두 원래 장정에 정한 수에 비해 감소하였고 증가하지 않았다. 급료는 금년 4월 이후부터 적당한 수준으로 줄이도록 하라. 모든 학과의 수업은 장정의 규정에 따라 시행하고 체육 교육은 억지로 시키지 않도록 하라. 직원들에게는 날마다 새로운 규칙을 내놓아 속박하는 일이 없도록 하고 지나치게 각박하여 감정을 다치게 하거나 반면에 너무 느슨하게 관리하여 학습 분위기를 해치지 않도록 하라. 오로지 열심히 정비를 하여 조정의 인재양성의 뜻이 이루어지게 하라.[9)]

손가내는 주위 사람들의 질책과 자희태후의 비판을 받고 나서 기분이 울

8) 「광서 25년 3월 27일 위정돈대학당유(光緖25年3月27日爲整頓大學堂諭)」, 『베이징대학교사료』 제1권, 베이징대학교출판사, 1993, pp.49-50.

9) 상동.

적해진 데다가 자희태후가 광서 황제를 구금한 것에 불만을 품고 병을 핑계로 장기휴가를 신청하였다. 1899년 7월 17일(광서 25년 6월 10일) 자희태후는 이부우시랑(吏部右侍郞)인 허경징(許景澄)에게 손가내를 대신하여 잠시 경사대학당의 업무를 관리하도록 명하였다.

허경징은 본래 외교관이었는데 1884년과 1890년에 유럽 주요국가의 출사대신(出使大臣)을 맡아 나간 적이 있었다. 1898년에는 총리각국사무아문의 행주(行走) 겸 예부우시랑(禮部右侍郞), 이부우시랑, 이부좌시랑(吏部左侍郞) 등을 역임하였다. 그 뒤에는 다시 대학당의 총교습, 관학대신으로 임명되었다. 그의 저서로서는『외국사선도표(外國師船圖表)』,『광서감정서북변계(光緒堪定西北邊界)』,『주소록존(奏疏錄存)』,『출사함고(出使函稿)』등이 있다.

허경징은 관학대신을 맡은 지 얼마 안 되어 대학당의 정비를 시작하였다. 1900년 초 자희태후는「위상경사대학당정형유(爲詳京師大學堂情形諭)」라는 유지를 내려서 "경사대학당이 개설된 지 이미 1년이 넘었는데 교습과 학생들의 수업과 관련하여 이루어진 자세한 내용과 성과의 유무를 허경징은 상세히 분석하여 보고하도록 하라"고 명하였다.

허경징은 "대학당이 창설된 지 불과 1년이 지났는데 현재 경사(經史), 정치학, 지리학, 수학, 격치학, 화학 등의 과목과 영어, 불어, 독일어, 러시아어, 일어 등의 외국어를 가르치고 있습니다. 좀 더 시일이 지나면 반드시 인재들을 양성할 수 있겠습니다"[10]라고 아뢰었다.

그 뒤 얼마 후 의화단운동(義和團運動)이 일어났다. 1900년 5월 의화단(義和團)은 북경 성안의 서양 여러 나라의 공관과 건물들에 불을 질러서 사회질서에 큰 혼란을 가져왔으며 대학당의 경비를 예치해 둔 화아은행(貨俄銀行)도 파괴되었다. 경사대학당의 기숙사에 유숙하던 학생들은 피난을 가기 위해 모두 휴가를 내고 집으로 돌아갔다. 이러한 상황 때문에 1900년 7월 1일 허경징은 상주문을 올려서 경사대학당의 잠정적인 운영 중단을 건의하였다. 그 내용은 다음과 같다.

10)『베이징대학교사료』제1권, 베이징대학교출판사, 1993, p.50.

대학당은 광서 24년 7월에 전 협판대학사(協辦大學士)이자 이부상서(吏部尙書)인 손가내가 교과 과정을 결정하고 상주하여 개설하였습니다. 이제 상서가 휴가를 청하여 자리가 비게 되자 폐하께서 저를 보내 잠시 관리하도록 하셨습니다. 저는 이미 금년 정월과 2월에 대학당의 수업 상황을 감안하여 학생 수를 적당히 줄이는 계획을 상주하였습니다. 지금 수도 지역이 불안하여 대학당의 모든 학생들은 휴가를 내고 뿔뿔이 흩어졌습니다. 또한 대학당의 경상경비는 이를 담당하고 있는 호부가 상주하여 화아은행의 예금이자로 지급받는 것으로 되어 있습니다. 지금 동교민항(東交民巷) 일대의 서양 여러 나라의 공관과 건물들은 불에 타버리고 화아은행도 파괴되었습니다. 그래서 금년도의 경비를 아직 지급 받지 못하고 있습니다. 전년도의 잔여금은 지금까지 이 은행에 예치하여 이자를 받아왔습니다. 통장은 있으나 지금 예치되어 있는 돈을 지급받을 수 없으므로 앞으로 사용할 경비도 나올 곳이 없습니다. 대학당을 창립한 목적이 원래 실학을 탐구하고 중국과 서양의 학문을 함께 중시하는 것이었습니다. 서양 학문은 지금 당장 급한 것은 아닙니다. 중국의 경사(經史)와 같은 학문은 본래의 서원이나 관학 등에서 학생들을 가르치고 있으니 다시 새로운 학당을 세울 필요가 없습니다. 그리하여 실제 상황에 맞추어 잠정적으로 대학당을 폐지할 것을 청하옵니다. 윤허하여 주시면 신이 총판과 제조에게 각각 역할을 맡겨서 서적과 집기들을 적절히 처리하도록 하겠습니다.[11]

허경징의 건의는 곧바로 승인을 받았다. 경사대학당은 의학당 등과 함께 잠정적으로 운영이 중단되었다. 대학당에는 이를 지키는 경비원이 파견되고 운영 경비도 7월 11일까지 마감하여 작성한 청구서에 따라 지불되었다. 대학당의 10여 만 냥의 잔여자금은 당시 화아은행과 중국통상은행에 예치되어 있었는데 해당 서류와 통장 등은 모두 호부에 보관하고 관인은 예부에 송부하였으며 건물, 서류 등은 내무부에 이관하였다. 그렇지만 내무부는 대학당의 서적과 실험기구 및 집기들은 접수하지 않았다. 어쨌든 허경징의 지휘 아래 경사대학당의 폐쇄 작업은 완벽하게 마무리되었다. 그러나 허경징은 의

11) 베이징대학교공문서·제1부·제11권.

화단이 외국 대사관을 포위 공격하고 불을 지르자 이를 반대하여 진압할 것을 강력하게 주장하다가 보수파의 모함으로 사형 선고를 받아 7월 28일에 죽임을 당하였다.

허경징이 죽고 나서 상황은 더욱 악화되었다. 같은 해 8월 15일 8개국 연합군은 북경을 점령하였다. 러시아와 독일 군대가 잇따라 경사대학당을 점령하여 병영으로 삼자 경비원들은 산산이 흩어져 도망가 버렸다. 대학당의 건물들은 심하게 훼손되었고 보관하고 있던 서적, 실험기구, 가구, 서류 등의 물품들은 모두 병사들이 탈취하거나 철저히 파괴하여 하나도 남은 것이 없었다. 이로부터 2년 동안 경사대학당은 어쩔 수 없이 운영이 중단되었다.

대학당이 잠정적으로 운영이 중단되었지만 청국 정부가 그 존재와 중요성을 잊어버린 것은 아니었다. 아편전쟁 이후 중국이 외국 군대에게 반복하여 패배한 것은 무지와 낙후함이 근본적인 원인이라는 것이 수많은 사실들로 거듭 증명되었기 때문이었다.

1901년 10월 2일 유곤일(劉坤一), 장지동(張之洞) 등은 연명으로 올린 상주문에서 인재 양성과 교육 진흥에 관한 그들의 견해를 서술하였다. 중국이 가난한 원인은 돈이 부족해서가 아니라 인재가 부족하기 때문이며, 나라가 약한 것은 병력이 부족해서가 아니라 기개가 약하기 때문이라는 것이었다. 그들은 상주문에서 "인재가 부족한 것은 견문이 넓지 못하고 학업이 실속이 없고 모자라기 때문입니다. 기개가 약한 것은 사람들이 일시적 안위만을 꾀하며 위험을 무릅쓰고 나라를 구하려는 깊고 원대한 계략이 없고 스스로 만족하여 분발하고 배우기를 힘쓰는 결단력이 없기 때문입니다. 나라와 정권을 지키는 일은 인재가 없으면 이룰 수 없습니다"[12)]라고 주장하였다.

그들은 "인재 양성과 교육 진흥"을 네 가지 방면에서부터 시작할 것을 건의하였다. 건의의 구체적인 내용은 첫째 문무학당(文武學堂)을 설립하고 둘째 과거제도인 문과(文科)를 적절히 개혁하며 셋째 무과(武科)를 폐지하고 넷째 해외 유학을 장려할 것 등이었다.

12) 『베이징대학교사료』 제1권, 베이징대학교출판사, 1993, p.28.

학당의 설립과 관련한 언급을 살펴보면 그들이 생각한 교육의 가장 중요한 핵심은 이론과 기술, 문과 무, 심성과 체력이 모두 함께 능통하도록 이루어져야 한다는 것이었다. 각 성의 소재지에는 모두 한 곳의 고등학교를 설립하는데 큰 규모의 성에는 2, 3백 명을 수용하고, 중소 규모의 성에는 100여 명을 수용할 수 있도록 하며 학제는 4년제로 통일하는 것으로 하였다. 학생들은 졸업 후에 성의 교육 책임자인 독무(督撫)와 학정(學政)이 주관하는 시험과 다시 주고관(主考官)이 주관하는 시험을 치르며, 여기서 선발된 학생들은 경사대학당에 입학하여 학문을 더욱 깊이 연구하거나 관직을 받아 필요한 곳에 활용하도록 하였다. 대학당의 학업은 더욱 높은 수준의 지적인 연구에 도움이 되도록 하며 공부하는 과목은 성의 소재지에 설립되는 고등전문학교와 동일하게 하고 3년의 공부를 마친 후에 회시(會試)를 통하여 선발된 자는 관직을 받을 수 있게 하였다. 학생은 8세에 소학(小學)에 입학하여 대학당을 졸업하기까지 학교에서 17년 동안을 공부하는 것으로 하였다.

서구 열강 8개국 연합군이 북경을 공략하여 점령한 후 과거제도 폐지와 신식학교 설립은 또다시 청국 조정의 중요한 논의 주제가 되었다. 역사 발전의 궤적은 항상 소용돌이처럼 나선식으로 발전해 나아가게 된다. 무술변법이 실패하자 사회는 일시적으로 정체되거나 후퇴하는 시기를 맞았지만 또한 더 큰 전진과 발전의 조건이 만들어지게 되었다.

1902년 1월 10일(광서 27년 12월 1일) 자희태후는 광서 황제와 함께 북경을 탈출하여 서안(西安)으로 피난을 하였다. 국내의 상황이 다소 완화되자 자희태후는 유지를 내려서 형부상서(刑部尙書) 장백희(張百熙)를 관학대신으로 임명하여 경사대학당 복구 업무의 책임을 맡겼다. 그 유지의 내용은 다음과 같다.

> 학교를 진흥시키고 인재를 양성하는 것이 지금 당면한 급선무이다. 수도인 북경은 모범이 되어야 하는 곳으로 마땅히 더욱 각별히 주의를 기울여 인재를 양성함으로써 좋은 평판을 만들어 내도록 하라. 장백희를 관학대신으로 임명하여 학당의 모든 업무를 맡기니 책임을 지고 관리하여 반드시 그 방향을 바로

> 잡아서 다재다능한 인재를 육성하며 유교적 근본을 깨닫고 실용적인 학문에 통달할 수 있는 교육을 시행하여 많은 인재를 얻어내는 효과를 거두도록 하라. 새로운 장정은 어떻게 만들고 확정할 것인지를 전심전력으로 논의하여 수시로 상주하도록 하라.[13]

이 유지가 내린 다음날인 1902년 1월 11일 자희태후는 다시 유지를 내려 경사동문관을 경사대학당으로 통합시키고 장백희가 총괄하여 관리하도록 함으로써 경사대학당을 더욱 확대시켰다. 장백희는 손가내에 이어 경사대학당의 발전에 탁월한 공헌을 한 두 번째 인물이 되었다.

장백희는 동치(同治) 13년 과거시험에 급제하여 진사(進士)가 되었다. 광서 20년 조선에서 청일전쟁이 일어나자 조정 대신들은 대부분 전쟁을 찬성하였다. 장백희는 상주문을 올려 겉으로는 전쟁 준비를 하면서 암암리에 강화회담을 지지하는 이홍장(李鴻章)의 이중적인 태도를 탄핵하였다. 그는 좌보귀(左宝貴)와 섭성균(聶城均)이 모두 용감하고 힘을 다하여 잘 싸우는 장수들인데 군수품과 탄약의 공급 부족으로 전쟁에서 패하였고 그 책임은 당연히 이홍장에게 있다고 생각하였다. 또한 예친왕(禮親王) 세탁(世鐸)이 뇌물을 수수하고 전쟁 중에 단지 이홍장만을 의지함으로써 전쟁의 적합한 시기를 놓치게 되었다고 판단하였다. 무술변법이 실패한 뒤 장백희는 강유위를 천거했었다는 이유로 해임되었다.

1900년 장백희는 예부시랑으로 임명되었고 그 후에 좌도어사(左都御史)로 승진하고 외교 교섭을 담당하는 두등전사대신(頭等專使大臣)이 되었다. 경자(庚子)년 의화단의 난 이후 조정에서 조서를 내려 개혁에 대한 의견을 널리 구하자 장백희는 상주문을 올려서 관제(官制)를 개혁하고 재정을 정비하며 과거제도를 바꾸고 학교와 신문사를 설립하여야 한다는 개혁 계획을 건의하였다. 이듬해 장백희는 공부상서로 옮겼다가 후에 형부로 옮기고 다시 경사대학당 관학대신으로 임명되었다.

장백희는 부임한 뒤에 즉시 경사대학당의 현황에 대한 조사 연구를 실시

13) 『베이징대학교사료』 제1권, 베이징대학교출판사, 1993, p.60.

하여 자희태후에게 장문의 「주주판경사대학당정형소(奏籌辦京師大學堂情形疏)」라는 상주문을 써서 올렸다. 이 상주문에서 그는 경사대학당의 운영 계획과 방침 확정, 학교 건물의 증축, 역서국(譯書局) 설립, 서적과 실험기구의 대량 구입과 경비의 증액 등 5개 방면의 경사대학당 복구 대책을 보고하였다. 장백희는 상주문에서 다음과 같이 기술하였다.

> 중국의 기준으로 소학당은 현급(縣級)의 학당이고, 중학당은 부급(府級)의 학당이며, 고등학당은 성급(省級)의 학당입니다. … 성급의 학당을 졸업한 학생은 모두 함께 대학당의 입학시험을 치러서 전공과정에 진학하도록 합니다. … 2개의 과로 나뉘는데 정과(政科)와 예과(藝科)가 있습니다. 경사(經史), 정치, 법률, 통상(通商), 재무 등은 정과에 속하고 음향학, 광학, 전기학, 화학, 농학, 공학, 의학, 수학 등은 예과에 속합니다.
>
> 각 성의 독무(督撫)와 학정(學政)이 부, 주, 현의 인재들을 시험을 통해 선발하고 이들을 북경으로 보내서 관학대신이 주관하여 치르는 복시(復試)에 합격하면 대학당의 전공과정을 공부할 수 있도록 합니다. 성급 시험의 방식은 서로 일치하지 않는 것을 피하기 위하여 대학당이 그 격식을 정하여 각 성에 공포하고 이에 따라 시험을 치러 합격자를 선발합니다. 학생은 입학 후 3년 만에 졸업할 수 있는데 관학대신은 졸업시험을 실시하여 합격자를 선발하고 대학 정과(政科)에 진학시키며 불합격자는 선별하여 낙제를 시키거나 퇴학시키도록 합니다. … 대학당의 예비과(豫備科) 졸업생과 각 성의 성급 학당을 졸업한 학생들의 수업과목은 서로 같도록 하고 관학대신은 이들에게 동일한 수준의 시험을 치르게 하고 이 시험에서 선발된 우수한 학생들을 인솔하여 태후마마께 배알하게 되면 학업을 장려하는 뜻으로 거인(擧人)의 칭호를 내려 주시기를 청하오며 이들은 정과에 진학하게 됩니다.

이와 같은 장백희의 상주문은 최초로 중국의 실정에 따라 당시 학당의 종류를 분류하여 확정하고 동시에 경사대학당이 중국 내에서 최고의 교육기관이라는 사실을 도출해 낸 것이다. 이어서 장백희는 경사대학당의 복구 업무에 관한 자신의 구상을 제시하였다. 대학당의 편제와 설립 규모에 관한 장백희의 생각은 다음과 같다.

예비과(豫備科) 외에 속성과(速成科)를 추가로 설치하고자 합니다. 속성과 역시 사학관(仕學館)과 사범관(師範館) 두 개로 나뉩니다. 수도의 5품 이하 8품 이상의 관원, 지방의 관원 임용 대기자, 업무로 수도에 거주하는 지방 관원, 도원(道員) 이하 교직(教職) 이상의 관원들은 모두 시험 참가를 허용하고 합격자는 사학관에 입학합니다. 거인, 공생(貢生), 생원(生員), 감생(監生)은 모두 시험 참가를 허용하고 합격자는 사범관에 입학하도록 합니다.

학교 건물의 증축 측면에 관해 밝힌 구상은 다음과 같다.

지금의 대학당은 애당초 임시로 사용하는 곳이었는데 원래 논의했던 대로 별도로 부지를 마련하여야 합당한 학교 건물을 건축할 수 있습니다. 그리고 사방에 빈 땅이 있어야 공과와 의과 등의 전문 학당들을 잇달아 추가로 개설할 수 있겠습니다. 앞으로 별도의 부지를 마련하여 학교 건물을 새로 건축하여야 대학당의 규모 확충이 원활할 것입니다. 현재 아직은 모든 사항을 좀 더 검토하여야 하겠지만 한편으로는 대학당의 재개가 시급하므로 예전 건물을 보수하고 주변 지역을 추가로 확보하는 것이 좋겠습니다.

학당 주위의 담장은 남북이 60장(丈)이고 동서가 40장에 불과하며 이 안에 있는 건물은 단지 강의실이나 대학당에 근무하는 인원이 겨우 사용할 수 있는 정도입니다. 서쪽과 북쪽의 강의실 건물은 모두 합하여 백 칸이 채 안 되는데 추가로 대폭 증축하지 않으면 주거 공간이 절대 부족합니다. 조사해 보니 대학당의 동, 서, 남 3면은 수십 장을 확장할 수 있습니다. 그 땅 위에 있는 가옥들은 대부분 낡은 민가인데 공정한 가격을 정하여 관청에서 매입한다고 하여도 큰 비용이 들지는 않을 것입니다. 이렇게 새로 확장된 땅에는 즉시 학당 건물을 증축하는 것이 필요합니다.

대학당이 창립된 지 대략 2년이 지났으나 학생의 정원을 아직 채우지 못하고 있는 것은 모두 건물의 상태나 규모가 누추하고 협소하여 외부 사람들이 와서 보고는 어린 아이들을 가르치는 몽양학당(蒙養學堂) 정도로 경시하기 때문이며, 이것은 큰 나라의 평판에도 크게 영향을 주게 됩니다. 일단 개학하여 학생 정원을 채운 뒤에는 동문관 학생들과 여러 명의 관원 및 실무 담당자들을 모두 합치면 천 명이 넘을 것이니 지금과 같은 수십 장(丈)의 땅에는 수용할 수 없습니다.

대학당에 필요한 서적과 교육 설비를 갖추기 위하여 장백희는 다음과 같이 건의하였다. 먼저 서적을 번역하는 부서에 대한 내용은 이러하다.

현재 대학당 부설 관서국(官書局)이 가장 먼저 설립되었으며 개설 당시에는 여러 국(局)의 서적과 서양의 각종 신문들을 선택하여 번역하였습니다. … 서적의 번역은 대학당과 상호 협력하여 진행하여야 합니다. 그래서 관서국 부지에 번역국(飜譯局)을 개설하고자 합니다. 중국의 유교 경전과 역사, 정치 등 여러 학문의 욕구를 충족시키려면 서적들을 보관하는 충분한 공간의 장서루(藏書樓)가 있어야 학문의 연구에 필요한 많은 서적들을 제공할 수 있습니다. … 서양의 서적을 구입하고 번역된 서적을 인쇄하기 위하여 상해에 지국을 설립하는 것이 좋겠습니다.

다음으로 서적과 설비의 구입과 관련된 내용은 이러하다.

대학당은 작년에 먼저 의화단 토비(土匪)들로부터 입은 피해와 이어 서양 군대의 주둔으로 말미암아 건물이 몹시 훼손되었습니다. 그리고 이곳에 보관하고 있던 서적과 학습기구들 역시 모두 없어져 버렸습니다. … 최근 강남(江南), 소주(蘇州), 항주(杭州), 호북(湖北), 양주(揚州), 광동(廣東), 강서(江西), 호남(湖南) 등 남동 지역의 여러 성에 있는 관서국에서는 지속적으로 수많은 실용 서적들을 간행하였습니다. 청하오니 소신이 여러 성에 출장을 가서 각종 서적들을 10여 권씩 받아올 수 있도록 윤허하여 주시기를 바랍니다. 그 외에도 예전에 민간에서 간행했던 시무에 관련된 서적들, 그리고 이미 번역되었거나 번역되지 않은 서양 서적들을 모두 소신이 목록을 정하여 수시로 구입하여 장서루(藏書樓)에 보관하고 모두 조사하여 번역을 하고자 합니다.

각종 기구의 경우에는 수학자가 사용하는 측량기구와 화가가 사용하는 그림도구 외에 물, 불, 공기, 역학, 음향학, 광학, 전기학, 화학, 의학, 농학 등의 분야에 필요한 기구들이 상당히 많이 있는데 분야마다 모두 기구 일습을 갖추어야 하고 수시로 사용하는 실험 재료와 약물 등은 학생들이 많을수록 더욱 자주 구입하여야 하는데 학문에 진전이 있을수록 실험도 더욱 많아집니다. 더욱이 이러한 물품들은 절약할 수도 없습니다. … 개학이 되면 사용할 평소에 필요한 물품을 미리 상해와 일본 등지에서 만 냥 어치 정도 구입할 계획입니다.

이어서 장백희는 다시 대학당의 경비 문제에 대한 자신의 생각을 다음과 같이 제시하였다.

경비 증액을 요청하는 것은 학당 설립의 가장 중요한 목적인 인재 양성에 필요한 비용이 아주 많이 들어가기 때문입니다. 예전에 대학당의 교습이 가르치는 학과목은 단지 몇 개의 언어와 문자로 나누어진 국제법과 격치(물리) 등의 과목뿐이었고 교습의 수도 많지 않았으며 학생 수도 정원에 미달하였는데 매년 사용하는 비용은 이미 십만 냥이나 되었습니다. 지금 논의하고 있는 대학당의 규모 확대가 시행된다면 비용은 분명 배 이상 증가할 것입니다. 거기에다가 현재 모든 교실과 서적, 실험기구 등이 파손되거나 없어져 버린 상황입니다. 낡은 건물을 수리하고 기숙사를 새로 증축하며 서적이나 지도, 실험기구와 재료 등의 구입과 여기에 추가하여 서양 서적의 번역과 교재 편집 등에도 헤아릴 수 없이 많은 비용이 들어갈 것입니다. 박물관, 실험공장의 확충 및 현지 조사 파견 비용, 학생 수학여행 비용 등에도 역시 엄청난 경비가 들어가게 됩니다.

조사해 보니 호부가 화아은행에 고평은(庫平銀) 5백만 냥을 예치하고 있는데 매년 4%의 이자가 고평은으로 20만 냥이며 경평은(京平銀)으로는 212,000냥이 됩니다. 광서 24년 호부의 상주문에 의거하여 이 은행 이자 가운데서 매년 경평은 200,630냥을 대학당의 경상비용으로 지급할 것을 승인하였는데 단지 11,370냥이 남아 있습니다. 지금 은행에 저축하고 있는 돈을 모두 대학당으로 돌려주어 화아은행에 저축하고 이자를 받을 수 있도록 조치해 주실 것을 요청합니다. 이 돈이 대학당의 전용 자금이 되면 분쟁을 피할 수 있게 되고, 앞으로 출금이나 예금할 경우에 대학당이 은행과 결산을 하면 됩니다. 매년 말에는 결산서를 작성하여 올리도록 하고 결산 보고서를 책자로 만드는 것은 없애도록 하는 것이 비교적 간단명료할 것입니다. 작년 대학당의 운영이 중단되었을 때 아직 지출하지 않은 잔금이 남아 있었는데 당시에 모두 화아은행과 중국은행에 반환하여 임시로 보관하고 호부에 문서로서 통지하였습니다. 현재 대학당의 업무는 처음 창립하는 것과 같아서 매우 많은 개설 경비가 필요하기 때문에 예전에 남아 있던 은행 잔고를 대학당이 적절히 사용할 수 있도록 돌려받기를 요청합니다.

이제 대학당이 전공과목을 전담하는 교습을 채용하였으므로 전공과목을 공부하기 위하여 외국에 유학을 보내려던 학생을 대학당으로 보낼 수 있게 되었습니다. 또한 본래 대학당의 전공 정과(政科)는 각 성에서 고등학당을 졸업한 학생들이 계속 공부할 수 있도록 학비를 지원하고 있으므로 각 성들은 마땅히 경비를 마련하여 경사대학당을 돕는 것이 합리적일 것입니다. 그러므로 각 성의 독무들에게 매년 규모가 큰 성은 2만 냥, 중간 규모의 성은 만 냥, 작은 규모의 성은 5천 냥을 마련하여 경사대학당으로 보내도록 명령하여 주시기를 요청드립니다.

상주문의 말미에 관학대신 장백희는 경사대학당의 복구에 관하여 다음과 같이 요약하였다. "위에서 언급한 5개 조항 가운데 대학당 운영방법에 관한 계획은 총괄적인 운영 요강이며 서적과 실험기구의 구입 및 대학당 부설 역서국 설립과 관련한 두 개의 조항은 실제 활용하는 것에 목적이 있습니다. 학교 건물의 증축과 관련한 조항은 점차 대학당의 규모를 확대하기 위한 것입니다. 특히 충분한 운영 경비의 확보는 모든 일의 밑바탕이라고 할 수 있습니다."[14]

장백희의 경사대학당 복구를 위한 상주문에 대하여 자희태후는 바로 당일 다음과 같이 회답을 내렸다.

> 장백희가 대학당 운영 재개를 위한 준비와 관련하여 전반적인 상황을 보고한 상주문을 읽어 보니 그 방도가 대체로 타당하다. 그렇지만 이를 성실히 실행하고 착실히 명령을 받들어 시행하도록 하라. 조정에서도 이 일에 대하여 많은 관심을 가지고 있다. 본래 학교를 세워서 인재를 양성하는 것은 나라가 그들을 임용하기 위하여 대비하는 것이니 반드시 각자 전심전력하여 학문을 닦도록 하라.
>
> 결국 학문의 방법과 정신이 순수한지 혹은 결점이 있는지의 여부가 인재 배출의 증감, 풍속의 혼탁과 융성의 여부를 결정하는 것이다. 모든 규정이 앞으로 각 성에서 전반적으로 시행될 터인데 반드시 신중하고 철저하게 관리하여 손익을 분명히 가려야 할 것이다. 모두 함께 협력하여 실질적인 효과를 거두도록 하며 폐단이 없기를 바라노라. 장백희는 책임을 전가하지 말고 세심하게 계획하여 대학당을 점차로 확충하고 순서에 따라 착수하여 책임을 맡긴 뜻에 부응하도록 하라. 필요한 경비는 각 성의 독무들이 능력에 따라 내도록 하라. 해결하여야 할 일이 남아 있으면 수시로 상주하라.[15]

자희태후의 이 유지는 장백희에 대한 격려와 청국 조정의 경사대학당에 거는 큰 기대를 드러내는 것이었다.

장백희의 지도에 따라 경사대학당의 복구 작업은 조리 있고 질서정연하게 전개되었다. 이와 동시에 경사대학당의 일부 새로운 장정도 만들어지고 있었다. 1902년 8월 15일 반년 동안이나 수정을 되풀이한 뒤에 장백희는 새로 만든 경사대학당 장정 등 6개 학교장정, 즉 대학당장정(大學堂章程), 고선입학장정(考選入學章程), 각 성 고등학당, 중학당, 소학당, 몽학당(蒙學堂) 장정을 조

14) 『광서정요(光緖政要)』 제28권, 상해송의당, 선통 원년(1909).

15) 상동.

정에 상주하여 보고하였다. 자희태후는 장백희의 상주문을 읽고 다음과 같이 유지를 내렸다.

장백희가 대학당의 장정을 상의하여 작성하고 상주문을 올려 살펴보기를 청하였는데 이를 보니 장정의 각 조항이 상세하고 잘 만들어졌다. 이 장정에 따라 일을 처리하도록 하라. 아울러 각 성에 공포하여 시행하도록 하고 독무(督撫)들은 장정 규정에 따라 대학당의 충분한 경비를 마련하기 위해 힘써 받들어 실행하여 나라의 수요에 대비한 진정한 인재들을 양성하기를 바라노라. 경사대학당의 책임을 맡고 있는 장백희는 전심전력으로 관리하고 특별히 교육에 유념하여 대학당의 명성을 높이고 효과를 거두어 조정의 교육 진흥과 인재 육성의 뜻에 부응하기를 바라노라. 대학당의 정식 업무가 시작되고 나서 해결되지 않은 일이 있으면 이를 보완하고 개선하기 위하여 수시로 상세하게 검토하고 상주하여 처리하도록 하라.[16)]

이 유지에 따라 장백희는 경사대학당의 장정을 다시 가져다가 재차 수정하고 바로 잡아서 그해 음력 11월에 드디어 공포하였다. 이것이 경사대학당 역사상 두 번째 학교 장정인 「흠정경사대학당장정(欽定京師大學堂章程)」이다.

장백희가 침식을 잊고 열심히 일하여 경사대학당은 1902년 12월 17일(광서 28년 11월 18일) 다시 문을 열었다. 중국 제1역사 당안관(檔案館)에는 지금도 경사대학당 개학 당시의 공고문 원본을 보관하고 있는데 그 공고문에는 개교식 절차가 구체적으로 상세하게 기록되어 있다.

17일 공시

개교식은 18일 오시(午時)에 거행한다. 제조(提調)는 학생들을 인솔하여 기숙사에 거주하는 순서대로 줄을 지어 성인당(聖人堂) 앞으로 가서 월대(月臺) 아래에서 예식을 행한다.

재공시

---

16) 『광서조동화록(光緒朝東華錄)』 제5권, 중화서국, 1958.

> 제사 의식을 마치면 관학대신은 의복을 갈아입고 대학당 제조는 사학관(仕學館)과 사범관(師範館)의 학생들을 인솔하여 오른쪽 문으로 나와서 대학당 앞 계단 아래에서 북향하여 나누어 선다. 총교습(總敎習), 정교습(正敎習), 분교습(分敎習), 조교습(助敎習)들은 서열에 따라 동쪽 계단 아래에서 서남쪽에 선다. 편역국(編譯局) 및 대학당의 집사(執事) 관원들은 서열에 따라 서쪽 계단 아래에서 동남쪽에 선다. 대학당 제조는 학생들이 정열을 마치면 집사 관원들의 열로 들어간다. 관학대신이 계단 앞까지 나오면 학생들은 북향해서 세 번 읍하여 관학대신을 알현하고 다시 동북쪽으로 세 번 읍하여 모든 교습들을 알현한다. 이에 대해 모두 읍하여 답례한다. 또다시 서북쪽으로 향하여 편역국의 집사 관원들과 서로 한 번 읍하는 것으로 인사를 나눈다. 대학당 제조는 양 관의 학생들을 인솔하여 각자 기숙사로 돌아가게 한다.[17)]

경사대학당이 다시 개교한 일은 당시 조정대신들에게 중국 교육개혁에 대한 관심을 불러일으켰다. 직례총독(直隷總督) 원세개(袁世凱), 성경장군(盛京將軍) 조이손(趙爾巽), 양호총독(兩湖總督) 장지동(張之洞), 양강총독(兩江總督) 주복(周馥), 양광총독(兩廣總督) 잠춘훤(岑春煊), 호남순무(湖南巡撫) 단방(端方) 등은 연명으로 상주하여 과거제도를 폐지하고 학교의 보급 확대를 주청하였다.

그들은 상주문에서 인재 양성이 중국의 급선무라는 것을 진지하게 논술하였으며 아울러 과거제도의 폐지와 학교의 보급 확대에 관한 여러 건의를 하였다. 원세개와 장지동은 「주청체감과거(奏請遞減科擧)」라는 상주문에서 다음과 같이 진술하였다.

> 나라의 강약을 불문하고 인재를 얻으면 흥성할 수 있습니다. 때의 평안함과 위태함을 불문하고 인재가 있으면 침착할 수 있습니다. 실로 인재는 나라의 생명력이며 나라를 다스리는 근본입니다. 배가 고프고 목이 마를 때 음식이 필요하고 물과 육지에는 배와 수레가 있어야 하듯이 나라에는 잠시라도 인재가 없어서는 안 될 것입니다. 중국은 오늘날 빈한할 대로 빈한하고 여러 차례의 큰

17) 중국제1공문서보관소·학부·교학학무·제67권.

재난과 외침으로 시달림을 받고 있으니, 지금이야말로 나라의 부흥을 위하여 분발하고 노력하여야 할 때입니다. 하여야 할 일이 많은 이때에 인재를 구하는 것이 가장 시급한 일입니다. 인재가 없는데도 나라를 빈약함에서 벗어나게 할 수 있다는 말은 공허한 말일 것입니다. 인재가 있다면 나라를 부강하게 하는 일은 손바닥을 뒤집듯 쉬울 것입니다.

진언하는 자마다 나라에 인재가 없다고 말하고 있지만 필요할 때가 되어서야 구하기 때문에 많은 인재를 찾을 수 없는 것이며, 평소에 인재를 비축해 놓으면 인재가 적다고 걱정하지 않아도 될 것입니다. 그러면 인재는 어떻게 비축할 것입니까? 바로 학교를 통하여 할 수 있습니다. … 나라를 다스리는 일은 반드시 인재에 달려 있으며 인재는 반드시 학교에서 배출됩니다. 이것은 고금동서를 통한 진리입니다. 그러므로 과거제도를 하루빨리 폐지하지 않으면 학교의 큰 발전이 조속히 이루어질 수 없기 때문에 선비들은 영원히 쓸모없는 학문을 하게 되고 나라는 영원히 시기적절한 인재를 구하지 못하여 중국은 영원히 부강한 나라로 발전하지 못하고 영원히 다른 나라와 패권을 다툴 수 없게 될 것입니다. … 학교가 실용적인 학문을 추구한다면 나라는 분명 진정한 인재들을 등용할 수 있을 것입니다. 이로 인해 정치와 교화가 번창하고 만사가 떨쳐 일어나게 되어 빠른 성과를 낳음으로 확실히 큰 효과를 거두게 될 것입니다.[18)]

또한 원세개 등이 연명으로 올린 상주문인 「주청입정과거이광학교절(奏請立停科擧以廣學校折)」에서는 끊임없이 학교 설립의 중요성을 반복하여 강조하는 한편 사범 인재의 양성이 학교 설립 발전의 근본 방도임을 다음과 같이 논하였다.

학교를 설립하고 인재를 양성하는 계획은 그 목표를 이루기 위해서 오랜 시간이 필요합니다. 지금의 상황에서는 과거시험을 즉시 중지하고 여러 곳에 학당을 설립하더라도 10여 년 뒤에나 비로소 인재가 번성하게 될 것입니다. … 모든 사람이 교육을 받을 수 있고 보편적인 지식을 갖추게 되면 위로는 나라

18) 『광서정요(光緒政要)』 제29권, 상해송의당, 선통 원년(1909).

> 에 충성하는 것을 알게 되고 아래로는 스스로의 생계를 꾸릴 수 있게 됩니다. 재능이 뛰어난 자는 나라를 다스리는 일에 많은 도움이 되고 그보다 못한 자도 나라의 합당한 백성이 될 것입니다. 학교가 없는 곳이 없고 배우지 않은 사람이 없는데 나라의 부강을 전심전력으로 도모한다면 어찌 부강해지지 않을 수가 있겠습니까? 프러시아가 프랑스를 이기고 일본이 러시아를 이긴 것에 대하여 유식한 자들은 그 원인을 모두 소학교 교사들의 공으로 돌려야 한다고 주장하였습니다. … 그러므로 지금과 같이 어려운 상황에서 나라를 구하려면 반드시 학교의 보급부터 시작하여야 하고 학교를 보급시키려면 반드시 먼저 과거제도를 폐지하는 것으로부터 시작하여야 합니다. … 사범학교가 빨리 만들어져야 마땅합니다. 각 성에 학당이 많지 않은 것은 자금이나 부지가 없어서가 아니라 교사가 없기 때문입니다. 동서양 여러 나라가 부강해질 수 있었던 것도 역시 학교를 근본으로 하였기 때문입니다.[19)]

대신들은 일제히 조정이 각 성에 조속한 학당 설립 진행을 독촉할 것을 건의하면서 아울러 "경학(經學)을 존중하고, 품행을 숭상하며, 진로를 제공한다"는 구체적인 학당 설립 방침을 제시하였다.

조정에서는 대신들의 건의를 받고 "향시(鄕試)와 회시(會試) 일체를 폐지하며, 각 성에서 치르는 세과(歲科) 시험도 즉시 폐지한다"[20)]고 허락하여 중국 역사상 천 년 동안 면면히 이어온 과거제도는 완전히 폐지되었다. 그로부터 중국 근대 교육사의 새로운 장이 열리게 되었다.

장백희가 경사대학당의 복구 작업을 위하여 온갖 힘을 다하였지만 조정내의 보수파들은 여전히 그가 예전에 강유위를 추천한 일 때문에 불만을 가지고 "급진적인 인물을 즐겨 임용한다"고 공격하면서 대학당의 교육을 주관할 만주족 대신을 1명 더 증원할 것을 건의하였다. 또한 대학당의 장정에 대하여도 이의를 제기하였다.

1903년 6월(광서 29년 5월) 자희태후는 영경(榮慶)을 또 1명의 관학대신으로

---

19) 『광서정요(光緖政要)』 제31권, 상해송의당, 선통 원년(1909).

20) 상동.

임명하여 장백희의 권력을 분산시켰다. 보수파의 공격과 영경의 임명으로 엄청난 압력을 받게 된 장백희는 이 국면에 어떻게 대응하여야 할지를 고려하지 않을 수 없었다. 1903년 6월 27일 장백희는 경사대학당의 운영에 호광총독 장지동의 참여를 요청하는 상주문을 올렸다. 그 내용은 다음과 같다.

> … 작년에 교과서 편찬이 늦어질 것을 우려하여 소신 장백희는 역서국 개설에 관한 상주문에서 호광총독(湖廣總督) 장지동과 함께 이 문제를 처리하는 방법을 상의하여 결정하겠다고 아뢰었습니다. 그 뒤에 호광총독은 「호북학당장정(湖北學堂章程)」에 관한 상주문을 올린 바가 있습니다. 그 장정 중에 소신이 상주한 경사대학당 장정보다 뛰어난 것이 있어 그것에 따라 소신의 장정 중 미흡한 내용을 모두 고쳤다는 것은 상주문에서 밝혔습니다.
>
> 학당의 운영은 지금 무엇보다 중요한 현안이온데, 장지동은 이와 관련한 업무를 가장 잘 알고 있는 인물입니다. 그가 호북에서 운영한 학당이 대단한 성과를 거두었기 때문입니다. 그 경험으로 그는 학당 운영에서 생기는 이점과 폐단을 매우 깊이 체험하였습니다. 소신 등이 이 어려운 시기를 염려하면서 학당의 일에 관해 온 마음으로 몰두하고 있는 것은 저희들이 오늘날 조금이라도 더 노력을 기울이는 것이 장래의 학술과 인재들을 위해 얼마만이라도 더 도움이 될 것을 진정으로 소망하기 때문입니다.
>
> 장지동 총독과는 이전부터 비록 우편이나 전보로 주고받았으나 여러 차례 의견을 교환하였으며 최근 총독이 일 때문에 수도에 왔을 때 소신 등의 거듭 요청으로 총독이 대학당을 방문하여 각 학과의 학습 과정을 참관하고 부족한 부분을 지적하기도 하였습니다. 결국 하루 종일 상업상의 계약 내용과 제반 행정 사무와 관련한 내용을 듣고 총독은 잘못된 부분을 지적하여 바로잡고 소신 등과 함께 상의하여 업무를 처리하였습니다. 대학당은 특히 행정 사무와 관련된 업무가 매우 중요하므로 함께 사무를 상의하여 처리할 수 있도록 장지동 총독을 경사대학당에 파견해 주실 것을 간곡히 요청합니다. 이렇게 되면 경사대학당의 모든 장정을 더욱 면밀히 개정하고 추후에 바로잡을 부분이 있으면 소신 등이 수시로 자문을 받기 위하여 총독과 만나서 의논하고 상주문을 작성하

여 올릴 수 있게 되므로 규정을 충실하게 정비하고 교육을 바로 세울 수 있는 큰 도움이 될 것입니다.[21]

장지동의 신식 교육 진흥에 관한 능력과 공헌을 잘 알고 있던 자희태후는 장백희의 천거를 승인하고 바로 당일 장지동에게 유지를 내려 장백희, 영록과 함께 대학당장정을 다시 새롭게 개정하도록 하명하였다.

경사대학당은 학술 연구와 인재 양성의 근본으로 지극히 중요하다. 장지동을 파견하니 장백희, 영경과 현재 진행하고 있는 대학당 장정과 관련한 모든 사안을 함께 상의하여 다시 확실하게 개정하도록 하라. 아울러 각 성 학당의 장정도 일률적으로 개정하고 상세하게 상주하라. 반드시 시행에 폐해가 없도록 하고 다재다능한 인재를 양성하여 조정이 인재를 얻게 되는 성과를 거둘 수 있도록 하라.[22]

1904년 1월 13일(광서 29년 11월 26일), 반년 동안 7번이나 초고를 고친 끝에 경사대학당의 세 번째 설립 장정인 「주정대학당장정(奏定大學堂章程)」이 정식으로 조정에 보고되었다. 새로운 장정에서는 관학대신을 총리학무대신으로 변경하여 전국의 교육 업무를 통괄하도록 하였다. 또한 별도로 대학총감독이라는 직책을 두어 경사대학당 사무를 전담하도록 하였다. 경사대학당 첫 번째 관학대신이었던 77세 고령의 손가내는 청조 말 첫 번째 학무대신으로 임명되었다. 전 대리사소경(大理寺少卿)이며 절강학정(浙江學政)인 장형가(張亨嘉)가 경사대학당의 총감독으로 임명되었다.

「주정경사대학당장정(奏定京師大學堂章程)」은 중국의 첫 번째 국립 최고학부를 위하여 제정된 웅장한 청사진이었다. 경사대학당이 개설한 8개의 분과대학은 다음과 같다.

21) 『베이징대학교사료』 제1권, 베이징대학교출판사, 1993, pp.57−58.

22) 상동.

(1) 경학과대학(經學科大學)

(2) 정법과대학(政法科大學)

(3) 문학과대학(文學科大學)

(4) 의과대학(醫科大學)

(5) 격치과대학(格致科大學)

(6) 농과대학(農科大學)

(7) 공과대학(工科大學)

(8) 상과대학(商科大學)

장정에서는 각 분과대학의 수업 과목에 대해서도 상세히 규정하였다. 그 내용은 다음과 같다.

경학과대학: 11개 과목. 주역학(周易學), 상서학(尙書學), 모시학(毛詩學), 춘추좌전학(春秋左傳學), 춘추삼전학(春秋三傳學), 주례학(周禮學), 의례학(儀禮學), 예기학(禮記學), 논어학(論語學), 맹자학(孟子學), 이학(理學).

정법과대학: 2개 과목. 정치학, 법률학.

문학과대학: 9개 과목. 중국사학(中國史學), 만국사학(萬國史學), 중외지리학(中外地理學), 중국문학, 영국문학, 프랑스문학, 독일문학, 러시아문학, 일본문학.

의과대학: 2개 과목. 의학. 약학.

격치과대학: 6개 과목. 산학(算學), 성학(星學), 물리학, 화학, 동식물학, 지질학.

농과대학: 4개 과목. 농학, 농예화학(農藝化學), 임학, 수의학.

공과대학: 9개 과목. 토목공학, 기기공학(機器工學), 조선학(造船學), 조병기학(造兵器學), 전기학, 건축학, 응용화학, 화약학(火藥學), 채광(採鑛) 및 야금학(冶金學).

상과대학: 3개 과목. 은행 및 보험학(保險學), 무역 및 판운학(販運學), 관세학.[23)]

23) 「주정학당장정(奏定學堂章程)·대학당장정(大學堂章程)」, 『베이징대학교사료』 제1권, 베이징대학교출판사, 1993, p.97.

새로운 대학당장정이 공포되어 시행된 후 경사대학당의 모든 업무는 차츰 정상궤도에 오르게 되었다. 그러나 장백희와 영경은 학당의 운영 방침에 대하여 서로 견해가 달랐다. 예를 들면 장백희가 유학생을 선발하여 동, 서양에 유학을 보낼 것을 주장한 반면에 영경은 끝까지 이를 반대하였다. 그러나 장백희는 여전히 자신의 주장을 지켜 나가 몸소 학생들을 기차역까지 데리고 가서 차에 오를 때까지 지켜보면서 배웅하였다. 이때부터 중국의 각 성에서도 국비 유학생을 보내기 시작하였다.

1904년 2월(광서 30년 1월), 관학대신의 직위는 학무대신과 경사대학당총감독이라는 두 개의 직위로 분리되었다. 행정부문도 총리학무부와 대학당으로 분리되었다. 관학대신의 인장은 경사대학당총감독 인장과 학무대신 인장으로 분리하는 것으로 바뀌었다. 이것은 현대적 의미의 교육부가 정식으로 설립되었다는 사실을 상징적으로 보여주는 것이었다. 경사대학당도 역시 독자적인 운영을 시작하였다.

1905년 12월 10일(광서 31년 11월 14일), 정무처 대신인 화석경친왕(和碩慶親王) 혁광(奕劻) 등은 상주문을 올려서 과거시험이 폐지되어 예부에 속한 국자감의 업무가 없어졌으므로 이를 폐지하고 총리학무부에 합병시키고 국자감의 교육 기능은 대학당으로 통합하며, 동시에 한림원도 총리학무부에 통합시킬 것을 건의하였다.

총리학무부도 대학당과 분리된 뒤에 업무가 더욱 충실해지고 강화되었다. 학무대신 손가내는 1905년 12월 12일(광서 31년 11월 16일) 중앙에서 지방에 이르는 구체적이고 정밀한 교육 체계에 관한 계획을 수립하여 상주문을 올리면서 다음과 같이 건의하였다.

1. 중앙 1급 부처인 학부를 설치하여 전국 교육을 총괄 관리하게 한다. 학부에는 상서(尙書) 1명, 시랑 2명, 좌승(左丞)과 우승(右丞) 각 1명, 좌참의(左參議)와 우참의(右參議) 각 1명을 둔다. 학부 밑에는 다음과 같이 4개의 사(司)를 설치한다.

   (1) 고적사(考績司). 각 학당의 교장과 교원들의 근무 성적을 심사하여 개인

별 등록을 한 후에 승진, 강등을 결정하는 업무를 담당한다. 대학당에 있는 고등학당 교원들의 강의안을 학기마다 보고한다. 잘못이나 도리에 벗어나는 과오를 저지른 자는 고적사가 규찰하고 면직 혹은 징계를 신청한다.

(2) 견선사(甄選司). 학생들의 졸업과 진급 업무를 담당한다. 고등학당 이상의 졸업생들에게 학부가 자격을 인정하는 증명서를 발급한다. 고등학당 이하의 졸업자들에게는 각 성의 학정(學政)이 자격을 인정하는 증명서를 발급하고 그 내용을 학부에 송부하여 등록하도록 한다.

(3) 도적사(圖籍司). 각 학당에 교과서와 도서 및 실험기구를 보급하고 개인들의 저술을 검열하는 업무를 담당한다. 또한 매월 학보를 편찬하고 이를 참고하도록 각 학당에 발송하는 업무를 담당한다.

(4) 회계사(會計司). 각 학당의 경비 지급 및 해외 유학 경비 지출, 학부 관원들의 봉급 지급과 각 성의 공, 사립 학당 설립 관련 업무 등에 대한 관리를 담당한다.

대학당, 고등학당, 중학당의 교장·교습은 모두 전문직 관원들을 배치하여 학부의 통제를 받기에 편리하도록 한다. 대학당 교장의 위계는 3품, 고등학당 교장은 4품, 중학당 교장은 5품으로 정한다. 교원은 일률적으로 조교(助教)라는 칭호를 쓴다. 대학당의 교원은 6품, 고등학당 교원은 7품, 중학당 교원은 8품으로 정한다. 교장, 교원의 임기는 모두 학교의 졸업일로 하고 중도에 사직하거나 그 외의 다른 직무를 겸임할 수 없다. 근무 성적이 뛰어난 자로서 각 성의 3품 이상의 학정은 학부시랑(學部侍郎), 4품 이하인 자는 학부좌승(學部左丞) 겸 상서시랑(尚書侍郎), 도어사(都御史), 부도어사(副都御史) 등의 직함을 추가하는 제도의 시행을 요청할 계획이다. 학정의 임기는 3년이며 학부대신이 업무 심사를 하도록 한다. 이렇게 되면 전국의 학정을 총괄하여 관리할 수 있어서 의견의 불일치를 없앨 수 있다.

2. 각 성 교육 지휘 체계는 학정이 전담 관리하도록 한다.

각 성의 학당은 설립 이래로 모두가 독무(督撫)가 주관하였으며 각 성의 성도(省都)에 학무처를 설치하고 총판(總辦), 제조(提調), 문안(文案) 등의 여러 직위를 두었었다. 총판과 제조는 도(道)나 부(府)에서 지명하고 문안은 주나 현에서 지명하였다. 그러나 교육 업무가 복잡하여 이러한 조치는 효과가 매우 적었다. 기왕 조정에서 특별히 임명한 학정이 학당의 심사를 전담하게 되었으므로 각 성이 설치한 학무처는 모두 폐지하고 학정이 일률적으로 관리하도록 하는 유지를 내려줄 것을 요청한다. 각 부, 주, 현이 설립한 중학당, 소학당, 각종 실업학당 및 민간이 운영하는 초등소학당들은 모두 학정에게 신고하고 학정은 이를 학부에 공문으로 보고한다. 고등소학당의 교장과 교원은 모두 학정의 심사를 거쳐 자격증을 발급 받은 후에야 비로소 부임할 수 있다.

3. 부, 주, 현에 학관(學官)을 설치하여 학무(學務)를 관할토록 한다.

지금 많은 학당이 개설된 부, 주, 현은 각기 학관 1명을 두어 그 지방의 학무를 관할하도록 한다. 주와 현은 모두 이를 따르고 지지할 책임이 있지만 주와 현에 학무를 잘 아는 자가 1/10도 되지 않으며 더구나 다른 잡다한 일들 때문에 학무에 신경을 쓸 시간이 없다. 교육을 담당하는 관리가 그 책무를 다할 수 있게 하려면 감사 기능을 가진 전담 책임자를 임명하고 학당에 근무하는 관리들은 품계를 높여 녹봉을 충분히 주고 우대하여야 능력을 다하여 온 마음으로 근무할 것이다. 지금은 교육을 담당하는 관리가 부족하므로 학정(學政)은 학무를 잘 알고 개화된 지식을 갖춘 자들을 선발하여 임용하고 노약자들은 모두 면직시킨다. 각종 교직원 후보자들은 모두 학정이 조율하고 시험을 실시하여 선발하고 우수한 자는 즉시 발탁하여 결원을 보충한다.

그밖에 거인(擧人), 공생(貢生), 생원(生員)들 중에서 학문이 우수하고 교육에 대해 잘 아는 자가 있으면 학정이 임명할 수 있다. 그렇지만 이후부터는 교직원은 외부에서 충원하는 것으로 변경하고 이부(吏部)에서 선발하거나 각 성의 통치를 담당하는 번사(藩司)에서 임명하여 배치할 수 없고 학정이 전담하여 주관한다. 결원을 보충하게 되면 학정은 공문으로 학부에 보고하고 다시 심사를 받도록 한다. 학정이 교직원을 승진시키거나 해고할 수 있는 특권을 가지게 되면 열심히 노력하는 자가 반드시 많아지고 능력도 없는 사람이 채용되어 머릿수만 채울 수도 있다는 우려가 없어질 것이다.

4. 졸업생의 전공을 살려 관직 진로를 마련하고 수요에 따라 배분한다.

「주정대학당장정」의 규정에 따르면 대학당의 분과대학 졸업생 가운데 최우수자는 한림원의 편검(編檢), 우수자는 서길사(庶吉士)로 임명하며 중급자는 각 부로 보내어 임용하고 하급자는 지현(知縣)의 직책을 수여하도록 하였다. 이렇게 되면 여전히 배운 지식과 하는 일이 다르게 되므로 과거제도가 시행될 때와 별로 차이가 없다. 이에 이제 분과대학의 전공을 장려하는 방식으로 변경할 계획이다. 예를 들면 문학에 뛰어난 학생은 한림원에, 국제법에 뛰어난 학생은 외무부에, 상학(商學)에 뛰어난 학생은 상부(商部)에, 재정학에 뛰어난 학생은 호부(戶部)에, 법률학에 뛰어난 학생은 형부(刑部)에, 군사학에 뛰어난 학생은 병부(兵部)에, 공학에 뛰어난 학생은 공부(工部)에 근무하도록 임용하고자 한다. 그러나 현재 병부와 공부가 유명무실하므로 관제를 새로 개정하여야 한다. 이것은 예를 들면 이부(吏部)와 예부(禮部)에는 정치학과 경학 두 과목에서 우수한 학생들은 어느 곳에나 모두 임용할 수 있는데, 마치 이전의 과거에 급제한 진사(進士)에게 관직을 수여하던 방식과 마찬가지로 성적에 따라 우선 한림원에, 다음으로는 각 부에 임용하고 나중에는 농, 공, 상 등의 실업과 관련한 관직이나 지방에 추가로 공석(空席)의 관직을 만들어 임용하는 경우가 있어서는 안 되기 때문이다.

5. 대학당에 설치된 교과과정을 개혁하여야 한다.

대학당에는 중국의 고유한 문화의 정수(精粹)를 보존하려는 원대한 뜻을 가지고 경학과 국문학 과정이 설치되어 있다. 고등학당 과정에는 원래부터 경학대의(經學大義)와 중국문학 두 개 과목이 있어서 학생들이 소학당, 중학당에서 고등학당 과정으로 차례로 진급하기까지 이 두 개 과목을 여러 해 동안 공부해 왔으므로 여기에 내포되어 있는 의미도 깊이 이해할 수 있을 정도이다. 대학당은 나라를 위해 임용할 인재를 양성하고 준비하는 곳으로 정사(政事)에 관한 대책을 세우고 이를 시행하는데 필요한 전문적인 실업과목, 경학, 국문학을 중요시하는 것은 좋으나 이것들은 스스로 배운 것을 익히도록 하면 되고 교실에서의 수업은 불필요하다. 또한 현재 대학당에는 논리학

과목이 설치되어 있는데 이상과 공론만을 숭상하고 정치나 학문 등의 현실적인 면에는 전혀 도움이 되지 않으면서도 거금을 들여 일본인 교습을 초빙하고 있는 것은 아까운 낭비이므로 이를 폐지하는 것이 마땅하다. 고등학당에는 심리변학(心理辯學) 과목이 설치되어 있으나 역시 없애는 것이 좋을 것이다.

6. 중학당 이상의 생원(生員), 거인(擧人), 진사(進士) 자격 수여의 정원수를 한정할 필요가 있다.

각 성의 향시(鄕試) 합격 거인(擧人), 각 주, 현의 세과(歲科) 합격 생원(生員)은 모두 정해진 인원수가 있었고 회시(會試)의 진사(進士)도 당시의 상황을 참작하여 결정하되 각 성의 거리와 인구수에 따라 정하였었다. 그리하여 응시자가 많아도 합격자는 단지 정해진 인원수에 불과하였지만 선비들로부터 어떤 원망도 없었다. 지금 「주정학당장정」의 시험조항을 살펴보면 만약 정원을 한정하지 않고 다만 시험 점수를 기준으로 삼게 되면 시험관은 반드시 인원수를 여유 있게 선발할 것이며 이렇게 되면 앞으로 곳곳마다 모두 생원, 거인, 진사로 넘치게 될 것이다. 또한 각 성의 고등학당을 제외하고도 이와 수준이 같은 고등실업학당, 우급사범학당(優級師範學堂), 방언학당(方言學堂)이 있는데 이 학당들도 진학하게 되면 모두 거인 자격을 수여하게 되므로 각 성에 있는 중학당, 고등학당도 생원, 진사 자격을 수여할 것이다. 그래서 원래 과거시험에서 선발하던 정원수를 따르는 것이 좋으며 학생 수의 많고 적음을 참작하여 적절히 선발하여야 한다. 현재 각 성의 학당은 설립 시기의 차이가 있지만 「주정학당장정」에 의거하여 대학당 예비과(豫備科)와 지방의 성에 있는 고등학당은 모두 3년 이내에 졸업한 자에 대하여 순천부(順天府) 향시처럼 시험기간에 시험 책임자인 주고(主考)를 임명하여 보내줄 것을 상주하여야 하는 동시에 진급 시험의 기간도 통일되어야 한다. 이 내용은 학무대신과 함께 상의하고 적당한 제안을 제출하라는 관련 유지를 요청할 것이다.

7. 과거제도 폐지 및 신식교육 실시 뒤의 신, 구 교육체제의 전환에서 오는 문제를 해소할 필요가 있다.

각 성의 중학당, 고등소학당 학생의 입학 연령 제한은 적당히 완화하여야 한다. 지방관이 실시한 시험에서 선발된 25세 이상 40세까지의 사람은 중학당과 고등소학당에 구분하여 보내서 배우게 함으로써 널리 인재를 양성하고 학생들이 배움의 기회를 잃지 않도록 한다. 40세 이상의 지방 서원(書院) 학생인 동생(童生)은 학당 입학이 허용되지 않도록 한다.

8. 통학생 모집을 증원하여야 한다.

성도(省都) 및 부, 주, 현의 학생들은 학당 소재지 도시에 살고 있어서 아침 저녁으로 학당을 왕래하는 것이 편하므로 기숙사 생활을 할 필요가 없다. 따라서 통학을 하게 하고 기숙사를 비워서 먼 지방에서 온 학생들을 입주하도록 한다. 이렇게 하면 백 명의 학생을 수용할 수 있는 학당은 2백 명을 수용할 수 있다. 다만 강의를 듣는 학생들에게 협소하여 번잡하다고 느껴지지 않도록 강의실은 반드시 넓어야 한다. 통학생들은 학당에 거주하지 않는 것을 감안하여 학비를 감면해 주도록 한다.

9. 유학생 파견은 실학 연구에 국한할 필요가 있다.

서양으로의 유학생 파견은 전문적인 실업(實業) 분야로 제한하도록 한다. 신축년(1841년) 이래로 각 성에서는 일본으로 끊임없이 유학생들을 파견하였는데 그 수가 수천 명이 되었고 비용도 수백만 냥에 이르렀다. 가장 쓸모없는 유학 연구 주제는 사범 속성과정과 정법(政法) 속성과정인데 공리공론만을 일삼을 뿐, 실제 도움은 되지 않는다. 길면 1년, 짧으면 6개월이면 바로 돌아오는데 여전히 전혀 아는 것이 없이 막연할 뿐이다. 그리고 지금 일본에 있는 유학생들이 자유라는 그릇된 주장에 현혹되어 민약설(民約說)과 같은 황당무계한 논리를 주장하고 정파와 모임을 만들어 나라의 일에 대해 함부로 논의를 하는 것은 후환이 될 것이다. 앞으로 각 성의 유학생 파견은 육군, 공예, 농정, 상업, 광업 등의 전문적 분야를 연구하도록 하고 사범, 정법과 같은 불성실하게 적당히 공부하다 돌아오는 분야는 유학을 보내서는 안 된다. 지금 일본에 있는 유학생들은 이번 달 3일에 내린 유지에 따라 실학을 연구하고 전공 과정의 공부에서 풍성한 결과를 얻어 귀국하여야 비로소 배운 것을 실제로 활용할 수 있는 성과를 거둘 수 있다.

10. 매관매직은 엄격히 금지되어야 한다.

> 조정에서 학당 외에는 인재를 쓰거나 관리를 등용할 방법이 없도록 하고, 군대 내에서 특별한 공적이 있을 경우를 제외하면 모든 관직의 추천을 할 수 없게 한다.[24)]

학무대신 손가내가 제시한 10개 사항의 건의는 이후 경사대학당의 발전에 매우 큰 영향을 미쳤다. 그의 수많은 교육 관리에 대한 견해는 현재의 시각으로 보아도 그대로 수용될 수 있는 내용들이다.

1909년[선통(宣統) 1년]에 경사대학당은 다음 해에 경학과, 문학과, 격치과, 공과 등의 4개 분과대학을 개설하겠다고 선포하였지만 실제로는 경학과와 문학과 2개의 분과대학만을 개설하였다. 지방 서원의 학생인 생원의 자격을 보증하기 위하여 규모가 큰 성은 8명, 중간 규모의 성은 6명의 후보자를 선정하여 보내도록 요청하고 학무부는 이들에게 다시 복시(復試)를 치르게 하여 선발된 합격자로 정원을 보충하였다. 1910년이 시작되면서 학무부는 경사대학당의 각국 유학생 모집을 승인하였다. 청국 정부는 백은 25만 냥을 지급하여 분과대학의 개설 비용으로 쓰도록 하였다.

1910년 「교육잡지」 제5기에는 경사대학당과 관련한 자료를 실었는데, 이를 통해 당시 경사대학당의 상황을 어느 정도 알 수 있다. 그 내용은 다음과 같다.

> (1) 경비
>
> 분과대학 개설 이후 일체의 비용은 모두 절약하고 있다. 1월의 모든 항목의 사용 비용은 약 8천여 냥, 2월 1만 2천 냥, 3월 1만 5천여 냥이며 취재에 응답한 직원의 추정에 따르면 매년 분과대학의 비용은 총 30만 냥 정도에 이를 것이라고 한다.
>
> (2) 학교 건물
>
> 분과대학 건물은 이전에 일본 기술자가 산정한 바로는 대략 2백 수십만 냥이 필요하며 먼저 건축하게 될 경학과대학과 문학과대학만의 건축비용은

24) 학부 편집, 『학부관보(學部官報)』 제1호, 북경 창간, 1906.

대략 60여 만 냥이 필요하다고 하였다. 부임한 당상서(唐尙書)는 현재 학생이 많지 않고 자금도 부족하여 건축 진행을 잠시 중지할 예정이라고 하였다. 그러나 유감독(劉監督)은 경학과와 문학과는 외국인들이 입학할 수도 있기 때문에 반드시 미리 준비를 하여야 하고 또한 감국(監國)에서도 건축을 중지하기는 어려운 상황이라고 판단하여 계속 진행할 예정이라고 말하였다.

(3) 학생

현재 7개 과의 학생들이 연이어 입학하고 있으며 4월 19일까지의 입학 인원수가 모두 387명인데 직례성(直隸省)이 가장 많고 신강성(新疆省)에서는 아직 1명도 없다. 학당 기숙사는 이미 부족하여 다시 서까래 수십 칸 규모의 증축을 할 예정이다.

(4) 학위 자격 수여

분과대학이 개학한 이후 연일 학부와 학당이 회의를 열어 졸업 후의 학위 자격 수여에 대해 논의를 하여 한림원과 각 부의 관직 등급이나 진사 자격의 수여는 일제히 취소하고 별도로 박사, 준사(俊士), 학사, 득업사(得業士) 등의 학위를 다시 만들어 시험 성적 등급에 따라 학위를 수여하기로 의결하였다.[25)]

경사대학당의 업무를 강화하기 위하여 학부는 선통 1년(1909년)에 정부의 고위급 관리들을 대거 경사대학당의 각 분과대학 감독(監督)으로 임명하였다. 예를 들면 전 한림원 시독(侍讀)이자 귀주(貴州) 제학사(提學使)인 가소민(柯劭忞)은 경학과대학 감독, 학부 참사관(參事官)인 임계(林棨)는 정법과대학 감독, 이부(吏部)의 주사(主事)인 손웅(孫雄)은 문학과대학 감독, 2품의 직례총독 후보자인 굴영추(屈永秋)는 의과대학 감독, 2품의 한림원 시독인 왕봉조(汪鳳藻)는 격치과대학 감독, 학부 참사인 나진옥(羅振玉)은 농과대학 감독, 학부 전문사주사(專門司主事)인 하율시(何燏時)는 공과대학 감독, 내각중서(內閣中書) 권량(權量)은 상과대학 감독에 임명되었다.[26)]

25) 『중국근대학제사료(中國近代學制史料)』 제2권(상), 화동사범대학교출판사, 1987, p.859.
26) 『베이징대학교사료』 제1권, 베이징대학교출판사, 1993, p.67.

역사가 20세기로 들어선 뒤 이미 청국의 정국은 매우 위급해지고 정권도 비바람에 흔들리는 지경에 놓이게 되었으며 이 무렵 경사대학당의 최고 책임자도 자주 바뀌게 되었다. 그 뒤로 정국이 어떻게 되었든가, 최고 책임자가 누구로 바뀌었든가 하는 상황 변화에 관계없이 경사대학당의 관리와 건설은 다시는 중단되지 않았다. 다년간의 노력을 거쳐서 경사대학당은 마침내 비틀거리며 걷던 유년기를 보내고 차츰 성숙기를 향해 나아가서 중국 민족의 진흥을 위한 끊임없는 공헌을 하게 되었다.

경사대학당 역대 책임자

성 명	임직기간	직 명
손가내(孫家鼐)	1898년 7월~1899년 12월	관리대학당사무대신 (管理大學堂事務大臣)
허경징(許景澄)	1899년 7월~1900년 7월	임시 관리대학당사무대신
장백희(張百熙)	1902년 1월~1904년 1월	관리대학당사무대신
장형가(張亨嘉)	1904년 2월~1906년 2월	대학당총감독
조광권(曹廣權)	1906년 2월~1906년 3월	대리 대학당총감독
이가구(李家駒)	1906년 3월~1907년 7월	대학당총감독
주익반(朱益藩)	1907년 7월~1907년 12월	대학당총감독
유정침(劉廷琛)	1908년 1월~1910년 9월	대학당총감독
가소민(柯邵忞)	1910년 9월~(미상)	임시 서리(署理) 대학당총감독
노내선(勞乃宣)	(미상)~1912년	경사대학당총감독
유경역(劉經繹)	1911년 12월~(미상)	임시 대리
엄복(嚴復)	1912년	경사대학당총감독

제8장

광서 황제, 자희태후와 경사대학당의 3개 장정

경사대학당(京師大學堂)은 역사상 3개의 중요한 설립 장정이 있었다. 그 첫 번째 장정은 광서(光緖) 황제의 유시(諭示)에 따라 1898년(광서 24년 5월 15일)에 총리각국사무아문을 대신하여 양계초(梁啓超)가 작성한 「총리아문주의경사대학당장정(總理衙門奏擬京師大學堂章程)」이다. 두 번째 장정은 자희태후(慈禧太后)의 지시로 1902년(광서 28년 11월)에 장백희(張百熙)가 주관하여 작성한 「흠정경사대학당장정(欽定京師大學堂章程)」이다. 세 번째 장정도 자희태후가 명령하여 1904년(광서 29년 11월)에 장지동(張之洞)이 장백희, 영경(榮慶)과 함께 다시 새롭게 작성한 「주정대학당장정(奏定大學堂章程)」이다.

한 대학이 3개의 전혀 다른 설립 장정을 가지고 있고 이 3개의 장정이 확연히 차이가 있는 것은 광서 황제와 자희태후에게 그 원인이 있으며 중국 교육 역사상 극히 드문 일이다. 그렇다면 이 3가지 장정을 만들게 된 출발점은 무엇이었는가? 3개 장정 사이의 다른 점은 도대체 무엇인가? 광서 황제와 자희태후는 경사대학당의 설립 장정을 통하여 어떻게 각자의 정치적 주장과 교육 사상을 구현하려고 하였는가? 이러한 의문들은 깊이 파고들지 않고서는 풀 수 없는 문제들이다. 이 의문들에 대한 정확한 해답을 찾기 위해서 먼저 3개의 장정이 탄생하게 된 서로 다른 역사적 배경을 살펴보는 것으로부터 시작한다.

먼저 총리아문이 상주한 경사대학당 장정을 살펴보기로 한다. 앞에서 이미 언급된 바와 같이 광서 황제는 1898년 6월 11일 천안문(天安門)에서 전국에 「명정국시조서(明定國是詔書)」를 공포함으로 무술변법(戊戌變法) 시행의 신호 나팔을 울렸다. 광서 황제는 거의 500자에 달하는 이 조서 가운데 3분의 1의 지면을 할애하여 조정과 백성들에게 경사대학당의 창건 결정을 선포하였다. 아울러 군기대신(軍機大臣)과 총리각국사무왕대신에게 창립 업무를 맡기면서 "빨리 논의하여 상주하라"고 지시하였다. 경사대학당을 조속히 창립하도록 하기 위하여 광서 황제는 한 달에 두 차례의 유지를 내려 "신속하게 보고하는 상주문을 올리고 다시 지연하지 않도록 하라"[1]고 관련 부문을 독촉하였다. 이로써 광서 황제가 중국의 전통적인 구식 교육의 개혁과 경사대학당의 창설을 매우 중요시하였다는 것을 알 수 있다.

광서 황제의 거듭된 독촉이 있게 되자 군기처와 총리아문은 대학당을 어떻게 창립하여야 할지 아는 사람이 없어서 고심하다가 강유위(康有爲)에게 사람을 보내 그가 대신 대학당 설립 장정을 기초(起草)해 줄 것을 요청하기로 하였다. 왜냐하면 그들은 강유위가 이전에 연이어 다섯 번이나 황제에게 써서 올린 상주문들에서 과거제도를 폐지하고 신식학당을 창립하여야 한다는 일련의 구상을 제시하였다는 것을 잘 알고 있었기 때문이었다. 그들은 광서 황제의 유신변법에 대한 열의와 수많은 변법 조치들도 모두 강유위의 주장에서 나왔다는 것을 알고 있었기 때문에 강유위야말로 경사대학당 장정의 초안을 작성할 최고의 적임자라고 판단하였다. 그러나 당시 강유위는 광서 황제를 알현할 준비로 매우 바빠서 그의 학생이며 무술변법의 또 다른 지도자인 양계초에게 자신을 대신하여 이 중요한 임무를 완성하도록 위임하였다.

양계초는 중국 근대사에서 강유위와 함께 저명한 유신파(維新派) 영수이자 문화계의 거장이었다. 그는 8세 때 팔고문(八股文)을 공부하기 시작하고 11세 때 현시(縣試)에 합격하여 수재(秀才)가 되었으며 16세에는 향시(鄕試)에 합격하여 거인(擧人)이 되었다. 1890년에 소개를 통하여 강유위를 만나게 된 양계초는 즉시 강유위의 뛰어난 재능과 변법 개혁 및 중국을 부흥하려는 넓은 식견에 감복하여 그를 스승으로 모시기로 결심하고 경세치용(經世致用)과 구국구민(救國救民)의 길을 걷게 되었다. 공거상서(公車上書)로부터 강학회(强學會)

1) 『베이징대학교사료』 제1권, 베이징대학교출판사, 1993, p.43.

창립까지, 그리고 「시무보(時務報)」 창간에서 보국회(保國會)[2] 설립에 이르기까지 양계초는 시종 강유위를 추종해 온 가장 충실한 제자이자 친밀한 전우였다. 글 솜씨가 훌륭하고, 이미 유럽의 대학 교육을 시찰한 바 있으며, 또 강유위의 구식교육을 개혁하고 신식학당을 설립하여야 한다는 주장을 손금 보듯이 환히 알고 있던 양계초는 경사대학당 장정 초안을 작성하라는 강유위의 부탁을 수락하였다. 그 후 양계초는 영국, 미국, 일본 등 대학의 교육제도를 참조하여 단지 며칠 만에 경사대학당의 설립 장정 초안을 완성하였다. 강유위는 양계초의 장정 초안을 보고 나서 "매우 주도면밀하게" 작성되었음을 확인하고 몇 가지 수정을 하여 총리아문에 넘겨주었으며 총리아문은 이것을 광서 황제에게 상주문을 올려 보고하였다. 이것이 바로 북경대학 문서보관소에 현존하는 「총리아문주의경사대학당장정」의 유래이다.

「주의경사대학당장정(奏擬京師大學堂章程)」은 유신변법의 산물이라고 말할 수 있다. 장정 중의 학문 연구 및 학교 설립 강령은 강유위와 양계초를 필두로 한 유신파 인사들이 품고 있던 뜻이, 즉 천여 년 동안 오래도록 이어져 온 옛 중국의 봉건적인 과거제도를 개혁하고 서양의 고등교육 체제를 도입하여 신식 인재를 양성하는 대학 교육 학제를 구체적으로 실현하고자 하는 뜻이 반영되어 있었다. 「주의경사대학당장정」은 중국의 전통적 학문인 유학(儒學)을 체(體)로 하면서 서양의 학문과 문명을 용(用)으로 하는 중체서용(中體西用)의 학교 경영 방침을 제시하였다. 또한 "체와 용은 둘이 함께 필요하고 하나가 없으면 안 되며 체와 용을 모두 갖추지 않고서는 인재가 될 수 없다"는 인식을 가지고 "훌륭한 인재를 양성하여 훗날에 특별히 쓸 수 있도록 대비한다"[3]는 대학당 창립 목적을 정하였다.

예상했던 대로 「주의경사대학당장정」은 광서 황제의 조속한 인가를 받았다. 1898년 7월 3일 광서 황제는 이 장정을 재가하고 이부상서(吏部尚書)이

2) "보국회(保國會)"는 1898년 4월 17일에 강유위와 강남도감찰어사(江南道監察御史)인 이성탁(李盛鐸)으로 인하여 설립되었다. "나라를 사랑하고 지키는 것은 모든 국민들이 다 같이 하는 일이다"라는 취지로부터 수많은 지식인들을 끌어들여 유신변법에 동참하게 하였다. 후에 보수파의 탄핵 때문에 활동이 중지되어 버렸다.

3) 『베이징대학교사료』 제1권, 베이징대학교출판사, 1993, p.82.

며 관서국관학대신(官書局管學大臣)인 손가내를 관리대학당대신(管理大學堂大臣)으로 임명하여 경사대학당의 구체적인 창설 업무를 맡기었다. 이때부터 경사대학당은 「주의경사대학당장정」을 청사진으로 하여 초창기를 맞게 되었다. 또한 일찍이 1896년부터 황제가 손가내로 하여금 관서국이 주관하여 경사대학당을 창립하기 위한 기획준비 업무를 시행하도록 승인한 것은 권위와 법률적 근거를 갖게 하였다.

경사대학당은 이미 무려 50여 개 조항에 달하는 규정으로 이루어진 "매우 주도면밀한" 장정이 있었는데도 무엇 때문에 불과 4년 만인 1902년에 다시 새로운 창립 장정을 만들어야만 하였는가? 그 대답은 아주 간단히 말하면 「주의경사대학당장정」은 백일유신(百日維新)의 결실이며 광서 황제와 강유위, 양계초 등 유신지사들의 교육개혁 사상을 구현한 것이기 때문이었다. 무술변법이 잔인하게 진압된 뒤에 자희태후는 모든 무술변법 시기의 신정(新政)을 눈엣가시처럼 여기고 극도로 싫어하였으나 무술변법의 와중에 태어난 신생아인 경사대학당만은 굳이 남겨 놓았다(그 이유는 제7장에서 이미 설명했다). 경사대학당을 남겨 놓기는 하였지만 자희태후는 양계초가 기초한 「주의경사대학당장정」을 늘 마음에 두어 못마땅하게 여기고 대학당에 대한 유신사조의 영향으로 자신의 권세가 다시 흔들리지나 않을까 걱정하였다. 다만 이후의 서방 8개국 연합군과 의화단의 소요 때문에 자희태후가 목숨만 겨우 건져서 도피하느라 바빠서 미처 경사대학당의 정비를 진행할 여유가 없었을 뿐이었다.

경사대학당의 초대 관학대신이었던 손가내는 자희태후의 광서 황제 폐위를 반대하여 1900년에 사직하였다. 1902년 말(광서 27년 12월 1일) 자희태후는 유지를 내려서 공부상서 장백희를 경사대학당의 새로운 관학대신으로 임명하고 대학당 장정의 개정을 명하였다. 유지의 내용은 다음과 같다.

> 학교를 세워 인재를 육성하는 일이야말로 지금 당면한 급선무이다. 수도인 북경은 모범이 되어야 하는 곳으로 더욱 각별히 주의를 기울여 인재를 양성함

> 으로써 좋은 평판을 만들어내도록 하라. 이전부터 계획해 온 대학당 설립을 이제 확실하게 시행하도록 하라. 장백희를 관학대신으로 임명하여 학당의 모든 업무를 맡기니 책임을 지고 관리하여 반드시 경향을 올바르게 잡고 다능다재한 인재를 양성하며 유교적 근본을 깨닫고 실용적인 학문에 통달할 수 있는 교육을 시행하여 많은 인재를 얻어내는 효과를 거두도록 하라. 새로운 장정을 어떻게 확정할 것인지는 전심전력으로 논의하고 작성하면서 수시로 상주하도록 하라.[4]

이와 동시에 청국 정부는 창립한 지 40여 년이 된 총리아문에 속해 있던 경사동문관을 경사대학당에 합병시켰다.

장백희는 이전에 광서 황제의 시독(侍讀)이었다가 산동학정(山東學政)과 사천성(四川省)의 전시관(典試官)으로 임명되었고 후에 내각대학사(內閣大學士)가 되었다. 백일유신(百日維新) 이후에는 강유위를 추천한 일로 해임되었으나 1900년에 다시 등용되어 예부시랑(禮部侍郞), 좌도어사(左都御史)가 되었다가 1901년 공부상서로 전임되었다.

장백희는 관학대신으로 임명된 후 일의 성과를 내고 싶었으나 경사대학당의 장정을 어떻게 개정하여야 할지에 대해서는 잘 알지 못하였다. 그는 일할 사람을 채용하고 국내외의 많은 관련 자료들을 검토하여 반년 만에 새로운 대학당 장정을 만들어 조정에 보고하였다. 그렇게 하기까지 이 장정의 승인을 받기 위하여 장백희는 이미 두 차례나 장정 개정에 대해 자희태후에게 상세히 상주하였다.

1902년 12월(광서 28년 11월) 자희태후가 흠정(欽定)한 새로운 경사대학당 장정이 세상에 나오게 되었다. 「흠정대학당장정」은 대강(大綱)에 "지혜를 개발하고, 실업을 진흥시키며, 온갖 방면에 두루 능통한 인재를 육성"한다는 양무파(洋務派)의 교육사상이 드러나 있기는 하였지만 이전의 장정과는 상당히 달랐다. 자희태후는 사전에 유지를 내려서 새로운 장정에 대하여 "반드시 경향을 바로 잡고", "유교적 근본을 깨닫고 실용적인 학문에 통달할 수 있

4) 『베이징대학교사료』 제1권, 베이징대학교출판사, 1993, p.51.

는 교육의 시행"을 요구하는 뜻을 제시하였다. 이에 따라 흠정장정에는 조정에 "충성을 다하고", 변법의 이단사설에 대하여 "경향을 올바르게 잡을 것"을 요구하고 "이단사설을 드러내어 주장하고, 국법을 어기거나, 도덕과 윤리에 위배되는 일을 저지른 자가 사실로 밝혀지면 사안의 가볍고 무거움에 따라 면직하거나 처벌할 것"[5]을 강조하는 내용을 담았다. 이로써 무술변법이 실패로 끝난 지 4년이 지났음에도 청국 정부는 변법유신과 관련된 학설에 대하여 여전히 증오하고 한편으로는 두려워하면서 이를 철저히 숙청하고 진압한다는 단호한 태도를 나타내 보였다.

자희태후는 비록 자신이 직접 흠정한 것이기는 하였으나, 새로운 경사대학당 장정이 완전히 흡족한 것은 아니었다. 그러자 또 이내 조정에서는 장백희가 예전에 올렸던 상주문에서 언급하였던 "지금 조정은 단호히 변법을 시행하고 온갖 제도를 새롭게 바꾸고 있는 바 대학당도 당연히 상세하고 면밀한 제반 규정과 제도를 만들어내야 합니다"라는 내용을 구실로 삼아 그를 탄핵하는 사람이 있게 되고 그가 유신사조의 영향을 많이 받아서 "새롭고 혁신적인 사람을 기용하는 것을 선호한다"고 여겨서 그가 주관하여 제정한 대학당장정에 대하여 반대하는 의견이 제출되었다.

장백희는 경사대학당의 장정을 개정하는 일을 책임 맡게 된 날부터 만들어 낸 장정이 자희태후의 뜻에 맞지 않을 것을 우려하던 차에, 자신에 대한 탄핵이 있다는 것을 알고 나서 자희태후의 추궁을 피하기 위하여 호광총독 장지동을 북경으로 불러 올려 자신과 함께 장정을 다시 개정하는 일을 진행할 수 있도록 요청하는 상주문을 써서 올렸다. 장백희의 상주문은 다음과 같다.

> 학당 일이 지금 당면한 가장 급선무인데 장지동은 현재 교육 관련 업무에 대하여 가장 잘 알고 있고 호북성의 학당 설립에 대단한 성과를 거두어서 그 이

---

5) 「흠정대학당장정(欽定大學堂章程)」, 『중국근대학제사료(中國近代學制史料)』 제2권(상), 화동사범대학교출판사, 1983, p.753.

해득실을 누구보다도 잘 아는 사람입니다. … 학당은 특히 관리 업무가 가장 중요하므로 경사대학당의 일을 함께 상의하여 진행할 수 있도록 장 총독(總督)을 파견해 주실 것을 간곡히 요청합니다. 장정 전체는 더욱 상세하게 정리하여 개정한 후에 다시 수정할 부분이 있게 되면 신 등이 수시로 장 총독과 함께 상의하고 이를 상주하도록 하면 규정의 정비와 교육 발전에 큰 도움이 될 것입니다.[6)]

자희태후는 처음부터 유신사조를 증오하고 두려워하였는데 장백희를 탄핵하는 상주문을 보고 나서 이를 어떻게 처리하여야 할지 모르게 되었다. 왜냐하면 대학당의 새로운 장정은 두말할 것 없이 자신이 흠정한 것이기 때문이었다. 이제 장백희를 탄핵하는 사람이 있다고 하여 그를 면직한다면 자신이 사람을 잘못 쓰고 새 장정을 자세히 검토하지 않았다는 것을 인정하는 것이 되고, 반면에 장백희에 대한 탄핵 요구를 처리하지 않고 무시하게 되면 대학당의 교육 이념에 대한 유신사조의 부정적인 영향을 걱정하여야 할 상황이었다. 장백희의 건의로 인하여 자희태후는 방도를 찾게 되어 즉시 다음과 같이 하명하였다. "곧 장지동을 현재 진행하고 있는 대학당 장정에 관한 모든 일을 장백희, 영경과 함께 상의하여 결정할 수 있도록 파견하라. 아울러 각 성(省)의 학당 장정을 일률적으로 개정하고 상세히 상주하도록 하라."[7)] 이리하여 1902년 말 공포된 「흠정대학당장정」은 미처 실행되지도 못하고 폐지되어 버렸다.

여기서 선천적으로 예민하고 의심이 많은 자희태후가 양무운동의 적극적인 제창자인 장지동을 왜 그렇게 신임하였는지를 이해하기 위하여 그를 소개할 필요가 있다.

장지동은 직례성(直隸省) 남피(南皮) 사람이다. 그의 조상은 대대로 황제의

6) 「장백희주청첨파장지동회상학무절(張百熙奏請添派張之洞會商學務折)」, 『베이징대학교사료』 제1권, 베이징대학교출판사, 1993, p.57.

7) 『베이징대학교사료』 제1권, 베이징대학교출판사, 1993, p.57.

은혜를 입은 관료 집안이었다. 장지동은 어려서부터 총명하여 4세 때 벌써 글 읽기를 시작하였고 8세 때는 이미 사서오경을 완전히 독파하였다. 이후 장지동은 12세에 과거시험에 합격하여 수재(秀才)가 되었고 15세에는 거인(擧人)이 됨으로써 과거시험을 거쳐 한 걸음 한 걸음 출세의 벼슬길로 나아갔다. 1862년 하남순무(河南巡撫)인 사촌형 장지만(張之万)은 장지동의 재능을 잘 알고 있었으므로 그에게 순무부(巡撫府)에서 상주문을 기초해 달라는 특별한 요청을 하였다. 당시 장지동의 나이는 25세였다. 1863년 장지동은 북경에서 열리는 회시에 참가하여 탐화(探花)로 급제하여 진사(進士)가 되고 한림원(翰林院) 편수(編修)의 관직을 받아 본격적으로 벼슬길에 오르게 되었다. 1867년에 장지동은 절강성(浙江省)의 향시(鄕試) 부고관(副考官)에 임명되었는데 이로부터 10년 동안의 학관(學官) 생활이 시작되었다. 그는 이어서 절강성 향시 주고(主考), 호북성 제독학정(提督學政), 사천성(四川省) 향시(鄕試) 부고관, 사천성 학정(學政) 등의 관직을 맡았다. 그는 이 기간 동안 과거제도를 통하여 등용된 관리들의 갖가지 폐단을 몸소 목격하면서 실제 활용할 수 있는 실용적인 교육을 시행하고 전통적인 교육을 개선할 것을 주창함으로써 청국 조정의 관료사회에서 몇 명 되지 않는 유교의 정치 철학을 구체적으로 실천하는 실무 중심의 문관이었다.

아편전쟁 이후 금문경학(今文經學)을 주창한 위원, 공자진 등은 고문경학(古文經學)을 칭송하면서 금문경학(今文經學)을 옳지 않다고 여기는 것에 반대하였으며 "법을 고치고 옛것을 바꿀 것(更法, 變古)" 을 요구하였다. 금문경학은 중국의 학문과 서양의 학문, 새로운 학문과 옛 학문 사이를 연결하는 다리와 같았다. 금문경학은 유학(儒學)의 한 갈래여서 사대부들이 받아들이기가 쉬웠다. 그렇지만 또 한편으로는 금문경학이 정통 유학은 아니었기 때문에 서양의 사상을 받아들이기도 쉬웠다. 장지동이 실제 활용할 수 있는 실용적인 교육을 시행할 것을 주창하기는 하였으나 그는 옛사람들의 지식이 지금 사람들보다 낫다고 생각하였다. 그러므로 후에 그는 한편으로는 개혁을 주장하면서도 다른 한편으로는 "경전의 말씀에서 벗어나 도리를 어기는 것"을 찬성하지 않았다. 그는 서양 학문을 받아들이면서도 항상 중국의 전통적인 학문을 지키고 유지한다는 것을 전제로 하였다.

1880년 1월 장지동은 「상주변계절(詳籌邊計折)」이라는 상주문을 작성하여 올려서 조정의 내정과 외교에 관하여 남다른 자신만의 견해를 발표하였다. 동궁(東宮)과 서궁(西宮)의 두 태후는 이 상주문을 높이 평가하여 그를 불러 만나보고 정치 상황에 대한 의견이 있으면 수시로 총리아문에 제기할 수 있도록 특별히 허락하였다. 이것은 당시 일반 중앙 관청의 관리로서는 상상도 할 수 없는 영광이었다. 이후 장지동의 벼슬길은 매우 순탄하였다. 1882년부터 그는 잇따라 산서순무(山西巡撫), 양광총독(兩廣總督), 호광총독(湖廣總督) 등의 요직을 역임하였고 양강총독은 심지어 두 번이나 맡아 보았다. 1907년 70세의 고령이 된 장지동은 군기대신(軍機大臣)으로 직위가 올라 군기처에 들어가 청국 정부의 최고 권력기구의 일원이 되었다. 중국 근대교육에 중요한 영향을 끼친 "중국의 학문을 바탕으로 삼고 서양의 학문을 수용한다(中學爲體, 西學爲用)"는 이론은 장지동이 집약하여 상세히 정형화시킨 것이다.

수십 년 간에 걸친 정치 생애 동안 장지동은 무수히 많은 치적을 거두었는데 그 가운데서도 가장 영향이 있는 것은 호광총독 재임 기간에 전통적인 서원을 개혁하고 신식학당을 설립하여 교육을 진흥하고 인재를 양성한 각종 조치들이었다. 장지동은 호북성에 대규모 신식학당을 설립하여 실업교육 및 사범교육과 국민교육을 실시함으로써 학교 설립과 운영을 통하여 일련의 비교적 체계를 갖춘 근대적인 교육사상을 형성하였다. 1895년 5월 장지동은 유명한 『권학편(勸學篇)』을 발표하여 청나라 말기의 학제 개혁에 관한 일련의 개혁 구상을 제시하였다. 그러나 장지동의 『권학편』과 유신인사 강유위의 교육사상은 매우 현저한 차이가 있었다. 장지동은 "중국의 재앙은 중국의 밖에 있는 것이 아니고 중국의 안에 있다. 무릇 바꾸지 않아야 할 것은 오륜(五倫)과 유교적 도리 및 슬기로운 계략이며 법률과 제도나 무기나 손재주가 아니다."라고 하였다. 장지동이 『권학편』에서 널리 알리고자 한 것은 "지금의 시국에서 나라에 충성하고 국가를 부강하게 하는 데 힘쓰며 조정을 존중하고 사직을 지키는 것이 제일 중요한 도리"라는 유교적 충군(忠君) 사상이었다.

물론 장지동이 자희태후에게 군기대신으로 임명될 수 있을 만큼 믿음직한 사람이라는 것은 단지 학무(學務)에 통달하다는 이유만은 아니었다. 자희태후가 장지동을 남다르게 여기게 된 것은 주로 "경자지란(庚子之亂)" 시기에 그가 보여준 "충군" 때문이었으며 이로 인해 그는 자희태후의 깊은 총애를 받게 되었다.

1900년(경자년) 8월 서방 8개국 연합군이 북경을 공격하자 자희태후는 광서 황제와 재의(載漪), 강의(剛毅) 등 왕공대신들과 함께 북경에서 서안(西安)으로 도피하였다. 이홍장(李鴻章), 혁광(奕劻), 유곤일(劉坤一)과 장지동은 강화회담을 위한 의화대신(議和大臣)으로 임명되었다. 8개국 연합군은 강화의 선결조건으로 주모자 처벌과 양궁(兩宮) 태후들의 환궁을 제시하였다. 이홍장은 이 조건을 찬성하고 조속히 담판을 개시하기 위하여 양궁 태후들의 빠른 환궁을 희망하였다. 그러나 장지동은 이를 반대하는 태도를 견지하였다. 그는 양궁 태후들이 북경에 환궁하게 되면 열강의 협박을 받게 되어 강화 협상에 불리하게 작용할 것을 걱정하였다. 그 일이 있기 바로 한 달 전에도 장지동은 이홍장, 유곤일과 연명하여 전보로 상해(上海)의 각국 총영사들에게 상해, 홍콩 및 남해(南海) 연안 각 성(省)의 신문사들이 자희태후를 공격하는 기사를 쓰지 못하게 해 달라고 요청하였으며 자희태후를 위한 변호를 하였다. 8개국 연합군이 북경을 공격하여 점령하기 전에는 상해 각국의 총영사에게 전보를 쳐서 태후와 황제가 놀라지 않도록 즉시 북경 공격을 멈출 것을 요청하였다. 자희태후가 서안으로 도피한 후에 그는 자희태후가 좋아할 만한 물품들을 골라서 호북성을 거쳐 서안에 보내 주었다.

이후 전통적인 윤리와 도덕의 근본이 되는 종지(宗旨)를 지키기 위하여 장지동은 이곳저곳에서 끊임없이 자희태후를 변호하였고 그녀의 책임을 벗어나게 하고 지위를 지켜주려고 한 경우가 한두 번이 아니었다. 장지동이 보기에는 위기 국면에 처한 중국을 보존해 줄 수 있는 유일한 핵심 인물은 자희태후였다. 당시와 같은 상황에서 이 같은 장지동의 행위가 어찌 자희태후의 환심을 얻지 않을 수 있었겠는가? 장백희가 대학당의 장정을 개정하는 일에 장지동이 나서서 함께 참여하게 해 줄 것을 요청하자 자희태후는 즉각 동의하고 형부상서(刑部尙書) 영경(榮慶)을 관학대신으로 추가로 보내서 장지동, 장백희를 도와 경사대학당의 사무를 공동으로 관리하도록 하였다. 뿐만 아니라 1903년 6월 29일(광서 29년 5월 3일) 자희태후는 다시 유지를 내려 대학당 장정을 개정하는 동시에 각 성(省) 학당의 장정도 함께 개정할 것을 지시하였다. 이것은 전국의 교육과 관련한 권한을 그들에게 맡긴 것과 같았다. 유지의 내용은 다음과 같다.

> 경사대학당은 학술 연구와 인재 양성의 근본으로 지극히 중요하다. 장지동을 파견하니 장백희, 영경과 현재 진행하고 있는 대학당 장정과 관련한 모든 사안을 함께 상의하여 다시 확실하게 개정하도록 하라. 아울러 각 성 학당의 장정도 일률적으로 개정하고 상세하게 상주하라. 반드시 시행에 폐해가 없도록 하고 다재다능한 인재를 양성하여 조정이 인재를 얻게 되는 성과를 거둘 수 있도록 하라.[8]

1904년 1월 13일(광서 29년 11월 26일) 관학대신인 장백희는 장지동, 영경과 더불어 자희태후에게 「주준지중정학당장정타주판법절(奏遵旨重定學堂章程妥籌辦法折)」을 상주하여 거의 반년 동안에 걸친 장정 개정의 상황을 상세히 보고하면서 완전히 새로운 대학당 장정을 자희태후에게 올렸다. 자희태후는 이 새로운 장정을 보고 나서 아주 마음에 흡족하여 그날로 당장 시행하도록 승인하였다. 이것이 바로 경사대학당의 세 번째 학교 설립 장정인 「주정대학당장정」이다.

같은 날 장지동 등이 제정한 16개의 학교 장정도 전국에서 시행하도록 승인되었다. 「고등학당장정(高等學堂章程)」, 「중학당장정(中學堂章程)」, 「고등소학당장정(高等小學堂章程)」, 「초등소학당장정(初等小學堂章程)」, 「몽양소학당장정 및 가정교육법(蒙養小學堂章程及家庭教育法)」, 「우급사범학당장정(優級師範學堂章程)」, 「초급사범학당장정(初級師範學堂章程)」, 「실업교원강습소장정(實業教員講習所章程)」, 「고등농공상실업학당장정(高等農工商實業學堂章程)」, 「중등농공상

8) 「명장지동회동장백희영경리정학장(命張之洞會同張百熙榮慶厘定學章)」, 『베이징대학교사료』 제1권, 베이징대학교출판사, 1993, p.57.

실업학당장정(中等農工商實業學堂章程)」, 「초등농공상실업학당장정(初等農工商實業學堂章程)」, 「역학관장정(譯學館章程)」, 「진사관장정(進仕館章程)」, 「각학당장려장정(各學堂獎勵章程)」, 「각학당관리통칙(各學堂管理通則)」, 「임용교원장정(任用教員章程)」 등이다.

3개의 경사대학당 설립 장정은 제정한 사람들의 서로 다른 교육 이념과 설립 강령을 구현하였으나 총체적으로 말한다면 바뀔수록 더욱 완비되어 갔다. 이제 3개의 장정을 비교해 보기로 한다.

1898년 공포된 「주의경사대학당장정」의 전문은 약 9천여 자이며 총 8장 54절로 이루어져 있다.

제1장의 장정 서두인 총강(總綱)에는 "각 성의 귀감이 되고, 세계 각국의 추앙을 받으며, 최고 수준의 광대한 규모와 상세하고 세밀한 체계를 갖추고, 모범이 되는 최상의 체제를 유지하기 위하여 비루한 것을 그대로 취하거나 경박한 업무 수행을 하지 않도록 한다"는 경사대학당의 웅대한 창립 목표를 명백히 밝히고 있다.

이어서 장정에는 각 성의 모든 학당들은 대학당의 관할에 속하며, 대학당은 전국 최고 학부이자 최고 교육기관의 역할을 맡는다고 명확히 규정하였다. 또한 장정은 "각 성이 최근 많은 학당들을 설립하였으나 장정과 학과목 등이 여러모로 잘 갖추어져 있지 않고, 체제도 통일되어 있지 않아서 서로 정보나 소식을 교류할 수 없었다. 이제 수도인 북경에 대학당이 설립되고 각 성의 모든 학당들은 대학당의 관할에 속하게 되었으므로 일사불란한 업무 체제를 갖추게 되었다. 각 성 모든 학당들의 장정과 학과목은 이번에 대학당이 제정한 장정을 따라야 하며 모든 학당들의 업무 진행은 반드시 장정에 따른 일관된 시행을 하도록 하여야 한다"고 지적하였다.

또한 장정에는 각 성에 아직 중학당과 소학당이 널리 설립되어 있지 않아서 대학당의 신입생 지원숫자가 부족한 것이 큰 문제인 상황을 고려하여 경사대학당에는 서양 나라들의 대학당과 달리 중학당과 소학당을 추가로 설립하여야 한다고 지적하였다. 그리하여 경사대학당은 모든 것을 아울러 포용한다는 의미의 "겸용병포(兼容倂包)" 방식에 따라서 소학당에서 대학당에 이르는 교육 전체의 과정을 포함하는 교육체제를 주장하였다. 장정에서는 이 내용에 대해 다음과 같이 설명하고 있다.

> 서양 나라들의 대학당은 모두 중학당을 졸업한 학생들이 진학하는데 현재 각 성의 중학당은 설립 초창기로서 아직 널리 설립되어 있지 않기 때문에 경사대학당의 상황 역시 서양 나라들의 대학당과는 다르다. 최근 대학당에 소학당과 중학당 학습 과정을 함께 두고 각 학년을 나누어 순차적으로 진급하게 하는데 대체로 "겸용병포" 방식이라고 할 수 있는 것으로 양편에 서로 장애는 없다.

저명한 북경대학교장 채원배(蔡元培) 선생이 제창한 "겸용병포" 교육사상은 바로 「총리아문주의경사대학당장정」에서 비롯되었다고 할 수 있다. 교육체제상의 "겸용병포"는 학문연구의 범주에까지 확대 발전하여 학문의 자유와 각종 학문 유파의 공존을 제창함으로써 이 주장은 이제 북경대학의 중요한 학문적 전통이자 특성이 되었다.

사범교육은 경사대학당에서 가장 중요시하는 분야였다. 장정에는 다음과 같이 기록되어 있다. "유능한 교습이 있어야 우수한 학생을 키워 낼 수 있다. 중국은 이렇지 못하여 각 성의 학당들이 성과를 거두지 못하였다. 이제 대학당에 사범학당을 별도로 설립하는 것은 교습 인재를 양성하기 위해서이다."

대학당 및 중, 소학당 교육의 성공 여부를 결정짓는 선결 조건은 교재였으므로 교재 편찬은 대학당의 최우선 중요 임무였다. 경사대학당은 편역국(編譯局)을 설립하여 교재 편찬 업무를 전담하도록 하였다. 장정에는 이와 관련하여 다음과 같이 기록하고 있다.

> 중국 학문에 관한 교재는 경서(經書), 자서(子書), 사서(史書) 중에서 정수(精髓)만을 취하여 현재 중요하게 다루어야 할 일들과 관련된 내용을 골라서 편성하고 쓸모없는 것은 버린다. 서양 학문에 관한 교재는 서양의 학당에서 사용하는 책을 번역하고 가다듬어 수정을 가한 후에 교재로 확정한다. 대학당의 편역

국에서 편찬한 교재는 대학당의 학생들에게는 한 권씩 배부하며, 각 성의 학당들이 학생들을 가르칠 때 사용하도록 유지로서 공포할 것을 조정에 요청한다. 이렇게 하면 교재의 사용이 통일될 수 있고 백성들의 교육 수준을 향상시킬 수 있다.

장정에는 대학당에 장서루(藏書樓)와 의기원(儀器院)을 설립할 것을 다음과 같이 명확히 규정하였다.

… 서양 각국의 수도와 지방 정부 수도에는 모두 장서루가 있다. 최근 몇 년 사이에 장지동은 광동성에 광아서원(廣雅書院)을 설립하였고, 진보잠(陳寶箴)은 호남성에 시무학당(時務學堂)을 설립하였는데 모두 장서루가 있다. 경사대학당은 각 성의 모범으로서 체제 또한 당연히 훌륭하게 완비되어야 한다. 이제 웅장한 장서루를 세워서 중국과 서양의 수많은 중요한 서적들을 수집하고 학계에 제공하여 살펴볼 수 있도록 한다면 천하에 학문의 기풍을 널리 펼치게 될 것이다.

서양 각국의 실용 학문은 많은 실험이 있었기 때문에 비로소 발명을 할 수 있었다. 그러므로 실험기구는 대학당에 반드시 필요한 것이다. 각국의 수도에는 모든 종류의 박물관이 있어서 각종 유용한 실험기구들을 수집하여 진열하고 학생들이 견학할 수 있게 함으로써 적은 노력으로 많은 효과를 거두고 있다. 이제 이를 본보기로 의기원을 설립하여 각종 천문산법(天文算法), 음향학, 광학, 화학, 전기학, 광산학, 기계제조, 동식물학 등의 각종 학문에 사용하는 실험기구들을 비치하여 두면 학문 탐구에 도움이 될 것이다.

장정의 총강에서는 경사대학당이 개교한 후, 모든 성, 부, 현은 반드시 1년 안에 신속히 중학당과 소학당을 개설할 것을 공표하였다. 사람들로 하여금 경사대학당이 중국 최초의 국립 최고 학부이며 근대 고등교육의 시원(始原)이라고 여기게 한 것은 바로 이 일에서 비롯되었다. 장정의 총강에 기록된 내용은 다음과 같다.

현재 각 성도(省都)에 중학당이 설립된 곳이 아직은 매우 적기 때문에 중학당에서 성적이 좋은 상위권 학생들을 양성하여 대학당에 입학시키는 역할을 할 수 없다. 각 부, 주, 현의 소학당은 특히 그 여건이 더욱 어려울 것이다. 정해진 1년이란 기간 동안 중, 소학당을 개설하지 못한다면 대학당에 정원 한도가 있기는 하지만 이를 채우지 못하여 미흡한 교육의 성과를 거둘 수밖에 없을 것이다. 그러므로 대학당을 개교하면서 한편으로는 각 성의 독무(督撫)와 학정(學政)에게 중학당과 소학당을 신속히 개설하도록 엄하게 지시하여 반드시 1년 안에 각 성, 부, 주, 현에는 모두 학당이 설립되도록 하여야 한다.

「주정경사대학당장정」 제2장은 "학당 교과과정 규정"이다. 이 장은 총 6절로 되어 있으며, "중국의 학문을 바탕으로 삼고 서양의 학문을 수용한다"는 원칙에 따라 교육과정을 설정할 것을 강조하고 있다. 또한 그 가운데 "중국과 서양의 학문은 다 같이 중요하므로 모두 정통하여야 하고 어느 한쪽을 버리지 말아야 한다. 또한 서양의 언어는 대학당의 교과과정 가운데 일부이며 전체가 아니다. 서양의 언어는 서양 학문의 요지를 습득하기 위해서 배우는 것이며 서양 학문을 배우는 최종 목표는 아니다"라는 지적은 교과과정과 전공학과를 설치하는 출발점이었다. 이 장에서는 경사대학당 학생의 25개 과목에 이르는 필수과목과 선택과목을 규정하고 있으며 아울러 처음으로 서양 대학의 방식을 채택하여 학생의 교과과정의 수행 결과를 심사하고 그 점수를 합산하여 성적을 산출하도록 하였다. 제1절에서는 "중학위체(中學爲體), 서학위용(西學爲用)"의 건학이념을 "중국의 학문과 서양의 학문은 서로 필요하여 하나라도 없어서는 안 되며 중국 학문인 체(體)와 서양 학문인 용(用)이 모두 갖추어지지 않으면 제대로 인재를 양성할 수 없다"는 것을 한층 강조하였다.

지난 몇 년간 각 성에서 설립한 학당은 중국 학문과 서양 학문을 함께 배운다고 하였으나 실제로는 서양 학문만을 배워 왔다. 그것도 서양 학문을 배우는 것이 아니라 서양의 언어만을 배우는 것에 지나지 않았다. 이 때문에 중국 학문과 서양 학문 어느 쪽도 통달하지 못하게 되었고, 그런 까닭에 서양 학문을 접하게 되는 사람은 중국 학문을 쓸모없는 것이라고 경시하게 되었다.

각 성의 학당에서 양무운동의 주장이 있게 되자 중국 학문은 단지 공허한 것이 되어 버렸다. 학당의 중국 학문 교습은 세상 물정에 어두운 고리타분한 부류의 학자들이며 설치되어 있는 중국 학문의 교과과정도 관례에 따라 책을 읽기만 할 뿐이다. … 중국학자들의 가장 큰 폐단은 중국 학문을 공부하는 학자들은 서양 학문을 무시하고 서양 학문을 공부하는 학자들 역시 동양 학문을 무시하는 것이다. 그래서 두 학문은 끝내 융합하지 못하고 물과 불처럼 상반된 상태로 서로 비방하는 결과를 낳았다.

대저 중국 학문은 체(體)요, 서양 학문은 용(用)이다. 두 학문은 서로 필요하여 하나라도 없으면 안 되며 체와 용이 모두 갖추어지지 않으면 제대로 인재를 양성할 수 없다. 사람으로서 마땅히 지켜야 할 도리를 배우지 않아 근본이 없으면 단지 서양 학문만을 떠받들게 될 뿐, 실제로 체험하거나 깨달은 바의 지식이 없게 되고 단지 나쁜 습관만이 늘어날 것이다. 위에서 언급한 체와 용을 모두 갖추지 못한 교원이 있는 학당에서는 인재를 양성할 수 없다는 폐단도 모두 여기에 있다. 예전에 학당을 설립한 뜻도 역시 지금과는 달랐다. 동문관(同文館), 광방언관(廣方言館)의 설립 초기에는 아직 서양 학문에 대한 인식이 부족하여 단지 총리아문 및 대사관에 채용해서 번역 업무를 맡길 사람을 양성하려고 하였기 때문에 주로 외국 언어와 글을 가르치고 각종 학문에 관해서는 모두 간략히 하였다.

이번에 대학당을 설립하는 뜻은 특별히 훌륭한 인재를 양성하여 뒷날 크게 쓰기 위하여 대비하려는 것이다. 그러므로 교육 방법도 당연히 다를 수밖에 없다. 서양의 언어와 문자를 잘 아는 사람이라고 하여 서양 학문에 통달한 인재는 아니다. 서양의 언어와 학문은 양자가 확연히 달라서 각 학당에서 서양의 언어만을 가르치면 배출하고자 하는 인재를 얻을 수 없다. 교과과정이 완벽한지의 여부는 학생들의 배움의 성과와 실제로 관련이 있으므로 교과과정의 설정이 대학당의 가장 중요한 업무이다. 이제 적폐를 바로 잡기 위하여 두 가지 행하여야 할 도리를 제기하는데 하나는 중국과 서양의 학문은 다 같이 중요하므로 모두 정통하여야 하고 어느 하나라도 소홀히 해서는 안 된다는 것이며, 또 다른 하나는 서양의 언어는 대학당의 교과과정 가운데 일부이고 전체가 아니며 서양의 언어는 서양 학문의 요지를 습득하기 위해서 배우는 것이고 서양 학문을 배우는 최종 목표는 아니라는 것이다.

장정에서는 체조를 포함한 10개 과목을 "보통학(普通學)"의 필수과목으로 규정하였는데 이로써 대학당이 체육을 중요시하는 것을 알 수 있다. 학생들은 외국어 5개 과목 중에서 한 과목을 선택할 수 있었다. 이외에 전문학(專門學) 과정에는 10개 과목이 있는데 학생들이 3년 간의 공부를 마치고 보통학 과정을 이수한 뒤에라야 그중에서 한두 개 과목을 선택하여 이수할 수 있도록 하였다.

제2장 제2절은 서양의 여러 나라와 일본에서 시행하는 교과과정의 수강과목을 따르면서 여기에 중국 학문을 더하여 다음과 같이 규정하였다.

보통학(普通學) 과목에는 첫째 경학(經學), 둘째 이학(理學), 셋째 중외장고학(中外掌故學), 넷째 제자학(諸子學), 다섯째 초급산학(初級算學), 여섯째 초급격치학(初級格致學), 일곱째 초급정치학, 여덟째 초급지리학, 아홉째 문학, 열째 체조학이 있다. 이 과목들을 공부할 교과서들은 모두 상해 편역국(編繹局)에서 편찬하며 날짜를 정하여 나누어 수업을 실시한다. 모든 학생은 반드시 3년 이내에 편역국에서 편찬한 책들에 대한 모든 공부를 완전히 마쳐야 비로소 졸업증서를 받을 수 있다. 체조학만은 교과서가 없다. 열한째 영어영문학, 열두째 불어불문학, 열세째 노어노문학, 열네째 독어독문학, 열다섯째는 일어일문학이며 이상 외국어문학 5개 과목은 학생마다 한 과목을 선택하여 보통학과 함께 배우는데 교과서는 모두 해당 국가의 교과서 원본을 사용한다.

열여섯째 고등산학, 열일곱째 고등격치학, 열여덟째 고등정치학(법률학 포함), 열아홉째 고등지리학, 스무째 농학, 스물한째 광학(鑛學), 스물두째 공정학(工程學), 스물셋째 상학(商學), 스물넷째 병학(兵學), 스물다섯째가 위생학(의학 포함)으로 이상이 전문학 과정 10개 과목이며 보통학 과정을 졸업한 학생이 한두 개 과목을 이수할 수 있다. 이미 외국어를 배우고 있는 학생은 해당 외국어 원서

> 로 공부하고, 아직 외국어를 배우지 않은 학생은 편역국에서 번역하여 출간한 책으로 공부한다.

장정은 교과과정이 "치밀하고 확실하며 실사구시(實事求是)를 위주로" 설정되어야 한다고 강조하였으며 그 내용은 다음과 같다.

> 본 학당은 실사구시를 위주로 하여야 하고 각 성의 서원(書院)들과 같이 형식적으로 대강 일을 처리하거나, 앞에서 예전의 학당들처럼 피상적인 것만을 답습해서는 안 된다. 정해진 교과과정은 반드시 치밀하고 확실히 실행하여 효과를 거둘 수 있어야 한다. 이제 학당에 재학하는 학생은 매일 6시간씩 강의실에서 교습에게 수업을 받고 기숙사에 돌아가 4시간을 자습하도록 한다. 6시간의 강의실 수업 가운데 중국 학문과 서양 학문의 공부 시간은 각각 3시간이다.

제3장의 "학생 입학 규정"에는 대, 중, 소학당 학생의 출신처, 정원 및 진급과 유급제도를 규정하고 있다. 예를 들면 대학당 학생의 출신처는 두 부분으로 나뉘어 구성되었다.

> (1) 한림원 편검(編檢), 각 부(部), 원(院), 사(司)의 관원, 대문시위(大門侍衛), 도(道), 부(府), 주(州), 현(縣) 이상의 관원 후보자 및 고관 자제, 팔기(八旗) 관직 세습자(世襲者), 대학당에 입학을 지원한 각 성 무직(武職) 자제 등.
> (2) 각 성의 중학당에서 학업을 마친 후 졸업 증명서를 받고 수도에 와서 공부하는 자.

학생은 두 개의 반으로 나뉘었다. 보통학 과정의 공부를 이미 마친 학생들이 1반이고 아직 공부하고 있는 학생들은 2반이었다. 학생의 정원은 잠정적으로 500명으로 정하였다. 앞서 언급한 첫 번째 출신처의 학생 정원은 300명이고 두 번째 출신처의 학생 정원은 200명으로 정하였다. 정원이 채워진 후에 입학 신청을 하는 자들은 결원이 생길 경우를 대비한 청강생이 되는데, 이들은 학당 기숙사에 입주할 수 없고 학비 보조금도 지급받지 못하였다.

장정에는 경사대학당에 입학하는 학생의 소양에 대한 엄격한 규정과 함께 도태제도를 제정하였다. 예를 들면 "학생의 결원을 보충할 경우에는 차라리 결원이 있게 되더라도 기준에 미달하는 학생을 입학시키지 않으며 엄격한 기준에 따라 신중하게 선발하여야 한다. 본래 우수한 학생이었더라도 학업 성적이 정해진 기준에 도달하지 못하면 수시로 낙제시키고 대신 성적이 우수한 학생을 진급시킨다. 학당의 규정을 위반하는 학생은 청강생으로 탈락시키거나 퇴학시킬 수 있다"고 하였다.

제4장 "졸업생의 관직 등용 규정"에서는 예전부터 여러 종류의 학당들이 인재 양성에 실패한 이유를 지적하여 교과과정의 설정이 부적절하였으며 교습의 수준이 높지 않았고 나라에서 학당 출신의 우수한 인재들을 관직에 등용하지 않았기 때문이라고 하였다. 그러므로 과거제도를 융통성 있게 운용하고 대학당에서 인재를 선발한다면 "인재를 격려하고 면학의 기풍을 조성한다"고 하였다. 또한 장정에서는 인재 양성에 공로가 있는 교습은 업적에 따라 보상을 받도록 규정하였다. 경사대학당의 규정에 따르면 이미 관직을 받은 많은 학생들의 졸업 이후의 발탁 임용 문제는 황제의 결정 사항으로 하였다. 그리고 각 성의 중학당 학생 가운데 거인(擧人)인 자로서 졸업한 후에 대학당에 진학하게 되면 진사(進士)가 되고 대학당에 재학 중인 관직을 받은 학생들과 동일한 대우를 받도록 하였다.

제5장 "교습의 채용 규정"에서는 교습의 선발과 채용은 관직의 등급이나 연령을 기준으로 삼지 않고 품행과 학문이 훌륭하고 중국과 외국의 모든 면에 통달한 사람이 최선의 적임자라고 지적하였다. 그리고 각 전공과목의 교습 인원수도 규정하였다.

동문관 및 북양학당 등은 대부분 서양인을 총교습으로 채용하였다. 그러나 학교들의 교과과정은 중국과 서양의 학문을 똑같이 중요하게 다루도록 하였는데 중국인으로서 중국과 서양의 학문에 두루 능통한 사람은 있으나 서양인으로서 그러한 사람은 없다. 지금까지 각 학당에서 중국의 학문을 소홀히 하고 있는 것은 서양인을 총교습으로 채용하였기 때문이다. 서양의 언어를 언급한다면 영어, 프랑스어, 러시아어, 독일어를 동시에 구사하는 어느 나라의 사람을 초빙하여도 이 언어들을 가르치는 교습들을 제대로 지휘 통솔하지 못할 것이며 다른 전공 학문도 역시 이와 같을 것이다. 그러므로 반드시 중국과 서양의 학문에 두루 통달하고 장단점을 잘 이해할 수 있는 중국인을 총교습으로 임명하여야 한다. 이러한 후에라야 유교사상을 근본으로 하는 체제가 숭상될 수 있고 교육의 실제효과를 거둘 수 있을 것이다.

학생들의 학업 성취 여부는 전적으로 교습에 달려 있다. … 이러한 조치는 혁신적인 것이며 실사구시 즉 사실에 기초하여 진리를 탐구하려는 방식에 의해 실행되어야 하고 형식적으로 처리되어서는 안 된다. 품행과 학문이 함께 뛰어나고 중국과 외국의 상황에 통달한 사람을 선택하여야 하며 관등이나 나이를 막론하고 사람을 얻는 것이 우선되어야 한다. 총리아문의 대신이 이 직책에 임명할 만한 인재를 추천하고 황제에게 임용을 요청할 수도 있다.

보통학을 담당하는 교습은 10명을 두고 모두 중국인을 채용한다. 영어 담당 교습은 모두 12명으로 영국인 6명, 중국인 6명을 채용하며 일본어 담당 교습은 2명으로 일본인 1명, 중국인 1명을 채용하고 러시아어, 독일어, 프랑스어 담당 교습은 각 1명을 채용하며 해당 나라 사람을 채용할지 중국인을 채용할지의 여부는 상황에 따라 정한다. 전문학 10개 과목의 교습은 각 과목마다 1명을 두는데 모두 유럽인이나 미국인을 채용한다.

제6장 "관직의 배치 규정"에서는 장정에 준하여 관학대신으로부터 장서루(藏書樓), 의기원(儀器院) 근무 인원에 이르는 경사대학당 행정 관리 인원수를 규정하고 있다.

관학대신은 1명을 배치하는데 대학사(大學士)나 상서, 시랑(侍郞)을 이 직책에 임명하며 대체로 국자감(國子監) 사무대신(事務大臣)과 비슷한 직위이다.

총교습 1명은 자격에 제한을 두지 않으며 황제가 임명한다. 국자감 제주(祭酒), 사업(司業)과 비슷한 직위이다.

분교습(分敎習)은 중국인 24명을 배치하는데 총교습이 상황에 따라 배치하며 한림원 오경박사(五經博士), 국자감 조교와 비슷한 직위이다. 서양인 교습은 직위 없이 임명한다.

총판(總辦)은 1명을 배치하고 소구경(小九卿) 및 각 부(部), 원(院), 사(司)의 관원을 이 직책에 임명한다.

제조는 8명을 배치하며 각 부, 원, 사의 관원을 이 직책에 임명한다. 제조 8명 중에 1명은 필요한 물품의 공급을 담당하고 5명은 학생들의 학습과정을 감독하는 일을 맡고, 2명은 대학당의 잡무 처리를 담당한다.

서기 업무를 보는 공사(供事) 16명을 배치하고 기록을 담당하는 권록(眷錄) 8명을 배치한다.

장서루에는 제조 1명, 공사 10명을 배치한다.

의기원에는 제조 1명, 공사 4명을 배치한다.

이상 관학대신을 제외한 모든 직원들은 항상 대학당에 주재하여 근무하여야 한다.

제7장 "경비"에는 먼저 어떤 일이든 돈을 쓰는 일에는 반드시 예산표(豫算表)와 결산표를 활용하여 경비를 관리하는 서방 국가의 방법을 소개하였다. 이제까지 중국은 이와 같은 과학적인 방법을 적용할 줄 몰라서 정부의 재정관리는 매우 낙후된 상태였다. 이 조항에서는 누적된 폐단을 완전히 제거하기 위하여 경사대학당도 서양의 업무 방식을 적용하기로 하고 연간 예산표와 각 항목별 지출 계획을 제출하고 이에 따라 자금을 지출하기로 하여 낡은 재정관리 제도를 철저히 개조하였다. 그리고 대학당 관리 직원의 급여, 학생들의 보조금 및 식비, 교과서 제작비용, 장려금, 잡비 등은 예산표를 제출하도록 하고, 일체의 비용은 총판과 제조가 관리할 뿐만 아니라 모든 비용은 실제 지출에 근거하여 실비를 지급한다는 "실지실소(實支實銷)"의 원칙을 적용할

것을 규정하였다.

> 서양 나라들의 비용사용은 모두 예산표와 결산표를 활용하여 관리된다. 예산이란 먼저 업무에 필요한 자금을 소요 항목에 따라 대략 예측한 금액을 제출하고, 이에 따라 준비한 자금을 지급하는 것을 말한다. 결산은 매년 말에 실제 지출한 비용 금액을 항목별로 구분하여 명세서를 작성하여 제출하는 것을 말한다. 중국은 예산과 결산 방식이 전연 없었기 때문에 나라의 공금과 관련한 부정부패가 난무하여 심지어 비용이 많이 드는 사업일수록 효과는 더욱 적은 결과로 나타났다. 이제 누적된 폐단을 없애기 위하여 서양의 방식을 채택하였으니 먼저 연간 예산표를 작성하고 예산표에 준하여 업무를 시작하도록 하며 이후에는 이 예산표에 따라 자금을 지급하도록 한다.

또한 이 조항에서는 "고신양렴(高薪養廉)"의 견해를 제기하였는데 그 뜻이 매우 비범하였다. 그 내용은 다음과 같다.

> 중국의 관제는 이제까지 봉급이 적어서 항상 문제가 있어 왔다. 이제 실사구시(實事求是) 사상에 따라서 제대로 일을 하게 하려면 생활할 만큼 봉급을 넉넉히 주고 나서야 맡겨진 일에 책임을 지고 최선을 다하라고 할 수 있다.

대학당 개교에 필요한 경비에 관하여 장정에서는 상세하게 계획하고 있다. 예를 들면 다음과 같다.

> 교습 및 직원들의 봉급 예산: 연간 총 은 81,500냥
> 학생 보조금 예산: 연간 총 은 52,320냥
> 기타 잡비 예산: 총 은 56,600냥
> 지출 예산은 매년 총 은 190,420냥이며, 이것은 평년 경비 총 합계 금액이다.

대학당 개교 경비 가운데 대부분의 금액은 학당 건립, 도서 구입, 기기 구입 및 중국에 초빙하는 서양인 교습의 여비이다. 개략적인 내역과 금액은 다음과 같다.

학당 건축비 약 10만 냥.
장서루 건축비 약 2만 냥.
의기원 건축비 약 만 냥.
중국 서적 구입비 약 5만 냥.
서양 서적 구입비 약 4만 냥.
일본어 서적 구입비 약 만 냥.
실험 기구 구입비 약 만 냥.
서양인 교습 여비 약 만 냥.
개교 경비 예산 총 합계금액 35만 냥.

모든 공사 및 서적, 기기 등의 구입비용은 총판과 제조가 관리하고 일체의 해당 비용은 실제 지출에 근거하여 실비를 지급하도록 하여 한 치의 관료적 구습의 영향도 없도록 하였다.

제8장의 "잠장(暫章)"에서는 장정의 일부 구체적인 문제에 대하여 보충 설명을 하고, 윗부분에서 언급한 7장까지의 조항들 가운데 완비되지 않은 부분들 때문에 실제 집행하면서 일어날 수 있는 일들을 고려하여 수시로 각 업무 분야의 담당 제조나 관계 부서들이 함께 모여 여타 규정들을 만들 수 있도록 하였다. 예를 들면 다음과 같다.

과목 이수 순서, 매일의 수업감독, 학과 분류, 과목 분류, 점수 기록 등은 총교습과 분교습이 맡아서 지속적으로 규정을 정하도록 한다.

학당의 모든 규정은 총판과 제조가 맡아서 지속적으로 규정을 정하도록 한다.

학당의 건축, 업무 배치, 건물의 활용 배치에 관한 모든 규칙은 총판과 제조가 맡아서 지속적으로 정한다.

도서 구입 목록 및 장서루 수장 도서의 대출 및 열람 상세 규정은 장서루 제조가 맡아서 지속적으로 정한다.

모든 실험기구 구입 및 의기원 출입 관람에 관한 상세 규정은 의기원 제조가 맡아서 지속적으로 정한다.

학생의 졸업 및 관직 등용에 대한 상세한 규정은 총교습이 총리아문 및 예부와 함께 논의하여 정한다.

각 성, 부, 주, 현 소재 학당의 교육 시행 규정인 훈장(訓章)은 대학당의 총교습 및 총판이 기초하고 조정에 올려 황제의 공포를 요청한다.[9)]

전체적으로 보면 「주의경사대학당장정」이 대학당의 모든 면에 대한 주도면밀하고 상세한 규정을 제정해 놓았지만 중국의 대학당과 관련한 첫 번째 법규로서 이후에 만들어진 두 개의 장정들과 비교하면 내용이 간략하고 단지 몇 가지 원칙만 정한 것으로 볼 수 있다. 그렇지만 이 장정은 강유위와 양계초의 변법 주장을 구체적으로 구현한 무술변법의 중요한 성과였으며 중국 근대사에서 최초의 전면적인 교육 장정이었다. 이 장정은 중국의 신식 고등교육 발전을 위하여 나아갈 길을 밝히고 기초를 닦는 역할을 하였다. 이 장정에서 제시하고 있는 "겸용병포", "중서병용"과 같은 교육 사상과 원칙들, 사범교육의 중시, 기초과목과 전공과목의 결합, "실사구시 위주"의 교육, 신중하고 실용적인 교육과정의 설치, 나라를 위한 인재 양성이 대학교육의 목적이라는 인식 등은 모두 지금의 고등교육 사상과 완전히 일치하는 것이다.

1902년 공포된 「흠정경사대학당장정」은 전문이 약 15,000자이며 총 8장, 84절로 이루어져 있다. 이것은 첫 번째 장정과 비교하여 6,000자, 30절이 더 많은 것이며 더욱 완비되고 전면적인 장정이라고 할 수 있다. 이 장정의 중요한 공헌 가운데 하나는 "전학(全學)과 통재(通才)"의 개념을 제시하여 경사

9) 「총리아문주의경사대학당장정(總理衙門奏擬京師大學堂章程)」, 『베이징대학교사료』 제1권, 베이징대학교출판사, 1993, pp.81-87.

대학당을 학문의 모든 영역과 분야를 포괄하는 한편 다방면에 능통한 인재를 가르치고 키우는 대학으로 성장하게 하였다는 것이다. 이 개념은 유럽, 미국, 일본 대학의 장점들을 종합한 건학사상을 제시한 것으로 세계의 고등교육에 공헌하였다고 할 수 있다.

그러나 「흠정경사대학당장정」 제1장에 제시된 건학이념은 첫 번째 경사대학당 장정인 「주의경사대학당장정」과는 상당히 큰 차이가 있다.

「흠정경사대학당장정」 제1장 "전학강령(全學綱領)은 총 11절이며 「주의경사대학당장정」보다 3절이 더 많다. 여기에서는 경사대학당의 건학강령을 "나라에 대한 충성심과 애국심을 불러일으키고, 지혜를 계발하며, 산업을 진흥시킨다"고 제시하면서 황제의 유지를 따라서 "반드시 경향을 올바르게 잡고 다능다재한 인재를 양성한다"는 내용을 넣었다. 그리고 중국은 예로부터 윤리와 도덕을 우선시 하여 수신(修身)과 윤리가 인재 양성의 기초가 되어야 함을 강조하면서, 학당의 모든 직원들 가운데 공연히 이설(異說)을 지지하고 나라의 법을 지키지 않거나 사회의 윤리 도덕을 위반하는 자가 있으면 조사하여 확실한 증거가 있을 경우에 가벼우면 파직을 시키고 무거운 죄를 범했을 경우에는 법에 따라 처벌될 것임을 지적하였다. 또한 경사대학당은 전국의 학교를 통제하고 감독하며 모든 규정을 각 성에 공포 시행하도록 하였다. 그리고 각 성의 교육시행 상황은 매년 경사대학당에 보고하고, 경사대학당은 다시 이 내용을 취합하여 황태후와 황제에게 보고하도록 하였다.

제1장 1절은 총 41자로서 경사대학당의 건학이념을 다음과 같이 명확하게 밝혀 놓았다.

> 경사대학당을 설립한 목적은 나라에 대한 충성심과 애국심을 불러일으키고, 지혜를 계발하며, 산업을 진흥시키기 위해서이다. 그리고 삼가 황제의 명에 따라서 반드시 경향을 올바르게 잡고 다능다재한 인재를 양성하는 것이 경사대학당의 전반적인 교육방침이다.

제2절에서는 지식 교육, 체육, 도덕 교육을 전체적으로 발전시키는 변

증적인 교육 사상을 제시하면서 도덕 교육이 인재 양성의 기초임을 강조하였다. 그 내용은 다음과 같다.

> 중국 옛 성인의 경서와 가르침은 윤리와 도덕을 우선으로 하였고, 외국의 학당들도 지식 교육과 체육 외에 도덕 교육을 특별히 중시하는 만큼 중국과 외국의 교육에 관한 기본 이념에는 서로 같은 점들이 있다. 북경은 물론이고 각 성의 크고 작은 학당 모두가 다른 과목들보다 수신과 윤리 과목을 인재 양성의 기초로서 더욱 중요시하여야 한다.

장정에서는 대학당 내에서 "이설을 지지하고 나라의 법을 위반하는" 행위는 허용할 수 없다고 다음과 같이 명확히 지적하였다.

> 유럽과 미국, 일본은 각자 국가의 명칭이 다르듯이 나라를 다스리는 근본이 다르다. 중국도 역시 이들과 다른 고유의 정치, 교육, 풍속들을 가지고 있다. 학당에 근무하는 교습, 총판, 제조, 학생을 망라한 모든 사람 가운데 이설을 지지하고, 나라의 법을 지키지 않거나, 사회의 윤리와 도덕을 위반하는 자가 있으면 조사하여 가벼운 경우에는 관직을 박탈하고 무거운 죄를 범했을 경우에는 처벌할 것이다.

장정에서 언급한 중국 고등교육에서 경사대학당이 차지하는 영도적인 지위에 관한 다음과 같은 내용은 첫 번째 장정인 「주의경사대학당장정」과 일치한다.

> 경사대학당은 교육을 주관하고, 전국에 걸쳐 교육의 취지와 시행이 한결같이 통일될 수 있도록 하여야 한다. 이제 황제의 유지를 받들어 각 성은 즉시 모든 규칙을 공포하여 시행하도록 하라. 앞으로 전국의 학교 업무에 관하여 경사대학당이 조사하여야 할 사항들은 일정한 양식을 제정하고 분류하여 각 성의 학당들에게 배포할 것이다. 각 성의 학당들은 매년 학기가 끝나면 이 양식에

학당의 상황을 기록하여 경사대학당에 통보하고 경사대학당은 이 보고서를 요약하여 편찬한 책을 황제에게 올리도록 한다.

경사대학당은 각 성 학당의 졸업생이 진학하고 전공 학문을 공부하는 정규 학당인데 각 성에 학당이 없다면 대학당은 받아들일 학생이 없게 된다. 우선 일시적인 방편으로 예비학교를 설립하도록 하며 1년 이내에 각 성은 고등학당을 설립하고 모든 부(府), 청(廳), 주(州), 현(縣)은 중학당과 소학당을 반드시 설립하여야 한다. 이 일을 성실하게 처리하지 않고 지체하게 되면 대학당은 조정에 알려서 기한 내에 시행될 수 있도록 엄하게 재촉하도록 한다.

제2장 "교과과정"은 총 22절이며 「주의경사대학당장정」에 비하여 16절이 많다. 이 장에는 경사대학당 분과대학 학과 목록표, 예비과(豫備科) 과정 학과 목록표, 예비과 과정 연간 수강과목 목록표, 예비과 과정 주간 수업 시간표, 사학관(仕學館) 과정 학과 목록표, 사학관 과정 연간 수강과목 목록표, 사학관 과정 주간 수업 시간표, 사범관(師範館) 과정 학과 목록표, 사범관 과정 연간 수강과목 목록표, 사범관 과정 주간 수업 시간표 등 10가지 수업과정에 관한 목록표가 상세하게 제시되고 있다. 그리고 모든 반과 학년의 학생 수, 경사대학당 외국인 교습과 중국인 교습의 강의 과목과 시간, 시험점수 평점 기준 등을 규정하고 있다. 이외에도 각 성의 학당에서 사용하는 교재는 일률적으로 경사대학당이 조정에 상주하여 정한 편찬 교재를 사용하여야 하고 자체적으로 정할 수 없도록 하였다. 이에 대한 규정은 다음과 같다.

교과과정을 확정하기 위해서는 우선 학과 및 대학당의 전체적인 교육과정의 명칭을 확실하게 하여야 한다. 대학당의 전체적인 교육과정의 명칭은 첫째 대학원, 둘째 대학 전문분과, 셋째 대학 예비과가 있고 부설 과정에는 사학관, 사범관이 있다. 최고의 학문 연구과정으로 주로 학문 연구만을 하며 강의 수업이 없어서 교과과정을 수립하지 않는 대학원을 제외하고는 먼저 대학 분과과정을 설치하고, 다음에 예비과 과정을 설치한다. 그러고 나서 사학관, 사범관의 과정을 잇달아 설치하도록 한다. 이전에는 학당 인원을 위한 진료를 겸하여 의과가 설치되어 있었는데, 이제는 이것을 외국 실업학당의 예를 따라서 대학당 부속의 의학실업관(醫學實業館)이라는 이름으로 설치하며 이 의학관의 장정은 별도로 작성하여 상주하도록 한다.

이 장정의 제2절에서는 분과대학의 전공과목을 상세하게 열거하였다. 분과대학은 정치과대학, 문학과대학, 격치과대학, 농학과대학, 공예과대학, 상무과대학, 의술과대학이 있으며 이들 각 대학의 전공과목은 다음과 같다.

정치과대학: 정치학, 법률학.

문학과대학: 경학, 사학, 이학(理學), 제자학(諸子學), 장고학(掌故學), 사장학(辭章學), 외국언어문학.

격치과대학: 천문학, 지질학, 고등산학, 화학, 물리학, 동식물학.

농학과대학: 농예학(農藝學), 농업화학, 임학, 수의학.

공예과대학: 토목공학, 기기공학(機器工學), 조선학, 조병기학(造兵器學), 전기공학, 건축학, 응용화학, 채광야금학(採鑛冶金學).

상무과대학: 부계학(簿計學), 산업제조학, 상업어언학(商業語言學), 상법학, 상업사학(商業史學), 상업지리학.

의술과대학: 의학, 약학.

예비과의 학과에 관해서도 장정에는 상세히 규정하였다.

예비과 과정은 정과(政科)와 예과(藝科)로 나누어진다. 정과 학습자는 학업을 마치고 정치과, 문학과, 상무과의 분과대학으로 진학하게 되며, 예과 학습자는 학업을 마치고 농학과, 격치과, 공예과, 의술과의 분과대학으로 진학한다. 각 성의 고등학당 교과과정은 이를 참고하여 일을 처리하도록 한다.

정과 제1년

윤리, 하(夏), 상(商), 주(周) 삼대(三代)와 한(漢), 당(唐) 이래 현인들의 유명 이론, 송, 원, 명대 학파들의 원류 학습서 및 외국 명인들의 언행 탐구, 반드시 주지하고 실천할 것. …

정과 제2년

윤리, 경학, 『삼례(三禮)』, 『이아(爾雅)』, 한(漢)나라 이래의 여러 성인들의 이론 해설서. …

정과 제3년

윤리, 경학, 『춘추삼전(春秋三傳)』, 『주역(周易)』, 한나라 이래 여러 성인들의 이론 해설서. …

예과 제1년

윤리, 정과와 동일. 중외사학(中外史學), 정과(政科)와 동일. 외국어, 정과와 동일. …

윤리, 정과와 동일. 중외사학, 정과와 동일. …

사학관 응시생은 이미 관직에 있으면서 입학하여 공부하는 사람들로서 당연히 공예보다는 정치와 법률에 비중을 두어 공부하고, 일반적인 학문은 개략적으로 학습하도록 한다. 교과과정은 산학, 박물(博物), 물리, 외국어, 여지(輿地), 사학(史學), 장고(掌故), 이재학(理財學), 교섭학(交涉學), 법률학, 정치학의 순서로 한다. 이 과목들은 모두 번역한 교과서를 사용하며 중국인 및 일본인 교습이 수업을 맡아 강의를 하고 외국어는 각국의 교습이 강의한다. 사학관의 학제는 3년이다.

제1년: 산학은 가감승제(加減乘除), 비례, 평방근 및 입방근 계산, 박물은 동식물의 형상 및 신체 구조, 물리는 역학(力學) 및 음향학 상식, 외국어는 발음과 의미를 배운다.

제2년: 산학은 평면기하, 박물은 생리학, 물리는 열학(熱學) 및 광학(光學) 상식을 배운다.

제3년: 산학은 입체기하, 대수(代數), 박물은 광물학(鑛物學)을 배운다. …

사학관 학생은 영어, 독일어, 프랑스어, 러시아어, 일본어 중에서 한 언어를 선택하여 배우고, 배울 능력이 없거나 사정이 허락하지 않으면 스스로 판단하여 결정한다.

학생의 성적에 따라 반을 나누고 한 반은 최대 40명 이내로 하며 한 학기가 끝나면 한 반을 진급한다. 승급 시험에 불합격하게 되면 진급하지 못하며 나중에 재시험을 보도록 한다. 예를 들어 갑 과목의 성적이 우수하고 을 과목의 성적이 상대적으로 부진하면 갑 과목보다는 을 과목을 힘써 보충하여 공부하여야 하는 것처럼 역사학을 잘하고 산학이 부진하다면 역사학보다는 산학에 더 많은 노력을 기울여야 한다. 다른 과목들도 대체로 이와 같다. 학생의 성적은 교습이 평소에 학업 점수를 산정하여 며칠에 한 번씩 총교습에게 올리고 총교습은 이 점수들을 모두 모아서 대학당에 게시한다.

교재와 관련한 장정의 규정은 다음과 같다.

> 각 성의 학당은 일률적으로 경사대학당이 조정에 상주하여 선정한 교과서를 사용하여야 하고 자체적으로 바꿀 수 없다. 만약 나중에 각 성에서 편찬하는 교과서가 경사대학당 편역국에서 지정한 교과서보다 실제로 더욱 정밀하고 사용하기에 적합하다면 이것을 대학당이 검토한 뒤에 관학대신이 수시로 조정에 상주하여 바꾸어 사용하도록 한다.

제3장 "학생의 입학"은 모두 5절이며 「주의경사대학당장정」과 비교하여 3절이 적다. 이 장은 경사대학당의 전공부문 학생, 예비과 학생, 속성과 학생을 구분하여 그 출신 및 학생 수를 다음과 같이 규정하였다.

> 경사대학당 전공부문 학생은 앞으로 대학당의 예비과 졸업생을 입학시켜 보충하는 인원 외에 각 성 고등학당 졸업생이 수도인 북경에 올라와 시험을 치르고 합격하면 전공부문의 정과 학생으로 입학하여 배우도록 한다.
>
> 현재 예비과의 학생 모집에 관한 업무는 수도의 경사대학당에서 맡고 있으므로 각 성은 원래 상주한 바에 따라서 대학당이 정한 기준대로 시험을 실시하

여 학생을 선발하고 이들을 공문과 함께 북경에 보내면 다시 2차 시험을 치러서 합격하여야 입학할 수 있다.

학생 정원은 500명인데 예비과 학생 수가 약 200명, 속성과가 300명이다. 학생 정원의 확대는 추후 다시 의논하기로 한다.

제4장 "학생의 졸업 후 자격 부여 및 관직 임용"은 모두 11절이며 「주의경사대학당장정」과 비교하여 6절이 더 많다. 이 장은 경사대학당 각 분과, 속성과 사학관, 속성과 사범관 등의 졸업생들에게 각기 수여하는 졸업장의 종류와 관직에 대하여 비교적 상세하게 규정하였다. 이것은 궁극적으로 과거제도의 폐지에 가장 효과적인 조치였다. 이것을 예를 들면 다음과 같다.

과거의 여러 유지들을 살펴보면 학생들이 학업을 마치고 나면 생원, 거인, 진사를 수여한 조항들이 있다. 대학당의 예비과와 속성과 학생들이 졸업하게 되면 일정한 기준에 따라 구별하여 거인, 진사를 수여한다. … 대학당의 분과대학 졸업생으로 대학당 교습의 심사를 거쳐서 관학대신의 재심사를 받아 합격한 자는 관학대신이 인솔하여 황제를 배알하고 진사를 수여 받는다. 거인과 진사는 당연히 자격증을 받게 된다. 경사대학당에 설치된 예비과와 속성과 졸업생에 대한 자격 부여는 신(臣)이 기획하여 조정에 상주했던 대로 상황에 따라 처리하였으면 한다.

현재 속성과의 사학관 학생은 3년간 공부하고 졸업한다. 졸업생은 교습의 시험을 거쳐 관학대신이 주관하여 실시하는 2차 시험을 통과하면 성적에 따라 우수한 자를 가려서 표창을 상신하여 관직의 품계를 올려 주거나 또는 관직 없이 승급을 시키거나 지방의 각 부서에서 관직을 맡도록 한다. 이 일에 관하여는 모두 때가 되면 대상자의 능력에 따라 상의하여 정한다.

현재 운영되고 있는 속성과의 사범관 학생들은 4년을 공부하고 졸업하는 것으로 정한다. 졸업생은 교습의 시험을 거쳐 관학대신이 주관하여 실시하는 2차 시험을 통과하면 성적에 따라 우수한 자를 가려서 관학대신이 인솔하여 황제를 배알한다. 또한 원래 생원이었던 자는 공생(貢生)으로, 공생이었던 자는 거인(擧人)으로, 거인이었던 자는 진사(進士)로 승급시키고 모두 유지에 따라 각처 학당의 교습 자격증을 수여한다.

각 학과의 학생들이 경사대학당 총교습이 실시하는 시험에 합격하게 되면 총교습 및 교습은 합격 증명서를 발급한다. 이후에 부의 관립 중학당, 성의 고등학당 및 경사대학당에서 2차 시험을 치를 때 합격 증명서의 부정 발급이 밝혀지면 전에 시험을 주관했던 총교습 및 교습은 처벌되며, 죄가 가벼운 자는 봉급을 삭감하고 무거운 자는 가려서 관직을 박탈하도록 한다. 이렇게 되면 총교습과 교습은 시험을 주관할 때에는 반드시 명확하게 할 것이며, 교습이 수업을 할 때도 역시 소홀히 하지 않게 될 것이다. 이것은 실로 시험의 부정을 예방하고 수업을 감독하는 의미가 있으므로 관리를 선발하는 가장 공정하고 엄격한 제도이다.

제5장 "관직의 배치"는 총 11절이며 「주의경사대학당장정」에 비해 2절이 더 많다. 이 장은 양판(襄辦) 이상의 관리직 인원수를 규정하고 또한 그 직권 범위를 구분하고 있다. 내용은 다음과 같다.

대학당의 모든 사무를 주관하고 직원을 통솔하는 1명의 관학대신을 배치하며 특별히 황제의 명에 의해 임명한다.

대학당의 모든 사무를 책임지고 시행하는 총판 1명, 부총판 2명을 배치하며 관학대신의 뜻을 받들어 일을 처리한다.

당제조 4명을 배치하여 학생들의 근태와 출입을 점검하고 질병 등을 돌보는 일들을 담당한다. 학생들의 분쟁이 일어나게 되면 수시로 개입하여 해결하고 심각한 큰일이 발생하였을 경우에는 총교습과 상의하여 처리한다. 직원, 잡역 등이 규정에 따라 업무를 수행하지 않거나 학당 내에서 문제를 일으키는 경우에 당제조는 이를 규명하여 경중에 따라 처리한다.

문서의 수발을 관리하는 문안제조(文案提調) 1명, 양판 2명을 배치한다.

자금의 입·출금을 관리하는 지응제조(支應提調) 1명, 양판 2명을 배치한다.

학생들의 음식을 책임지며 대학당에 필요한 모든 물건의 수시 조달 업무를 맡는 잡무제조(雜務提調) 2명, 양판 1명을 배치한다.

장서루와 박물원에는 각기 제조 1명을 배치하여 서적, 실험기구, 표본, 모형 등을 관리한다.

의학제조(醫學提調) 1명을 배치하여 의학관 학생들의 학업을 감독하고 학당에서의 진료와 위생 관련 일체의 일을 담당한다.

서기와 필생(筆生) 약간 명을 배치하는데 학당의 업무 상황에 따라서 확정한다.

이상의 총판 이하 모든 교직원들은 관학대신의 근무 평가를 받아야 하며, 관학대신 외에는 반드시 모두 대학당에 상주하여야 한다. 부총판 이하 교직원들의 근태 평가는 정총판(正總辦)이 장정에 따라 엄격히 실시하고 연말에 평가서를 작성하여 관학대신에게 보고하여 확인을 받는다.

제6장 "교습의 채용"은 총 9절이며 「주의경사대학당장정」에 비해 4절이 더 많다. 이 장에서는 각 학과 중국인 및 외국인 교습의 채용에 대한 규정 외에 특별히 "서학교습(西學敎習)은 학당에서 선교를 해서는 안 된다"는 조항을 추가하였다. 내용은 다음과 같다.

총교습 1명을 배치하여 모든 교육에 관한 업무를 주관하도록 하고, 부총교습 2명을 배치하여 총교습을 도와서 교육이 규정대로 실행될 수 있도록 하며 중국인 및 외국인 교습과 학생들의 학업을 감독한다.

지금 학생 정원은 아직 확정되지 않았으나 서학교습은 당분간 5명이나 6명을 채용하여 예비과 학생을 가르치고, 일본인 교습 4, 5명을 채용하여 속성과 학생을 가르치도록 하며 이것은 장정에 정해진 교과과정에 따라 시행한다.

동문관은 경사대학당에 합병하고, 지금까지 해 왔던 대로 영어, 프랑스어, 러시아어, 독일어, 일본어를 가르치며 5명의 외국 교습을 채용한다. 또한 의학실업관은 외국 교습 1명을 채용한다.

서학 교과과정 감독 1명을 배치하여 외국 교습 중에 이번에 정한 교과과정에 따라 수업을 하지 않는 자가 있으면 감독이 수시로 조사하여 책임을 지고 외국

교습을 규정에 따라 처리한다.

학문과 종교는 본래 서로 관련이 없으므로 학당 내에서는 선교를 해서는 안 된다.

부총교습 이하 직원들의 근태평가는 장정에 따라 엄밀하게 심사하고 연말에 평가서를 작성하여 관학대신에게 보고하고 확인을 받는다. 총교습 이하 모든 직원들은 관학대신의 근무평가를 받는다.

제7장 "대학당 규정"은 총 11절이며 「주의경사대학당장정」에는 없는 것이다.

이 장의 제1절은 모든 교습과 학생은 옹정(雍正) 황제가 포고한 교훈인 『성유광훈(聖諭廣訓)』을 존중하고 받들어야 하며, 매월 초하룻날에는 대학당의 총교습과 부총교습은 학생을 소집하여 예당(禮堂)에서 『성유광훈』을 낭독하여야 한다고 규정하고 있다. 이 장에서는 또한 매년 황태후, 황상(皇上), 황후의 생일에는 예를 갖추어 의식을 거행할 것을 규정하여 교육 내용에서 황제에게 충성할 것을 강조하였다. 그리고 이 장에서는 매년의 경축일과 휴일, 교습의 출퇴근 점검, 학생의 학업 점검, 휴가 신청제도 등에 대해 규정하였다. 예를 들면 다음과 같다.

교습과 학생은 모두 『성유광훈』을 받들어 지키고, 학정(學政)이 매년 과거시험에서 경전을 강의하면서 「어제훈칙사자문(御製訓飭士子文)」을 낭독하는 예를 따라서, 매월 초하루에 총교습, 부총교습, 총판들은 학생들을 예당으로 인솔하여 『성유광훈』을 정중하게 낭독한다.

개학과 방학, 그리고 매월 초하루에는 총교습, 부총교습, 총판들은 학생들을 인솔하여 성현들의 위패 앞에서 예를 행한다. 예가 끝나면 학생들은 총교습, 부총교습, 총판들에게 세 번 읍하고 반으로 돌아간다.

매년 황태후, 황상, 황후의 생신 및 성현의 탄신일, 문묘에서 공자를 제사지내는 전례(典禮)를 행하는 음력 2월과 8월 첫 정일(丁日)에는 총교습, 부총교습, 총판들은 학생들을 인솔하여 예당에서 의식을 거행한다.

학생은 평일에 관학대신, 총교습, 부총교습, 분교습 등을 만나게 되면 제자의 예를 행하고 그 밖의 관원 및 상위 집사에게는 읍하여 경의를 표한다.

매년 개학하는 음력 정월 20일부터 방학하는 소서(小暑)까지가 1학기가 되고, 입추로부터 육일 후에 개학하여 음력 12월 15일 방학할 때까지가 2학기가 된다.

학당에 재학 중인 학생은 정해진 시간에 따라 취침, 수업, 식사, 휴식을 하여야 하고, 교문을 출입할 때는 총판이나 당제조 등의 교직원에게 통제를 받고 출입부에 기록을 하여야 한다.

학생은 사유 없이 휴가를 신청할 수 없다. 가족이나 방문객이 오게 되면 학당 밖에서 만나야 하며 안으로 들어오거나 오래 지체할 수 없다.

학생이 저지른 언행의 실수는 교습이 매일 기록하며, 만약 규정을 위반하는 자가 있게 되면 담당 교직원은 수시로 이를 금하도록 한다.

제8장 "학당의 건축과 교육 기자재 비치"는 총 4절이며 역시 「주의경사대학당장정」에는 없는 것이다. 이 장에서는 경사대학당의 건물과 시설의 건축, 교육 기자재, 심지어 식기, 침구, 의복, 모자, 신발 등의 공급에 이르기까지 조문으로 규정하였다. 그 내용은 다음과 같다.

경사대학당의 건물은 황명에 따라 넓은 개활지를 신축 부지로 선택하여 짓는다. 지어야 할 건물은 예당(禮堂), 학생회관, 장서루, 박물원(博物院), 강당(일반강당, 특별강당), 기숙사, 침실, 자습실, 공공휴게실, 식당, 세면소, 요양소, 화장실, 체조장(실외, 실내 체조장)이 있으며 그 밖에 교직원 사무실, 교습 사무실, 집사 사무실 등이 있다.

학당 안에 갖추어 놓아야 할 도서, 흑판, 책상, 의자, 시계, 기압계, 온도계 및 그림, 산학, 물리학, 화학, 지질학, 광물학, 지리학, 체조 교육을 위한 각종 기구와 표본 및 모형은 각 학과에서 필요한 수량을 수시로 구입하여 비치한다.[10)]

10) 「흠정경사대학당장정(欽定京師大學堂章程)」, 『중국근대학제사료(中國近代學制史料)』 제2권(상), 화동사범대학교출판사, 1987, pp.753-769.

「흠정경사대학당장정」은 1898년에 제정된 「주의경사대학당장정」과 비교하여 대학당의 관리에 관한 각종 규정을 더욱 구체적이고 상세히 갖추어 놓았지만 일 년 뒤에 장지동이 주관하여 만든 새로운 장정보다는 크게 부족하였다. 이 장정이 제시한 경사대학당을 종합대학교로 발전시키고 통재를 양성한다는 건학이념과 아울러 덕(德), 지(智), 체(體)를 전반적으로 발전시키는 것이 인재 양성의 기본이라고 하는 교육 사상 등은 모두 오늘날의 교육에 매우 긍정적인 영향을 주었다.

1904년 공포된 「주정대학당장정」의 전문은 약 45,000자이며 모두 7장 72절이다. 「주정대학당장정」의 건학이념은 「흠정경사대학당장정」과 일치하고 있지만 「흠정경사대학당장정」보다 더 상세하고 발전된 내용을 담고 있으며 최초로 경사대학당에 통유원(通儒院)을 설립하여야 하고 모든 성에 대학 설립이 필요하다는 주장을 하였다.

제1장 "대학당 설립의 의의"는 총 7절이며 「흠정경사대학당장정」에 비해 4절이 적다. 이 장에서 최초로 대학당에 통유원(당시 외국에서는 대학원이라고 하였음)을 설립하여야 한다는 주장을 하였다. 그리고 "황명을 삼가 따르고, 학문의 기풍을 단정히 하며, 통재(通才)를 양성한다"는 것을 대학당의 건학이념으로 하고 각 분과대학과 통유원의 학습 연한을 규정하였다. 그 내용은 다음과 같다.

> 대학당을 설립하여 고등학당 졸업생을 입학시키고, 이 대학당에 통유원(외국명 대학원, 대학당 안에 설립)을 설립하여 대학당 졸업생을 입학시키도록 한다. 이로써 삼가 황명을 따르고, 학문의 기풍을 단정히 하며, 학당의 건학이념인 통재를 양성하여 필요한 인재들을 충분히 확보하도록 한다. 통유원은 중국의 학술을 날로 발전하게 하고, 새로운 이론을 탐구하여 그 성과로서 저서를 출간하며, 새로운 기계를 제조하여 백성들이 편리하게 사용하는 효과를 거두기 위하여 설립하는 것이다. 대학당의 수업 시간은 일정하지 않고 매일 적게는 두 시간에서 많게는 네 시간 정도이다. 대학당의 학업 기간은 학과에 따라 3년 졸업 혹은 4년

졸업으로 나뉘며, 통유원 학생은 수업이 없기 때문에 5년 졸업이다.

대학당에는 여러 과학 이론을 가르치는 분과대학당을 설립하여 장래 실제로 활용하기 위한 대비를 하도록 하였다. 통유원은 과학을 심오하게 연구하여 많은 저서를 출간하고 기계를 제작하기 위한 목적이 있었다. 통유원 학생은 단지 기숙사에서 연구만을 하고 수시로 교습에게 가르침을 청하며 강당에서의 수업은 없었다. 분과대학의 학습 연한은 모두 3년이지만 정법과대학과 의과대학의 의학과는 4년이며 통유원은 5년이었다.

대학당에는 8개의 분과대학이 있으며 그 내용은 다음과 같다.

1. 경학과대학은 11개 전공이 있다.
2. 정법과대학은 2개 전공이 있다.
3. 문학과대학은 9개 전공이 있다.
4. 의과대학은 2개 전공이 있다.
5. 격치과대학은 6개 전공이 있다.
6. 농과대학은 4개 전공이 있다.
7. 공과대학은 9개 전공이 있다.
8. 상과대학은 3개 전공이 있다.

이상 8개 분과대학은 반드시 경사대학당에 모두 설치하도록 하였다. 그러나 장래 각 성에 설립되는 대학은 8개의 분과대학을 모두 설치하지 않아도 되었으며 단지 학제에 맞도록 최소 3개의 분과대학을 설치하도록 하였다.

제7절에는 우선 수도인 북경에 대학당을 설립한 뒤에 차차 각 성에 보급시킬 것을 제안하였다. 그 내용은 다음과 같다.

유럽 각국에는 대학이 상당히 많으며 일본 역시 도쿄대학과 교토대학 2개의 대학이 있고 현재 확정되지는 않았으나 동북대학과 서남대학의 추가 설립이 계획되고 있다. 이외에도 한 사람의 힘으로 대학을 설립하려고 하는 경우도 있다. 이로써 수많은 인재를 배출하여 국력이 강성해졌다. 중국은 땅이 넓고 백성이 많으므로 동서양 여러 나라의 예를 따라 각 성에 반드시 대학을 설립하여야 한다. 지금 우선 수도에 대학당을 설립하여 선도하면 앞으로 여러 학교가 발전하게 되고 번성하고 있는 중요한 성에서 대학을 증설하게 되면서 점차 이러한 대학 설립의 추세가 각 성에 미치게 될 것이다.

제2장의 "각 분과대학의 과목"은 총 13절이며 「흠정경사대학당장정」에 비해 8절이 적지만 내용은 다섯 배가 많다. 이 장에서는 경학과, 정법과, 문학과, 의과, 격치과, 농과, 공과, 상과 등 각 학과의 수강과정을 일일이 열거하였을 뿐만 아니라 학년별 각 과정의 주간 수업 시간에 대한 규정을 하였다. 이외에도 이 장에서는 많은 지면을 할애하여 각 과의 학습 요점과 해외의 각 과정에 관한 연구 경향을 소개하였다. 이것은 이전 두 개의 대학당 장정에는 없는 내용이다.

경학과대학(이학 포함)에 대하여 다음과 같이 규정하였다.

경학과는 11개 전공이 있다.

1. 주역(周易)
2. 상서(尙書)
3. 모시(毛詩)
4. 춘추좌전(春秋左傳)
5. 춘추삼전(春秋三傳)
6. 주례(周禮)
7. 의례(儀禮)
8. 예기(禮記)
9. 논어(論語)
10. 맹자(孟子), 논어와 맹자를 함께 공부할 수 있다.
11. 이학(理學)

이 장정에서는 학과의 연구 방법에 대하여 강조하면서 상세히 논술하였다. 경학의 예를 보면 다음과 같다.

경학에 능통하고자 하는 것은 실제 응용하기 위해서이다. 그러므로 경학은 활용할 수 있어야 한다. 경학을 활용하려면 능통하여야 하는데, 이렇게 되려면 한 가지 학설을 고수하거나 고대의 옛 이론에만 집착해서는 안 된다. 경학을 연구하는 자는 반드시 경서의 의미를 실제 응용을 위하여 노력하여야 하며 이것이 바로 모든 경학 연구의 요지이다. …

경학은 중국이 가장 정통하므로 경학을 전공으로 연구하는 학자는 경서의 주해서 및 제자백가(諸子百家)의 저서와 함께 역대 중국의 공자를 비롯한 유학 학자들의 학설에 관한 주해서를 응당 참고하여야 한다. 그러므로 이러한 여러 서적들을 활용할 수 있도록 대학당에 구입하여 비치하도록 한다.

이와 같은 연구 방법은 모든 경학 연구에 동일하게 적용된다. …

후세 공양학(公羊學) 학자들의 해석에는 경전의 참뜻과 매우 다른 괴이한 이론이 많아서 누적된 폐단이 무한하고 난신적자들의 적당한 구실이 되었으며 정통적인 성현의 가르침에 미치는 영향이 매우 컸다. 근래 강유위, 양계초와 같은 역당들이 후세 공양학의 이설을 빙자하여 반역을 꾀하였다. 그러므로 『공양춘추』는 반드시 『춘추삼전』과 함께 가르쳐야 경학이 세상에 재앙의 원인이 되는 것을 면할 수 있다. …

『효경(孝經)』은 간략하고 앞에서 이미 말한 바와 같이 그 뜻을 다른 경서의 여러 곳에서도 볼 수 있으므로 별도의 전공으로 설치할 필요가 없다. …

경학과 이학을 공부하는 학생은 매일의 수강 시간이 극히 적으므로 위의 과목 외에 아래 과목을 선택하여 함께 공부하여야 한다. 그 과목들은 다음과 같다.

제1년에는 중국문학, 서양 역사, 서양 법제사(法制史), 심리학, 변학(辨學)[일본명 논리학, 중국 옛 명칭 변학], 공익학(公益學)[일본명 사회학, 최근 군학(群學)으로도 번역함, 주로 공공 이익의 규칙을 논술, 사리사욕을 갖지 말아야 함을 경계] 등의 과목을 선택할 수 있다.

제2년에는 중국문학, 비교법제사, 변학, 공익학 등의 과목을 선택할 수 있다.

제3년에는 중국문학, 서양문학사, 심리학, 공익학 등의 과목을 선택할 수 있다.

이상의 선택과목들은 대학당 개교 초기에는 모두 개설하는 것이 어려우므로 1학기가 끝난 후에 상황을 보아 점차 증설하도록 한다. 모든 분과대학의 선택과목도 이와 동일하다. …

『대청회전요의(大淸會典要義)』는 책의 수량이 상당히 많으므로 현재 시중에서 통용되고 있는 『대청회전(大淸會典)』 발췌본 및 『오학록(吾學錄)』의 정수만을 요약하여 수업용 교재를 편찬하는 것이 적절하다. 두 권의 책에서 누락된 중요한 부분은 교습이 『대청회전요의』를 참고하여 보충한다. 학생들은 우선 『대청회전요의』의 개요를 알아야 한다.

문학과대학에 대한 장정의 규정은 다음과 같다.

문학과대학은 9개 전공이 있다.

1. 중국사학
2. 만국사학
3. 중외지리학
4. 중국문학
5. 영국문학
6. 프랑스문학
7. 러시아문학
8. 독일문학
9. 일본문학

이상 각 과목 외에 다음과 같은 선택과목이 있다.

제1년에는 변학, 각국 법제사(法制史), 중국문학 등이 선택과목으로 되어야 하고, 제2년에는 인류학, 공익학, 교육학, 중국문학 등이, 제3년에는 금석문자학(일본명 고문서학), 고생물학(사학자들의 고증 근거가 될 수 있는 발굴지에서 출토된 인골, 동물 뼈, 도검, 벽돌, 도자기 및 화석 등의 유물 연구), 전국인민재용학(全國人民財用學), 국가재정학, 법률원리학, 교섭학(交涉學) 등이 선택과목으로 되어야 한다. …

장정에서는 고등학당 졸업생이 분과대학에 진학할 때 각 분과대학의 과정 중에서 전공과정과 같은 계통의 한 가지 전공과목을 신청할 수 있도록 규정하였다. 예를 들면 정법과대학의 정치 전공 학생은 이재(理財) 혹은 행정을 신청할 수 있고, 법률 전공 학생은 상법 혹은 민법을 신청할 수 있다. 문학과대학(文學科大學)의 중국사학 전공 학생은 여러 대의 왕조사를 선택할 수 있다. 의학 전공 학생은 내과나 외과를 선택할 수 있다. 이것을 선과(選科)라고 한다. 그리고 나머지 보습과목도 모두 이수하여야 한다. 선과의 과목은 전공과 같은 계통이 아니면 신청할 수가 없으며 일체 승인하지 않도록 하였다.

제3장 "입학시험과 등록"은 총 5절이며 「흠정경사대학당장정」과 내용상 큰 차이가 없으나 단지 고등학당의 대학 예비과를 졸업한 학생으로서 시험을 보아 우수한 자를 선발하여 입학시킨다는 원칙을 강조하였다. 그 규정 내용은 다음과 같다.

> 각 분과대학은 고등학당의 대학 예비과 졸업생이 입학할 수 있으나 입학 지원자 수가 분과대학에서 예정한 정원수를 초과할 경우에는 우수한 자를 입학시키기 위하여 모두 시험을 치르도록 한다. 이 시험에 합격하였으나 정원 때문에 입학하지 못한 자는 다음 입학 시기에 시험을 치르지 않고 시험 석차에 따라 입학을 허용한다.
>
> 분과대학의 입학 인원이 예정한 정원수에 미달할 경우에는 고등학당의 대학 예비과 수준의 졸업생 중에서 학무대신의 심사를 거쳐 합격한 자는 대학에 입학할 수 있도록 한다.
>
> 분과대학 졸업생 중에서 다른 학과에서 공부하기 위하여 입학을 신청하면

시험을 치르지 않고 입학할 수 있다. 입학 허가를 받은 학생은 반드시 고향이 같은 중앙 관청의 관리를 보증인으로 하여 이를 확인하는 보증서를 갖추어 제출하도록 한다.

제4장 "옥장도서기구(屋場圖書器具)"는 총 9절이며 각 분과대학 부지 선정, 교육시설의 배치 등에 대한 원칙을 다음과 같이 규정하였다.

> 대학당을 건설할 부지는 공기가 맑고 충분한 공간을 확보할 만한 지역을 선택하고 각 분과대학은 모두 한 곳에 배치되어야 하는데, 다만 농과대학은 숲과 들판이 있는 강 근처의 부지를 선택하여 세우도록 한다.
>
> 각 분과대학은 학과의 종류에 따라서 수업에 편리하도록 공용강당 및 전용강당을 설치하며 각종 실험실, 기자재 진열실 및 기타 필요한 공간을 모두 갖추도록 한다.
>
> 대학당에는 부속 도서관을 설치하여 동서고금의 각종 도서를 다양하게 갖추어 공부에 도움이 될 수 있도록 한다.
>
> 격치과대학에는 천체 현상을 관측할 수 있는 부속 천문대를 설치하고 또한 부속 식물원, 부속 동물원을 설치하여 학생들이 현장 실습을 통한 연구에 도움이 되도록 하고 한편으로는 외부인이 관람하여 식견을 넓힐 수 있게 한다.
>
> 농과대학은 농장, 묘포, 과수원 및 부속 연습림을 설치하여 실제 농업 실습을 하고 가축병원을 설립하여 수의학을 실습할 수 있게 한다.
>
> 상과대학은 상업실천소(商業實踐所)를 설치하여 학생들이 배운 상업 이론을 실제로 적용할 수 있도록 한다.
>
> 의과대학은 부속병원을 설립하여 외래 환자를 치료함으로 학생들이 실제 의료 공부를 할 수 있게 한다.
>
> … 학생들에게는 넓고 편안한 서재를 한 사람당 한 칸씩 제공하고 자습실 및 침실은 모두 모아서 한 곳에 배치하도록 한다.

제5장 "교원관리원(敎員管理員)"은 총 24절이며 「흠정경사대학당장정」에

있는 "관직의 배치"와 "교습의 채용" 두 개의 장을 합쳐 놓은 것과 같다. 그러나 내용은 더욱 상세하고 교직원의 직무 책임 범위도 한층 명확하게 해 놓았다. 예를 들면 다음과 같다.

대학당에는 다음과 같은 인원이 배치되어야 한다. 대학 총감독, 분과대학 감독, 교무제조(教務提調), 정교원(正教員), 부교원(副教員), 서무제조(庶務提調), 문안관(文案官), 회계관, 잡무관(雜務官), 재무제조(齋務提調), 감학관(監學官), 검찰관(檢察官), 위생관(衛生官), 천문대경리관, 식물원경리관, 동물원경리관, 연습림경리관, 의원경리관, 도서관경리관.

대학 총감독은 총리학무대신의 통제를 받으며 전체 대학당과 각 분과대학의 사무를 총괄 관리하고 모든 인원을 통솔한다.

분과대학 감독은 각 대학마다 1명을 배치하여 총 8명이 있고 총감독의 통제를 받으며 책임을 맡은 대학의 교무(教務), 서무(庶務), 재무(齋務) 등의 모든 사무를 관장한다. 대학에 새로 시작하거나 변경할 일이 있을 경우에는 교직원들의 의견을 충분히 반영하여 총감독에게 보고하고 처리한다. 모든 대학에는 교무제조 1명, 서무제조 1명, 재무제조 1명씩을 배치하여 분과대학의 감독을 보좌한다. 제조들은 각자 한 부서를 담당하고 감독은 세 부서를 총괄 관리한다.

교무제조는 각 대학마다 1명을 배치하여 총 8명이 있다. 정교원이었던 사람들 중에서 가장 학식과 명망이 높은 사람을 임명하고 총감독의 통제를 받으며 분과대학의 부감독으로서 제반 업무를 감독과 상의하여 처리하고 소속 대학의 교과과정 및 교습과 학생 관련 일체의 사무를 총괄 관리한다. 정교원과 부교원을 관할한다.

서무제조는 각 대학마다 1명을 배치하여 총 8명이 있다. 학당의 규정을 잘 파악하고 있는 관원을 임명하고 총감독의 통제를 받으며 분과대학의 부감독으로서 제반 업무를 감독과 상의하여 처리하고 소속 대학의 문서 관리, 비용의 수입과 지출, 주방 업무 및 일체의 서무를 관리한다. 문안관(文案官), 회계관, 잡무관(雜務官)을 관할한다.

재무제조는 각 대학마다 1명을 배치하여 총 8명이 있다. 교원이었으며 학식과 명망이 높은 사람을 임명하고 총감독의 통제를 받으며 분과대학의 부감독으로서 제반 업무를 감독과 상의하여 소속 대학의 기숙사 정돈, 일상생활의 감찰과 관련한 일체의 사무를 관리한다. 감학관, 검찰관, 위생관을 관할한다.

각 분과대학에는 교원감학회의소(教員監學會議所)를 설치한다. 분과대학 감독은 수업, 시험, 졸업하는 통유원 학생의 규정에 따른 시상 여부 등과 관련한 사무를 교무제조, 정교원과 부교원, 감학관을 소집하고 상의하여 결정한다.

장정 개정에 관한 일, 반드시 조정에 상주하여야 하는 일, 진사관, 사범관 및 다른 학당과 연관이 있는 일, 학무대신과 총감독의 자문을 구하여야 하는 일 등은 총감독이 주관하여 감독, 각 교무제조, 정교원, 감학관이 참석하는 대학당 회의를 소집하고 학무대신을 이 회의에 초청하여 함께 상의한 후에 결정한다.

고등교육에 관한 회의에 참석하는 각 분과대학의 감독, 교무제조, 정교원, 총감학관, 총위생관 등은 총감독과 다른 의견이 있으면 발표하여 학무대신에게 알려야 한다.

제6장 "통유원"은 총 10절이며 이전의 두 장정에는 없는 것이다. 이 장의 주요 내용은 통유원(현 대학원) 입학생의 자격, 학제, 졸업생의 자격 등을 규정하였다. 그 한 예를 들면 다음과 같다.

분과대학 졸업생이 통유원에 입학하여 학술 연구를 하기 위해서는 먼저 자신이 연구하려고 하는 학문 분야에 대한 지원서를 제출하여야 한다. 해당 분과대학 교원 회의에서 이것을 검토한 후 총감독이 입학을 결정한다.

분과대학을 졸업하지 않은 자가 통유원에 입학하여 학술 연구를 하려면 해당 분과대학 교원회의의 선정을 거쳐 총감독의 재심사에서 실제 능력을 인정받아 합격되어야만 통유원에 입학할 수 있다.

통유원 학생의 연구 기간은 5년으로 한정하며 새로운 이론을 정립하여 책을 저술하거나 새로운 기계를 제조하여 실제로 사용할 수 있는 능력을 갖추게 되면 졸업할 수 있다.

통유원 학생은 5년차 말까지 논문을 제출하여야 하며 해당 분과대학 감독은 교원회의소 구성원들에게 이 논문을 전달하여 심사하고 합격자는 졸업 자격을 갖게 된다. 이 내용은 총감독이 학무대신에게 보고하여 상의를 거친 후 조정에 상주하고 논문에 근거한 저서와 설계도 및 기계는 황제께 올려 어람하시도록 하고 표창을 요청한다.

제7장 "경사대학당현재판법(京師大學堂現在辦法)"은 총 4절이며 경사대학당의 주요 현안에 대한 보충 규정이다. 예를 들면 다음과 같다.

경사대학당은 각 성 학당 가운데 최고의 교육기관이므로 현재 임시로 빌린 부지에서 개교하였지만 새로운 대학당 건물의 건축은 규모와 배치에 최선을 다하여 완벽하게 시행하여야 모범이 되는 평판과 함께 처음부터 실제 효과를 거둘 수 있다.

분과대학은 각 성 고등학당의 졸업생을 선발하여 입학시켜야 하는데 지금 각 성의 고등학당은 설립 초기이기 때문에 대학당에 입학할 만한 학생이 아직 없으므로 우선 임시방편으로 지방 고등학당의 설립과 동시에 대학 예비과를 설립하도록 한다. 대학 예비과의 수강과목 설정은 고등학당과 동일하게 하고 졸업하게 되면 분과대학의 장정 규정에 따라 입학하도록 한다.

경사대학당은 이미 먼저 대학 예비과 수업을 하기로 하였는데 학당의 일을 맡는 집사 인원은 응당 고등학당 장정의 인원배치 규정에 따르고 나중에 수업이 분과대학 수준이 되면 분과대학의 규정에 따라 업무를 처리한다.

이전의 대학당 장정에는 사학관과 사범관의 부설 규정이 있는데 현재 대학 예비과 및 분과대학이 아직 설립되지 않았으므로 잠정적으로 대학당이 함께 관할하도록 한다. 나중에 대학당에 예비과와 분과대학이 설립되어 업무가 복잡하고 어렵게 되면 사학관과 사범관에는 각기 감독을 임명하여 독립적인 학당으로 분리하고 학무대신에 직속되도록 한다. 사학관 교과과정은 진사관 장정에 따라서 설치하고 사범관은 우급사범학당(優級師範學堂) 장정에 따라서 설

치한다.[11]

전체적으로 보면「주정대학당장정」은 장지동이『권학편(勸學篇)』에서 제창한 건학이념을 충분히 구체화하였다. 이 장정은 단지 경사대학당에만 적용하기 위하여 제정된 것이 아니고 이미 각 규정 항목을 제정할 때부터 장래에 전국 각지에 설립될 대학당들을 염두에 둔 보편적인 지침의 성격을 갖고 있었다. 경사대학당은 설립 초기부터 고유의 특성을 가진 고등학부로서 전국에 설립되는 대학의 표준이자 전범(典範)이었다.

11)「주정대학당장정(奏定大學堂章程)」,『중국근대학제사료(中國近代學制史料)』 제2권(상), 화동사범대학교출판사, 1987, pp.770-823.

제9장
경사대학당(京師大學堂)의 교과과정 설치 및 교학 실시

경사대학당은 창립 초기부터 1912년 북경대학으로 개명될 때까지 여러 차례에 걸쳐 시행한 학과의 설립과 교과과정 설치에서 언제나 "중체서용(中體西用)"을 지도 이념으로 하였다.

1896년(광서 22년) 5월 형부좌시랑(刑部左侍郞) 이단분(李端棻)은 양계초(梁啓超)에게 의뢰하여 기초한 「청추광학교절(請推廣學校折)」에서 경사대학당을 건립할 것을 건의하면서 "대학당의 교과과정은 각 성(省)의 학당에서 공부하고 있는 중국의 전통학문에 전문적인 과목을 추가하여 전공 분야별로 수업을 하여야 한다"[1]고 주장하였다. 그의 말은 대학당의 교과과정은 각 성(省)의 학당에서 배우고 있는 경사(經史)와 청조(淸朝)의 관례에 천문학, 지리학, 산학(算學), 격치학, 제조학(製造學), 농상학(農桑學), 병학(兵學), 광학(鑛學), 시사(時事) 및 교섭학(交涉學) 등의 전문적인 과목을 함께 추가하고 전공 분야별로 나누어 수업하는 것이 더욱 효과적이라는 의미였다. 또한 그는 서학(西學) 공부는 단지 서양의 언어와 문자만을 배울 것이 아니라 나라를 다스리는 방법과 부강하게 하는 원리에 역점을 두고 깊이 연구해야 한다고 인식하였다.

그해 7월 관리관서국대신(管理管書局大臣) 손가내(孫家鼐)는 경사대학당 설립 계획을 논의하면서 우선 지적하기를 서방 열강들이 많은 학교를 설립하여 인재를 배출함으로써 국력이 급격히 강성해지고 서로 패권을 다투게 되고 나서야 비로소 중국과 맞서게 되었으며 단지 "견고한 군함과 위력적인 대포" 때문만은 아니라고 하였다. 그는 "수도에 설립된 대학당은 웅장한 규모를 갖

1) 『광서조동화록(光緒朝東華錄)』 제4권, 중화서국, 1958.

추고 넉넉한 경비를 운용하면서 수백 명의 교습과 수만 명의 학생들을 보유하고 여러 분과대학이 있으며, 많은 중학당과 소학당이 설립되어 있어서 순차적으로 진학하는" 외국의 교육 제도에 대해 깊이 감탄하였다. 그는 경사대학당의 교과과정에는 10개 분과대학을 설립할 것을 건의하였다.

1. 천학과(天學科). 산학 포함
2. 지학과(地學科). 광물학 포함
3. 도학과(道學科). 여러 유교(儒教) 학파의 원류 포함
4. 정학과(政學科). 서양 각국 정치 및 법률 포함
5. 문학과(文學科). 각국 언어 및 문자 포함
6. 무학과(武學科). 해군 포함
7. 농학과(農學科). 농작물 재배 및 수리(水利) 포함
8. 공학과(工學科). 제조 및 격치학 포함
9. 상학과(商學科). 선박, 철도, 전보(電報) 포함
10. 의학과(醫學科). 토지 생산물, 식물, 화학 포함

그가 제안한 교과과정은 이른바 "고금을 망라하고, 중국과 서양을 포함하며, 중국 고유의 유학인 체(體)와 서양의 실용적 학문인 용(用)을 겸하고, 심오한 학문과 적용범위가 넓은 학문을 두루 관통"[2)]하는 것이었다.

1898년 5월 군기대신(軍機大臣)과 총리아문왕대신은 대학당 장정에 관하여 논의하면서 맨 먼저 최근 각 성(省)에 설립된 학당에서 단지 겉으로는 중국과 서양의 학문을 함께 공부하고 있지만 실제로는 서양 학문만을 배우고 중국 학문은 소홀히 하는 것은 아닌지, 또한 서양의 언어만을 배우고 서양의 학문은 소홀히 하는 것은 아닌지를 검토하였다. 그들의 검토 결과에 의하면 각 성의 학당들이 인재를 양성할 수 없는 주요한 원인은 서양 학문을 위주로 하면서 송대(宋代)의 성리학(性理學)인 의리지학(義理之學)은 전혀 공부하지 않거

2) 「손가내의복개판경사대학당절(孫家鼐議復開辦京師大學堂折)」, 『변법자강주의회편(變法自强奏議匯編)』 제4권.

나 경사(經史)와 나라의 관례도 제대로 알지 못하게 되었으며 헛되이 서양 학문만을 동경하고 공부할 생각은 없이 나쁜 버릇만을 키웠기 때문이라는 것이었다. 그리하여 군기대신 등은 경사대학당의 교과과정을 보통학(普通學)과 전문학(專門學) 양 부문으로 나누고 동시에 외국어 한 과목을 추가로 선택하여 공부시킬 것을 주청하였다.

보통학에는 경학, 이학(理學), 중외장고학(中外掌故學), 제자학(諸子學), 초급산학, 초급격치학, 초급정치학, 초급지리학 및 체조 등 10개 과목이 있었으며 학생의 필수과목이었다. 이밖에 학생은 영어, 프랑스어, 러시아어, 독일어, 일본어 등 5개 외국어 가운데 하나를 선택하여 보통학 과목과 함께 이수하도록 하였다.

전문학에는 고등산학, 고등물리학, 고등정치학, 고등지리학, 농학, 광학, 공정학(工程學), 상학, 병학, 위생학 등 10개 과목이 있었으며 학생은 반드시 보통학 과정을 이수한 뒤에야 전문학 중에서 한두 과목을 선택하여 공부할 수 있도록 하였다.[3]

그해 6월에 경사대학당 보통학 과정 10개 과목이 정해지고 매일 이 과목들을 나누어 수업이 진행되었는데 과목이 너무 많아서 대부분의 학생들이 모든 과목을 고루 충실히 공부하기가 어려웠다. 손가내는 이 상황을 참작하여 융통성 있게 조정해 줄 것을 주청하였다. 그 내용은 각 과목마다 세목을 정하고 학생이 수강할 과목을 스스로 선택하게 하며, 이학은 경학과 합치고 제자학(諸子學)은 별도로 과목을 설치하지 않으며, 정치와 연관이 있는 경학은 전문학에 포함시켜서 학생이 임의로 수강을 선택하도록 하였다. 전문학 가운데 병학의 무비학당(武備學堂) 귀속 문제는 별도로 논의하기로 하였다.[4]

1902년(광서 28년) 2월 전란이 끝난 후 경사대학당이 수업을 재개하게 되자 관학대신 장백희는 예비과 과정을 합병하고 정과(政科)와 예과(藝科)로 분리할 것을 주청하였다. 정과에는 경사(經史), 정치, 법률, 통상, 이재(理財) 등이 포

---

3) 『황조도함동광주의(皇朝道咸同光奏議)』 제7권 변법류 학당.

4) 「손가내주복판경사대학당정형절(孫家鼐奏復辦京師大學堂情形折)」, 『베이징대학교사료』 제1권, 베이징대학교출판사, 1993, p.48.

함되고, 예과에는 음향학, 광학, 전기공학, 화학, 농학, 공학, 의학, 산학 등이 포함되었다. 이와 같은 교과과정을 설치하게 되자 비로소 정치와 공예를 다 함께 중요시하고 중국의 옛 학문과 서양의 새로운 학문을 함께 공부하도록 하는 "중체서용"[5]의 정신을 구현하게 되었다.

1902년 7월「흠정경사대학당장정」이 공포되었다. 이 장정에는 대학의 전문 분과(分科)를 정치, 문학, 격치, 농업, 공예, 상무, 의술의 7개로 나누는 것으로 규정하였다. 그리고 정치분과는 정치학과 법률학 2개 학과, 문학분과는 경학, 사학, 이학, 제자학(諸子學), 장고학(掌故學), 사장학(辭章學), 외국어언문학 7개 학과, 격치분과는 천문학, 지질학, 고등산학(高等算學), 화학, 물리학, 동식물학 6개 학과, 농업분과는 농예학(農藝學), 농업화학, 임학, 수의학 4개 학과, 공예분과는 토목공학, 기기공학(機器工學), 조선학, 조병기학(造兵器學), 전기공학, 건축학, 응용화학, 채광야금학 8개 학과, 상무분과는 부계학(簿計學), 산업제조학, 상업어언학(商業語言學), 상법학, 상업사학(商業史學), 상업지리학 6개 학과, 의술분과는 의학과 약학 2개 학과로 나누었다.

또한 이 장정에서는 예비과의 교과 과정을 규정하였다. 정과는 윤리학, 경학, 제자학, 사장학, 산학, 중외사학, 중외여지학, 외국문학, 물리학, 명학(名學), 법학, 이재학, 체조학 등 13개 수강 과목이 있었고, 예과는 윤리학, 중외사학, 외국문학, 산학, 물리학, 화학, 동식물학, 지질광산학, 도서학, 체조학 등 10개 수강 과목이 있었다. 정과 졸업생은 정치, 문학, 상무 등의 분과대학에 진학할 수 있고, 예과 졸업생은 농업, 격치, 공예, 의술 등의 분과대학에 진학하여 공부할 수 있도록 하였다.[6]

당시의 경사대학당 속성과(速成科)의 사학관(仕學館) 입학생은 모두 이미 관직을 가지고 있는 사람들로서 공예보다는 정치와 법률 관련 학문을 더욱 중시하였으며 장정에 규정되어 있는 교과과정의 주요 이수과목은 산학, 박물(博物), 물리, 외국어, 여지(輿地), 사학, 장고, 이재학, 교섭학(交涉學), 법률학,

---

5)「장백희주설립경사대학당판법절(張百熙奏設立京師大學堂辦法折)」,『광서조동화록(光緒朝東華錄)』 제7권, 중화서국, 1958.

6)「흠정경사대학당장정」,『중국근대학제사료(中國近代學制史料)』 제2권(상), 화동사범대학교출판사, 1983, pp.754–763.

정치학 등 11개가 있었다.[7] 이제 독자들이 당시 경사대학당 학생들의 교과과정을 구체적으로 이해할 수 있도록 사학관 각 학년별 교과과정 배열표 〈표 1〉[8]을 제시한다.

〈표 1〉「흠정경사대학당장정」 속성과 사학관 각 학년 교과과정 배열표

과목	제1학년	제2학년	제3학년
산학	가감승제, 비례, 개방(開方)	평면기하	입체기하, 대수
박물학	동식물 형상 및 구조	생리학	광물학
물리학	역학, 음향학 상식	열학, 광학 상식	전기학, 자기학 상식
외국어	발음과 의미	번역	문법
여지학	세계지리개론, 중국지리	외국지리	지문지질학(地文地質學)
사학	중국사 전장제도(中國史典章制度)	외국사 전장제도(外國史典章制度)	고중외치란여쇄지고(考中外治亂與衰之故)
장고학	국조전장제도연혁(國朝典章制度沿革)	현행 회전 칙례(現行會典則例)	고현행정사지리폐득실(考現行政事之利弊得失)
이재학	통론(通論)	국세공산, 이재학사(國稅公産,理財學史)	은행보험, 통계학
교섭학	공법(公法)	약장사명,교섭사(約章使命,交涉史)	통상전교(通商傳敎)
법률학	형법총론, 분론(刑法總論, 分論)	형사소송법, 민사소송법, 법제사(法制史)	로마법, 일본법, 영국법, 프랑스법, 독일법
정치학	행정법	행정법	국법, 민법, 상법

경사대학당 속성과 사범관의 수강과목은 윤리학, 경학, 교육학, 습자, 작문, 산학, 중외사학, 중외여지학, 박물학, 화학, 외국문학, 도화, 체조 등 모두 14개가 있었다. 각 학년의 교과과정 배치는 〈표 2〉와 같다.[9]

7) 「흠정경사대학당장정」, 『중국근대학제사료(中國近代學制史料)』 제2권(상), 화동사범대학교출판사, 1983, pp.754-763.

8) 상동.

9) 상동.

〈표 2〉「흠정경사대학당장정」 속성과 사범관 각 학년 교과과정 배치

과목	제1학년	제2학년	제3학년	제4학년
윤리학	고중국명인언행(考中國名人言行)	고외국명인언행(考外國名人言行)	고역대국조성훈(考歷代國朝聖訓)	윤리학교학법(倫理學教學法)
경학	고경학가법(考經學家法)	고경학가법	고경학가법	고경학가법
교육학	교육종지(教育宗旨)	교육원리	교육원리 및 학교관리법	실습
습자	해서(楷書)	해서, 행서(行書)	해서, 행서, 전서(篆書)	행, 전, 초서(草書), 습자교학법
작문	작기사문(作記事文)	작논리문(作論理文)	학장주전기(學章奏傳記), 사부시가제체문(辭賦詩歌諸體文)	고문체유별(考文體流別)
산학	가감승제, 분수, 비례(比例), 개방(開方)	장부용법(帳簿用法), 산표성식(算表成式), 기하면적(幾何面積), 비례	대수(代數), 분수, 방정(方程), 입체기하	대수, 수열(數列), 로그 및 산학교육법
중외 사학	외국상세사(外國上世史), 중세사(中世史)	본국사전장제도(本國史典章制度)	외국근세사	외국근세사 및 역사교학법
중외 여지학	세계지리개론, 본국각경겸방회지도(本國各境兼仿繪地圖)	외국각경겸방회지도(外國各境兼仿繪地圖)	지문지질학	지리교학법
박물학	동식물 구조 및 형상	동식물 구조 및 형상	생리학	광물학
물리학	역학, 음향학	열학, 광학	전기학, 자기학	이과교학법(理科教學法)
화학	고질구수(考質求數)	무기화학	무기화학	유기화학
외국 문학	발음과 의미(音義)	문장법	문법	문법
도화(圖畵)	실물모형을 이용한 모필화	실물모형, 화첩을 이용한 모필화	용기화대요(用器畵大要)	도화교학법
체조	기계체조	기계체조	열병식(閱兵式)	병식, 체조교학법

1903년 말에 공포된「주정대학당장정」에서는 경학이 독립된 분과대학이 되고 이학(理學)은 경학대학에 속한 일개 전공이 되었다. 이 장정에서는 경사대학당의 분과대학을 경학, 정법, 문학, 격치, 의학, 농, 공, 상 등 모두 8개 분과로 분류하였다. 경학과대학에는 주역학(周易學), 상서학(尙書學), 모시학

(毛詩學), 춘추좌전학(春秋左傳學), 춘추삼전학(春秋三傳學), 주례학(周禮學), 의례학(儀禮學), 예정학(禮政學), 논어학(論語學), 맹자학(孟子學), 이학(理學) 등 12개 전공, 정법과대학은 정치학과 법률학 2개 전공, 문학과대학은 중국사학, 만국사학, 중외지리학, 중국문학, 영국문학, 프랑스문학, 러시아문학, 독일문학, 일본문학 등 9개 전공, 격치과대학은 산학, 성학(星學), 물리학, 화학, 동식물학, 지질학 등 6개 전공, 의과대학은 의학과 약학 2개 전공, 농과대학은 농학, 농예화학(農藝化學), 임학, 수의학 4개 전공, 공과대학은 토목공학, 기기공학, 조선학, 조병기학, 전기공학, 건축학, 응용화학, 화약학(火藥學), 채광(採鑛) 및 야금학(冶金學) 등 9개 전공, 상과대학은 은행 및 보험학, 무역 및 판운학(販運學), 관세학 3개 전공이 있었다.[10)]

「주정대학당장정」을 공포할 당시에 분과대학은 아직 입학할 만한 학생이 없었기 때문에 우선 대학 예비과를 개설하였다. 대학 예비과의 교과 과정은 주정고등학당(奏定高等學堂)의 교과 과정에 따라서 설치하고 학생은 세 부류로 나누었다.

> 제1부류는 경학과, 문학과, 상과대학의 예비 학생으로 해당 필수과목은 인륜도덕, 경학대의, 중국문학, 외국어, 역사, 지리, 변학(辨學), 법학, 이재학, 체조 등 10개였다.[11)]
>
> 제2부류는 격치과, 공과, 농과대학의 예비 학생으로 해당 필수 과목은 인륜도덕, 경학대의, 중국문학, 외국어, 산학, 물리, 화학, 지질, 광물, 체조 등 11개였다.
>
> 제3부류는 의과대학의 예비 학생으로 해당 필수 과목은 인륜도덕, 경학대의, 중국문학, 외국어, 라틴어, 산학, 물리, 화학, 동물, 식물, 체조 등 11개였다.

10) 「주정대학당장정(奏定大學堂章程)」, 『중국근대학제사료(中國近代學制史料)』 제2권(상), 화동사범대학교출판사, 1987, pp.771-815.

11) 「주정고등학당장정(奏定高等學堂章程)」, 『중국근대학제사료(中國近代學制史料)』 제2권(상), 화동사범대학교출판사, 1987, pp.570-579.

1904년 경사대학당은 사범관을 우급사범과(優級師範科)로 바꾸고 교과과정을 공공과(公共科), 분류과(分類科), 가습과(加習科)로 분류하였다. 입학 1년차의 공공과 학생의 과정에는 인륜도덕, 군경원류(群經源流), 중국문학, 일본어, 영어, 논리학, 산학, 체조 등 8개 과목이 있었다. 분류과(分類科)는 2학년으로 학생들의 취미와 특기에 따라 부문별로 학과목을 나누었다. 제1부류는 중국문학과 외국어를 위주로 하고 인륜도덕, 경학대의, 중국문학, 역사, 교육학, 심리학, 주진제자학(周秦諸子學), 영어, 독일어(혹은 프랑스어), 변학(辨學), 생물학, 생리학, 체조 등 13개 과목이 있었다. 제2부류는 지리, 역사를 위주로 하고 인륜도덕, 경학대의, 중국문학, 교육학, 심리학, 지리, 역사, 법제(法制), 이재, 영어, 생물학, 체조 등 12개 과목이 있었다. 제3부류는 산학, 물리, 화학을 위주로 하고 인륜도덕, 경학대의, 중국문학, 교육학, 심리학, 산학, 물리학, 화학, 영어, 도화, 수공(手工), 체조 등 12개 과목이 있었다. 제4부류는 식물, 동물, 광물, 생리(生理)를 위주로 하고 인륜도덕, 경학대의, 중국문학, 교육학, 심리학, 식물학, 동물학, 생리학, 광물학, 지학(地學), 농학, 영어, 도화, 체조 등 14개 과목이 있었다. 분류과 학생은 해당 과정의 필수과목 외에 다른 과정의 과목도 선택하여 공부할 수 있었다. 가습과는 분류과를 마친 학생이 대학당에서 일 년 연수를 신청하여 관련 교육과정을 선택하여 계속 공부하는 것으로 예를 들면 교육학, 교육제도, 교육 관리기관, 미학(美學), 실험심리학, 학교위생, 전문학교 교육, 아동연구 및 교육연습 등이 있었다.[12)]

1910년[선통(宣統) 2년] 2월 경사대학당은 정식으로 분과대학을 설립하였다. 경학과대학은 우선 모시학, 주례학, 춘추좌전학 3개 과정을 개설하고 논어, 맹자, 중용, 대학 사서(四書)를 통습과목(通習科目)으로 지정하였다. 정법과대학은 법률, 정치 2개과, 문학과대학은 중국문학, 외국문학 2개과, 격치과대학은 화학, 지질 2개과, 농과대학은 농학 1개과, 공과대학은 토목공학, 채광 및 야금 2개과, 상과대학은 은행보험학 1개과를 개설하였다. 각 분과대학에는 또한 사서(四書) 및 대학연의(大學衍義)가 필수과목으로 지정되었다. 중화민

12) 「우급사범학당장정(優級師範學堂章程)」, 『중국근대학제사료(中國近代學制史料)』 제2권(하), 화동사범대학교출판사, 1987, pp.248-257.

국 건국 후에 경학과대학은 문학과대학에 합병되어 경학과가 개설되는 것으로 바뀌었다.[13]

경사대학당의 교과과정 설치는 "중체서용"의 원칙을 구현하였으며 교육 시행의 취지를 "중국의 학문을 위주로 하고 서양의 학문을 보조(輔助)로 하며(中學爲主, 西學爲輔), 중국의 학문을 본체로 하고 서양의 학문을 응용한다(中學爲體, 西學爲用)"는 것으로 하였다. 이밖에도 경사대학당은 1902년 수업을 재개한 후에 교육이 "충과 효를 바탕으로 하고, 경사(經史) 학문이 기초가 되어야 한다"[14]고 특별히 강조하였다. 1906년 학부(學部)는 교육 목표로 "충군(忠君), 존공(尊孔), 상공(尙公), 상무(尙武), 상실(尙實)"을 내세웠다. 이 때문에 경사대학당은 교재의 편찬 업무를 매우 중요시하여 관련 교재에 "경사(經史) 학문이 기초가 되어야 한다"는 원칙을 충분히 담아내려고 하였다.

청국 말기의 중국에 신식학교가 많이 설립되기는 하였으나 전국적으로 통일된 교재가 없었을 뿐만 아니라 교재 편찬을 중요시하지도 않았다. 당시 중국 학문의 내용은 너무나 광범위하고 공부할 서적도 헤아릴 수 없이 많았으므로 대부분의 학생들은 막연하기만 할 뿐이었다. 학교에서 배우는 서양 학문도 서양 서적을 여기저기에서 앞뒤가 맞지 않게 베끼고 인용하는 수준이어서 결국 표면적인 것만 아는 데 그칠 뿐이었다. 반면에 외국 학교는 모두 충실하게 편찬된 교과서가 쉬운 단계에서 어려운 단계로 되어 있고 체계가 명확하여 학생이 지식을 습득하기가 쉽게 되어 있었다. 이것을 참고하여 대학사(大學士) 손가내는 경사대학당의 설립을 다시 논의하는 상주문에서 교과서 편찬을 주관하는 편역국의 설립 의견을 제출하였다. 상주문의 이 부분에 대한 내용은 다음과 같다.

지금 상해 등의 도시에 편역국을 설립하여 각종 보통학 중에서 모든 사람이

13) 『중국근대학제사료(中國近代學制史料)』 제2권(상), 화동사범대학교출판사, 1987, p.857.

14) 장지동(張之洞), 장백희(張百熙), 영경(榮慶), 「준지중정학당장정타주판법절(遵旨重定學堂章程妥奏辦法切)」, 『광서조동화록(光緒朝東華錄)』 제9권, 중화서국, 1958, p.5108.

응당 배워야 할 내용을 골라서 교과서로 편찬하려고 합니다. 그리고 이 교과서는 소학, 중학, 대학 세 단계로 구분하여 재능이 평범한 경사대학당의 학생이 하루에 배울 수 있을 만큼의 학습량을 1개의 과로 설정할 것입니다. … 그중에서 중국 학문은 경서, 제자(諸子), 사서(史書)의 핵심 부분 및 당면한 업무와 연관된 내용을 모아서 편찬하겠습니다. 이것은 정화(精華)만을 취하고 쓸모없는 것은 버리는 것입니다. 서양 학문은 서양인들이 그들의 학당에서 배우는 책을 정리하여 교과서로 사용하겠습니다. 이 교과서는 학당의 학생에게 한 권씩 배부할 것이며 이것을 각 성의 학당에서 가르칠 때 반드시 사용할 것을 명하는 조서를 공포하실 것을 황제께 청하오니 그렇게 되면 방향이 잡혀 백성들의 지혜를 향상시킬 수 있겠습니다.[15)]

1902년 경사대학당의 개교를 위한 일이 계속하여 계획대로 진행되고 있을 때 관학대신 장백희는 북경의 관서국 옛터에 편서국을 설립할 것을 주청하였다. 이곳에서 서양의 서적을 번역하는 동시에 각 학과의 교재를 전문적으로 편찬하는 책임을 맡기도록 하기 위해서였다. 편서국 업무의 예를 들면 제자백가의 서적을 간단한 요약본으로 편찬하고 서양 서적 중에서 중국의 풍습과 다른 내용이나 종교 신앙과 관련된 부분은 첨삭하거나 다듬는 일이었다.

경사대학당에서 채택한 교과서의 일부는 편서국에서 편찬하였지만 각 학과의 교습들이 손수 편찬한 강의서도 적지 않았다. 예를 들면 윤리학 강의서는 당시 경사대학당 부총교습이었던 장학령(張鶴齡)이 편찬한 것이었다.

장학령은 윤리학 강의서 서론에서 먼저 정치, 교육, 문물은 "바꿀 수 있는 것"과 "바꿀 수 없는 것"으로 나눌 수 있는데 전자는 "법"이고 후자는 "도리"라고 하였다. 이 책에서 그는 다음과 같이 기술하였다.

오늘날의 대학들은 모두 변법자강(變法自强)을 종지(宗旨)로 하여 설립되었다. 모든 일의 형세나 인정에 적합한지에 따라서 변하는 것이 법이며, 모든 성패와

15) 「손가내주복주판경사대학당정형절(孫家鼐奏復籌辦京師大學堂情形折)」, 베이징대학교공문서·제1부·제1권.

흥망성쇠를 불문하고 근본이 됨으로써 변할 수 없는 것이 도리이다. 오늘날 동양과 서양 강국들의 농작물 재배, 재산 관리, 무예 숭상 방법, 중국 고대 사적의 고증 등은 이따금 이치에 맞지 않는데 이는 법과 관련된 일이며, 국가의 통치 형태를 연구하면서 그렇게 된 까닭의 원인을 찾다 보면 우리의 옛 성현들의 말씀과 항상 일치하는데 이것이 바로 도리와 관련된 일이다.[16)]

그 후 장학령은 다시 『수신윤리교육잡설강의(修身倫理教育雜說講義)』를 편찬하였다. 이 책의 내용은 수신윤리, 교육학 및 잡설 세 부분으로 되어 있으며 부록으로 「개인의 양심과 공중도덕의 관계를 논함(論私德與公德之關系)」과 「불완전한 지식이 일을 처리함에 끼치는 폐해를 논함(論知識不全害與行事之弊)」 두 편의 글이 있다.

경학과 강의서는 교습인 왕주요(王舟瑤)가 편찬하였다. 왕주요는 「독경법(讀經法)」 중에서 학문은 정신적 학문과 형식적 학문으로 구분될 수 있다고 하였다. 그의 생각은 다음과 같다. 정신적 학문은 "자신을 위한 학문"에 속한 것이며 그 중심 사상은 "생존 경쟁에서 자연에 적응한 것만 선택되어 살아남고 강한 자는 번성하고 약한 자는 도태된다는 도리를 분명히 알아야 하고 우리나라가 약하고 다른 나라가 강한 원인을 연구하다보면 자신이 해야 할 일을 알 수 있으며 역사서를 읽으면 실행 가능한 일과 불가능한 일이 어떤 것인지 알게 되고 인간의 진화 과정을 연구하게 되면 나라를 부강하게 하는 근본이 무엇인지 알게 되며 언행이 일치하게 되면 그 견해는 모두 실용적이 된다"는 것이다. 형식적 학문은 "사람을 위한 학문"에 속한 것이며 그 중심 사상은 "탐욕이 한없이 많으면 멋대로 글을 쓰게 되고 많은 책을 대강대강 보다가 옛사람의 노예가 되어 버리고 새로운 역사를 섭렵한다고 하면서 서양 학자의 보잘것없는 견해만을 얻을 뿐"이라는 것이다.[17)] 그러나 그는 정신적 학문이든 형식적 학문이든 모두 도덕 교육이 근본이 되어야 하며 지식 교육과 체

16) 장학령(張鶴齡), 『윤리학강의(倫理學講義)』, 장길발(張吉發) 편, 『경사대학당』, 대북, 정화인서관, 1970, p.68.

17) 왕주요(王舟瑤), 『경사대학당경학과강의(京師大學堂經學科講義)』, 장길발(張吉發) 편, 『경사대학당』, 대북, 정화인서관, 1970, p.70.

육을 보조로 해야 한다고 주장하였다. 경학과 강의서는 모두 11장으로 되어 있다.

제1장: 공문전수(孔門傳授)

제2장: 역가(易家)

제3장: 상서가(尙書家)

제4장: 시가(詩家)

제5장: 예가(禮家)

제6장: 춘추가(春秋家)

제7장: 효경가(孝經家)

제8장: 논어가(論語家)

제9장: 맹자가(孟子家)

제10장: 이아가(爾雅家)

제11장: 소학가(小學家)

강의서의 부록에는 「군경대의술(群經大義述)」, 「통변편(通辯篇)」, 「자강편(自强篇)」 등 세 편의 글이 더 있다.

왕주요(王舟瑤)가 편찬한 이 경학 강의서는 주로 자강(自强)의 본질에 대하여 논술하였다. 자강이란 국력 신장, 백성의 지혜 향상, 도덕성 향상의 세 단계로 나눌 수 있다고 제시하였다. 간단히 말하면 난세에는 국력 신장, 치세에는 지혜 향상, 태평성대에는 도덕성 향상이 필요하다는 것이다. 교육은 도덕교육, 지육(智育), 체육이 함께 시행되어야 한다고 제창하였으며 이것을 중용(中庸)에서는 "지(智), 인(仁), 용(勇)"이라고 한다고 설명하면서 한 나라의 강성과 쇠퇴는 백성들의 힘, 지혜, 도덕의 정도와 정비례하며 자강의 참뜻은 백성들의 힘을 충실히 기르고, 지혜를 육성하며 도덕을 도야하는 데 있다고 주장하였다.

역사과 강의서는 사학과 강의서, 중국사 강의서, 중국통사 강의서, 만국사 강의서 등 네 권이 있다.

사학과 강의서는 교습인 도기(屠寄)가 편찬하였으며 전체가 두 편으로 나뉘어 있다. 제1편은 중국 태고사(太古史)로서 총 4장으로 되어 있으며 제1장은 “천지개벽으로부터 서명기(敍命紀)까지”, 제2장은 “거령씨(鉅靈氏)로부터 신농(神農)까지”, 제3장은 “황제(黃帝)로부터 제지(帝摯)까지”, 제4장은 “백성들의 개화 수준”으로 구성되어 있다.

제2편은 상고사(上古史)에 관한 내용인데 총 5장 33절로 나뉘어 있다. 제1장은 “당우사(唐虞史)”로서 요순(堯舜) 시대의 역사이며 요순의 치적, 요순 이전의 종족 사이의 전쟁, 요순 이전의 영토 구획 등 4절로 나뉘어 있다. 제2장은 “하후씨(夏后氏)” 시대의 역사로서 하(夏)나라의 발흥, 하계(夏啓)의 왕위 계승, 후예(后羿)의 한착지란(寒浞之亂), 소강중흥(小康中興), 하나라의 쇠망 등 5절로 나뉘어 있다. 제3장은 “상(商)나라의 역사”인데 상나라의 선대(先代) 계보, 개국 군주인 성탕(成湯)의 발흥, 이윤약전(伊尹略傳), 은(殷)나라 중기(中期), 상나라의 쇠망, 상나라의 영토와 속국, 하상(夏商) 시대의 관직과 토지제도, 하상 시대의 예절과 풍습 등 8절로 나뉘어 있다. 제4장은 “서주(西周)의 역사”로서 주(周)나라 선대 계보, 무왕(武王)의 상나라 함락, 주나라 초기의 봉건제도, 주공(周公)의 동정(東征), 주공의 치적, 주나라 초기의 외교, 성왕(成王)과 강왕(康王)의 태평성대, 소왕(昭王)의 남방 정벌, 목왕(穆王)의 사방순수(四方巡狩), 공(共), 의(懿), 효(孝), 이(夷)왕 4대에 걸친 역사, 역대 왕들의 여론 통제, 선왕(宣王)의 중흥, 유왕(幽王)의 난, 평왕(平王)의 낙읍(洛邑) 천도, 서주(西周)의 제도 등 14절로 나뉘어 있다. 제5장은 춘추사(春秋史)로서 춘추시대 13개 나라의 기원과 위치, 제환공(齊桓公)과 송양공(宋襄公)의 제패 등 2절로 나뉘어 있다.

중국사 강의서는 원래 있던 것인데 훼손되어 버려서 완전하지 못하였으며 겨우 남아 있는 것들로는 “정치의 원리”, “사회의 원리”, “공자가 쓴 춘추”, “공자 입문”, “공자 제자들의 일화”, “노묵지학(老墨之學)” 등 7장이 있었으며 교습인 진불신(陳黻宸)이 가르쳤다.

중국통사 강의서는 역시 교습인 왕주요가 편찬하였으며 모두 6장 37절로 되어 있다.

만국사 강의서는 경사대학당의 일본인 교습인 핫토리 우노키치(服部宇之吉)이 편찬하였다. 이 강의서는 먼저 세계사의 의미와 시대 구분에 대하여 설명하였다. 이 책은 모두 4장으로 되어 있으며 각 장의 내용은 제1장 이집트와 아시아 여러 국가의 관계, 제2장 히브리 민족의 전성시대, 제3장 아시리아 제국과 4개 강대국의 융성, 제4장 그리스의 발흥 개략사로 이루어져 있다.

중국지리 강의서는 『중국지리』와 『중국지리지』로 나뉘어져 있으며 모두 교습인 추대균(鄒代鈞)이 편찬하였다.

중국지리는 모두 두 권인데 상권은 지리학 총론으로서 3절로 나뉘어 있다. 제1절은 수리지리학(數理地理學)으로 지구와 천체의 관계, 지구의 측정 방식 및 면적, 체적, 지구의 운동, 방위, 기후대 및 경도, 위도에 관하여 서술하였다. 제2절은 자연지리로서 바다와 육지의 배치, 대륙의 구분, 지표면의 변화, 바다의 구분, 해수 운동 및 대기, 바람, 구름, 안개, 비, 눈, 싸락눈, 우박, 무지개, 천둥과 번개, 기후, 식물, 동물, 인류, 광물 등에 관하여 서술하였다. 제3절은 정치지리학으로 여러 나라 국민의 직업, 사회 정황, 언어, 문자, 종교, 정치 체제, 교통 등에 관하여 서술하였다. 하권은 『아시아주 총론』으로서 전반적 해설, 위치, 경계, 면적, 인구, 지세(地勢), 해안선, 섬과 반도, 고지(高地), 평원, 사막, 분수계(分水界), 강과 하천, 기후 등에 관하여 서술하였다.

중국지리지는 모두 35과로서 중국의 영토, 지세, 해안 등으로 나누어 서술하였다.

경제학 강의서는 경제학 통론과 경제학 각론으로 나뉘어져 있고 모두 일본인 교습인 오오에 사부로(於栄三郎)가 편찬하였다.

경제학 통론은 모두 5편 15장으로 되어있다. 제1편은 총론으로 경제학의 의미 해설 및 분류, 경제학의 기본 사상 등 2장으로 나뉘어져 있다. 제2편은 생산으로 생산의 의미 해설 및 본질, 자연, 노동, 자본, 기타 등 5장으로 나뉘어 있다. 제3편은 교역으로 교역의 의미 해설, 물가, 화폐, 신용, 교통, 보험 등 5장으로 나뉘어 있다. 제4편은 분배로서 분배의 의미 해설, 대부금, 이자, 기업 이익 등 4장으로 나뉘어 있다. 제5편은 소비로서 소비의 의미 해설 및 분류, 사치(奢侈) 등 2장으로 나뉘어 있다.

화폐학은 하나의 과목으로 독립되어 있지 않고 경제학 각론에 포함되어 있으며 상, 하 두 편으로 나뉘어 있다. 상권 경폐(硬幣)는 모두 17장으로 되어 있으며 화폐의 기원, 화폐의 정의, 화폐의 역할, 화폐의 재료, 화폐의 주조, 화폐의 단위와 명칭, 화폐의 처리, 화폐 본위의 쟁점, 화폐의 방식, 화폐의 연혁 등에 관하여 구분하여 서술하였다. 하편 지폐(紙幣)는 모두 10장으로 되어 있으며 지폐의 성질, 지폐의 장, 단점, 지폐의 발행권, 지폐의 분류, 태환지폐 발행법, 증권 준비, 지폐 발행기관, 지폐의 기술(技術) 등에 관하여 구분하여 서술하였다.

심리학 강의서는 모두 2편 9장으로 되어 있으며 일본인 교습인 핫토리 우노키치(服部宇之吉)이 편찬하고 강의하였다. 강의서 제1편은 지식의 작용 및 법칙으로 감각의 작용 및 법칙, 지각(知覺)의 작용 및 법칙, 상상의 작용 및 법칙, 사상의 작용 및 법칙 등 4장으로 되어있다. 제2편은 감정의 작용 및 법칙으로 공포 및 분노, 동정 및 애정, 자아의 감정, 이성간 사랑의 감정, 간단한 감정의 생성 및 복잡한 감정의 형상 등 5장으로 되어 있다.

장고학(掌故學) 강의서의 편찬자는 교습인 양도림(杨道霖)이었다. 양도림은 먼저 장고학은 세상에 알려지지 않은 일화들을 잘 기억할 뿐만 아니라 나라 경제와 백성들의 생활에 두루 유익한 것들을 지속적으로 수집하여야 한다고 지적하였다. 그러므로 황조통고(皇朝通考), 통전(通典), 통지(通志), 열조성훈(列朝聖訓), 방략(方略), 대청회전(大淸會典), 왕씨반씨동화록(王氏潘氏東華錄), 만한명신전(滿漢名臣傳), 위씨황조경세문편(魏氏皇朝經世文編), 성무기(聖武記), 해국도지(海國圖志), 제명신주의서독(諸名臣奏議書牘)과 중요한 외교와 시정 사안들을 취사선택하여 문서집으로 편찬하여야 한다고 하였다.

그가 편찬한 장고학 강의서의 조목에는 개국시조의 은덕, 무공을 세운 인물전, 정치와 종교, 궁궐, 풍속, 관제, 조세와 공물의 운송, 전례(典禮), 과거, 학교, 나라의 영토, 여러 나라의 형세, 외교, 상무(商務), 군사행정, 형법, 공무(公務)행정 등이 있으며 이에 따라 분류하여 편찬된 강의서에는 주석으로서 그의 논문이 첨부되어 있다. 양도림은 강의서의 말미에 중체서용의 사상을 다음과 같이 기술하였다.

"대체로 중국의 학문은 의리(義理)를 위주로 하여 폐단이 쉽게 약점으로 드러나게 된다. 반면에 서양의 학문은 실용적이어서 긴급한 일에는 적합하지만 우리에게 도움이 되기에는 부족하다. 중국의 학문이 권모술수와 같다면, 서양의 학문은 온갖 상품이나 재화와 같다. 양자를 함께 활용하면 쓸모없는 것이 되지 않고 추구하는 것에 능통하여져서 높은 평가를 받게 될 것이다."

이상 몇 가지 예를 들었을 뿐이지만, 열거한 모든 강의서의 조목들을 통하여 독자들은 경사대학당 강의서의 깊이를 이해할 수 있게 되었을 것이다. 사실상 경사대학당의 교과서 종류와 수량은 엄청나게 풍부하였다.

경사대학당의 교학방법은 비교적 융통성이 있어서 각 학과는 실제 상황에 따라서 이에 상응하는 각기 다른 교학방법을 채택할 수 있었다.

예전 중국에 사범학교가 없던 시절에는 교습의 수준이 매우 많은 차이가 있어서 경사동문관과 같은 양무학당도 교학 방법과 성과를 별로 중요시하지 않았다. 경사대학당은 창립 초기부터 교학 성과를 강화하기 위하여 지속적으로 서양의 교학 방법을 중시하여 학습하였다. 예를 들면, 경사대학당 창립 이전에 총리아문은 학생들에게 더 많은 실천 학습의 기회를 제공하여 감성적인 인식을 심화시키고 배운 지식을 견고하게 하기 위하여 서양 나라의 학교들처럼 의기원(儀器院)을 설립해 줄 것을 주청하였다.

경사대학당은 또한 여름방학을 이용하여 학생들을 모아서 답사 활동을 시행함으로써 학생들의 시야를 넓히도록 하였다. 1903년 6월(광서 29년 5월) 경사대학당은 미리 계획하여 조직한 학생 일본 답사여행단을 보냈다. 여행 경비는 학생들이 자비로 일부를 부담하고 부족한 부분은 정부 당국에서 보조하여 주었다. 그리고 사학관(仕學館)의 일본인 교습인 법학박사 이와야 마고조(巖谷孫藏)에게 인솔을 맡겼다.[18]

경사대학당의 일본인 교습 대부분은 중국어를 할 줄 몰랐기 때문에 수업시간에 강의 내용은 반드시 즉시 통역을 하였지만 학생들이 이해하지 못하는

18) 『소보(蘇報)』, 광서 29년 5월 5일.

경우가 빈번하여 대학당은 사범관과 사학관에 재학하는 모든 학생들이 일본어를 배우도록 규정하였다.[19)]

사학관과 사범관의 학생들은 대체로 나이가 많고 진사(進士), 거인(擧人) 출신으로 중국 학문의 수준이 매우 높아서 교학 방법상 특별히 토론 방식에 치중하였으므로 스승과 제자가 "서로 토론하며 함께 앉아서 이치를 논한다"는 좋은 기풍이 만들어지게 되었다.

경사대학당은 학생들의 작문 훈련도 매우 중요시하여 수업시간의 필기와 함께 과외로 독후감을 쓰도록 하였다. 또한 매일 경전의 뜻과 역사적 사실, 정치, 시무 등의 문제에 대해 각자의 견해를 일기장에 쓰고 내용의 길고 짧음에 상관하지 않고 다음날 수업시간에 분교습(分教習)에게 제출하여 심사를 받도록 규정하였다. 분교습은 이 글을 비평하고 정정한 뒤에 심사 결과에 따라 우등은 동그라미 두 개, 차등은 동그라미 한 개, 그 다음은 뾰족한 동그라미, 그 다음은 ×를 표기하여 매달 제조(提調)에게 제출하면 이것을 총교습에게 넘겨서 심사하도록 하였다.

경사대학당은 창립 초기에 학생의 수준이 같지 않아서 교학의 편의와 수업의 진도를 통일하기 위하여 학생들의 능력에 따라 조를 나누는 제도를 채택하였다. 중국 학문과 서양 학문의 수업 시간 배분은 보통 매일 각 두 시간씩 강의실에서 수업을 하고 자습 시간은 학생 자율에 맡겼다. 1899년에 경사대학당은 오전에 경사(經史)를 읽고 오후에는 격치, 산술, 화학, 외국어를 공부하도록 규정한 적이 있었다.[20)]

경사대학당은 학생들의 학습 상황을 시험으로 파악하기 위하여 장정의 평가 규정에 따라 매년 임시시험, 학기시험, 연말시험을 실시하였다. 임시시험은 부정기적으로 실시하고 진급, 유급, 상벌과는 상관이 없는 것이었다. 학기시험은 반년에 한 번씩 대개 여름방학 전에 실시하였다. 연말시험은 매년

---

19) 『소보(蘇報)』, 광서 29년 2월 10일.

20) 유장림(喩長霖), 「경사대학당연혁략(京師大學堂沿革略)」, 『청조속문헌통고(淸朝續文獻通考)』 제106권, p.8649.

한 번씩 겨울방학 전에 실시하였으며 학생의 진급과 유급을 결정하였다. 임시시험을 제외하고 학기시험과 연말시험의 성적 계산방식은 학생의 평소 품행 점수와 각 과목의 점수를 모두 합하여 평균하여 계산하였다.

경사대학당 졸업시험은 각 학과의 상황에 따라 각기 별도로 시행하였다. 예비과와 사범과의 졸업시험은 순천부(順天府)의 향시(鄉試) 규칙에 따라 실시하였으며 총감독이 학무대신에게 공문을 보내 주임 시험관을 보내줄 것을 주청하도록 요청하고, 이에 따라 파송된 주임시험관은 학무대신과 함께 모여 학과별로 실시하는 시험을 내, 외 두 장소로 나누고 시험을 감독하였다. 합격자는 성적에 따라 시상하고 성적 등급에 따라 공직에 채용되었다. 대학 분과 및 선과(選科)의 졸업시험은 회시를 시행하는 방식을 따랐다.

경사대학당 졸업시험의 성적 계산법은 각 과목 점수를 합하여 평균 성적을 취하는데 100점 만점으로 하였다. 등급 구분은 80점 이상은 최우등, 60점 이상은 우등, 40점 이상은 중등, 20~40점은 하등, 20점 이하는 최하등으로 하였다. 성적이 중등 이상인 학생은 장정의 규정에 따라 시상하고 하등 성적의 학생은 대학당에 남아서 일 년을 더 공부하여 시험을 치른 다음 그 시험 등급에 따라 처리하였다. 성적이 최하등인 학생은 학업 이수 증명서만 발급하고 대학당에서 퇴거하도록 하였다.

이후「주정대학당장정」의 시험 시행법에 따른 실행 과정에서 불편한 점이 많게 되어 학부(學部)는 원래 정해진 대학당 시험장정을 조목조목 차례로 더욱 주도면밀하게 수정해 나갔다. 수정된 장정에는 연말시험을 학년시험으로 바꿔 놓았다. 졸업시험을 치를 때는 먼저 총감독이 시험에 응시하는 졸업생의 이력서, 성적표, 출석부, 각 교원들이 편찬한 강의서 및 사용한 교과서, 학생 필기성적 등을 구비하여 학부에 송부하고 심사를 통과하면 시험 날짜를 정하도록 하였다.

학생의 졸업성적 계산방법은 졸업시험 각 과목 성적 평균성적과 이전의 연말시험 각 과목 평균점수를 합한 평균성적에 따라서 등급을 정하고 장정 규정에 따라 시상하도록 하였다. 등급 구분은 수정되었는데 80점 이상은 최우등, 70점 이상은 우등, 60점 이상은 중등, 60점 이하는 하등, 50점 이하는 최하등으로 하였다. 예를 들어 졸업시험의 두 과목 성적이 60점 이하이거나 한 과목의 성적이 50점 이하이면 최우등이 될 수 없었다. 또한 두 개 과목이 50점 이하이거나 한 개 과목이 40점 이하인 경우에는 우등이 될 수 없었다. 학생이 부모의 상을 당하거나 본인의 중병 때문에 응시할 수 없을 경우에 그 사유로 인한 휴가 일수가 전체 학기 수업일수의 1/4을 초과하지 않았으면 재시험을 볼 수 있었다.[21)]

1907년 2월 25일부터 3월 2일까지 학부는 대학당에서 분과대학 졸업시험을 실시하였다. 인륜도덕, 경학, 중국문학, 주진제자학(周秦諸子學), 생물학, 영어, 역사학 등의 학과는 학부에서 파견된 관원이 시험문제를 출제하고 나머지 교육학, 심리학 등의 학과는 대학당 관원이 출제하였으며 시험지는 밀봉하여 학부로 송부하고 채점을 하였다. 체조과는 대학당 체조교습이 대학당 운동장에서 시험을 실시하였다. 시험은 하루에 세 번으로 나누어 실시하였으며 시험 시간은 과목의 특성을 고려하여 2~3시간으로 일정하지 않았다.

중국 제1역사 당안관은 경사대학당의 선통(宣統) 원년(1909년) 연말시험 시험지를 아직도 보관하고 있다. 비록 그 시험문제(물리, 산술 문제)가 오늘날의 시각으로 보아서는 대학 수준에 못 미칠지 모르지만 과학 기술이 낙후되었던 그 당시에는 오히려 최고의 교학 수준을 반영하였다고 할 수 있다. 오늘날 다시 이러한 시험지를 되돌아보는 것도 매우 의미가 있다. 이제 다음에 그 예를 보기로 한다.

수신과

장재(張載)의 글인 서명(西銘)의 중요 내용은 무엇인가?

주자(朱子)는 이정(二程)이 14, 5세가 되어 성인(聖人)의 학문에 뜻을 두었다고 하였는데 이 말에서 학문의 근본은 무엇인가? 간략하게 답하라.

교육과

교육학은 언제 누구의 책에서부터 태동하여 발전하였으며 또한 이와 관련하

21) 학부 상주문, 「수개각학당고시장정절(修改各學堂考試章程折)」, 『학부관보(學部官報)』 제13호, p.103.

여 어떤 저서들이 있는가?

자연주의를 제창한 사람들과 이들의 서로 다른 차이점은 무엇인가?

도덕주의가 목적하는 바는 무엇이며 지육(知育), 체육, 기술교육 사이에는 어떤 관계가 있는가?

실리주의가 달성하려는 목표와 장, 단점은 무엇인가?

경학과

경서의 명칭이 없던 옛날에 시, 서, 예, 악을 가르치던 가장 오래된 책은 무엇이며 경서의 명칭이 처음으로 나타나는 책은 무엇인가? 또한 역경(易經), 시경(詩經), 상서(尙書) 등의 고문경(古文經) 제목은 누구의 저술에서 다시 나타나게 되는가?

서한(西漢)시대의 제유언역본(諸儒言易本)은 누구의 책이며 이 책에서 어느학자의 학문이 가장 뛰어난가? 초가(焦家)와 비가(費家)의 주역(周易) 해석은 어떤 차이가 있는가?

국문과

고정림(顧亭林)의 논문에 나타난 그의 이론을 육경(六經)의 취지와 그 당시의 사명과 연관하여 설명하라.

육경의 분류는 문장에 어떤 영향을 주었는가?

중서역사과(中西歷史科)

주(周)의 발상지는 어느 곳이며 어떻게 새로이 흥성하게 되었으며 동성(同姓)과 이성(異姓)을 가리지 않고 제후로 세워서 분봉(分封)한 의도는 무엇인가?

동천(東遷) 이후 주 황실이 쇠퇴하게 된 이유는 무엇이며, 당시의 상황에서 어떻게 대처했어야 나라를 지키고 잘 다스릴 수 있었겠는가?

고대의 강대한 문명국가는 모두 몇 나라가 있었으며 그 영토의 경계는 어떠하였는가?

고대 서양 문명에서 큰 촉매 역할을 한 나라는 어떤 나라인가?

일찍이 문명이 발달한 고대 이집트가 중고(中古)왕국 시기에 이르러 세력이 극도로 쇠퇴한 이유는 무엇인가?

중서지리과(中西地理科)

강은 산으로 나뉘고 두 산 사이에는 반드시 강이 있다. 지리를 연구하고 있는 학생으로서 산맥으로 강물이 흐르는 형세를 설명하라.

아시아 동남 해안지역은 비가 많이 내리고 몽고, 티베트, 청해성 등의 지역은 비가 적게 내리는 이유는 무엇인가? 그 이유를 설명하라.

산술과

(1) 육경의 글자 수를 살펴보면『춘추좌전』196,845자,『예기』99,020자,『주례』45,806자,『모시』39,224자,『상서』는『모시』에 비해 13,524자가 적고,『상서』는 또한『주역』에 비해 1,493자가 적다. 육경은 모두 몇 글자인가?

(2) 수목재배 회사는 뽕나무밭 15필지를 조성하였다. 각 필지는 30줄이고 한 줄에 50주의 나무를 심었다. 나무 한 주에는 평균 260마리의 누에를 키우는데 한 마리의 누에는 평균 세 줄의 실을 생산한다. 모두 몇 줄의 실을 생산하는가?

(3) 하나의 진(鎭)에 병사가 있는데 이 진은 다섯 개의 협(協)으로 나뉘고, 하나의 협은 아홉 개의 영(營)으로 나뉜다. 지금 진의 모든 병사는 총 31,500명이다. 한 영의 병사 수는 몇 명인가?

(4) 경한철로의 길이가 2,400리이며 갑차(甲車)는 북경에서 출발하여 매 시간 80리를 가고, 을차(乙車)는 한구(漢口)에서 출발하여 매 시간 50리를 간다고 하면, 서로 출발하는데 갑차가 을차보다 네 시간 먼저 출발할 때 을차 운행 몇 시간 후에 두 차가 만나게 되는가?

물리과

물리의 현상과 화학의 현상을 구별하여 설명하라.

운동과 정지는 무엇인가? 예를 들어 설명하라.

응집력과 부착력을 구별하여 답하라.

물이 그릇에 가득 담겨 있고 식염을 조금 넣어 소금이 모두 용해되었는데 물이 넘치지 않는 이유는 무엇인가? 그 까닭을 설명하라.

박물과

어린이의 뼈는 부드러워서 쉽게 구부러지는데 노인의 뼈는 약하여 쉽게 부러지는 이유는 무엇인가? 그 까닭을 설명하라.

인체의 주요 유기화합물은 무엇들이 있는지 상세히 답하라.

흉곽은 어떤 뼈들이 서로 연결되어 형성되어 있으며, 그 내부에는 어떤 기관들이 있는가?

인대(靭帶)의 기능을 상세히 설명하라?

도화과(圖畵科)

서양화 마을풍경 그리기

음악과

소음과 음악을 구별하라.

음의 명칭에 대해 설명하라?

체조과

맨손 유연체조

북경대학교 당안관에 현존하는 자료에 의하면 당시 경사대학당 학생의 졸업시험은 6일에 나누어 진행되었으며 매일 세 과목의 시험을 치르고 엄격한 시험규칙이 정해져 있었다.

1908년 10월 경사대학당 역학관 갑반 학생들의 학습 기간이 끝나고 학부는 역학관 졸업생들의 졸업시험을 시행하였다. 이 졸업시험의 시험일정, 시험규칙, 시험문제를 인용하면 다음과 같다.

1. 시험일정

9시~12시　1시~3시　3시 15분~5시 15분

16일　외국어 인륜도덕 역사

17일　외국어(작문) 외국어(번역) 지리

18일　교섭 산학(대수) 산학(기학, 삼각)

19일　이재 물리 화학

20일　교육 도화 박물

21일　체조

2. 시험규칙

학생들은 의관을 갖출 것. 관직이 있는 자는 가진 품계에 따른 관복을 착용하고 상중에 있는 자는 상복을 입도록 한다.

시험일이 되면 정해진 일시에 맞추어 역학관에 도착하도록 한다. 역학관에서 숙박하지 않거나 자원하여 집에서 오려는 자는 반드시 지각하지 않아야 한다.

시험장에서는 역학관의 시험규칙을 준수하고 학부(學部)가 규칙을 공포하면 이를 일률적으로 준수한다.

각 시험 문제지에 기재된 시험문제의 순서에 따라 답안을 선사(繕寫)하고 앞뒤가 바뀌어 어수선하지 않도록 한다.

시험 답안지는 외국어, 산학, 도화 과목은 평소의 시험 답안지 서식에 따라 답안을 선사하고 나머지 과목의 시험문제는 모두 저2격사(低二格寫)로 쓰고 답안 역시 저2격사로 쓴다. 대두(擡頭)로 응답하는 부분이 있을 경우에는 모두 대사(擡寫)의 규칙대로 응답한다.

시험문제는 문제 전체를 모두 서사(書寫)한다.

선사(繕寫)는 대강 아무렇게나 써서는 안된다. 중국어 및 인륜이법(人倫理法) 두 개 과목의 선사는 특별히 글씨가 세밀하고 반듯해야 하고 글자를 지우고 다시 고쳐 쓴 부분이 적어야만 한다.

시험 답안지를 묶는 방식은 역학관의 평소 시험 답안지 묶는 방식과 동일하다. 부전지에 성명을 기입하는 외에 답안지에 성명을 써넣거나 그 밖의 다른 글자를 써넣으면 안 된다.

시험장에서 종이쪽지를 품속에 넣고 있거나 다른 사람에게 전달하는 행위와 같은 중대한 규칙 위반을 금한다. 위반자는 즉시 쫓아내고 졸업을 허락하지 않는다.

3. 시험 문제

중국어 문제
자산(子産)에 대해 논하라.
인륜도덕(人倫道德)이란 제목의 글쓰기
요강학파(姚江學派)의 득과 실에 관하여 논하라.

서양어논설 문제
"삶에 나태하지 말고 행함에 힘과 성의를 다하라"는 제목의 글쓰기

서양어 번역문제
성인(聖人)이 나선 이후에 사람들에게 서로 도우며 살아가는 도리를 가르치시고 그들의 임금이 되시고 스승이 되셨으며 벌레와 뱀, 날짐승과 들짐승을 몰아내어 중원 땅에 살게 하셨다. 추워지자 그들에게 옷을 만들게 하시고 그들이 굶주리자 음식을 마련하게 하셨으며 나무에서 살다가 떨어지기도 하고 맨땅에 살다가 병이 나게 되자 그들이 집을 짓도록 하셨다. 기물을 만드는 법을 가르쳐서 넉넉히 사용하도록 하셨고 장사하는 법을 가르쳐서 있는 물건과 없는 물건이 유통되도록 하셨다. 의약을 가르쳐서 요절(夭折)로부터 구제하셨으며 사람이 죽었을 때 장례와 제사지내는 법을 가르쳐서 은혜와 사랑을 오래도록 기리게 하셨다. 예법을 정하여 선과 후의 질서를 확립하시고 음악을 만들어 근심과 답답함을 달래게 하셨다. 정치제도를 만들어 게으른 자들을 통솔하셨으며 형벌을 마련하여 극악한 자들을 제거하셨다. 사람들이 서로 속이게 되자 부절

(符節)과 도장, 말(斗)과 저울을 만들어 믿을 수 있게 하셨으며 서로 빼앗으니 성곽과 갑옷, 병기를 만들어 지키게 하셨다. 해(害)가 미치면 대비하게 하셨고 우환이 생기면 방비하게 하셨다.

〔역주: 한유(韓愈)의 글, 원도(原道) 부분〕

국제공법 문제

영사재판권과 치외법권의 차이에 대하여 자세히 논술하라. 갑을 두 나라의 교전으로 갑국이 을국의 영토를 점령했을 경우 그 토지 안의 재산을 갑국이 어떻게 처분할 수 있는지 설명하라.

국제사법 문제

국제법상 출생지주의와 혈통주의의 차이는 무엇이며 각각의 장, 단점은 무엇인가? 최근 세계 각국은 어떤 주의를 선호하여 시행하고 있는가? 갑국의 국민이 을국의 국적을 취득하였을 경우 을국 국민과 동일한 권리를 누릴 수 있는지를 설명하라.

법학통론 문제

국가의 주권이란 무엇인가?

국가이재학 문제

조세제도는 단세제(單稅制)와 복세제(複稅制)로 나누는데 그 장, 단점은 각각 무엇인가?

국가의 공채(公債) 모집은 어떻게 하는가? 또한 어떻게 상환하는가? 일일이 별개로 상환할 수 있는 방법은 없는가? 공채 상환은 어떤 방법이 비교적 유리한 방법인가?

순정경제학(純正經濟學) 문제

단본위제(單本位制)와 복본위제(複本位制)의 이해득실을 상세히 논술하라.

지폐는 태환지폐와 불태환지폐로 나눈다. 이 제도들은 무엇인가?

태환지폐와 불태환지폐를 지나치게 많이 발행하였을 경우의 폐해에 대해 상세히 열거하라.

상업경제학 문제

최근 각국에서는 보험 사업이 성행하고 있는데 그 종류에는 어떠한 것들이 있는가? 그리고 그 효과는 무엇인가? 상세히 열거하라.

교육학 문제

학교 훈육과 가정 훈육은 어떤 방법으로 서로 연결할 수 있는가? 보통교육을 해야 한다는 주장과 하지 말아야 한다는 주장으로 나뉘는 원인을 상세히 제시하라.

기억력을 향상시키는 방법은 모두 몇 종류가 있는가? 알고 있는 바를 열거하라.

학교교육에서 감정교육이 가장 중요하지만 다른 교육보다 훨씬 어렵다. 감정교육이 매우 어려운 까닭에 대해 열거하라.

역사 문제

카흐타조약(恰克圖條約)의 7개 조항을 모두 상세히 열거하라.

나폴레옹의 내치(內治)는 어떠하였는가?

지리 문제

아시아주에는 독립국, 종속국, 국가명이 없는 속지, 부락의 추장이 적당히 정부를 세운 독립국 등이 있는데 이에 대해 상세히 논술하라.

아프리카주의 각 부분은 영국령, 포르투갈령, 독일령, 이탈리아영, 프랑스영에 속해 있는데 이들의 구획을 간단히 제시하라. 국가명은 아직 남아 있지만 실제로는 비독립국가인 나라는 몇 나라인가? 상세하고 분명하게 답하라.

물리학 문제

전류의 자기작용은 무엇인가? 요점을 정리하여 간결하게 답하라.

광선의 반사법칙을 설명하라.

보일(boyle)의 법칙을 설명하라.

빛은 일곱 가지 색의 조합으로 이루어져 있다. 그 분류 방법과 일곱 가지 색의 배열 순서에 대해 설명하라.

화학 문제

산성, 중성, 알카리성 물질에 대해 각기 최대한 알고 있는 대로 열거하라.

염산의 제조 방법을 설명하라.

이화학자(理化學者)들은 우주 안의 물질은 생성도 소멸도 하지 않는다고 한다. 이를 실험으로 어떻게 증명하겠는가?

전해(電解)와 전리(電離)의 차이는 무엇인가? 각각 서술하라.

생리학 문제

눈의 구조 및 위생법에 대해 서술하라.

식물학 문제

식물의 호흡작용은 어떤 것이며 실험 방법은 무엇인지 답하라.

동물학 문제

관절동물의 특징은 무엇인가? 상세한 설명을 통해 답하라.

광물학 문제

석탄의 종류 및 응용 방법은 무엇인가?

제도학 문제

갑, 을 직선을 5등분하라.

주어진 두개의 각 및 하나의 변으로 삼각형을 그리도록 하라.

30도 각과 1촌 5분 길이의 직선이 있다. 이것들로 마름모꼴을 만들어라. 이 마름모꼴의 세 각이 같다면 그 각은 몇 도인가?

정삼각형 안에 면적이 동일한 원을 몇 개까지 넣을 수 있는가? 그림으로 나타내 보이도록 하라.

산학 문제

(1) 갑과 을 두 종류의 찻잎이 있다고 가정하고, 갑 1근과 을 2근을 서로 혼합하면 1근의 가격이 3각(角)이 된다. 또 갑 3근과 을 1근을 서로 혼합하면 1근의 가격은 3각 5분(分)이 된다. 갑과 을의 원가는 얼마인가?

(2) 다음 식을 간단히 줄여라.

$$\left(\frac{1}{bc}+\frac{1}{ca}+\frac{1}{ab}\right)\times\frac{ab}{a^2-(b+c)^2}$$

(3) 갑과 을 두 사람이 경주를 하는데 을은 갑보다 7초를 먼저 달려서 a척(尺)을 앞섰다. 또한 a+d척을 앞서서 달리면 t−c초를 먼저 달리게 된다. 을의 속도를 구하라. 경주하는 거리가 A척이라고 가정하고 갑의 속도를 구하라.

(4) 두 수의 비율이 2 : 3이고 곱하여 얻은 값은 486이다. 이 두 수를 구하라.

기하학 문제

(1) 직각 삼각형의 빗변이 변이 되는 정사각형의 면적은 다른 두 변이 변이 되는 두 정사각형의 면적의 합과 같다는 것을 증명하라.

(2) 두 개의 원이 A점에서 접할 경우, A점에 일직선을 그리면 두 개의 원은 B, C 두 개의 점에서 맞닿게 되며 이 B, C 두 점이 접하는 선은 평행선이 된다. 이를 증명하라.

시학(詩學) 시험문제

심귀우(沈歸愚)는 당나라의 시인들을 종법(宗法)으로 삼아 시를 논하였으며 두보에 심히 경도되었다. 그는 두보의 시어들이 모두 평이하고도 진실하여 충분히 따를만한 지침이 된다고 평하였다. 그러나 그것들이 지나치게 근엄한 것이 하나의 결점이라고 하였다. 이 말의 주요한 의미가 무엇인지 밝히고 그 장, 단점을 간략히 논하라.

두보의 추흥(秋興) 8수에 대한 발문을 쓰도록 하라.

문과대학을 졸업하면서 동창들과의 이별의 느낌을 시로 읊도록 하라. 시의 체제와 운율의 제한은 없다. 반드시 한 문제는 시험 답안을 작성하여야 한다. 단 한 문제를 작성할 경우에는 세 번째 문제를 선택하여야 하며 두 문제를 작성할 경우에는 세 번째 문제와 함께 앞의 두 문제 중에서 한 문제를 선택하여야 한다.[22]

요컨대 경사대학당은 1898년 설립 때부터 1912년 북경대학으로 학교명을 바꾸기 전까지 십여 년 동안 학생을 위한 교과과정의 적절한 배치, 시험의 평가 및 측정 등은 물론 교재 편찬 및 교학 방법에 이르기까지 인재 양성의 요구에 부응하기 위하여 끊임없는 수정 및 개선을 진행해 나갔다. 이와 같은 발전과 변화는 이후 북경대학이 엄격한 학풍과 학문 정신을 형성하기 위한 견실한 기초가 되었다.

22) 『베이징대학교사료』 제1권, 베이징대학교출판사, 1993, pp.275-278.

제10장
경사대학당(京師大學堂)의 관리체제 및 규정

경사대학당이 창설되기 이전에 각 성(省)에는 이미 많은 신식학당들이 설립되어 있었지만 지역 및 경비의 제약 때문에 모두 규모가 크지 않아서 이곳에서 양성한 인재들만으로는 국가의 수요를 충족시킬 수 없었다. 이 때문에 당시 청국 정부는 수도에 전국 최고의 대학당을 창설하여 이 대학당으로 하여금 전국의 학당들을 관할할 수 있는 역할을 수행하게 하려고 하였다. 이와 같은 조정의 의도가 전해지자 많은 사람들이 이를 위한 계획을 내 놓았다.

경사대학당을 다른 학당들과 구별하기 위하여 이 학당을 총학당(總學堂)이라고 할 것을 제의하면서 그들은 또 주장하였다. "지방에 학당을 따로 설립하면 중학당은 물론이고 대학당이나 총학당일지라도 다만 한 지역에만 유익하고 나라 전체에는 도움이 되지 않습니다. 지금 수도에 최고의 총학당을 설립하면 천하의 재능 있고 지혜로운 자들을 경사총학당(京師總學堂)에 모을 수 있습니다."[1] "수도에 총학당을 설립하는 일은 마치 뇌가 두개골 안에 있는 것과 같습니다. 온 몸의 신경을 뇌에서 명령을 내려 총괄하듯이 전국의 학당들은 반드시 수도에 있는 총학당의 관리를 받도록 하여야 합니다."[2]

그 후에 대다수의 사람들이 대학당이라는 명칭을 찬성하여 조정은 마침내 첫 번째 국립대학을 경사대학당이라고 명명할 것을 결정하였다. 그렇지만 몇 차례 제정된 대학당 장정들에서 청국 정부는 경사대학당이 갖는 총학당의 지

1) 길버트 레이드[이가백(李佳白), Gilbert Reid], 「의청경사창설대학당의(擬請京師創設大學堂議)」, 우보헌(于寶軒) 편, 『황조축애문편(皇朝蓄艾文編)』 제14권, 상해관서국, 1903.

2) 칼빈 윌슨 마티어[적고문(狄考文), Calvin Wilson Matteer], 「상역서의청창설총학당의(上譯署擬請創設總學堂議)」, 『베이징대학교사료』 제1권, 베이징대학교출판사, 1993, p.17.

위를 거듭 강조하는 것을 잊지 않았다.

예를 들면 「주정경사대학당장정(奏定京師大學堂章程)」 총칙 제2조에는 "지금 수도에 경사대학당이 설립된 바 각 성의 학당들은 모두 대학당이 관할하는 것이 마땅하다. 수도의 대학당에서 각 성의 학당들에 이르기까지 단번에 처음부터 끝까지 일관되게 일을 처리해야 한다"[3]고 하였다. 「흠정경사대학당장정(欽定京師大學堂章程)」 전학강령 제4조에서는 "교육을 주관하여 나라의 사상 맥락을 통합하고 이를 총괄하여야 한다. 지금 어명을 받들어 모든 규정을 각 성에 공포하도록 하라"[4]고 하였다.

1898년 공포된 첫 번째 경사대학당 설립 장정은 아주 짧게 40자로 첫머리에 그 요지를 밝히면서 당시 중국에서 경사대학당이 처한 특별히 높은 위치를 기술하였다. "경사대학당은 각 성의 모범이 되고 모든 나라가 우러러 보는 곳이다. 규모는 당연히 웅대하며 갖추어야 할 상태와 요건들은 상세하여야 한다. 보잘 것 없는 조건을 가지고 간단하고 쉽게 설립을 추진하여 모범이 되는 최상의 체제를 잃어버려서는 안 된다"고 하였다.

장정에 의하면 경사대학당의 학생 정원은 500명이었다. 입학하는 학생들은 두 부류가 있었는데 하나는 정부 부문의 직원 일부 및 그 자제들로서 예를 들면 한림원(翰林院) 편수(編修), 각 부(部), 원(院), 사(司)의 직원, 대문시위, 도(都), 부(府), 주(州), 현(縣) 이상에서 선발된 관리 후보자, 팔기 세습자(世習者), 각 성의 무관 후예들이었으며, 다른 하나는 각 성의 중학당을 졸업하고 선발되어 오는 학생들이었다.

당시의 각 성에 설립된 중학당은 그 수가 매우 적어서 선발되어 오는 학생 수도 한계가 있었으므로 1898년 11월 23일 경사대학당이 정규 학교 건물이 있게 된 후로는 계속하여 신입생을 모집하였다. 다음 해 4월까지 모두 500여 명의 학생을 선발하였는데 정식으로 등록한 학생 수[사학원(仕學院), 중학,

3) 「총리아문주의경사대학당장정(總理衙門奏擬京師大學堂章程)」, 『베이징대학교사료』 제1권, 베이징대학교출판사, 1993, pp.81-87.

4) 「흠정경사대학당장정(欽定京師大學堂章程)」, 『중국근대학제사료(中國近代學制史料)』 제2권(상), 화동사범대학교출판사, 1983, pp.753-769.

소학 포함]는 218명에 달하였으며 서학(西學) 수강을 선택한 학생이 백 명에 가까웠다.[5] 사학원 학생들은 모두 진사(進士), 거인(擧人) 출신의 중앙관리들이었다. 1899년 말에 이르자 경사대학당의 관리와 교학은 정상궤도에 오르게 되었다. 학생들은 배우는 과목에 따라 경사(經史), 정치, 여지, 산학, 격치, 화학, 의학, 외국어 등의 과(학과에 해당함)로 나뉘어졌다.

1900년 5월(광서 26년), 먼저 의화단(義和團)이, 다음에는 8국 연합군이 북경을 공격하여 점령하였다. 자희태후(慈禧太后)는 광서(光緖) 황제 등 황실 인원 및 일부 왕공대신과 함께 난을 피하여 서안으로 도피하였다. 경사대학당 학교 건물은 러시아 군대가 점령하여 군영으로 삼았으므로 교습들과 학생들은 뿔뿔이 흩어지고 학당의 도서와 실험기구들은 모두 훼손되거나 잃어버리고 말았다. 이로 인하여 어느 정도 규모를 갖추게 되었던 경사대학당은 어쩔 수 없이 2년 동안 폐교하였다.

1901년 9월 14일 서안(西安)에 있던 자희태후는 학교 부흥을 위한 조서를 공포하고 경사대학당을 완전하게 정비할 것을 요구하였다. 1902년 1월 10일 자희태후는 다시 어명을 내려서 "학교를 부흥시키고 인재를 양성하는 일이 당면한 급선무다. 수도는 최상의 모범이 되어야 하는 곳인데 특별히 유의하여 인재를 양성함으로써 그 명성을 세우도록 하라. 이전에 설립한 학당을 응당 착실하게 운영하라"[6]고 하면서 동시에 대학당 장정을 다시 새롭게 제정할 것을 요구하였다. 1902년 1월 11일 자희태후는 다시 어명을 내려서 경사동문관을 대학당에 합병하도록 명령하면서 새로 임명된 관학대신(管學大臣) 장백희(張百熙)에게 이 일을 일임하고 합심하여 열심히 대학당을 정비하도록 하였다.

조정에서 거듭 독촉이 있게 되자 관학대신 장백희는 1902년 2월 경사대학당의 정비를 위한 몇 가지의 구체적인 조치들을 제의하였다.

1. 각 성, 부, 주, 현에 학당이 아직 전면적으로 설립되어 있지 않고 언제 모두

5) 「광서 25년 3월 27일 유령정돈대학당(諭令整頓大學堂)」, 『덕종경황제실록(德宗景皇帝實錄)』 제441권, p.15.

6) 「위절실거판대학당유(爲切實擧辦大學堂諭)」, 『베이징대학교사료』 제1권, 베이징대학교출판사, 1993, p.51.

완전히 갖추게 될지 알 수 없으므로 지금 당장은 대학당에 입학하여 공부할 학생들이 없다. 임시변통으로 전문 분과를 설치하지 않고 먼저 대학 예비과(豫備科)를 설치하여 정과(政科)와 예과(藝科)로 나눈다. 나라에 인재가 급히 필요하므로 속성과(速成科)를 임시로 두어 사학관(仕學館)과 사범관(師範館)으로 나눈다.

2. 시야를 넓히기 위하여 대학당 부설로 예전 관서국 부지에 역서국을 설치하고 서적과 신문을 번역하여 인쇄하고 교과서를 편집한다.
3. 장서루(藏書樓)를 개설하여 각 성의 관서국이 일부 도서를 조달하고 또한 수시로 새로운 도서를 구입하여 조사 연구를 위한 검색 및 번역에 편리하도록 한다.
4. 운영경비를 넉넉하게 조달한다. 대학당의 발전을 돕기 위하여 매년 호부가 지출하는 경비 외에 조정에서 명령을 내려 매년 큰 성은 2만 냥, 중간급 성은 만 냥, 작은 성은 5천 냥을 수도에 보내게 할 것을 요청한다.

장백희의 건의에 대해 자희태후는 당일 어명을 내려 찬성을 표시하였다. 경사대학당은 순서에 따라 하나하나 정비를 시행하며 수업 재개를 준비해 나갔다. 1902년 4월 대학당은 역서국을 개설하였다.

1902년 7월 12일 장백희는 대학당 장정을 올리면서 대학당 안에 대학원, 대학 전문분과, 대학 예비과와 함께 부설 사학관, 사범관, 의학실업관(醫學實業館)의 설치 계획을 제출하였다. 1902년 9월 대학당 보수공사가 끝나자 즉시 포고문을 발표하여 학생을 모집하였다. 입학시험은 9개 과목으로 양문론(洋文論), 한문론(漢文論), 중국지리, 중외사사(中外史事), 번역, 대수(代數), 형학(形學), 공법학, 격치, 화학 등으로 나뉘어 치러졌다. 시험을 통과하여 합격한 학생은 사학관 57명, 사범관 79명으로 모두 합하여 136명이었다. 12월에 「흠정경사대학당장정」이 공포되었다. 12월 17일에 일시 폐교되었던 경사대학당은 2년 만에 다시 새롭게 개교하였다. 12월 18일에는 합병된 경사동문관이 번역전과(飜譯專科)로 바뀌었다.

1903년 2월 조정은 형부상서(刑部尙書) 영경(榮慶)을 관학대신으로 추가 임명하여 장백희와 함께 경사대학당 관련 업무를 관리하도록 하였다. 3월에 역학관을 설치하여 원래 설치되어 있던 번역과를 역학관에 합병하였다. 12월에 장지동(張之洞)이 주관하여 개정한 「대학당장정」을 자희태후에게 올렸다. 새로운 장정은 관학대신이 경사대학당뿐만 아니라 지방 각 성에 있는 학당의 사무도 함께 관할한다고 규정하였다. 나중에 한 사람이 혼자서 여러 직책의 일을 겸임하여 대처하기 어려웠으므로 장지동은 수도에 총리학무대신을 배치하여 전국의 학무를 관할하게 하고 그 외에 별도로 총감독 1명을 두어 경사대학당 사무를 전담하여 관리하도록 할 것을 주청하였다. 이후 조정에서는 관학대신을 학무대신으로 바꾸고 대학사인 손가내(孫家鼐)를 학무대신으로 추가 임명하고 대리사(大理寺) 소경(少卿)인 장형가(張亨嘉)를 대학당 총감독으로 임명하여 학무대신의 통솔을 받게 하였다.

1904년 1월에 「주정경사대학당장정」이 정식으로 공포 시행되었다. 새로운 장정에서는 대학원을 통유원(通儒院)으로 바꾸고 대학에 우선 예비과를 설치하며 사범관을 우급사범학당(優級師範學堂)으로 바꾸도록 하였다. 2월에 사학관은 진사관에 합병되었으며 4월에 진사관이 개학하였다. 8월에 경사대학당은 제2기 사범생과 제1기 예비과 학생을 모집하고 입학시험을 세 번에 나누어 실시하였다. 첫 번째 시험은 중문 한 편, 중국 역사와 지리 각 여섯 문제였다. 두 번째 시험은 중국어와 외국어 번역 각 두 편, 외국 역사와 지리 각 여섯 문제였다. 세 번째 시험은 산술 여섯 문제, 대수 및 평면기하 각 세 문제, 물리 및 무기화학 각 세 문제였다. 이후 계속하여 학생을 보충하는 시험을 실시하여 모두 신입생 360명을 모집하였다. 10월에 각 반의 학생들은 대학당에 와서 등록을 하였다. 11월에는 다시 예비과와 우급사범과(優級師範科) 학생을 한 반씩 모집하였다. 이때 경사대학당 각과의 학생은 모두 512명이었으며 교직원은 90여 명이었다. 당시의 경사대학당은 이미 전국에서 가장 큰 규모가 되었다.

경사대학당은 1898년 초에 설립되고 1902년에 다시 개교할 때까지 행정관리 체계와 교직원에 있어서 학교 운영의 필요에 따른 변화가 있었다. 1898년 장정의 규정에 따라 대학당 최고 관리자는 관학대신이었으며 그 밑에 총판(總辦) 1명, 총교습(總敎習) 1명을 두었다. 또한 중국인 분교습(分敎習) 24명, 보통학(普通學) 분교습 10명, 영어 분교습 12명, 일본어 분교습 2명, 러시아어, 독일어, 프랑스어 분교습 각 1명, 전문학(專門學) 10개의 분교습 각 1명, 제조(提調) 8명, 서기, 통역을 맡는 공사(供事) 16명, 문서를 기록하는 등록(謄錄) 8명, 장서루(藏書樓) 제조 1명, 공사 10명, 의기원(儀器院) 제조 1명, 공사 4명이 있었다. 직무가 서로 다른 관리인원은 모두 90여 명이 있었다. 1902년에서 1904년 사이에 행정관리 및 교학 인원은 해마다 증가하여 행정관리 체계도 여러 번 변화를 거쳤다. 이것을 쉽게 참고할 수 있도록 다음과 같이 행정조직 체계도를 제시한다.(〈도표 1〉 참고)

〈도표 1〉 1898년(광서 24년) 경사대학당 행정체계

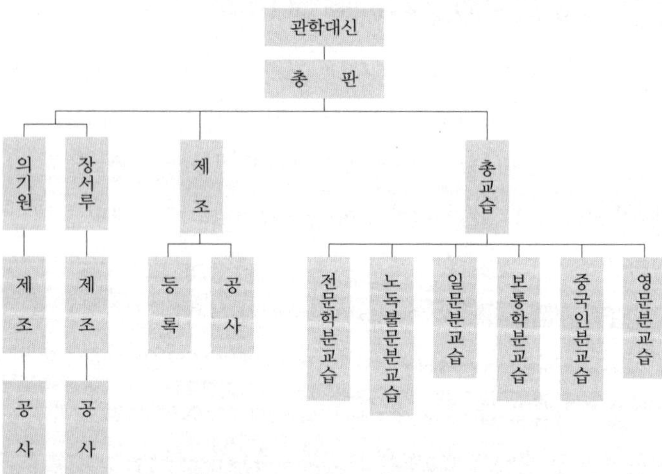

1902년 조정은 관학대신 1명을 임명하여 대학당 업무를 총괄하도록 하였다. 원래 두었던 총판 외에 부총판 2명을 증원하여 학당 전체의 모든 업무를 관리하도록 하였다. 당제조는 4명을 두어 학생의 출석 및 출입을 점검하고 질병 발생 등의 업무 책임을 맡도록 하였다. 지응제조(支應提調) 1명과 양판(襄辦) 1명을 두고 자금 출납의 감사 업무 책임을 맡도록 하였다. 잡무제조 2명과 양판 1명을 두고 학생들의 식사와 대학당에서 사용하는 모든 도구와 관련된 업무 책임을 맡도록 하였다. 장서루(藏書樓)와 박물원은 각기 제조 1명씩을 두고 서적, 실험기구, 표본, 모형 등의 설비 관리 책임을 맡도록 하였다. 의학실업관은 제조 1명이 의학관 학생들의 수업을 점검하고 아울러 대학당 진료 및 위생 등의 관리 업무를 담당하였다. 행정 방면에는 별도로 장사(掌事), 공사(供事), 서수(書手) 약간명을 두었다. 교습 방면에는 원래 두었던 총교습 외에 부총교습 2명을 증원하여 총교습과 협조하여 교학 업무의 책임을 맡는 동시에 중국인과 외국인 교습 및 학생들의 수업을 심사하는 책임을 맡도록 하였다. 그 밖에 서학 감독 1명을 두어 외국인 교습들이 규정대로 일을 하도록 독려하는 책임을 맡도록 하였다. 합병된 동문관(同文館)은 여전히 선례대로 외국인 교습 5명을 두었다.(〈도표 2〉 참고)

〈도표 2〉 1902년(광서 28년) 경사대학당 행정체계

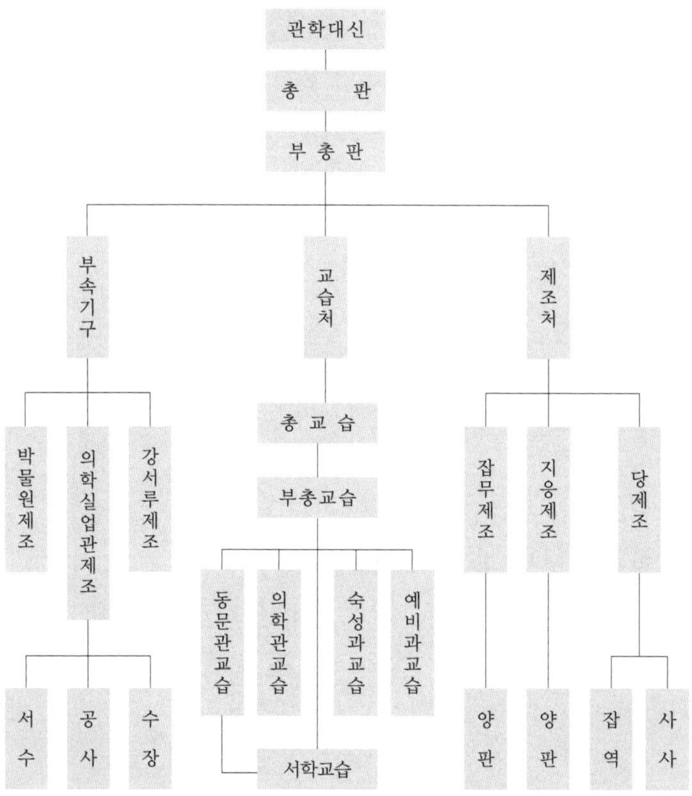

1903년 말에서 1904년 초에 이르자 새로 공포 시행된「주정경사대학당장정」에 따라 경사대학당의 규모가 다시 확대되면서 행정체제에도 새로운 변화가 일어났다. 당시 경사대학당에는 총리학무대신의 관할 아래 총감독 1명을 두어 각 분과대학의 업무를 주관하고 전체 학당의 인원을 통솔하였다. 분과대학은 각기 감독, 서무제조, 재무제조(齋務提調) 1명씩을 두었다. 교무제조(教務提調)는 각 분과대학에 1명씩을 두어 모두 8명이 있었다. 이들은 총감독의 관할 아래에 있는 분과대학 부감독에 해당하였으며 해당 분과대학의 수업 및 교습과 학생 관련 모든 업무를 관리하였다. 교원도 정교원과 부교원으로 나뉘어져 교무제조의 통제를 받았다. 정교원은 분과대학에 설치된 전공 수업을 주관하고 학문과 기술을 가르쳤으며 분과대학의 감독과 교무제조의 감찰을 받았다. 부교원은 정교원과 협조하여 학생을 가르치고 실험을 지도하였으며 역시 분과대학의 감독과 교무제조의 감찰을 받았다. 서무제조는 각 분과대학에 1명씩 모두 8명으로서 이들도 역시 분과대학의 부감독에 해당하며 해당 분과대학의 서류, 자금 출납, 주방 업무 외에 일체의 사무를 관리하는 책임을 맡았다. 그 아래에는 문안관(文案官), 회계관(會計官) 및 잡무관(雜務官)을 두어 각기 수발 문서의 작성과 관리 업무, 자금의 출납 업무, 해당 분과대학의 주방 일, 인부 노역, 건물, 기물과 가구 등과 관련한 모든 잡일을 처리하는 책임을 맡도록 하였다. 재무제조는 각 분과대학마다 1명씩 모두 8명이 있었으며 이들 역시 분과대학 부감독으로서 주요 책무는 해당 분과대학의 기숙사 관리와 일상생활을 감찰하는 일이었다. 그 아래에는 감학관(監學官), 검찰관(檢察官), 위생관을 두었다. 감학관 담당 업무는 해당 분과대학 학생들의 행실과 기숙사, 수업 근태상황, 일상생활 등을 점검하는 일이었다. 검찰관은 해당 분과대학 기숙사의 규율을 관장하면서 숙식을 보살피고 침구를 검사하는 일과 함께 정교원과 학생들의 언행을 바로잡는 업무를 담당하였다. 위생관은 위생 업무를 관장하였다. 그 밖에 대학당의 행정관리 체제를 시대의 요구에 부합하도록 정비하여 장서루 제조, 의학실업관 제조, 박물원 제조는 폐지하고 천문대경리관, 식물원경리관, 동물원경리관, 연습림경리관, 병원경리관, 도서관경리관 등의 직무를 증설하거나 개편하였다.(〈도표 3〉 참고)

〈도표 3〉 1904년(광서 29년) 경사대학당 교직원 편제 체계

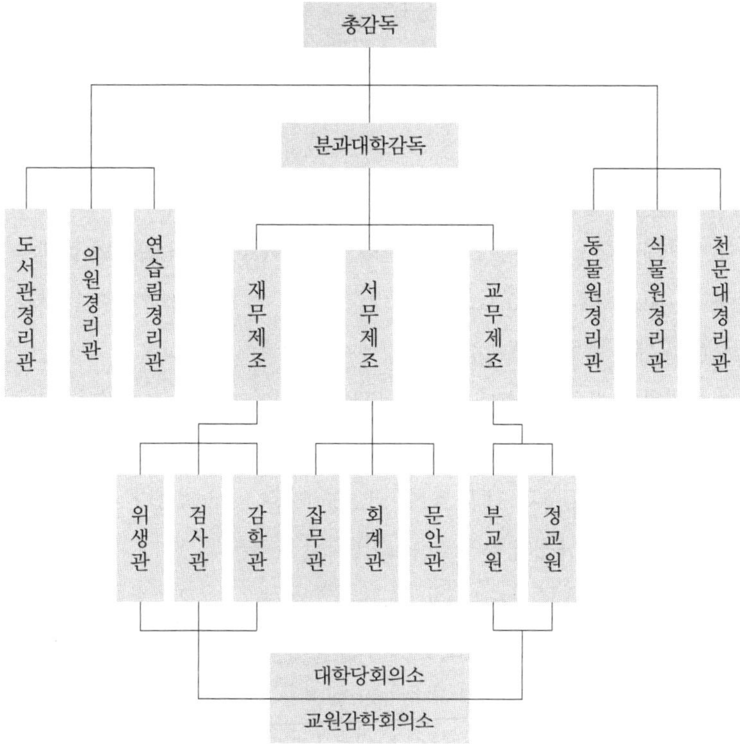

경사대학당 총감독은 처음에 대리사소경(大理寺少卿) 장형가(張亨嘉)가 겸임하였는데 그 후에도 계속하여 다른 관리가 겸임하였다. 1904년 「주정대학당장정」이 공포된 이후 경사대학당의 학생모집 인원 숫자가 매년 증가하여 건물을 계속 증축하였으나 여전히 부족하였다. 이렇게 되자 부성문(阜成門) 밖의 망해루(望海樓)에 분과대학을 건립하였다. 경사대학당 총감독이 대학당 전체의 각 분과대학에 관련한 모든 업무를 총괄하고 있고 분과대학이 수도에서 멀리 떨어져 있는 것을 고려해 보면 총감독이 당연히 대학당에 주재해야 여러 방면의 업무를 총괄적으로 기획하고 살필 수 있었다. 1907년 7월 학부(學部)는 총감독 직책을 실제로 직무를 맡는 관리로 바꾸고 임기를 3년으로 하여 '전문적으로 일을 맡아 수행하도록' 건의하는 주청을 하였다. 광서 33년

(1907년) 6월 25일 이부(吏部)는 제남학사서(濟南學司署) 총감(總監)인 주익번(朱益藩)을 경사대학당 초대 전문직 총감독으로 임명하였다. 이 명칭은 계속하여 1912년까지 사용되었다. 신해혁명 이후 경사대학당이 북경대학으로 개칭되면서 총감독도 교장으로 명칭이 바뀌었다.

"명체달용(明體達用)"의 다재다능한 통재(通才)를 양성하기 위하여 경사대학당은 조직을 관리할 유능한 인원을 배치하였으며 교사와 학생의 품행 교육과 행정 규제를 매우 중요시하였다. 개교 초기부터 대학당은 각종 규정과 제도에 대한 제정에 착수하고 운영 과정에서 끊임없이 완벽함을 추구하였다.

경사대학당 최초의 학당 규정은 1898년 12월에 제정된 것이었다. 이 규정에는 품행 감찰, 학생의 학당 출입 규정, 공부와 휴식 시간, 기숙사 관리 등이 포함되어 있었으며 모두 31개 조항, 약 3000자로 되어 있었다. 그 주요 내용을 간추리면 대략 아래와 같은 17개 조항으로 요약된다.

1. 선사(先師)를 숭경한다. 학당의 정청(正廳)에 지성선사(至聖先師) 공자의 위패를 모시고 음력 2월과 8월 상순(上旬) 첫 정일(丁日)에 관학대신, 한족 총교습, 제조, 분교습, 사학원 인원들이 학생들을 인솔하여 공자에게 제사를 지내면서 세 번 무릎을 꿇고 아홉 번 머리를 땅에 조아려 절하는 삼궤구고(三跪九叩)의 예를 올린다. 개학을 하면 관학대신으로부터 학생들에 이르기까지 모두 선사의 위패 앞에서 삼궤구고의 예를 올린다.
2. 대학당 정문은 정해진 시간에 열고 닫으며 학당에 유숙한 제조가 열쇠를 보관하였다가 이때 직접 가서 점검한다. 대문이 닫힌 후 열리기 전까지는 마음대로 출입하는 것을 금지한다. 만약 공문서 전달 등 긴요한 일이 있을 경우에는 반드시 먼저 제조에게 보고한 뒤에 상황에 따라서 통행을 허가 받을 수 있다.
3. 중국어 분교습의 수업은 하절기에는 오전 7시에 시작하여 11시에 끝나고 동절기에는 오전 8시에 시작하여 정오 12시에 끝나는 것으로 정하고 지각하지 않아야 한다.
4. 매일 식사 시간은 하절기 조식은 정오 12시이고 석식은 오후 6시이며 동절

기 조식은 오전 11시이고 석식은 오후 5시이다.

5. 매일 대학당에 출근한 제조, 교습, 사학원 관리는 모두 한 사람씩 차례대로 『사서오경(四書五經)』 경전의 일부분이나 『자정요람(資政要覽)』, 『권선요원(勸善要言)』, 『오종유규(五種遺規)』 중에서 하나를 강의하여야 한다.
6. 학생 기숙사는 한 재(齋)에 열 명씩 나누어 기거하는데 각 재마다 학생들이 재장(齋長) 1명을 추천한다. 만일 학생이 대학당의 규칙을 위반하는 일이 있으면 재장은 사실대로 신고하여야 한다. 이를 감싸 주거나 무고하는 자가 적발되면 반대로 재장이 처벌받는다.
7. 소학당 학생은 분교습의 전적인 규제를 받게 되는데 분교습 한 사람이 10명의 학생을 맡아서 규제한다.
8. 학생 정원은 원래 500명이지만 지금 잇따라서 지원한 자가 이미 정원을 훨씬 초과하여 먼저 시험을 치를 예정이다. 과거 시험에 합격한 자가 아니면 당연히 문리(文理)에 관한 시험을 치르게 하여 입학 여부를 결정하도록 한다. 거인(擧人)이거나 진사(進士) 시험에 우수한 성적으로 합격하여 등용된 자는 시험을 볼 필요 없이 즉시 입학 허가를 받을 수 있다.
9. 수도에 살고 있는 팔기(八旗)의 구성원은 관대하게 입학을 허용하고, 그중 공부가 모자라나 성격이 착실한 자들에게는 학문을 연구하는 기풍을 배우게 하여 인재로 양성하도록 한다.
10. 학생이 학당에 온 지 3개월이 되면 제조와 교습은 각기 명부 하나씩을 만들어 품행의 우열을 조사한다. 규칙을 지키지 않고 가르침을 따르지 않는 자는 제적할 수 있다. 반드시 상세하게 기록하고 상호 심사하여야 하고 사사로운 정에 얽매여 분수에 맞지 않는 일을 해서는 안 된다.
11. 대학당 학생의 이수 기간은 총 3년이 만기이며 결혼, 친상, 질병 등으로 휴가를 다녀온 뒤에는 다시 그 기간을 보충하여 3년의 기한을 채워야 한다. 학생의 이수 기간이 만기가 된 뒤에 관학대신, 총교습은 적절한 시험을 보아서 품행과 학업 성적이 모두 우수하면 「동문관남북양장정(同文館南北洋章程)」에 따라 적합한 등급의 포상을 조정에 요청한다. 만일 심혈을 기울여서 심오한 학문을 연구하려는 뜻을 가진 자가 만기가 된 뒤에도 남아 있기를 희망하면

역시 관학대신과 총교습이 시험을 보아 사실을 확인한 후에야 남아서 공부하는 것을 허락한다. 이와 같은 학생이 공부를 마치면 포상을 주청한다.

12. 사학원의 정원은 100명이며 대학당에 기숙하는 40명은 정반(正班)으로 대학당에 기숙하지 않는 60명은 외반(外班)으로 한다.
13. 대학당에 입학하면 바로 시험을 치르며 시험 성적에 따라 1반, 2반, 3반으로 나눈다. 매월의 성적을 기준으로 반 전체의 성적표를 작성하고 우등자를 뽑아 시상한다. 여러 번 우등자가 되는 학생은 상급반에 진급할 수 있고 여러 번 하위에 머무르는 학생은 하급반으로 들어가야 한다.
14. 사학원에서 서양 학문을 배우려는 자는 서양인 교습에게 지도를 받고 시험을 본다. 중국 학문을 배우려는 자는 예전에 배웠던 지식을 스스로 복습해도 되지만 경사(經史), 정치, 장고(掌故) 등의 분야 중에서 하나만을 선택하여야 한다. 매일 공부하고 섭렵한 책들은 모두 일기에 기록하고 독후감을 작성하여 검사를 받는다.
15. 학생이 독서를 하다가 의문이 생기면 수시로 분교습에게 질문할 수 있으나 일부러 곤란하게 해서는 안 된다.
16. 매일 여가 시간에는 체조나 무술을 연마하여 신체를 단련한다. 이것은 옛사람들이 휴식을 할 때에도 공부를 잊지 않은 뜻을 본받는 것이다.
17. 학교에서 반을 나누는 것은 아주 중요한 의미가 있는데 그 목적은 학생을 구분하려는 것이 아니라 같은 반의 학생들이 비슷한 수준에서 함께 공부할 수 있게 하고 서로 크게 차이가 나지 않도록 하기 위해서이다. 그리하여 원래 제기했던 의견들에 대해 더욱 상세히 분석해 보고 중국 학문에 능통하고 서양 학문에도 입문한 자를 1반, 중국 학문에 능통하지만 서양 학문은 모르는 자는 2반, 중국어는 알지만 중국 학문은 아직 잘 모르는 자는 3반으로 나눈다. 중국어도 아직 잘 통하지 못하는 자는 원래의 의견대로 16세 이하, 12세 이상의 학생들과 함께 소학당에 들어가게 한다.[7)]

7) 「경사대학당규조(京師大學堂規條)」, 『중국근대학제사료(中國近代學制史料)』 제1권(하), 화동사범대학교출판사, 1986, pp.668-671.

무술변법이 실패한 후에도 경사대학당이 남아 있게 되기는 하였지만 오랫동안 쌓인 나쁜 습관을 제거하고 학생들의 언행이 조정의 단정한 취지에 거스르지 않게 하기 위하여 관학대신 손가내는 26개의 경사대학당 금지조항을 다시 제정하였다. 이 조항들은 학생의 휴가신청 절차, 옷차림, 언행, 위생 습관 등에 대하여 규정하였는데 "입학하는 자들이 보기만 해도 몸서리를 칠 정도로 반드시 지킬 것을 요구하였다. 그 주요 내용은 다음과 같다.

1. 매월 3일의 정기 휴가가 있다. 정기 휴가 외에 교습이나 학생이 집에 사정이 있으면 3일 반의 휴가를 더 쓸 수 있다. 단, 빠진 수업은 학교에 돌아와 보충해야 한다.
2. 정기 휴가 외에 학생이 일이 있어서 휴가를 신청할 때는 본인의 말로써는 증빙이 되지 않고 반드시 학부모가 휴가 신청 사유를 설명하여야 한다. 만일 학부모가 수도에 없으면 같은 재(齋)의 학생들이 보증을 해 주어야 휴가를 허락할 수 있다.
3. 학생의 출입은 반드시 검사를 받아야 한다. 잡무처에서는 공사(供司) 신분의 관리자 1명을 선임하고 명부를 만들어서 학생의 출입 시간을 기록한다.
4. 학생이 나쁜 습관에 물들어 여송연이나 궐련을 피워서는 안 된다. 겉옷에 다른 색깔의 원단으로 선을 덧대어 둘러서는 안 된다. 위반하면 모두 벌점을 받는다.
5. 학생은 일상생활용품 이외에 기타 물품을 학당에 반입해서는 안 된다.
6. 학생의 기상과 취침 시간은 모두 정해져 있다. 기상 시간은 하절기 오전 5시이고 동절기에는 일출 시간으로 하며, 취침 시간은 하절기는 오후 7시이며 동절기에는 오후 10시이다. 취침 후 재장(齋長)이 보고를 하고 일제히 소등한다.
7. 학생은 반드시 깨끗이 세수를 하고 의관을 정제해야 한다. 만약 제멋대로 불결한 몸가짐을 하게 되면 실로 불경스러운 것이다. 이를 위반하면 벌점을 받고 여러 번 위반하면 제명 처분을 받게 된다.
8. 말을 어지럽고 혼란스럽게 하는 것을 삼가야 한다. 스승에게 하는 질문은 마

땅히 조리 있게 여쭈어야 하며 말을 가로채거나 함부로 대답을 해서는 안 된다. 목소리가 높거나 낮은 것도 역시 절제하여야 한다. 이러한 것들은 모두 학문과 수양에 관련되므로 가장 엄중히 경계하는 것이다. 위반하면 벌점을 받는다.

9. 아무 곳에나 가래를 뱉거나 대, 소변을 보는 것을 삼가야 한다. 건물 바닥은 아주 청결해야 하는데 마음대로 가래를 뱉는 것은 매우 역겨운 짓이다. 위반하면 벌점을 받는다.
10. 몸가짐은 장유유서를 따르고 앞질러 다녀서는 안 된다. 위반하면 벌점을 받는다.
11. 근면을 익히기 위하여 학생의 옷이나 짐은 스스로 정리하고 하인을 함께 데리고 있어서는 안 된다.
12. 식사를 한 후에는 15분간 산보를 한다. 이때 학생들끼리 서로 질의 논쟁을 할 수 있으나 장광설을 늘어놓고 왁자지껄해서는 안 된다. 만일 삼삼오오 무리를 이루어 시끄럽게 떠들면 큰 벌점을 받는다.
13. 학생은 서양 담배 흡연, 폭음, 도박, 욕하거나 때리며 싸우는 일 등은 모두 삼가야 한다. 위반하게 되면 제명 처분을 받게 된다.
14. 학생은 음란한 이야기를 하거나 시비를 거는 행동을 삼가야 한다. 위반한 자는 경고를 받고 여러 번 위반하면 제명 처분을 받게 된다.
15. 스승을 업신여기는 행동은 엄격히 금한다. 규제를 따르지 않는 자는 제명 처분을 받게 된다.
16. 매일 수업에 지각하는 자는 과실로 기록되고 여러 번 지각하면 제명 처분을 받게 된다.
17. 일부러 서적이나 기물을 더럽히거나 훼손시키는 일은 삼가야 한다. 위반자는 벌점을 받고 여러 번 위반하면 제명 처분을 받게 된다.
18. 휴가 신청을 하지 않고 외출하는 것은 삼가야 한다. 위반자는 제명 처분을 받을 수 있다.
19. 외부인을 기숙사에 묵게 하고 식사를 하게 하는 자는 큰 벌점을 받는다.
20. 이유 없이 3일 이상 결석하거나 정기 휴가를 2일 이상 초과하는 자는 모두

벌점을 받는다.

21. 학생이 규칙을 위반하여 과실로 기록된 경우 해당 학생의 학부형이 대학당에 와서 논쟁해서는 안 된다.
22. 학생마다 모두 기록부가 있는데 매일 교습에게 가서 여기에 출석 서명을 하여야 한다.[8)]

위와 같은 대학당 규칙 외에 경사대학당은 서로 다른 사람들로 분담하여 「경사대학당당사규조(京師大學堂堂舍規條)」, 「경사대학당사학원, 사범관교습주의조규(京師大學堂仕學院, 師範館敎習注意條規)」, 「경사대학당사학원, 사범관강당조규(京師大學堂仕學院, 師範館講堂條規)」, 「경사대학당제조직무조규(京師大學堂提調職務條規)」 등 일련의 규정제도를 상세히 개정하였다. 이러한 규정들은 크게는 교습과 제조의 책임에서 작게는 수업 사이의 휴식시간까지 두루 갖추어서 미치지 않는 부분이 없었다. 각종 규정들은 통틀어 116개에 달하였다. 규정을 공포하여 실시하게 되자 경사대학당은 정상적인 교학과 생활을 질서 있게 관리할 수 있게 되었다. 예를 들면 「경사대학당당사규조」는 다음과 같이 규정하였다.

사학관과 사범관 학생들은 모두 기숙사에서 생활하여야 하며 아침에 등교하고 저녁에 하교할 수 없다.

학생은 학당의 식당에서 식사하는 외에 침실에서 사사로이 취사를 하거나 차를 끓여서는 안 된다. 또한 목욕 및 일체의 오염이나 손상 행위는 할 수 없다.

학생은 기숙사에서 더욱 근엄하고 조용해야 하며 다른 사람의 공부에 방해가 되지 않도록 큰소리로 책을 읽거나 이야기를 나누어서는 안 된다.

학생의 집안사람이 방문한 경우에는 응접실에서 만나 이야기를 나누고 기숙사 안에 들여서는 안 된다.

학생은 기숙사에서 보아서는 안 되는 서적을 볼 수 없으며 수시로 당제조의

---

8) 「경사대학당금약(京師大學堂禁約)」, 『중국근대학제사료(中國近代學制史料)』 제1권(하), 화동사범대학교출판사, 1986, pp.671-673.

검사를 받아야 한다.[9]

또 하나의 예를 들면 「경사대학당사학원, 사범관교습주의조규」는 다음과 같이 규정하였다.

> 각 교습들은 매 학기 개강일 10일 전에 반드시 총정교습에게 수업 계획서를 올려서 학기 안에 강의할 모든 내용을 순서대로 자세히 기록하여 제출하여야 한다.
>
> 각 교습들은 학기 시험 및 학년 시험이 끝난 후 7일 이내에 반드시 총정교습에게 시험문제와 학생들의 시험점수 및 답안지를 올려야 한다. 그러나 긴급한 사정이 있을 경우 총정교습은 이 조항에 규정된 기한을 지키지 않을 수 있다.
>
> 정해진 교과서의 내용을 바꾸거나 수업 계획서에 기재된 사항을 바꾸려면 반드시 총정교습과 먼저 상의하고 심사를 거쳐 승인을 받은 후에 시행할 수 있다.
>
> 총정교습은 긴급한 사유가 있을 경우 이를 상의하기 위하여 사학관과 사범관의 교습 전원이나 일부를 회의에 소집할 수 있다. 필요한 경우에 총교습은 관학대신에게 보고하고 대학당 전체 직원이나 일부 직원을 회의에 참가하도록 소집할 수 있다. 회의는 특정 주요 사안의 연유를 심의하기 위한 것이며 회의 소집은 총정교습이 수시로 정한다.[10]

당시 경사대학당의 수많은 규정들은 오늘날까지 계속 사용되고 있다.

1902년 「흠정경사대학당장정」이 공포된 후 관학대신 장백희는 "나라에 대한 충성심과 애국심을 불러일으키고 이단 사상의 제창을 엄금하여 추진하는 방향을 단정히 한다"는 지도 사상에 따라 다시 새롭게 대학당 규정을 수정하였다. 새로운 규정은 특별히 당시의 청국 조정과 대학당 관리인원을 존중할

---

9) 『중국근대학제사료(中國近代學制史料)』 제2권(상), 화동사범대학교출판사, 1987, pp.898-900.
10) 위의 책, p.900.

것을 강조하였다. 새로운 규정의 예를 들면 다음과 같다.

1. 교습과 학생은 모두 『성유광훈(聖諭廣訓)』을 받들어 지키고, 매월 초하루에 총교습, 부총교습, 총판들은 학생들을 예당으로 인솔하여 『성유광훈』을 정중하게 낭독한다.
2. 개학과 방학, 그리고 매월 초하루에는 총교습, 부총교습, 총판들은 학생들을 인솔하여 공자의 위패 앞에서 예를 행한다. 예가 끝나면 학생들은 총교습 등에게 세 번 읍하고 반으로 돌아간다.
3. 매년 황태후, 황상(皇上), 황후의 생신 및 공자의 탄신일, 문묘에서 공자를 제사지내는 전례(典禮)를 행하는 음력 2월과 8월 첫 정일(丁日)에는 총교습, 부총교습, 총판들은 학생들을 인솔하여 예당에서 의식을 거행한다.
4. 학생은 평일에 관학대신, 총교습, 부총교습, 분교습 등을 만나게 되면 제자의 예를 행하고 그 밖의 관원 및 상위 집사에게는 읍하여 경의를 표한다.

1903년에는 「주정대학당장정」을 공포하면서 새로 제정된 일련의 다른 대학당 규정들도 함께 공포하였다. 그 규정들은 「한양교습직무조규(漢洋教習職務條規)」, 「당제조직무조규(堂提調職務條規)」, 「강당사무원직무조규(講堂事務員職務條規)」, 「재장직무조규(齋長職務條規)」, 「반장직무조규(班長職務條規)」, 「강당조규(講堂條規)」, 「강당일기조규(講堂日記條規)」, 「고시조규(考試條規)」, 「기숙사조규(寄宿舍條規)」, 「반청조규(飯廳條規)」, 「학생기과조규(學生記過條規)」, 「학생진사조규(學生陳事條規)」, 「청강원조규(聽講員條規)」 등 13개이며 이 규정들의 세부 조항들은 236개나 되었다. 이들에 대해 독자들의 이해를 돕기 위해 다음과 같이 대략적인 예를 들기로 한다.

1. 「한양교습직무조규」

이 규정은 총 37절로 되어 있으며 대학당에서 근무하는 중국 및 서양 교습의 직책, 권한, 수업, 출근상태 조사기록, 행위, 학생 관리 등에 대하여 규정함으로써 교습들이 맡은바 책임을 다하여 교학 임무를 완수할 수 있도록 하였다.

예를 들면 다음과 같다. 중국 및 서양 교습은 매 학기 개강 전(늦어도 10일 이전)까지 반드시 해당 학기 수업 계획서를 총교습에게 올려야 하며 서양 부교습은 총교습과 정교습에게 각 1부씩 올려야 한다. 수업 계획서에는 해당 학기에 가르쳐야 할 모든 내용을 순서대로 자세히 기록하여야 한다. 수업과 관련한 일체의 사안에 대하여 의견이 있을 경우 중국 및 서양 교습은 반드시 총교습에게 보고하여야 하며 그 의견의 수용 여부는 모두 총교습이 결정한다.

중국 및 서양 교습이 휴가를 신청할 경우에는 그 기간에 상관없이 모두 총교습에게 보고해야 한다. 서양 부교습은 서양 정교습과 상의한 후 다시 총교습에게 보고해야 한다. 교습의 휴가 신청은 모두 총교습이 관학대신에게 보고하고 각각 승인 여부를 결정한다.

중국과 서양 교습이 공무로 멀리 떨어진 다른 곳에 갈 경우에 총교습은 교원을 선임하여 그의 일을 대행하도록 한다. 중국 및 서양 교습이 개인적인 일로 부득이하게 보름 이상 장기휴가를 신청할 경우 반드시 보름 전에 총교습에게 보고하고(갑작스러운 일은 제외함) 스스로 자신의 업무를 대행할 사람을 부탁해 놓거나 총교습이 사람을 선임하여 업무를 대행하게 한다(스스로 사람을 부탁해 놓은 경우 총교습은 부탁을 받은 자가 감당할 수 있는지를 판단하고 결정해야 함).

중국 및 서양 교습이 공적 휴가나 사적 휴가 외에 질병이나 중요한 일로 수일 혹은 수 시간의 휴가를 신청하려면 반드시 총교습에게 보고하고 총교습은 이 내용을 결근부에 기록해야 한다. 만약 만성질환인 경우에는 대학당이 의사를 보내 확인하고 상황에 따라 휴가일수를 정하는데 보름이 넘으면 총교습은 관학대신에게 보고해야 한다. 업무 대행자의 선임이나 급료 감액 여부는 모두 관학대신이 참작하여 결정한다.

중국 및 서양 교습과 조교들은 수업을 끝낸 후 방에 계속 남아 있어서 학생들의 자습 시간에 하는 질문을 대비하여야 한다. 만약 수업이 끝나자마자 서둘러 가버리면 이것은 일에 전념하면서 사람들과도 잘 어울려 지내야 하는 도리에 맞지 않는 처신이므로 총교습은 수시로 이를 조사하여 그 결과를 연말 근무고과에 반영한다.

총교습 및 중국 교습 및 서양 교습은 외국어를 강의하거나 편성된 교과서가 있는 경우를 제외하고는 반드시 대학당이 배포한 강의서에 따라 수업을 진행하여야 하며 쓸데없는 말로 대강대강 해서는 안 된다. 중국 및 서양 교습의 교실 도착 시각은 학당 교실 안의 시계를 기준으로 하고 교습이 휴대한 시계를 기준으로 해서는 안 된다. 중국 및 서양 교습은 수업 시작을 알리는 종소리가 울리면 즉시 강당으로 가야 하며 일체 다시 독촉하지 않는다. 만약 교습이 10분 이상 늦게 강당에 도착하면 강당 사무원은 이를 총교습에게 보고하고 수업시간의 반을 결근하는 것으로 교습 결근부에 기록한다.

학생이 벌점을 받은 경우에는 각 교습은 이를 총교습에게 보고한 후 공시하며 학생의 기록부에 기입한다. 교습은 강당에서 솔선수범하고 규정을 준수하며 임의로 규칙을 바꾸어 버리거나 어지럽혀서는 안 된다. 총교습은 이에 대해 수시로 조사하여야 한다.

2. 「당제조직무조규」

이 규정은 총 16절로 되어 있고 주요 내용은 당제조(堂提調)의 직책 범위를 규정하였으며 예를 들면 다음과 같다.

당제조는 관학대신의 명령을 받아 기숙사 내의 모든 일을 감독하는 일을 수행한다. 당제조는 사무처에 학생 이력명부와 학생 휴가요청 명부를 비치하여야 한다. 학생이 질병 등으로 장, 단기 휴가를 신청하거나 긴요한 일로 수업 시간에 휴가를 신청하여 외출하거나 당일 외박이나 수일 간의 휴가를 신청하면 당제조는 그 사정을 확인하여 상황에 따라 승인 여부를 결정한다. 휴가 승인을 받은 자에 대해서는 성명과 사유를 외출 휴가 명부에 기입한다. 휴가로 인하여 결석한 자는 별도로 결석부에도 기록한다.

당제조는 매일 대문 출입 등록부를 조사하고 출입 학생 수와 성명이 휴가를 신청한 자와 일치하는지 확인해야 한다. 당제조는 매년 최소 한 번 이상 의사에게 학생의 건강 진단을 실시하고 위생 조사표를 작성하여 총교습과 총판처(總辦處)에 한 부씩 제출하여 보관하도록 한다. 기숙사의 모든 사환은 당제조가 관할하며 만약 규칙을 위반한 자가 있으면 경중에 따라 파면할 수 있다.

3. 「강당사무원직무조규」

이 규정은 총 17절로 되어 있고 주요 내용은 강당 사무원의 직책을 규정하였으며 예를 들면 다음과 같다.

수업의 시작과 종료를 알리기 위하여 잡역부에게 매시간 종을 울리게 한다. 매일 휴가를 신청하는 학생들의 명단을 작성하여 총교습에게 보고한다. 교습 회의가 있을 경우 당일 회의 의장의 명령을 받아 회의 개요 및 회의 참가자의 성명을 각 관(館) 회의록에 기록하고 그 회의록을 강당 사무처에 보관한다. 강당 사무처에는 학생 이력 명부, 교습과 직원들의 이력 명부를 비치하여야 하며 그 내용이 바뀌는 경우에는 수시로 고쳐 놓아야 한다.

4. 「재장직무조규」,「반장직무조규」

이 규정들은 각각 총 10절과 13절로 되어 있으며 주요 내용은 학생들이 추천하여 선발된 재장(齋長), 반장의 직책을 규정하였다. 예를 들면 다음과 같다.

「재장직무조규」 제3절에는 재장은 매일 자신이 속한 재에 있는 학생들이 휴가를 신청하거나 휴가를 마치고 돌아와 보고한 현황을 반장에게 알려야 한다. 재장은 한 학기마다 한 번씩 바뀐다. 만약 주도면밀하게 일을 수행하면 당제조가 유임을 요청할 수 있다. 부재장도 마찬가지다.

「반장직무조규」 제1절에는 모든 반은 반장 1명, 부반장 1명을 두는데 총교습이 지명하여 임명한다. 그리고 반장은 교습이 검사하기 편하게 하기 위하여 수시로 결석한 학생을 기록하여야 한다. 반의 전체 학생이 총교습에게 진술할 일이 있으면 반드시 반장이 대표자가 되어야 한다.

5. 「강당조규」, 「강당일기조규」

이 두 개의 규정들은 모두 20절로 되어 있으며 주요 내용은 학생이 준수해야 할 수업 기율, 주의사항, 강당 일기에 기록해야 할 주요 내용 등을 명문으로 규정함으로써 검사와 실제 시행을 하기 편리하도록 하였다. 예를 들면 다음과 같다.

「강당조규」 제1절: 매일 수업 시간은 대략 6시간이며 총교습이 배정하고 강당에 게시한다(긴요할 경우 수업시간을 늘릴 수 있음). 매 수업이 끝나면 15분간 휴식한다. 수업 시간에 학생은 교습의 허락 없이 자리를 떠나서는 안 된다. 강당에서 학생은 언행에 예의를 갖추어야 하며 제멋대로 말하거나 행동해서는 안 된다.

6. 「고시조규」

이 조규는 총 14절로 되어 있으며 시험 시간, 시험장 기율, 채점과 시험점수의 기록 방법 및 규정을 위반한 자의 처벌 등에 대하여 규정하였다. 예를 들면 다음과 같다.

매월 한번 시험을 치르며 해당 과목의 교습이 시험문제를 내고 시험을 감독하며 시험 점수를 기록하여야 한다. 학기말 시험과 연말시험도 역시 이와 같이 시행한다. 매 시험 시간을 두 시간으로 할지 혹은 세 시간으로 할지의 결정은 수시로 상황에 따라 교습이 한다.

학생이 시험을 회피하기 위하여 휴가를 신청해서는 안 된다. 이를 위반하는 자는 큰 벌점을 받게 된다. 학생이 시험장에서 시험지를 내기 전에는 어떠한 일이 있어도 강당을 나가서는 안 된다. 또한 서로 이야기를 하거나 종이나 붓을 건네거나 자리를 바꿔 앉거나 임의로 움직여서는 안 된다. 위반하는 자는 벌점을 받는다.

7. 「기숙사조규」, 「반청조규」

이 두 개의 규정은 모두 27절로 되어 있으며 주요 내용은 학생 기숙사의 일과시간, 위생, 안전, 기율, 내방객 만남, 식당 기율, 좌석 등의 주의사항을 규정하였다. 예를 들면 다음과 같다.

학생은 기숙사에 있을 때 더욱 정숙하여야 하며 큰소리로 웃고 떠들어서 열심히 공부하고 있는 다른 사람에게 방해가 되지 않도록 해야 한다. 또한 다른 학생을 괴롭히는 행동을 해서는 안 된다.

학생은 급한 일로 휴가를 신청하거나 집에 가거나 친척이나 친구 집에서 외박을 할 경우에는 미리 당제조에게 보고하여 허락을 받은 후에야 나갈 수 있다. 외출한 후 갑자기 급한 일이 생겨서 당일 대학당에 돌아올 수 없게 되면 반드시 다른 사람에게 부탁하여 휴가 기간의 연장을 신청해야 한다.

기숙사에 거주하는 학생은 자기 종복을 데리고 있을 수 없으며 기숙사에서는 사환이나 하인을 배치하여 심부름을 시킬 일이 있을 경우에 대비한다. 만약 사환이나 하인이 시키는 일을 제대로 복종하지 않으면 당제조에게 보고하고 불복종의 정도에 따라 질책한다. 주방의 음식과 차(茶)가 깨끗하지 않으면 역시 당제조에게 보고한 후 책임을 따진다.

「반청조규」의 규정 내용은 다음과 같다.

모든 식탁은 정원이 8명이며 한 사람이 좌석 두 개를 차지해서는 안 된다. 모든 식탁에서 윗자리는 교습이나 당제조가 앉고 나머지 일곱 개 자리에 학생들이 앉는다. 교습이든 학생이든 모두가 함께 단정히 식탁에 앉아서 식사하고 자리를 떠야 하며 어수선하지 않아야 한다. 식당에서는 교습은 물론이고 사무원이나 학생 모두 밥을 더 담는 것은 자기 스스로 해야 하며 잡역부를 시켜서는 안 된다.

8. 「학생기과조규」

이 규정은 총 49절이며 학생이 결석, 지각, 조퇴, 휴가 기간 초과, 수업시간에 기율 위반 등을 하거나 스승과 어른을 무시하는 행위, 예절을 지키지 않거나 공공기물을 훼손하고 옷차림 규정을 위반하는 행위, 시험 성적이 기준에 미치지 못하거나 일과시간을 지키지 않거나 서로 싸우는 등의 학교 규칙을 위반하면 응당 받아야 하는 처벌들을 자세히 열거하였다. 예를 들면 다음과 같다.

기숙사에 거주하는 학생은 수업 시간에 맞추어 강의를 들어야 하고 지각하지 않아야 한다. 미리 휴가를 신청하지 않고 제멋대로 시간을 끌면서 수업시간에 출석하지 않는 자의 경우에는 교습에게 큰 벌점을 받는다. 학생이 강당에서 졸고 기지개를 켜거나 코를 풀고 침을 뱉거나 담배를 피우고 차를 마시거나 방자하게 담소를 하거나 터무니없는 질문을 하거나 난잡한 물건을 가지고 있거나 잡서를 읽는 자는 교습에게 벌점을 받는다. 학생이 강당에서 교습에게 질문을 할 때는 반드시 일어나서 예를 표하여야 한다. 교습이 무엇을 묻게 되면 역시 일어나서 예를 표하고 대답하여야 한다. 위반자는 벌점을 받는다.

강당에는 반드시 예의를 갖추어 출입하여야 하고 질서 없이 난잡하면 교습에게 벌점을 받는다.

외부 손님이 강당에 와서 강의를 참관하게 되면 일어나서 예를 표한다. 위반자는 교습에게 벌점을 받는다. 강당의 실험기구와 기물을 훼손한 자는 교습에게 벌점을 받는다. 예식을 행할 때 떠들고 추태를 부리거나 도피하고 참석하지 않은 자는 당제조에게 벌점을 받는다. 외국어 수강은 한 과목을 정하게 되면 이후 임의로 변경할 수 없다. 위반자는 교습에게 벌점을 받는다.

체조용 모자와 의복 및 신발을 지급받은 뒤에 체조 시간에 체조복장으로 바꾸어 입지 않은 채 운동장에 나가는 자는 교습에게 벌점을 받는다.

시험 볼 때 전혀 쓰지 못하거나 문맥이 통하지 않는 황당한 글을 쓴 자에게는 교습이 큰 벌점을 부여하거나 관학대신에게 보고하여 제명하고 기숙사 장정에 따라 지원했던 학비를 환수한다. 시험에 여러 번 낙제한 자는 상황에 따라 교습이 큰 벌점을 부여하거나 관학대신에게 보고하여 제명하고 기숙사 장정에 따라 지원했던 학비를 환수한다.

말다툼을 한 자는 당제조에게 벌점을 받고 치고받고 싸운 자는 큰 벌점을 받는다. 제멋대로 대소변을 본 자는 당제조에게 벌점을 받는다. 아침에 징이 울렸는데도 기상하지 않는 자는 당제조에게 벌점을 받는다.

벌점을 세 번 받으면 큰 벌점 한 번에 해당되고 한 해에 큰 벌점을 세 번 받게 되면 제명하고 기숙사 규정에 따라 지원했던 학비를 환수한다. 학생이 서양 담배를 피우거나 여럿이 모여 도박을 하면 제명하고 역시 기숙사 규정에 따라 지원했던 학비를 환수한다.

9. 「학생진사조규」

이 규정은 총 18절이며 주요 내용은 학생이 의견을 충분히 제기할 수 있는 권리가 있다는 것을 설명하고 의견 진술 범위, 절차, 방법 등을 규정하였다. 예를 들면 다음과 같다.

학생을 양성하는 것이 학당 운영의 가장 중요한 목표이다. 그러므로 학생, 교습, 교직원은 모두 학당의 법률이 정한 자신의 생각을 진술할 권리가 있다. 학생은 학당 전체에 이롭거나 해로운 일이 있으면 모두 진술할 수 있다. 학생은 자신이 하고 싶은 말이나 드러내고 싶은 생각이 있으면 모두 진술할 수 있다.

교습이 강의 내용에 잘못이 있거나 불공정한 일이 있을 경우에는 해당 과목의 교습에게 진술할 수 있다. 만약 그 교습이 인정하지 않으면 총판에게 다시 진술할 수 있다. 총판이 이에 대해 동의하지 않아도 학생이 이것을 바로잡을 수 있도록 해야 한다.

학당 외의 일에 대해서는 학생은 진술할 수 없다. 학당 내의 일이라도 학생이 관여해서 안 되는 일에 대해서는 진술할 수 없다. 학생은 사사로운 청탁이나 자신의 이익을 획책하거나 도리를 벗어난 일에 대해서는 진술할 수 없다. 학생의 진술에 대해 해당 직원은 수시로 회답하여야 하며 상의하여 결정해야 할 사안은 나중에 회답한다(작은 일은 3일 기한, 큰일은 상의하여 결정).

직원들의 업무 가운데 모든 반 학생들과 상의해야 할 일이 있을 경우에는 먼저 해당 사안에 대해 학생들 스스로 상의하여 결정하도록 한다. 이 때 임시로 재장(齋長)과 반장이 대표가 되는데 뒤섞여 어수선하게 진술해서는 안 된다.

직원들의 업무 가운데 학생들의 투표로 결정해야 할 일이 있을 경우 학생들은 각자 자기 의견을 발표하고 투표지에 기명하여 투표를 한다. 이때 떠들썩하게 진술해서는 안 된다.

대학당 전체 학생들은 협력하고 결속하여 지식을 서로 교환해야 한다. 만약 의견이 서로 다른 일이 있을 경우에는 서로 권고하고 대학당의 대세와 관련한 일은 교습이나 교직원에게 공개적으로 진술할 수 있으며 서로 몰래 헐뜯고 비방하여 우환을 초래해서는 안 된다.

이 규정이 확정된 후 모든 학생은 진술할 수 있는 권리가 있게 된다. 터무니없이 사리에 맞지 않는 억지를 쓰거나 깊이 따져 볼 필요가 없는 일이 아니라면 여러 번 교습이나 사무원을 비난하더라도 내 버려두고 회답하지 않아서는 안 된다. 반드시 서로 잘 이해하면서 헐뜯고 공격하는 풍조를 만들어 내서는 안 된다. 또한 바른 도리와 주장에 대해 사사로운 애증을 가지고 옳고 그름을 혼동하지 않도록 해야 한다.

10.「청강원조규」

이 규정은 총 15절로 되어 있으며 청강원은 지금의 청강생에 해당된다. 이 규정은 청강원을 보내는 곳, 수강, 출석 등의 문제를 조목별로 규정하였다. 예를 들면 다음과 같다.

제1절: 청강원은 각 관공서에서 보내거나 관학대신의 특별 허가를 받아야 올 수 있다.

제5절: 청강원은 매일 대학당에 도착하면 먼저 외청(外廳)에 모두 모인다. 수업시간이 되면 당제조가 어떤 과목의 수업을 하는지 알려주고 각 청강원들은 신청한 청강 과목에 따라 강당에 들어가서 청강을 한다.

제14절: 청강원이 대학당에서 규정을 위반하는 일을 저지르면 상황에 따라 보낸 곳으로 다시 퇴출될 수 있다.[11]

1904년(광서 30년) 경사대학당은 소속 관리기구와 관련한 일련의 규칙을 제정하였다. 예를 들면「학당통행규칙(學堂通行規則)」,「교무처규칙(教務處規則)」,「교습규칙(教習規則)」,「서무처규칙(庶務處規則)」,「지응처규칙(支應處規則)」,「잡무처규칙(雜務處規則)」,「재무처규칙(齋務處規則)」,「감학처규칙(監學處規則)」,「검찰처규칙(檢察處規則)」등이 있다. 그 밖에「반장치일생규칙(班長值日生規則)」,「근학입품기분규칙(勤學立品記分規則)」,「고시규칙(考試規則)」,「학생기과규칙(學生記過規則)」,「강당규칙(講堂規則)」,「자습실규칙(自習室規則)」,「침실규칙(寢室規則)」,「게식실규칙(憩息室規則)」,「식당규칙(食堂規則)」,「저장실규칙(貯藏室規則)」,「관세실규칙(盥洗室規則)」등 크고 작은 규칙 22개, 총 180조, 196개 항을 추가로 제정하였다. 이러한 규칙들 가운데 어떤 것은 원래 있던 규정을 토대로 다시 수정하여 더욱 완벽하고 실행하기 쉽도록 한 것도 있고 다른 어떤 것은 상황에 따라 보완한 새로운 규칙도 있다. 이러한 규칙들은 당시의 중국에서 제정된 가장 상세한 대학 관리규정이라고 할 수 있다.

한 마디로 말하면 경사대학당을 교학 질서가 정연하고 기율이 엄격한 국립대학교로 만들고 지방에 있는 학교들의 모범이 될 수 있도록 하기 위하여

11)『베이징대학교사료』제1권, 베이징대학교출판사, 1993, pp.218-229.

학교 측이 제정한 수많은 상세하고 빈틈없는 행정관리 조례들은 당시로서는 전대미문의 것이었다. 여러 관리 조치와 조례들은 오늘날까지 여전히 참고할 만한 가치를 지니고 있다.

제11장
경사대학당(京師大學堂)의 부속기구

경사대학당은 대학당 장정에 따라 대학원과 분과대학 등 필수적인 정규 교학기구 외에도 각기 다른 시기에 사범과(師範科), 진사관(進士館)[사학관(仕學館)], 예비과(豫備科), 역학관(譯學館) 등의 임시 학과들과 역서국(譯書局), 박물실습과(博物實業科), 의학관(醫學館), 팔기 관학, 부속 고등소학당 등의 부설기구들을 설립하였다. 이러한 임시 학과와 부속기구들은 모두 대학당이 발전하면서 필요에 따라 설립되거나 폐쇄됨으로써 경사대학당 역사에서 시기마다 다른 발전과 변화를 반영하고 있다. 이제 이들을 다음과 같이 하나씩 간략하게 소개한다.

1. 사범관(師範館)[사범과]

1898년 경사대학당 창립 초기에 이미 사범재(師範齋)를 설립하려는 계획이 있었다. 경사대학당의 첫 번째 장정인 「주의경사대학당장정(奏擬京師大學堂章程)」에는 다음과 같이 명기되어 있다. "서구의 나라들은 사범학당을 아주 중요하게 여기고 있으며 유능한 교사가 있어야 학생들을 훌륭하게 키워낼 수 있다. 중국에는 이러한 학당이 없기 때문에 각 성(省)의 학당들이 효과를 거두지 못하고 있는 것이다. 이제 대학당 안에 사범재를 별도로 설립하여 재능 있는 교습을 양성하고자 한다."[1]

1902년 장백희(張百熙) 역시 「주주판경사대학당정형소(奏籌辦京師大學堂情形疏)」에서 대학당에 예비과(豫備科) 외에 속성과(速成科)를 설립하여야 한다는

---

1) 『베이징대학교사료』 제1권, 베이징대학교출판사, 1993, p.81.

의견을 제기하였다. 속성과는 사학관과 사범관 두 부문으로 나누는 것으로 하였다. 사범관에 입학하는 학생의 자격과 졸업 후 진로 등의 문제에 관해서 그는 상주문에서 다음과 같이 설명하였다. "거인(擧人), 공생(貢生), 생원(生員), 감생(監生) 등은 모두 시험을 거쳐야 사범관에 입학할 수 있게 됩니다. … 사범관에서 3년의 공부를 마치고 졸업하는 학생들은 관학대신(管學大臣)이 실시하는 시험을 거쳐 우수한 자들을 정해진 인원만큼 선발하고 관학대신이 인솔하여 황제를 배알하도록 하겠습니다. 이렇게 선발된 자들은 원래 생원인 자는 공생, 공생인 자는 거인, 거인인 자는 진사 자격을 갖게 됩니다. … 진사 자격을 갖는 자는 중학당 교습 임명장을 받고 공생이 되는 자는 소학당 교습 임명장을 받게 될 것입니다."[2)]

1902년(광서 28년) 학생을 모집하기 위한 속성 사범관의 입학시험 장정을 제정하였다. 이 장정에서는 경사대학당 부설 사범관의 학제를 4년제로 규정하였다. 입학시험은 이틀에 나누어 진행되는데 시험은 총 8개 과목이었으며 이들은 수신윤리대의(修身倫理大義) 관련 논문 한 편, 교육학대의(教育學大義) 관련 논문 한 편, 중외사학(中外史學) 12문제, 중외지리학 12문제, 산학의 비례, 개방, 대수 6문제, 물리 및 화학 6문제, 영문 논술 한 편, 일본어 논술 한 편(다른 외국어에 능통한 자는 적시에 알리도록 하였다)이었다. 사범관 학생은 장래 인품이나 학문의 모범이 되어야 할 사람이어서 반드시 성품이 단정한 자를 선발하여 입학시키고 나이가 30세를 넘지 않아야 하였다. 사범관은 잠정적으로 정원을 100명으로 하였다.

장정에는 각 성(省)에서 경사대학당에 보내는 수험생들은 반드시 엄격한 시험을 거쳐서 선발된 자들을 보내야 하며 필요한 모든 수속을 완비하고 추천서를 지참할 것을 규정하였다. 이후로 사범관 학생을 시험을 쳐서 모집할 때는 철저하게 이 규정대로 처리하였다. 현 북경대학에는 1902년 봉천(奉天) 학정(學政)이 사범관에 학생을 보내면서 경사대학당에 제출한 서류 일습이 아직도 보존되어 있다. 그중에는 학생의 이력서, 학생을 선발할 때의 시험문제

2) 『베이징대학교사료』 제1권, 베이징대학교출판사, 1993, p.53.

(시험지) 및 관련 증명서(보증서)들이 있다. 그 예를 들면 다음과 같다.

봉천부(奉天府) 부승제독(府丞提督) 학정(學政) 정(鄭)은 선발된 사범관 수험생의 호적, 성명, 연령과 용모, 본적지와 관련한 작성 문서를 송부함.

내역:

합자호부생(合字號附生) 1명:

증유익(曾有翼), 나이 30세, 중키에 흰 얼굴로 수염이 없음, 내무부(內務府) 정백기(正白旗) 서붕좌령(舒鵬佐領) 소속. 부생(附生)으로 증조부 영(榮), 조부 요(耀), 부 덕광(德廣). 광서 25년 과거 합격 입학.

만자호복공생(滿字號福貢生) 1명:

귀항(貴恒), 나이 26세, 중키에 흰 얼굴로 수염이 없음, 양황기(鑲黃旗) 만주(滿洲) 석진좌령(錫珍佐領) 소속 부공생(副貢生). 증조부 양춘(亮春), 조부 옥경(玉慶), 부 구령(九齡), 광서 23년 과거에서 부방(副榜)으로 합격.

금현학부생(錦縣學附生) 1명:

이수자(李樹滋), 나이 19세, 중키에 자줏빛 얼굴로 수염이 없음, 금현(錦縣) 출신으로 부생(附生). 증조부 유장(有章), 조부 단림(丹林), 부 유성(維城). 광서 28년 세시(歲試) 합격 입학.

첨부: 봉천부 부승제독 학정 정(鄭)은 사범관 응시생 선발시험에 출제된 시험 문제 세부 목록을 송부함.

내역:

중외정치사(中外政治史) 문제:

한(漢)나라 조정 대신들이 경서의 뜻을 따라 국사를 판단한 일을 논하라.

이집트, 그리스, 로마 등 서방 옛 국가들의 문화, 교육, 정치는 어떠하였는지 답하라.

중외여지(中外輿地) 문제:

중국 서북 경계의 산과 동남 연안의 국방상 요충 통제지역에 대한 안정 대책에 관하여 답하라.

서계여(徐繼畬)의 『영환지략(瀛環志略)』에서는 일본을 나란히 늘어선 3개의 큰

섬이라고 하였는데 이것의 잘못된 점을 증명하라.

물리 문제:

양전기와 음전기에 관하여 설명하라.

공기 중에서의 소리의 전달에 관하여 설명하라.

산학 문제:

이등변삼각형의 밑변의 길이가 42척이고 긴 변과 수직 이등분선의 차이가 18척이며 작은 변과 수직 이등분선의 차이가 4척이다. 양변과 수직 이등분선의 길이는 각각 얼마인가?

정사각형은 피타고라스의 법칙을 적용하여 나눌 수 있다. 부등변사각형은 어떤 법칙을 적용하여 나눌 수 있는가?

광서 28년 9월 일

첨부: 봉천부 교육담당관은 합자호(合字號) 부생(附生) 증유익(曾有翼)이 사범관 수험생으로서 거짓 사칭이나 위법 등의 부정행위가 전혀 없음을 확인하며 보증서를 작성하여 발행함.

광서 28년 9월 일 교수 왕자형(王者馨)

첨부: 봉천부(奉天府) 교육담당관은 만자호(滿字號) 부생 귀항(貴恒)이 사범생 수험생으로서 거짓 사칭이나 위법 등의 부정행위가 전혀 없음을 확인하며 보증서를 작성하여 발행함.

광서 28년 9월 일 교수 왕자형(王者馨)

첨부: 금주부(錦州府) 교육담당관은 금현(錦縣)의 신진 학생인 이수자(李樹滋)가 인품이 단정하고 취향이 원대하며 문제점이나 부정행위가 전혀 없음을 확인하며 보증서를 작성하여 발행함.

광서 28년 9월 일 교수 교국정(喬國禎)[3]

---

3) 베이징대학공문서 · 제1부 · 제19권(2).

당시 각 성의 학정들은 모두 경사대학당 사범관의 학생 선발을 중요한 임무로 생각하여 완벽하게 처리하려고 애썼다. 성에서 보낼 만한 합격생이 없을 경우에는 보고서를 올려서 그 원인을 설명하였다. 예를 들어 1902년 10월 15일(광서 28년 9월 14일) 감숙성(甘肅省)의 학정이 경사대학당에 올린 보고서는 다음과 같다.

> 귀 학당이 두 번에 걸쳐 보내신 속성과(速成科) 설립 주청 내용 및 사범관의 정원을 채우기 위한 조속한 학생 모집을 위하여 반드시 9월 이전까지 시험을 거쳐 선발한 사범관 응시생들을 수도에 도착하게 하여 시험을 치르도록 하라는 내용의 공문을 받고 이에 준한 즉각적인 업무를 진행하였습니다. 본인은 5월 1일에 감숙성의 학정의 직무를 인계받고 15일에 서쪽 관할지역인 감주(甘州), 양주(凉州), 숙주(肅州) 등에서 시험을 실시하였으나 그 밖의 관할지역은 아직 둘러보지 못하여 인재들의 우열을 파악하지 못하였습니다. 지금 주시험관(主試驗官)은 영하(寧夏)에 있으며 평량(平凉), 경양(慶陽), 경천(涇川), 고원(固原) 지역을 경유하여 12월에 감숙성에 돌아올 예정입니다. 여행 도중에 시험을 치를 수도 없기에 부득이 섬감총독(陝甘總督)과 서신으로 상의하여 연명(連名)으로 공고를 내고 성에서 가까운 곳에서 시험을 쳐서 응시생을 모집하거나 남산서원(藍山書院)과 구고서원(求古書院)의 우수한 학생들을 소집하여 선발 시험을 치르려고 합니다.
>
> 감숙성의 포정사(布政司)와 안찰사(按察司)를 만나서 상세히 의논해 보니 감숙성은 가장 변방에 위치하여 선비의 기풍이 소박하며 대학당이 이제 보수공사를 시행하여 새로운 학문의 기풍을 새롭게 열었으나 모든 관할지역에서 시험에 응시하려는 자가 매우 적다고 하였습니다. 여러 번 시험을 실시하였으나 피타고라스의 정리를 대강 아는 자가 10명도 되지 않으며 덧셈 규칙과 같은 간단한 공식을 적용하여 계산한 수치가 들쑥날쑥 일정하지 않고 부정확할 정도라고 하였습니다. 음향학, 광학(光學), 자기학(磁氣學), 화학 등의 과목은 가르칠 사람조차 없으며 경사대학당에 입학시험을 치를 사람을 보내기 위하여 갑자기 선발 시험을 보아서는 합격하여 보낼 만한 사람이 없다는 것이었습니다. 본 학

정이 이에 대해 재조사해 본 결과 확실한 사실이었습니다. 실제 상황에 근거하여 우선 회답한 이 회답 공문 내용에 대하여 경사대학당이 유념하여 주시기를 바랍니다. 그리고 경사대학당의 대신께서는 이 공문의 내용대로 시행할 수 있도록 결정하여 주시기를 요청합니다.

우자(右咨)

관리대학당사무대신(管理大學堂事務大臣)[4]

당시 감숙성 외에 신강성(新疆省)과 섬서성(陝西省)도 수도의 경사대학당 입학시험에 응시하기 위하여 보낼 만한 합격생이 없었다.

「흠정경사대학당장정」의 규정에 의하여 사범관은 총 14개 과의 과정을 개설하게 되었는데 이 과정들은 윤리, 경학, 교육학, 습자(習字), 작문, 산학, 중외사학, 중외여지, 박물, 물리, 화학, 외국어, 도화, 체조 등이었다.

사범관은 1902년 말(광서 28년 11월) 개교하여 1906년 제1기 103명의 학생이 졸업하였다. 이들은 시험을 거쳐 최우등 18명, 우등 60명, 중등 21명, 하등 4명의 평가를 받았다. 최우등 졸업생에게는 오품 관직을 수여하고 내각중서(內閣中書)로서 가장 먼저 지방에 임용하고 우등생과 중등 학생은 모두 각부(部) 혹은 사(司)에 보내어 직무를 맡겼다.

1907년 4월 27일(광서 23년 3월 15일) 경사대학당 사범관 제2기 98명의 학생이 졸업하였다. 이들은 시험을 거쳐 최우등 17명, 우등 60명, 중등 21명의 평가를 받았다. 졸업생 가운데 최고령자는 복건성(福建省) 출신의 학생인 진용(陳鎔)으로 이미 49세였으며 최연소자는 광동성(廣東省) 출신의 학생인 반경(潘敬)으로 21세였다. 이 학생들은 모두 졸업시험의 성적에 따라 각자 다른 관직이 수여되었다.

1909년 7월(선통 원년 6월) 경사대학당 사범관은 제3기 203명의 학생이 졸업하였다. 이들은 시험을 거쳐 최우등 23명, 우등 77명, 중등 103명의 평가를 받았다. 졸업생 가운데 최고령자는 39세였으며 최연소자는 21세였다. 그 가운데 30세 이상은 83명이었으며 25세 이하는(25세 포함) 단지 29명이었다.

---

4) 베이징대학공문서·제1부·제19권(1).

이를 통해 당시 사범관이 받아들인 학생의 연령이 매우 편중되어 있음을 알 수 있다.

사범관 학생들이 졸업할 때마다 경사대학당은 이들을 위한 성대한 졸업 의식을 거행하였다. 현존하는 『대학당사범과졸업의식책(大學堂師範科卒業儀式冊)』에 의하면 졸업의식은 모두 13단계가 있었다.

1) 준비(8시 집합): 총감독, 제조, 그리고 교원들이 의관을 정제한 학생들을 인솔하여 집합한다.
2) 만세패(萬歲牌) 앞 예식 거행: 감독, 제조, 교원들이 학생들과 직원들을 함께 인솔하여 공손히 황제의 만세패 앞에 나아가 세 번 무릎을 꿇고 아홉 번 땅에 머리가 닿을 듯 조아려 절하는 삼궤구고수례(三跪九叩首禮)를 행한다.
3) 성인(聖人)의 위패 앞 예식 거행: 감독, 제조, 교원들이 학생들과 직원들을 함께 인솔하여 공손히 성인인 공자의 위패 앞에 나아가 삼궤구고수례를 행한다.
4) 예식장 자리 배치: 학부대신은 남쪽을 향하여 앉고 총감독, 제조, 교원 및 감학(監學) 등의 관원들은 동쪽을 향하여 앉으며 내빈들은 서쪽을 향하여 앉고 학생들은 북쪽을 향하여 차례대로 선다.
5) 학부대신(學部大臣) 알현 예식 거행: 총감독, 제조, 교원이 학생들을 인솔하여 예식장에 입장하면 곧 학부대신의 입장을 청하고 학생들은 일제히 학부대신에게 일궤삼고례(一跪三叩禮)를 행하며 학부대신은 의식에 따라 답례한다.
6) 감독, 제조, 교원 알현 의식 거행: 학생들은 감독, 제조, 교원을 향하여 일궤삼고례를 행하고 외국인 교원들에게는 허리를 세 번 굽히는 삼국궁례(三鞠躬禮)를 행하며 감학 등의 관원들에게는 세 번 읍(揖)하는 삼읍례(三揖禮)를 행한다. 답례가 끝나고 나면 학부대신을 따라 모두 앉으며, 학생들은 열을 맞추어 서 있는다.
7) 졸업증서 수여: 졸업증서는 이름을 불러서 교부한다. 졸업생은 한 사람씩 이름이 불리어지면 총감독의 자리 앞으로 나가서 총감독이 직접 수여하는 졸업증서를 공손히 받고 원래 서 있던 자리로 물러나오며 전체 졸업생이 졸업

증서를 받고 나면 함께 총감독을 향하여 삼읍례를 행한다.

8) 학부대신 훈시.

9) 총감독 훈시.

10) 교원 훈시.

11) 내빈 축사.

12) 학생 답사: 반장 한 사람이 답사.

13) 의식을 마치면 손님에게 대학당에서 준비한 다과를 대접한다.[5)]

사범관 학생은 졸업 이후 대부분 각 성에 보내서 초급사범학당과 중학당 교원으로 임용하였다. 입학하기 전에 정부 관련 부문에서 직무를 맡고 있던 일부 학생들은 졸업 이후 원래 일하고 있던 부서로 다시 돌아가 근무하고 사범과 거인 등급의 포상을 받았다.

2. 사학관, 진사관

경사대학당 창립 초기 대학당의 초대 관학대신 손가내(孫家鼐)는 「주판대학당정형절(籌辦大學堂情形折)」에서 사학관 설립을 건의하였다. "진사, 거인 출신의 경관(京官)이 공부할 수 있는 사학원을 설립하였으면 합니다. 이들은 갑과(甲科) 출신이어서 중국의 학문에는 이미 정통합니다. 사학원에 입학하는 자들은 서학을 전공하기 위하여 오는 자들이므로 이곳에서는 당연히 그들이 원하는 서학의 전공과목들을 공부하도록 할 것입니다. 중국 학문은 학생들이 더욱 깊이 연구하기 위하여 임의로 선택한 분야의 한 과목을 지정하여 성실히 공부하도록 할 것입니다. 매월 시험을 보아 성적을 평가하고 학우들이 서로 가르치고 배우면서 시일이 지나게 되면 학문의 수준이 어떠한지 함께 공부하는 자들이 스스로 결정하게 될 것입니다. 저도 수시로 학생들의 인품과 학문을 심사하고 우수한 자들을 선발하여 빠른 시일 내에 이 학생들을 널리 통달한 인재들로 양성하고자 합니다."[6)] 여기서 사학원은 바로 후일 설립

---

5) 베이징대학공문서·제1부·제74권.

6) 베이징대학공문서·제1부·제1권.

된 사학관을 말하는 것이다.

사료를 살펴보면 경사대학당이 최초로 모집한 학생들 가운데는 사학원 학생도 있었으나 구체적인 학생 숫자는 상세한 기록이 없다.

1902년 2월 13일(광서 28년 1월 6일) 경사대학당이 전란 후 다시 새롭게 업무를 시작하려고 할 당시에 경사대학당이 이제 막 회복되어 수년 후에는 국가가 긴급하게 필요로 하는 재능 있는 인재들을 다시 배출할 수 있다는 것을 고려하여 관학대신 장백희는 「주주판경사대학당정형소(奏籌辦京師大學堂情形疏)」에서 다시 사학관의 설립을 건의하였다. "… 속성과(速成科)도 두 부문으로 나누는데 하나는 사학관이고 다른 하나는 사범관입니다. 수도의 5품 이하 8품 이상의 관원, 지방관직 후보자이면서 일이 있어서 수도에 체류하는 자, 도원(道員) 이하 교직(教職) 이상인 자들은 모두 시험에 응시하여 사학관에 입학할 수 있도록 하여야 합니다."[7]

사학관을 설립하여 새로 과거에 급제한 모든 진사(進士)가 관리가 되어 업무를 맡아보기 전에 일정한 서양의 과학지식을 대학교육을 통하여 배울 수 있도록 하려는 의도는 장래 맡게 될 업무를 여유 있게 감당할 수 있도록 하기 위해서였다.

그해 장백희는 「속성사학관고선입학장정(速成仕學館考選入學章程)」을 주관하여 제정하였다. 이 장정은 사학관 입학시험은 7개 과목을 치르도록 규정하였으며 그 과목들은 사론(史論) 1편, 여지책(輿地策) 1편, 정법책(政法策) 1편, 교섭책(交涉策) 1편, 산학책(算學策) 1편, 물리책(物理策) 1편, 외국어 논문 1편 등이었다. 7개 과목 가운데 한두 개 과목에서 점수를 받지 못한 자는 불합격 처리되고 불합격자는 사학관에 입학할 수 없었다. 또한 장정은 "사학관이 설립된 목적은 일찍부터 쓸 만한 자질을 가진 재능 있는 관리를 양성하기 위함이니 반드시 연한을 채우고 졸업하여야만 관리가 될 수 있다"[8]고 규정하였다. 이것은 경사대학당 사학관이 사실상 정부 관원의 속성교육반과 마찬

7) 『광서조동화록(光緒朝東華錄)』 제5권, 중화서국, 1958, pp.4818-4823.

8) 「근의대학당고선입학장정(謹擬大學堂考選入學章程)」, 중국제1공문서보관서, 문화 교육, 필름, 8-2389.

가지라는 것을 설명하는 것이었다. 사학관의 최초 학생모집 인원은 34명이었다.

그해 12월 1일(광서 28년 11월 2일) 청국 조정은 진사관 학생들에 대한 관직 수여와 관련한 다음과 같은 유지를 내렸다. "인재 양성이 현재 가장 시급한 일이므로 여러 번 유지를 내려 대학당을 창설하고 과거제도를 폭넓게 바꾸도록 하였다. 이제 막 대학당이 설립되었으나 인재 양성에는 아직 더 많은 시간이 필요하고 과거시험을 개혁하려는 정책 논의는 하고 있으나 실용성이 없는 공론공담만 있을 뿐이다. 단지 말하는 것으로 판단하여 사람을 선발하면 가까스로 유능한 사람을 얻기는 하겠지만 학문에 조예가 뛰어난 인재를 얻을 수 없다. 진사는 관리가 되는 처음 단계이므로 특별히 대처하고 유의하여 이들을 교육시켜서 자질이 뛰어난 인재로 활용할 수 있게 하라."[9]

유지는 새로 과거에 급제하여 편수(編修)나 서길사(庶吉士)로 임명된 진사들은 모두 경사대학당에 입학하여 전공 과정을 이수하여야 한다고 규정하였다. 그들 가운데 1갑(一甲) 진사와 서길사는 반드시 졸업증서를 받아야만 한림원(翰林院)에서 직무를 맡을 수 있었다.

상술한 유지가 내린 후 얼마 되지 않아 「주정진사관장정(奏定進士館章程)」이 공포되었다.

「주정진사관장정」 제1장 입학총의(立學總義)에는 진사관 설립 취지에 대해 다음과 같이 언급하고 있다. "오늘날 중국을 포함한 전반적인 세계정세를 명확히 파악하고 법률, 외교, 교육, 재무, 농업, 공업, 상업, 병무 등 8개 방면의 정무에 대해 두루 공부하여 이해하도록 하는 것이 진사관 설립 취지의 요지이다." "새로이 진사가 된 자들은 첫 단계부터 정무를 수행하여야 하기 때문에 실용적인 학문을 추구하여 이로써 나라의 은혜에 보답하는 재능으로 삼아야 할 것이다. … 졸업 이후에 근무할 관공서에 부임하여 직무를 맡아 업무를 수행할 경우에도 이미 각 학술 부문에 대한 일반적인 지식을 갖추었기 때문에 어떤 일이든지 당황하지 않고 잘 처리할 수 있을 것이다."

「주정진사관장정」은 학생 입학규칙, 학과의 교육 수준, 졸업 시험, 교원

9) 『베이징대학교사료』 제1권, 베이징대학교출판사, 1993, p.153.

및 관리직 직원의 직책과 업무 등의 사항을 확실히 규정해 놓았다.

진사관은 학생들에게 매우 엄격한 요구를 하였다. 예를 들면 "입학규칙조항"에는 다음과 같이 규정하였다. "학생 가운데 어떤 금지된 중독에 빠진 자는 반드시 조치를 강구하도록 명하고 끊고 나서야 비로소 입학하여 공부할 수 있다. 부정 입학자는 조사 후 사실 증거에 근거하여 조정에 주청하고 처리한다. 금지된 중독에 빠진 자가 정한 기한 내에 이를 끊겠다고 약속하면 입학이 허용될 수 있으나 정한 기한 내에 끊지 못하면 역시 사실에 근거하여 조정에 주청하고 처리한다." "학생은 겸손한 태도로써 교원에게 배우고 관리직 직원의 지시 사항을 따라야 하며 규정을 어겨서는 안 된다."

진사관의 감독, 제조, 교원, 감학, 검찰 등의 관리인원들에 대하여 장정에는 "모든 직원은 장정에 따라 업무를 처리하고, 성실하고 겸손한 태도로 직무에 임하며, 규정을 어기지 말아야 하며, 직무를 소홀히 하거나 사사로이 사정을 보아 주어서는 안 된다"고 규정하였다.

학생들이 재학 중에 열심히 공부하여 조속히 나라의 인재로 성장하는 것을 장려하기 위하여 장정에서는 다음과 같이 규정하였다. "시관(試官) 선발을 주청할 경우에는 당연히 진사관을 졸업하는 한림원 소속의 수상자나 장래 지방의 성에 소재하는 고등학당 졸업생이 우선적으로 선발 요청 명단에 오르게 된다. 중서(中書)에 속한 관원이 상을 받게 되면 비록 정식 직위를 받지 못한 예비 관원이더라도 정식 관원 선발 요청 명단에 오르게 된다. 이로써 그들의 진사관 시험 성적이나 향시의 성적이 특별히 우수하다는 것을 알 수 있다." "진사관 졸업 수상자는 졸업 이후에 관직에 추천되거나 관직의 결원을 보충하는 경우의 선발 요청 명단에 오를 경우에 수상 경력이 진사관 졸업 내용에 상세히 기록된다."[10]

경사대학당 부설 진사관은 1903년 2월(광서 29년 1월) 개관하였으며 선발한 학생 수는 모두 100여 명이었다. 진사관은 당시 그 학생들을 모두 수용할 수 없었으며 더구나 연령이 35세가 넘는 진사들은 공부할 마음은 있으나 능력

10) 「주정진사관장정(奏定進士館章程)」, 『베이징대학교사료』 제1권, 베이징대학교출판사, 1993, pp.153-156.

이 모자라 마음먹은 대로 되지 않자 그해 6월 어사(御史) 장원기(張元奇)는 임시방편으로 스스로 입학을 취소하고자 하는 연장자는 자기 뜻대로 하도록 허락하고 진사관의 학생 수도 적절한 규정을 세울 것을 주청하였다.

11월에 장지동 등은 35세 이하의 새로 선발된 진사들을 모두 진사관에 입학시키며 진사들의 해당 본적지 성에서 지원하는 보조금을 경사대학당이 수령하여 매월 각 학생들에게 전해 주기로 상의하여 결정하였다. 35세 이상의 입학할 능력이 되지 않는 진사들은 학부에 원인을 설명하고 동의를 받아서 각 성에 안배하여 지현(知縣)으로 발령하는 것으로 변경함으로써 과거시험의 합격자가 지현으로 임용되는 것과 동일한 이력으로 임용되도록 하였다.

진사관 설립의 주요 목적은 과거제도를 완전히 폐지하기 전까지 과거시험에 합격하여 관직에 나가는 사람들에게 일반적인 과학 지식과 정치 및 법률 지식을 더욱 공부할 수 있도록 하기 위해서였다. 그러므로 진사관의 설립 취지는 새로 선발된 진사들을 "과(果), 달(達), 예(藝), 즉 과감한 결단력을 갖추고 사물의 이치에 통달하며 뛰어난 재주를 지닌" 우수한 정치 인재로 양성하는 것이었다. 진사관의 교육과정을 설치하는 출발점도 이러한 목적을 달성하기 위해서였다. 교육과정은 사학, 지리, 교육, 법학, 이재, 외교, 병무행정, 농무행정, 공무행정, 상무행정, 격치, 서양어, 동양어, 산학, 체조 등으로 나뉘어 개설되었다. 이 가운데 사학, 지리, 교육, 법률, 이재, 외교, 동양어, 서양어 등은 "달"에 속하고 병무행정, 체조는 "과"에 속하며 격치, 산학, 농무행정, 공무행정, 상무행정 등은 "예"에 속한 교육 내용이었다. 진사관의 교육기간은 3년이었으며 기간을 채우고 졸업시험에 합격한 사람들에게는 시상을 하였다.

1904년 9월 22일(광서 30년 8월 17일) 교육 관리의 필요에 따라서 정무처(政務處)는 진사관 장정을 개정할 것을 주청하였다. 그 주청서의 내용은 다음과 같다. "진사관은 황제의 명을 받들어 이미 관리가 된 인재들을 교육하기 위하여 특별히 설립되었으므로 다른 학당과는 다릅니다. 개관 초기에 여러 좋은 의견과 조언을 모으고 숙고하여 완벽하게 하여야 합니다. 소신들은 많은 사람들의 의견을 널리 모아 논의한 결과 8개 항의 장정을 최선을 다해 작성하여 황제폐하께 올립니다. 윤허하여 주셔서 즉시 저희들에게 이 장정을 관리 감독할 책임을 맡겨 주시고 장정에 따라 업무를 처리할 수 있게 되기를 바랍니다. 실질적인 효과를 거두는 시기가 되면 조정의 실학을 진흥시키고 온갖 사물에 능통한 인재를 양성하려는 지극한 뜻이 드러나게 될 것입니다."

「갱정진사관장정(更定進士館章程)」은 진사관 개관 후 1년여 간 봉착한 실제적인 문제들을 대처하기 위하여 만들어진 모두 8개 조항의 새로운 규정이었다. 예를 들면 나이가 많아서 진사관 안의 생활에 적응하지 못하는 학생을 위하여 새로 선발되어 입학하는 진사들에게 적용하는 특별 규정에 내(內), 외(外) 두 반으로 나누어 내반(內班)은 진사관에 거주하면서 공부하고 외반(外班)은 통학할 수 있게 함으로써 학생 가운데 기력이 부족한 경우에는 외반을 지원하여 자기가 편리한 대로 수강할 수 있도록 하였다. 또한 자비로 외국에 유학하는 학생들에 대해서 새로운 규정에서는 3년 동안 공부하고 졸업장을 받은 사람은 귀국하여 진사관 졸업생의 자격에 준한 대우를 받을 수 있도록 하였다. 이 경우 유학 전의 진사관 학습 기간은 3년의 기간에 포함시킬 수 있도록 하였다. 이외에 새로운 장정은 자질과 능력이 없는 사람이 재학하는 것을 아주 철저히 배재하였으며 학생들이 진사관의 규정을 준수할 것을 경고하고 이를 지키지 않는 자는 다른 학생들과 동일한 학력을 결코 갖지 못하도록 하였다.[11)]

진사관은 1903년 2월에 수업을 시작하여 1907년 말까지 모두 6학기를 진행하였다. 1904년 4월과 5월 사이에 학부는 원래 경사대학당 속성과 소속의 사학관을 진사관에 합병하였다. 1906년 말에는 조정에 상주하여 승인을 받아 진사관을 "경사정법학당(京師政法學堂)"으로 변경하였다.[12)]

1906년 8월 사학관에서 온 학생 34명이 학업을 마치고 졸업하였다. 1907년 12월 진사관의 제1회 졸업생은 모두 106명이었다. 시험을 치른 결과 내반 38명의 학생이 최우등의 성적 평가를 받았고 우등 성적은 21명, 중등은 16명, 하등은 2명이었다. 외반 졸업생 중에는 11명의 학생이 우등 성적에 들

11) 『베이징대학교사료』 제1권, 베이징대학교출판사, 1993, pp.156-157.

12) 『베이징대학교20주년 기념』, 베이징대학교공문서보관소, 1918.

었고 17명이 중등이었다. 진사관 제2회 졸업생은 모두 57명이었다. 그중에서 최우등 성적 평가를 받은 자는 8명이고 우등 18명, 중등 30명, 하등 1명이었다. 이후 학생들이 점차 감소하고 진사관의 학과목을 줄일 수도 없게 되자 학부는 장차 입학하게 될 진사들을 일본으로 유학 보내서 도쿄정법대학 속성과와 와세다대학에서 공부하게 할 것을 주청하였다.

3. 예비과

1902년 2월 13일(광서 28년 1월 6일) 관학대신 장백희는 「주주판경사대학당정형소」에서 경사대학당이 조건에 부합하는 입학자가 없기 때문에 "교육 방법을 융통성 있게 하여 잠정적으로 전공과목을 개설하지 않고 우선 고등학당 하나를 설립하여 교육 과정은 일본의 학교를 대략 참고하고 학생들을 양성하여 대학의 예비과를 대신하게 할 것"[13]을 제의하였다.

그 당시 경사대학당은 의화단과 서양 8개국 연합군의 파괴를 겪고 나서 재건하는 과정에 있었다. 당시 장백희가 주관하여 제정된 「대학당고선입학장정(大學堂考選入學章程)」 가운데 제1장은 바로 「예비과고선입학장정(豫備科考選入學章程)」이었다.

이 장정에서는 예비과 학생의 학습기간을 3년으로 하고 응시 학생들의 일부는 각 성에서 선발하여 보내고 나머지는 대학당이 자체적으로 모집하도록 규정하였으며 예비과의 시험 과목 수준은 매우 높게 정하고 시험을 엄격히 치르게 하여 정원이 부족하게 되더라도 아무렇게나 채우지 않도록 하였다.

입학시험은 3일간 진행하고 모두 9개 과목의 시험을 치르도록 규정하였다. 9개 과목의 시험은 중국어 논술 1편, 영어 논술 1편(최소 300단어 이상), 번역 2편(영문 중역, 중문 영역, 최소 200단어 이상), 중국 및 외국의 역사와 생활 2문제, 지리 및 지질학 12문제, 산술 및 대수 각 6문제, 기하 및 삼각법 각 6문제, 물리 및 화학, 광산학 각 6문제, 논리학 및 법률학 각 6문제로 이루어져 있었다.

13) 「장백희주주판경사대학당정형소(張百熙奏籌辦京師大學堂情形疏)」, 『광서조동화록(光緒朝東華錄)』 제5권, 중화서국, 1958, pp.4818-4823.

또한 응시생의 연령은 30세를 초과하지 않아야 하고 반드시 지닌 뜻과 품행이 단정하며 출신 가문이 청렴결백하여야 한다고 규정하였다. 장정의 규정에는 예비과 학생의 정원을 잠정적으로 200명으로 하였다.

1904년 7월 경사대학당은 입학시험을 실시하고 360여 명의 우수한 학생들을 선발하여 입학시켰다. 그중에서 비교적 나이가 많고 한문학의 수준이 높은 학생들은 사범관으로 배치하고 젊고 총명하며 열심히 배우려는 학생들은 예비과에 배치하였다. 학생들은 4개 반으로 편성되었다. 그해 10월 예비과의 수업이 시작되었다.

「흠정경사대학당장정」의 규정에 따라 경사대학당 예비과는 정과(政科)와 예과(藝科) 두 개 부문으로 나뉘어졌다. 정과의 주요 교과과정은 윤리, 경학, 제자학(諸子學), 사장(辭章), 중외사학(中外史學), 중국 및 외국 지리, 산학, 외국어, 물리, 논리학, 법학, 이재학(理財學), 체조 등이 있었다. 예과의 주요 교과과정은 윤리, 중외사학, 외국어, 산학, 화학, 동식물학, 지질 및 광산학, 도화, 체조 등이 있었다.

1909년 6월(선통 1년 7월) 경사대학당 예비과의 제1회 졸업생은 133명이었다. 경사대학당 시험장정 규정에 의하면 시험 성적이 80점 이상은 최우등, 70점 이상은 우등, 60점 이상은 중등, 60점 이하는 하등으로 구분하였다. 시험을 치른 예비과 학생 가운데 최우등 학생은 8명이고 우등은 22명, 중등은 95명, 하등은 8명이었다.

경사대학당 예비과는 1904년 제1회 신입생을 모집한 이래 1909년 경사고등학당으로 바뀌어 업무가 중지될 때까지 5년 동안 운영되었다.

4. 역학관

경사대학당 역학관의 전신은 1861년에 설립된 경사동문관이었다.

1902년 말(광서 28년 11월) 관학대신 장백희는 동문관을 합병하여 번역과로 명칭을 바꾸고 동안문(東安門) 안의 북하연(北河沿) 지역에 몇 개의 건물들을 매입하여 부족한 수용력을 높일 것을 주청하였다. 얼마 후 증광전(曾廣銓)이 번역과 총판(總辦)으로 임명되어 학교 건물의 건축 감독 책임을 맡으면서 도서 수집 및 실험기구들을 구입하여 설치하고 중국인과 외국인 교습을 초빙하였다. 1903년 3월 청국 정부는 외교 인재들을 양성하기 위하여 또 다시 경사대학당 부근의 민가들을 매입하여 역학관(譯學館)을 설립하여 원래 있던 번역과(飜譯科)와 합병하고 계속하여 경사대학당이 관할하도록 하였다. 당시 역학관 감독에는 주계검(朱啓鈐)이 임명되었다. 그해 9월 14일 역학관이 정식 강의를 시작하였으며 첫 번째 모집한 학생 수는 모두 70명이었다.

역학관의 경비는 화아은행(華俄銀行)에 예치된 기금의 이자에서 관학대신이 지급하였다. 당시 설립 경비는 백은 약 만 5천 냥이 소요되었으며 이후의 매년 경비는 백은 약 4만 4천 냥이었다.

역학관도 자체적인 장정을 가지고 있었다. 「의정대학당역학관장정」의 "총강"에서는 역학관의 설립 취지를 "단정한 품행과 풍부한 학식을 지닌 통역 인재들을 양성하기 위하여 학생들로 하여금 반드시 넓은 학식을 갖추도록 하고 법률이나 외교와 같은 전문적인 지식을 배우며 한 나라의 언어에 통달하도록 하여야 하고 세계 여러 나라의 정세를 널리 알고 학문과 품행을 두루 갖추어 근본적인 도리와 현실적인 운용을 병행하여 연마하도록 하여야 한다. 그들은 위로는 응당 나라가 필요로 하는 풍부한 재능을 갖추고 아래로는 많은 학자와 선비들에게 번역서를 통한 학문의 이익이 있도록 하며 아울러 서적들을 편찬하여 여러 도리와 사리에 통달할 수 있도록 도움을 주어야 한다"[14]고 제시하였다.

이 장정의 규정에 의하면 역학관에 감독, 교무제조(教務提調), 전문학 교습, 외국어 교습, 보통학 교습, 조교, 서무제조, 문안관(文案官), 수지관(收支官), 잡무관(雜務官), 재무제조, 감학관, 검찰관 등의 행정관리 직원들을 두도록 하였다.

역학관 장정에는 교과과정 설치, 학생의 입학 및 졸업에 대한 기준, 학생이 준수하여야 할 규칙, 교직원과 관리직원들의 직책 등을 모두 명확하게 규정하였다. 역학관은 전문적으로 외교관을 양성하기 위하여 설립되었으므로 규칙

---

14) 「의정대학당역학관장정(擬定大學堂譯學館章程)」, 『베이징대학교사료』 제1권, 베이징대학교출판사, 1993, pp.160-162.

과 제도가 비교적 엄격하였다. 예를 들어 "학생규칙" 조항에는 맨 먼저 학생에 대한 품행 관련 요망사항이 다음과 같이 제시되고 있다. "학생의 목적은 인품을 돈독히 하고 열심히 공부하며 교수를 존경하고 사람을 존중하며 재능과 학식을 성장시켜서 나라에 쓰임 받도록 준비하는 것이다."[15)]

학생들의 외교적 풍모를 키우기 위하여 장정에서는 특별히 의복과 모자 착용과 같은 사소한 것에서부터 휴가를 신청하는 일상의 행위 규범에 이르기까지 사사건건 세세하게 무려 38개 조항에 이르는 규정들을 만들어 놓았다. 그 가운데는 학생들의 계절에 따른 매일의 공부와 휴식시간까지도 상세한 규정이 있었다. 그 내용은 다음과 같다.

> 역학관은 춘분(春分) 이후에는 6시 기상하여 6시 반에 죽으로 아침식사를 하고 7시부터 11시까지 수업을 하고 11시부터 12시까지는 점심식사 및 잠시 휴식을 취한다. 12시부터 오후 2시까지 수업을 하고 2시 이후에는 자습을 한다. 오후 6시에 저녁식사를 하고 9시에 취침한다. 추분(秋分) 이후에는 7시 기상하여 7시 반에 아침식사를 하고 8시부터 11시까지 수업을 하고 11시부터 12시까지 점심식사를 하고 잠시 휴식을 취한다. 12시부터 3시까지 수업을 하고 3시 이후에는 자습을 한다. 오후 6시에 저녁식사를 하고 10시에 취침한다.[16)]

특별히 언급할 만한 내용은 당시 역학관이 많은 인재들을 교육시킬 목적으로 부학(附學)을 설치하고 자비로 역학관에 입학하여 공부하기를 지원하는 학생들을 받아들인 것이다. 부학생(附學生)은 오늘날의 청강생과 같다. 장정에는 관리 편의를 위하여 나이가 어리거나(규정상 학생 연령은 12~20세 사이) 집이 역학관 부근인 부학생을 제외하고는 모두 관내에 거처하여야 하고 대학당의 모든 규칙과 제도를 엄격히 준수하도록 하였다. 부학생 중에서 규칙을 준수하고 품행이 단정하며 열심히 공부하여 학업 성적이 날로 향상되는 학생은

---

15) 「의정대학당역학관장정(擬定大學堂譯學館章程)」, 『베이징대학교사료』 제1권, 베이징대학교출판사, 1993, pp.160-162.

16) 상동.

이를 장려하기 위하여 역학관의 학생 정원에 결원이 있을 때 그 자리에 들어갈 수 있게 하였다.

역학관은 과거 동문관의 경험과 교훈을 수용하여 교과과정을 수립하면서 중국 학문을 중시하였다. 외국어는 영어, 프랑스어, 러시아어, 독일어 4과목이 있는데 학생들은 한 과목을 임의로 선택할 수 있었다. 보통학 과목은 인륜도덕, 중국문학, 역사, 지리, 산학, 박물학, 이화학(理化學), 도화, 체조 등 9개 과목이 있었다. 전문학 과목은 교섭학(交涉學), 이재학, 교육학 등 3개 과목이 있었다. 보통학 과목들의 주요 교재로는 경사대학당이 편찬한 강의서를 사용하였으며 교섭학, 이재학 등의 전문학 과목들은 기본적으로 외국 학교들의 교재를 사용하였다. 장정에는 역학관의 수업은 외국어를 위주로 정해진 진도와 일정에 따라 균일하고 획일적으로 실시하여야 하고 모든 입학생들은 졸업자격증을 받게 되면 과거에 응시할 필요가 없다고 규정하였다.

역학관의 학습기간도 역시 5년이었다. 장정 규정에는 역학관 학생은 "중학당을 5년간 재학하고 졸업한 학생만이 시험에 응시할 자격이 있다"고 규정하였다. 그러나 설립 초기에는 합격하는 학생이 매우 적어서 잠정적으로 우선 글을 조리있게 잘 쓰거나 외국어를 어느 정도 이해하는 사람도 일부분 입학시켰다. 그 밖에 경사대학당 부설 진사관과 속성과 학생 중에서도 외국어를 약간 아는 학생들도 역학관으로 옮기도록 하였다.

역학관 학생들은 만 5년이 되면 졸업시험을 치르고 합격자는 출신 자격과 관직을 받았다. 원래 진사 혹은 거인 출신이거나 관직 보유자는 시험성적 등급에 따라서 원래의 관직보다 높은 관직을 받거나 우선적으로 관직에 오를 수 있게 하였다. 원래 진사나 거인이 아닌 자는 거인 자격과 관직을 받았다.

시험에서 최우수자는 거인 자격이 주어지고 대학당 분과대학에 진학하거나 해외 유학의 추천을 받았다. 대학당 진학 혹은 유학을 원하지 않는 자는 결원이 생겼을 경우를 대비하여 미리 관직에 임용하고 외무부나 상무부에 배치하였다.

시험에서 우등 성적을 받은 자는 거인 자격을 받고 내각에서 국사를 기초하고 기록하며 번역하는 내각중서(內閣中書)나 지방장관격인 지현(知縣)에 임명되거나 통역관이 되었다. 또한 그들은 외국에 주재하는 출사대신(出使大臣)을 수행하여 통역관의 업무를 맡거나 영사 등의 직책을 수행하였다. 그 밖에 각 성에 있는 외국어학당의 교습을 담당할 수도 있었다.

시험에서 중등 성적을 받은 자는 거인 자격을 받고 내직(內職)으로는 각 부(部)에 배치되어 7품 소경관(小京官)으로 임명되고 외직(外職)으로는 성에 배치되어 통판(通判)으로 예비 임용되었다. 시험에서 하등 성적을 받은 자는 대학당에 잔류하여 1년을 더 공부하고 다시 시험을 치러야 했다.

역학관은 운영하는 과정에서 수시로 상황에 따라 관련 규칙과 제도를 추가하고 보완하였다. 예를 들면 한번은 식당 관리가 잘못되어 단체급식이 나빠지게 되자 역학관의 생활을 관리하는 책임을 맡고 있는 감독은 「반청규약(飯廳規約)」을 새로 제정하였다. 그 내용은 다음과 같다.

> 최근 식당 담당직원이 부정을 저지르고 사리사욕을 취해서 음식의 질이 떨어져 이루 말로 할 수 없다고 들었다. 응당 철저히 조사하여 부정한 행위를 없애야 할 것이다. 주방 담당직원은 규정된 식사를 제공하는 이외에 아무 때나 요구하는 가벼운 식사나 간식을 제공할 책임은 전혀 없다. 만약 간식이나 가벼운 식사를 준비하게 되면 정성을 다하여 규정된 식사를 만들어 제공하는 것이 어려워져서 음식의 질이 나빠지게 된다. 또한 혹시 간식이나 가벼운 식사를 외상으로 구입하게 되면 주방직원은 마음대로 규정된 식사를 줄이고 외상값을 받아 횡령하게 되며 규정된 식사의 질은 나빠질 것이 분명하다. 이번 일에 대하여 모든 주방직원들은 구실을 제공하였다. … 이번 일을 수습하기 위하여 철저한 조사와 함께 주방직원에 대한 감독을 실시할 것이며 담당직원들은 모든 음식을 충분하고 위생적으로 제공하기 위하여 최선을 다하여야 할 것이다. 특별히 식당 규칙을 만들어 뒤에 게시한다. 학생들뿐 아니라 감독, 교습, 직원들 모두가 철저히 실천하고 준수하도록 하라.[17]

「반청규약」은 식당 관리 측면의 결함에 대하여 모두 9개조의 제도를 규정

17) 「증정반청규약(增定飯廳規約)」, 베이징대학교공문서 · 제1부 · 제131권.

하였다. 이 규정들은 다음과 같다.

> 식당은 매일 세 번의 식사를 제공한다. 간식은 제공하지 않는다. 이 밖에 어느 누구도 주방직원에게 음식을 주문하거나 구입할 수 없으며 외상으로 가벼운 식사를 구입할 수 없다. 학생이 병이 나서 식사를 하기 위하여 식당에 갈 수 없을 경우에는 먼저 즉시 기숙사 담당제조에게 알려서 주방직원에게 지시하여 별도로 식사를 준비하도록 한다. 교습은 별도의 식탁에서 식사를 한다.

역학관은 설립되어 폐지될 때까지 모두 4기의 졸업생을 배출하였다. 1912년 중화민국 정부 교육부가 성립된 후 북하연(北河沿) 일대에 있던 원래 역학관 건물들은 다시 수리하여 북경대학의 법과대학이 되었다. 역학관은 1903년 10월(광서 29년 9월) 개관하여 1911년 10월(선통 3년 9월) 운영을 중지할 때까지 8년간 지속되었다.

5. 의학관(의학실업관)

1898년 경사대학당의 설립 기획 당시에 이미 관학대신 손가내(孫家鼐)는 1898년 9월 9일(광서 24년 7월 24일) 대학당의 의학관 설립에 대하여 광서 황제에게 상주문을 올렸다. 그 상주문은 다음과 같다.

> 의학은 백성의 생명을 보전하는 학문으로 그 중요성이 막중합니다. 고대의 구류지학(九流之學)에도 의학이 그중의 하나입니다. 최근 서양 여러 나라들은 의학을 매우 중요시하고 모든 도시마다 병원이 있습니다. 지금 농업과 광산업 관련 업무를 위해서는 이미 모두 대신을 특별히 임명하여 전문 학당을 설립하였습니다. 이제 전례를 따르고 널리 의견을 들어 별도로 의학당을 설립하고 중국과 서양의 의학을 공부하도록 하여 이를 대학당에서 관할하도록 하였으면 합니다. 소신이 이에 대한 구체적인 설립 계획을 작성하여 올릴 수 있도록 윤허하여 주시기를 요청합니다.[18)]

---

18) 『베이징대학교사료』 제1권, 베이징대학교출판사, 1993, p.182.

광서 황제는 손가내의 건의를 매우 칭찬하면서 당일로 다음과 같은 유지를 내렸다. "… 의학은 그 중요성이 막중하다. 대학당의 관할 하에 별도의 의학당을 설립하여 중국과 서양의 의학을 연구하도록 하고 이를 크게 발전시키도록 하라. 손가내는 즉시 이에 대한 구체적인 계획을 만들어 상주하라."[19]

손가내는 황제의 유지를 받은 지 불과 5일 만에 의학당 장정을 만들어 조정에 상주하였다. 상주문에서 손가내는 다시 경사대학당의 의학당 증설의 필요성을 다음과 같이 강조하였다.

> 학자들은 의학을 하찮은 기술로 경시하고 있지만 사실은 천지간의 심원한 변화와 통하고 음양의 생성 및 소멸과 관련이 있는 학문입니다. 그러므로 세상 사물의 심오함과 미묘함을 완전히 이해하지 못하면 그 원리의 깊은 지혜를 알 수 없습니다. 중국에서는 황제(黃帝) 이래로 의술을 연구하여 대대로 전승자가 있어 왔습니다. 근년 들어 유학자들이 의학 연구를 얕잡아 보게 되면서 점쟁이나 돌팔이들이 종종 옛 처방들을 잘못 시행하여 백성들의 생명을 잃게 만드는 경우가 있습니다. 상주문 작성을 위하여 조사를 해 본 결과 서양에서는 많은 대학들에 의학과가 개설되어 있으며 모든 나라들의 여러 곳에 병원이 설립되어 있음을 알게 되었습니다. 심지어는 몇몇 자선가들은 중국에 의학과 약품을 소개하기도 하였습니다. 그러나 우리나라는 아직 병원이 설립되어 있지 않고 이에 대한 법률 규정도 갖추지 못한 상태입니다. 이제 황상께서 특별히 의학당을 설립하도록 윤허하셔서 소신이 중국과 서양의 의학을 검토해 보니 각자 장단점을 가지고 있습니다. 인체의 오장육부를 검사하고 막힌 곳을 통하게 하거나 수술로 제거하기 위해서는 서양의 의학이 중국 의학보다 더 낫고 몸의 원기를 돋우고 허증(虛症)과 실증(實症)을 판별하기 위해서는 중국 의학이 더 낫습니다. 소신의 계획은 중국과 서양의 의학을 분리하여 가르치고 문리에 통달한 학생들을 모집하여 교육하는 것입니다. 또한 의학당 안에 병원을 함께 두어 찾아오는 환자를 수시로 진료하고 중국과 서양의 약품을 병행 처방하여 백성

19) 『베이징대학교사료』 제1권, 베이징대학교출판사, 1993, p.182.

들의 생명을 지키고자 합니다.[20]

황제에게 보고한 상주문의 의학당 장정에는 의학당의 행정관리 인원, 교습, 학생이 졸업 이후 받게 되는 자격, 의학당 겸 병원에 속한 인원들의 직책, 의학당 운영경비 출처 등의 사무에 대하여 일일이 세부적으로 규정하였다. 그러나 여러 가지 이유로 의학당의 실제 설립은 4년 후인 1903년에 이루어졌다.

1902년(광서 28년) 9월 경사대학당은 중국과 서양의 의학을 연구하기 위하여 원래 계획했던 의학과를 의학실업관으로 변경하여 설립할 것을 주청하였다. 1903년 4월 대학당은 지안문(地安門) 안의 태평가(太平街)에 민가를 임대하여 연습생 수십 명을 모집하고 수업을 시작하였다.

「주정경사대학당의학실업관장정」에 의하면 의학실업관은 의학 연구와 진료 두 분야로 나뉘었다. 의학을 연구하는 곳은 "습업소(習業所)", 진료하는 곳은 "위생소(衛生所)"라고 명명하였다. 의학실업관은 3년제 학제였다.

의학관습업소는 산학, 물리, 화학, 동식물학, 생리학, 진단 치료학, 의약처방학, 외국어 등 모두 8개 과목을 설치하였다. 의학실업관 위생소에는 병원 및 중의약방과 양의약방을 하나씩 설립하였다. 병원에는 등급이 다른 여러 병실을 설치하였으며 1인실과 4인실 두 종류가 있었다. 위생소는 지금의 북경대학교 병원의 전신이었다.

의학실업관은 자체적으로 전용강의실, 사무실, 식당, 침실, 학생 자습실, 기숙사, 화학 및 광학(光學) 특별강의실, 실험기구실, 모형실 등의 시설을 갖추었다.[21]

1905년 3월 학무대신 손가내는 추가로 건물을 건축할 것을 주청하고 의학관과 무료로 진료하는 시의총국의 합병을 주청하였다. 그 결과 전문(前門) 밖 후손공원(後孫公園)에 있는 시의총국 동쪽에 새로운 의학관을 건축하였다.

1906년 말 의학관은 처음으로 36명의 학생들이 졸업하였다. 그해 12월 어사(御史) 서정초(徐定超)는 중의학과 양의학은 차이가 너무 커서 동시에 배우

20) 『베이징대학교사료』 제1권, 베이징대학교출판사, 1993, p.182.

21) 『베이징대학교사료』 제1권, 베이징대학교출판사, 1993, pp.183-185.

기 어려우므로 학당을 분리할 것을 주청하였다. 학부는 의학관을 경사전문의학당(京師專門醫學堂)으로 바꾸고 중의학과 양의학으로 나누어 교육할 것을 주청하였다.[22] 그 뒤에 의학관은 운영을 중단하였다.

6. 박물실습과

경사대학당의 수업이 시작된 이후 특히 각 성의 학당들이 연이어 설립되면서 교육에 필요한 각종 동식물 표본의 요청이 쇄도하였다. 동식물 표본은 원래 모두 외국에서 구입해 왔으나 지나치게 비싸기도 하고 중국의 교육 및 연구 분야의 요구에 전혀 부응하지도 못하였다. 그리하여 경사대학당은 학부의 승인을 받아 수도 이외의 학당에서 학생들을 선발하여 박물실습과를 설립하였다. 이 학과의 교육 목적은 학생들이 각종 표본, 모형을 만들고 그림을 그리는 기술을 습득하도록 하는 것이었다.

박물실습과의 주요 임무는 박물학과 생리학 등 과목의 중학당 교습을 양성하는 데 있었다. 이 때문에 단지 고등소학당 이상의 지식 수준을 갖춘 20~30세 사이의 학생들이 시험을 보아 입학하였다. 박물실습과의 학생들은 3년 만에 졸업하는 본과와 2년 만에 졸업하는 속성과인 간과(簡科)가 있었다.

경사대학당 부설 박물실습과는 1907년 7월(광서 33년 6월)에 개설되었으며 대학당 교정 왼쪽 남북루(南北樓)에 위치하였다. 박물실습과의 생략하지 않은 전체 명칭은 "박물품실습과(博物品實習科)"였다. 박물실습과의 교육과정은 세 유형으로 나뉘어져 있었다. 제1유형은 표본 제작이 주요과목이고 모형 제작과 도화(圖畵)가 보조과목이며, 제2유형은 주요과목이 모형 제작이고 표본 제작과 도화가 보조과목이며, 제3유형은 도화가 주요과목이고 모형 제작이 보조과목이었다. 또한 각 유형은 모두 다시 학과(學科)와 술과(術科) 두 종류로 분류되었다. 교과과정도 역시 이 분류에 따라서 설치되었다. 예를 들면 다음과 같다.

본과 제1유형은 표본 제작이 주요과목이고 모형 제작과 도가 보조과목이다.

22) 『베이징대학교사료』 제1권, 베이징대학교출판사, 1993, p.186.

제1학년

학과(學科)

1. 모형 및 표본 제작의 개요
2. 박물학
3. 도량형의 명칭과 사용법
4. 채집기구의 명칭, 사용법 및 수리법
5. 제작기구의 명칭, 사용법 및 수리법
6. 제작용 약품 및 재료의 명칭, 성질 및 사용법
7. 동물 채집법(採集法)
8. 총 사용법
9. 동물 보존법
10. 박제법(剝製法)
11. 식물 채집법
12. 식물 보존법
13. 기록법
14. 모형 제작법
15. 도화 수강

술과(術科)

1. 조류피부표본 및 자세 표본
2. 골격 제작법
3. 패각 표본 제작법
4. 알 표본 제작법
5. 곤충 표본 제작법
6. 유충 표본 제작법
7. 에탄올 표본 제작법
8. 밀랍 표본 제작법
9. 과실종자 표본 제작법

10. 채집법 실습

11. 사양법(飼養法) 실습

12. 금속, 목재, 유리 및 도료 다루는 방법 및 실습

13. 포장 및 운반 방법 실습

14. 석고 모형

15. 점토 모형

16. 도화[23]

각 학당의 박물표본과 모형제작 분야에 대한 인재 수요를 충족시키기 위하여 박물실습과는 우선 2년 만에 졸업할 수 있는 속성과인 간과(簡科)를 개설하였다. 간과 학생들은 1907년 8월 수업을 시작하여 1909년 6월에 졸업하였다.

1910년 12월 박물실습과 본과 학생들이 졸업하게 되어 졸업 시험을 실시하고 중등실업학당의 포상 장정에 따라 등급을 나누어 포상하였다. 졸업생 가운데 계속 연구를 원하는 사람은 고등실업학당에 진학하여 공부할 수 있었다.

7. 역서국(譯書局), 편역국(編譯局)

1898년 6월 경사대학당의 창립 기획 당시 손가내는 경사대학당 부설로 편역국을 설립하고 외국어에 능통한 인재들을 모아서 전문적으로 글을 번역하여 책으로 편찬할 것을 주청하였다. 1898년 7월 3일(광서 24년 5월 15일) 광서황제는 역서국의 설립을 승인하면서 관학대신이 모든 일의 감독과 통솔을 하도록 하고 동시에 양계초에게 6급 관직을 수여하여 역서국의 사무 책임을 맡도록 하였다.

상해가 중국의 외국과의 창구 역할을 하고 있고 환경 조건이 비교적 양호함을 고려하여 역서국은 상해에 설립되었다. 역서국 아래에는 서적의 편찬

23) 『박물실습과각류각학년과목표(博物實習科各類各學年科目表)』, 베이징대학교공문소·제1부·제68권.

과 번역 업무를 배우는 편역학당(編譯學堂)을 설립하고 주로 홍콩에서 60명의 학생을 모집하였다. 이 학생들 가운데 반은 중국어 수준은 비교적 뛰어나지만 외국어는 읽을 수 있을 정도였으며 나머지 반은 외국어 실력은 양호하지만 중국어 실력은 좋지 않았다. 역서국의 교습들은 대부분 상해의 서가회학당(徐家匯學堂)에서 초빙하였다.

역서국의 설립 경비는 경사대학당 장서루(藏書樓), 의기원(儀器院) 설립 당시의 예에 따라 모두 호부(戶部)에서 지급되었다. 처음에 양계초는 설립경비로 백은 1만 냥을 신청하였는데 그 뒤에 광서 황제는 유지를 내려 그것을 2만 냥으로 증액하였으며 일상경비 또한 매월 백은 1천 냥에서 2천 냥으로 증액하도록 하였다.

역서국이 설립된 뒤에는 일본에서 미국 대학교의 초급교재들을 구입하여 번역에 착수하였다. 그러나 8개국 연합군이 북경을 공격하여 점령한 뒤에 경사대학당이 잠시 문을 닫게 되자 역서국의 업무도 중지될 수밖에 없었다.

1902년 3월 경사대학당이 새로 업무가 재개되면서 부설 역서국은 변함없이 대학당이 사용하는 각종 교과서의 편찬 업무를 담당하였다. 당시 역서국 총판은 엄복(嚴復)이 맡았고 편집장은 이희성(李希聖)이었다. 장백희는 경사대학당 역서국의 장정을 개정하였는데 개정된 새 장정에서는 역서국의 규모를 다음과 같이 규정하였다.

총역(總譯) 1명: 번역 업무를 총괄하여 주관

분역(分譯) 4명: 번역 담당 직원
역서국에 근무하지 않고 서적의 번역만을 하는 사람의 숫자는 제한이 없다

필술(筆述) 2명: 번역자의 중국어 문장 능력이 부족할 경우 이를 돕는 역할 담당

교감(校勘) 2명: 교정 업무로서 필술 직원이 겸임

윤색(潤色) 2명: 최종 교열 및 윤문, 서적의 페이지 배정, 제본 담당

도화(圖畵) 2명: 화공으로 서양인 1명, 중국인 1명, 그림, 판각, 도안 담당

감쇄(監刷) 1명: 서적의 인쇄 및 간행 담당

서수(書手) 4명: 필경 담당

사장(司帳) 1명: 필요 물품의 공급 및 서적 발행 업무 담당[24)]

번역서적은 그 내용에 따라 다음과 같이 38개 분야로 분류하였다. 지리, 서양 법령, 수학 계산법, 상업, 기하, 대수, 삼각, 호학(弧學), 정역학(靜力學), 동역학(動力學), 기체역학(氣體力學), 유체역학(流體力學), 열역학(熱力學), 광학(光學), 음향학, 전자기학(電磁氣學), 화학, 논리학, 천문학, 기상학, 이재학, 위생학, 지질학, 인체학, 해부학, 인종학, 식물학, 동물학, 설계 및 측량학, 기계학, 농학, 열국사략(列國史略), 국제법, 도서 관리법, 관원 직급연구, 도덕 교육, 교육법, 체육 교육법 등이다.[25)]

그해 11월 상해에 역서국의 분국이 개설되고 명칭을 경사대학당 상해역서분국(上海譯書分局)이라고 하였다. 12월에 관학대신 장백희는 상해역서분국 부설 인서국(印書局)을 개설하여 경사대학당에서 편집하고 번역한 모든 서적들을 이곳에서 인쇄할 것을 주청하였다.

상해역서분국은 설립된 뒤 얼마 되지 않아서 많은 서적들을 출판하였다. 예를 들면 일본인 기무라 타카타로(木村鷹太郎)의 『동서양윤리학사(東西洋倫理學史)』, 호즈미 야츠카(穗积八束)의 『국민의 애국심 교육(國民 愛國心教育)』, 사토우 덴조우(佐騰傳藏)의 『중학 광물학 교과서(中學鑛物學教科書)』, 후지시로 테스케(藤代禎輔)의 『질씨실천교육학(垤氏實踐教育學)』, 시미즈 나오요시(淸水直義)의 『실험교육 행정법(實驗教育行政法)』, 오오세 진타로(大瀬甚太郎)와 스기야마 토미츠치(杉山富槌)의 『아동교육법(兒童教育法)』 등 10여 종의 서적이 있었다.

이후에도 『학교개량론(學校改良論)』, 『구미교육관(歐美教育觀)』, 『애국심(愛國心)』, 『중학 광물학교과서(中學鑛物學教科書)』, 『신체구주교육사요(新體歐洲教育史要)』, 『시험학교 행정직원 아동편(試驗學校 行政之職員 兒童篇)』, 『범론설비편(泛論設備編)』, 『서양윤리학사(西洋倫理學史)』, 『미국통사(美國通史)』, 『교육고

---

24) 「경사대학당역서국장정(京師大學堂譯書局章程)」, 『베이징대학교사료』 제1권, 베이징대학교출판사, 1993, pp.194-196.

25) 상동.

전(教育古典)』, 『아동교폐론(兒童矯弊論)』, 『재정학(財政學)』, 『지문학(地文學)』, 『박물학교과서 식물부(博物學教科書植物部)』, 『박물학교과서 생리부(博物學教科書生理部)』, 『경제통계학(經濟統計學)』, 『금세구주외교(今世歐洲外交)』, 『천문천설(天文淺說)』 등 수십 부의 저작을 출판하였다.

1902년(광서 28년) 장백희는 경사대학당 아래에 또 다른 편서처(編書處)와 역서처(譯書處)를 설립하여 전국 교재의 통일된 편집과 인쇄 업무를 담당하도록 하였다. 예를 들면 각 학당이 사용하는 중국학문 과목의 교재는 편서처에서 담당하고 서양 학문의 각종 교과서는 역서처에서 모두 담당하였다. 만약 역서국이 어떤 서적을 번역하려면 역서처의 동의를 거쳐야 했다.

1904년 7월 역서국의 업무는 중단되었다.

8. 장서루(藏書樓)(도서관)

경사대학당 장서루는 현재의 북경대학 도서관의 전신이다.

1898년 경사대학당이 처음 설립될 당시에 양계초(梁啓超)가 기초한 「주의경사대학당장정」의 총칙에는 장서루 설립에 관한 조항이 있다. 그 내용은 "학자는 읽어야 할 책이 매우 많은데 한 사람의 능력으로는 그 모든 책을 구입할 수 없다. 서구 여러 나라의 수도나 지방 성도(省都)에는 모두 장서루가 설립되어 있다. 경사대학당은 각 성에 있는 학당들의 모범이 되는 곳으로 특별히 웅장한 체제를 갖추어야 한다. 이제 큰 규모를 갖춘 장서루의 설립을 계획하는 목적은 중국과 서양의 필요한 서적들을 널리 수집하여 학계의 많은 사람들이 찾아 읽을 수 있도록 하여 천하에 학문의 기풍을 널리 펼치기 위함이다."[26]

이 밖에 장정에는 장서루에 제조 1명, 공사(供事) 10명을 둘 것과 장서루 건축비 예산 백은 2만 냥, 중국서적 구입비 5만 냥, 서양서적 구입비 4만 냥, 일본 서적 구입비 만 냥 총 12만 냥의 설립 비용을 규정하였다.

중국제1역사 당안관에는 지금도 광서 25년(1899년) 겨울 경사대학당 장서

26) 「총리아문주의경사대학당장정(總理衙門奏擬京師大學堂章程)」, 『베이징대학교사료』 제1권, 베이징대학교출판사, 1993, p.81.

루가 구입한 각종 서적 목록을 보존하고 있다. 대략 계산하여 경사대학당 장서루는 한 계절에 거의 400여 권의 서적을 구입하였다. 1900년 경사대학당이 전란 중 어쩔 수 없이 휴교하였을 때 소장하였던 서적들은 모두 전쟁으로 인한 화재로 소실되었다.

『국립북경대학개략(國立北京大學槪略)』의 기록에는 1902년 경사대학당이 정상을 되찾은 뒤 장서루를 다시 새롭게 건축하고 이곳에 강소성(江蘇省), 절강성(浙江省), 호북성(湖北省), 광동성(廣東省), 강서성(江西省), 호남성(湖南省) 등의 관서국이 보유하고 있던 각종 서적들(강유위가 창설한 강학회의 장서 포함)을 수집하여 이관하고 아울러 중국과 서양의 신, 구 도서들을 구입하였다. 1903년 장서루에서는 서적을 구입하기 위하여 여러 차례 남쪽 지방에 직원을 파견하였으며 이후 수많은 중국과 외국의 학자들이 상당량의 각종 도서들을 기증하기도 하였다.

1905년 장서루는 도서관으로 명칭을 바꾸었다. 그 뒤 경사대학당은 새로운 도서관 장정을 제정하고 도서관 소장 서적의 보관, 직원의 직책 범위, 서적의 대출 및 열람 수속 등에 관하여 상세히 명문으로 규정하였다. 1912년 경사대학당이 북경대학으로 명칭이 바뀐 이후 북경대학 도서관의 장서는 날로 풍부해져서 중국 최대 규모의 대학 도서관이 되었다.

9. 팔기관학(八旗官學)

1902년 2월 황실과 황족 및 팔기 등을 교육하는 관학이 관리가 부실해지자 한림원 시독(侍讀) 보희(寶熙)는 관학을 개혁하여 소학당과 중학당을 설립하고 경사대학당에 관리를 맡길 것을 주청하였다.

팔기관학은 모두 8개에 각기 백 명이 넘는 학생들이 있었으며 황실, 황족들을 합하여 모두 천여 명의 학생들이 있었다. 경사대학당에 합병된 후에는 8개의 소학당이 설립되고 한 개의 중학당이 통합 관리하였다. 여기에는 보희(寶熙)가 총판이 되고 총교습 1명과 부총교습 2명을 배치하였다. 1903년 12월 팔기관학들은 다시 경사독학국(京師督學局)에 예속되었다.

10. 부속 고등소학당

1906년 경사대학당 우급사범과(優級師範科) 학생들이 졸업하게 되자 사범 학생들의 실습 편의를 위하여 그해 8월에 경사대학당은 부속 고등소학당을 설립하고 내무부에 속한 3기(三旗)의 고등소학생들이 입학하여 공부하도록 할 것을 주청하였다. 사범과 각 반의 학생들은 이 부속 고등소학당 실습 교원으로 충원되어 과목별로 수업을 하였다. 1909년 말 3년 기간이 끝나고 나서 학업수준이 비교적 높은 소학생들은 만몽고등학당(滿蒙高等學堂) 예비과에 추천하여 입학하고 나머지 학생들은 다시 본래의 삼기 고등소학당 4학년으로 돌아가 공부하였다.

11. 기타 기구

앞에서 언급한 부속 교육기구 외에도 경사대학당은 많은 행정 관리기구들을 설치하였다. 그중에서 가장 중요한 3개의 부문은 교무처(教務處), 서무처(庶務處), 감학처(監學處)였다.

교무처의 주요 책무는 총감독을 도와서 교육과 관련한 사항들을 기획하는 일이었다. 교무제조는 총감독에 의해 선발 임명되며 총감독의 명령에 따라 일을 처리하였다.

서무처는 대학당 전체의 매일의 일과를 관리하는 책임을 맡고 서무제조는 총감독에 의해 선임되고 총감독의 명령에 따라 일을 처리하였다.

감학처는 학생들을 사찰하고 풍기를 유지하며 기율을 정돈하고 학당의 규칙을 실행하는 책임을 맡았다. 감학처에는 감학관 2명을 두었다.

지응처(支應處)는 바꾸어 말하면 재무처인데 모든 자금의 출납 업무를 전담하였다.

잡무처(雜務處)는 잡무관(雜務官)을 두고 서무제조를 도와서 대학당 전체의 일용 비품과 건축물 설비를 관리하고 각 부서의 기물, 주방 업무, 여러 잡다한 일들을 관리하였다.

재무처(齋務處)는 기숙사와 관련한 모든 사항을 관리하는 책임을 담당하였으며 재무제조(齋務提調)는 총감독에 의해 선임되고 총감독의 명령에 따라 일을 처리하였다.

검찰처(檢察處)는 수 명의 검찰을 두고 재무제조와 협동하여 기숙사를 검찰 및 관리하는 책임을 담당하였다.

제12장

민주와 과학을 향한 전진

역사가 20세기로 진입한 이후 민주와 과학이 전제(專制)와 우매함을 대체하여 새로운 세기의 주제가 되었다. 청 왕조는 시국이 매우 불안정하여 이미 붕괴가 임박한 지경에 처하였다. 정권이 뒤바뀌는 역사적으로 중요한 시기에 중국에서 태어난 경사대학당(京師大學堂)은 그 성장 발전과정에서 새로운 전환기를 맞게 되었다.

이 같은 시기에 경사대학당은 중국 근대 최초의 국립 최고학부로서 각 부문에서 독특하고 선진적인 특성을 구체적으로 드러내었다. 그 가운데 가장 대표적인 것이 세 가지 있는데 첫째는 대규모 해외 유학생의 파견이고, 둘째는 학생들의 반러시아 애국운동이 촉발하도록 매우 큰 영향을 준 것이며, 셋째는 최초로 학생들의 체육 운동회를 거행한 것이다. 이 세 분야는 전혀 관련이 없어 보이지만 후세 사람들은 이들을 통하여 당시 경사대학당의 교습들과 학생들이 민주주의와 과학뿐만 아니라 민족의 기개를 추구하였다는 사실을 알 수 있다.

중국의 해외 유학생 파견은 경사동문관(京師同文館)이 창립되고 나서 1872년에 처음 시작되었다. 그러나 여러 가지 원인 때문에 해외 유학생 파견 업무는 중단과 시행을 반복하여 배출한 인재도 그리 많지 않았다. 무술변법(戊戌變法) 시기에 이르러서야 청국 정부는 유학생 파견에 대하여 한층 성숙한 인식을 갖게 되었다.

1898년 6월 1일 강유위(康有爲)는 양심수(楊深秀)를 대신하여 초안 작성한

「청정유학일본장정편(淸政遊學日本章程篇)」에서 "일본의 개혁은 교육을 통하여 성과를 거두었다. 중국이 유학생 파견으로 성과를 거두려 한다면 일본부터 시작하여야 한다"[1]고 하였다. 총리아문(總理衙門)과 광서(光緖) 황제는 모두 이 건의를 적극적으로 지지하였다. 이때부터 중국의 서양 위주의 유학생 파견은 일본 위주로 바뀌었다.

1899년 5월 일본의 주중공사 야노 후미오(矢野文雄)는 청정부에 공식 서신을 보내서 학생들의 일본유학 파견을 요청하였다. 총리아문은 경사동문관(京師同文館)의 동문관(東文館) 학생들을 가장 먼저 일본에 파견하는 계획을 제출하였다. 그리고 남북양대신(南北洋大臣), 양광총독(兩廣總督), 양호총독(兩湖總督), 민절총독(閩浙總督)에게 일본 파견 유학생의 선발을 건의하였다. 중국의 대규모 유학생 파견은 이해부터 시작되었다.

1902년 9월 7일(광서 27년 8월 6일) 자희태후(慈禧太后)는 유지(諭旨)를 내려 호북(湖北), 사천(四川) 및 강남(江南) 각 성(省)이 해외 파견 유학생의 선발을 지원하도록 하되 인재 양성이 당면한 급선무이므로 각 성에서는 품행이 단정하고 학문이 뛰어난 학생들을 선발하여 해외 유학을 보낼 것을 당부하였다.

창립 이래 "모든 성의 모범" 역할을 수행한 경사대학당은 유학생의 파견에서도 마찬가지로 전국에 있는 각종 학당들의 선도자가 되었다.

1903년 12월 21일(광서 29년 11월 3일) 관학대신(管學大臣) 장백희(張百熙)는 「주청경사대학당파학생출양절(奏請京師大學堂派學生出洋折)」에서 경사대학당이 선발하여 보내는 유학생들은 전공학문 분야별로 나누어 공부하여야 하며 주요한 목적은 교사 양성이라는 제안을 하였다. 그는 일본이 명치 8년에 우수한 학생들을 선발하여 해외유학을 보냈는데 명치 13년에 유학생들이 학업을 마치고 귀국하자 대부분 대학당의 교원을 맡았으며 지금의 일본 박사학위 소지자나 학사학위 소지자는 대부분 일본 국내에서 교육을 받았다는 사실을 예로 들어 설명하였다. 그리하여 경사대학당은 사학관(仕學館)과 사범관(師範館)에 재학하는 수십 명의 학생들을 선발하여 해외유학을 보낼 것을 결정하였다. 청국 정부는 장백희의 상주문을 당일로 승인하고 "품행이 바르고 학문

1) 탕지균(湯志鈞) 편, 『강유위정논집(康有爲政論集)』(상), 중화서국, 1981, pp.250-251.

이 뛰어난 학생들을 선발하여 세심한 검증을 거쳐 전공 분야별로 반을 나누어 유학생을 파견하도록 하라"[2]는 지시를 내렸다.

1903년 말 경사대학당 학생 31명이 일본 유학을 떠났다. 1904년 초에는 다시 16명의 경사대학당 학생들을 서양의 여러 나라로 유학을 보냈다. 당시 일본 유학은 비교적 근거리여서 31명의 유학경비로 모두 백은 9만 냥이 소요되었으나 유럽 유학을 떠난 16명의 경비는 백은 10만 냥이 소요되었다.

이때부터 경사대학당은 매년 해외 유학생을 파견하였다. 일본 유학생들은 대부분 와세다대학과 법정대학에서 공부하였으며 유럽에 파견된 학생들도 런던대학과 세인트 피터스대학과 같은 비교적 우수한 대학에 입학하였다.

1907년 11월 5일(광서 33년 9월 30일) 역학관은 외무부에 역학관(譯學官)의 해외 유학생 분포 상황을 상세히 기록한 해외 유학생 명단("해외 유학생 상황표" 참조)을 보고하였다.[3]

1909년(선통 1년) 이전에 유학생들의 선발 및 파견은 주로 경사대학당과 다른 몇 개의 학당에서만 시행되었다. 1909년 이후에는 점차 학교뿐만 아니라 사회에서도 학생들을 모집 및 선발하여 파견하였다.

1909년부터 미국이 되돌려준 의화단(義和團) 사건 배상금을 재원으로 하는 "경관(庚款) 장학금"의 지원으로 중국의 많은 학생들이 미국 유학을 가기 시작하였다. 미국 유학 학무처(學務處)는 7월 20일과 21일 이틀간 학부에서 전국적으로 유학생을 모집하였다. 시험문제 과목은 영어, 중국역사, 지리 등이었으며 7월 24일 예비로 선발된 학생 68명을 발표하였으며 25일부터 29일까지 다시 물리, 화학, 박물, 대수, 기하, 삼각, 외국 고대사, 외국 근대사, 외국 지리 등의 과목에 대한 선발시험을 실시하였다. 8월 3일에는 시험 결과를 발표하고 총 47명의 학생을 최종 선발하였다. 이 학생들은 8월 하순에 미국으로 떠났다. 이 학생들 중에는 나중에 청화대학교 총장이 된 매이기(梅貽琦)

---

2) 『광서조동화록(光緒朝東華錄)』 제5권, 중화서국, 1958, p.5114.

3) 「자정외무부역학관출양학생표책청사조문(咨呈外務部譯學館出洋學生表冊請查照文)」, 『베이징대학교사료』 제1권, 베이징대학교출판사, 1993, pp.444-446.

해외 유학생 상황표

성명	유학국	학교	학과	졸업년월	유학년월(광서)
임행규(林行規)	영국	런던대학교	법과대정치과	미상	29년 11월
범소렴(范紹濂)	영국	파커베이커대	미상	미상	29년 11월
양증호(楊曾浩)	영국	입학준비중	미상	미상	31년 9월
서지(徐墀)	영국	런던대학교	예비과	미상	30년 9월
후유량(侯維良)	영국	버밍험대학	예비과	미상	31년 9월
오경숭(吳慶崇)	영국	런던대학교	예비과	미상	31년 9월
조균(曹鈞)	영국	왕립대학교	예비과	미상	31년 9월
근지(靳志)	프랑스	공예학교	미상	미상	30년 9월
진조량(陳祖良)	프랑스	리옹고등공업학교	미상	35년 7월	29년 11월
주병청(周秉清)	프랑스	파리공정학교	민사과	37년	31년 9월
등수길(鄧壽佶)	프랑스	리얼공예학교	미상	35년	29년 11월
주위(周緯)	프랑스	공예학교	미상	미상	31년 9월
황광징(黃廣澄)	프랑스	중학교	미상	미상	31년 9월
왕정장(王廷璋)	프랑스	강싱대학교	공정과	미상	31년 9월
진포(陳浦)	프랑스	공과전문학교	미상	28년	31년 9월
김국보(金國寶)	프랑스	공예학당	미상	미상	31년 9월
정경방(程經邦)	독일	두달후 입학	미상	미상	29년 11월
장근(張謹)	독일	베를린법정대학교	법률	36년 9월	31년 9월
진영치(陳永治)	독일	공예전문학교	기계	35년 7월	31년 9월
고조웅(顧兆熊)	독일	베를린공과대학	전기공정	36년	31년 9월
백산(柏山)	러시아	상트페테르부르크대학교	법정전과	34년	29년 11월
인지(麟祉)	일본	고등공업학교	요업과	34년 9월	31년 9월
호국례(胡國禮)	일본	와세다대학교	정치경제	34년 9월	31년 9월
서정원(徐鼎元)	일본	와세다대학교	정치경제	34년 9월	31년 9월

(1907년 11월 5일 역학관 외무부 보고)

선생이 포함되어 있었다.

1910년 청국 정부는 다시 같은 방식으로 70명의 미국 유학생을 모집하였다. 그중에는 뒷날 저명한 언어학의 대가가 된 조원임(趙元任)과 기상학, 지리학의 대가가 된 축가정(竺可楨)이 있었다. 저명한 사상가이자 철학자이고 문학가이면서 북경대학의 교습 및 총장을 역임한 호적(胡適) 선생도 제2차 미국 유학생 중의 한 명이었다.

1909년 초부터 경사대학당은 외국 유학생의 입학을 정식으로 접수하기 시작하였다. 최초의 외국 유학생은 러시아 블라디보스토크의 동방언어학당에서 온 학생들과 동성철로학당(東省鐵路學堂)의 교습 등이었다.

일본의 명치유신(明治維新)을 배우는 이유는 개혁에 의하여 강성한 나라를 만들겠다는 목적을 달성하기 위해서라는 것이 유신파(維新派)의 중요한 주장이었으며 유학생을 선발하여 파견하는 일은 바로 이 주장을 구체적으로 실현하는 것이었다. 청국 조정이 시행한 관비(官費) 지급 방식의 유학생 파견은 학술적인 분위기를 활성화시키고 학생들의 안목을 넓히는 데 도움이 되었을 뿐만 아니라 일단의 중국 지식청년들에게 국외 상황과의 비교를 통하여 청국 봉건제도의 부패상에 대해 재인식하게 함으로써 개혁을 통해 강성한 나라를 만들려고 하는 애국적인 열정을 촉발시켰다. 그러나 유학생 파견으로 발생하는 후자의 영향에 대하여 당시 통치 계층은 미처 예상하지 못하였다.

20세기 초 민주 혁명운동이 중국에서 광범위하게 전개되면서 점점 더 많은 지식인들이 혁명에 경도되었다. 1903년에 일어난 반러시아운동인 거아운동(拒俄運動)은 경사대학당 학생들이 애국과 진보의 길로 전진하는 중요한 상징이 되었다.

청일전쟁 이후에 체결된 「마관조약(馬關條約)」에는 요동반도를 일본에 할양한다는 조항이 포함되어 있었다. 오래전부터 중국의 영토를 호시탐탐 노리고 있던 제정러시아는 독일, 프랑스 양국과 연합하여 「마관조약」이 체결된 지 6일 뒤에 압력을 가하여 일본이 요동반도 점령 기도를 포기하도록 하고 중국이 이에 대한 대가로 은 3천만 냥을 지불하도록 하였다.

이보다 훨씬 앞선 1858년과 1860년에 제정러시아는 청국과 두 개의 불평등조약인 「애혼조약(璦琿條約)」과 「북경조약(北京條約)」을 체결하여 흑룡강(黑龍江) 북쪽 지역에서 우수리강(烏蘇里江) 동쪽 지역에 이르는 일백여 만 평방킬로미터의 중국 영토를 강제로 점령하였다. 1891년 러시아는 시베리아 철도의 건설을 시작하였다. 1895년에 이 철도는 러시아의 치타(chita)에 이르렀다. 1897년 제정러시아 군대는 중국의 요동반도에 위치한 여순(旅順)과 대련(大連)을 점령하고 이후 남만철도(南滿鐵道)를 건설함으로써 중국이 은 삼천만 냥을 주고 되찾은 요동반도는 사실상 제정러시아의 손아귀에 떨어지게 되었다.

1902년 제정러시아는 다른 열강들의 압력 때문에 중국 동북삼성(東北三省) 지역에서 철병할 것에 동의하였다. 그러나 1903년 4월이 되어 제2차 철병 시기가 닥치자 러시아 군대는 철군을 하지 않고 오히려 철군의 전제조건으로 청국 정부에 동북삼성 지역과 몽골이 러시아의 독점 세력 범위라는 것을 승인할 것을 요구하였다. 이로 인하여 러일전쟁이 일어나는 원인이 되었다.

중국의 거아운동(拒俄運動)은 일본에서 먼저 시작되었다. 1900년까지 일본에 체류 중인 중국인 유학생은 백여 명이 채 안 되었다. 1904년이 되자 중국의 일본 유학생 숫자는 3천여 명에 이르렀다. 수많은 부유한 집안 출신의 청년 학생들이 자산계급(資産階級) 사상의 영향을 받고 점차 중국민족이 망국의 위험에 빠져 있다는 엄중한 인식을 갖게 되자 잇달아 애국적인 구국운동에 뛰어들었다. 일본 유학생 진천화(陳天華)가 1903년에 쓴 「맹회두(猛回頭)」, 「경세종(警世鍾)」 등의 글은 혁명 1세대에 지대한 영향을 주었으며 당시 학생들의 애국에 대한 열정은 어느 때보다 고조되었다.

강유위를 비롯한 유신역량(維新力量)과 손중산(孫中山)을 비롯한 혁명역량(革命力量)은 청일전쟁 이후 동시에 탄생하였다. 무술변법의 실패로 인하여 유신변법을 통한 나라의 강성은 통용될 수 없음이 증명되자 혁명역량은 더욱 크게 떨쳐 일어났다. 당시 일본은 이전부터 손중산의 혁명 기지(基地)였다.

거아운동의 성격도 손중산이 영도하는 자산계급(資産階級) 혁명의 범주에 속한 것이었으며 청국 왕조의 봉건통치를 무너뜨리려는 혁명의 중요한 일부분이기도 하였다.

1903년 일본의 중국인 유학생들은 거아운동과 배만운동(排滿運動)을 일으키고 그 가운데 일부 학생들은 반러시아 의용대와 「군국민교육회(軍國民敎育會)」를 조직하였다. 그들은 또한 학생들에게 군사훈련에 참가할 것을 권유하였다. 1904년 초 귀국 유학생들이 참여하고 계획하여 화흥회(華興會)와 광복회(光復會)라는 두 개의 혁명단체가 각기 창설을 선포하였다.

1903년 5월 채원배(蔡元培) 등이 영도하는 중국교육회와 애국학사(愛國學社)는 상해(上海)의 장원(張園)에서 회의를 개최하고 북경의 외무부에 공개 전보를 보냈다. 그 내용은 다음과 같다. "러시아가 우리 중국에게 돈을 내놓으라는 조약을 체결하게 하고 이를 비준하도록 강요하였다고 알고 있다. 만약 그 조약을 비준한다면 그 결과는 국내적으로는 주권을 잃게 되는 것이고 대외적으로는 큰 분쟁을 자초하는 것이니 우리 모든 국민은 동의하기가 매우 어렵다."[4]

이미 중국 자산계급 혁명의 중요한 구성 요소가 되어 버린 거아운동에서 경사대학당 학생들은 선구자적인 역할을 다하였다고 말할 수 있다. 감히 청조 정부의 코 밑에서 항의 활동을 벌이고 있는 경사대학당 학생들은 원래 청조 정부가 희망을 걸고 있던 존재들이어서 그들의 항의 활동은 더욱 더 깊은 의미를 갖게 되었다. 학생들뿐만 아니라 위로는 대학당의 부총교습, 교습, 조교들로부터 아래로는 일반 행정직원들에 이르기까지 거의 모두가 이 운동에 참여하였다. 거아운동 중에 경사대학당 사범관과 사학관 학생연합이 기초하여 전국에 공개 전보를 보낸 「거아서(拒俄書)」 등 몇 건의 중요한 반제(反帝), 반봉건적인 문서들이 「대공보(大公報)」, 「소보(蘇報)」 등의 매우 영향력 있는 간행물들에 발표된 일은 경사대학당이 이미 이번 거아운동의 중심이 되었다는 것을 상징하는 것이었다.

1903년 5월 경사대학당에서 교편을 잡고 있던 일본인 교습들이 잇달아 휴

4) 풍자유(馮自由), 『중화민국개국전혁명사(中華民國開國前革命史)』(상), p.129.

가를 신청하였으나 학생들은 그 이유를 알지 못하였다. 법학교수였던 이와타니(岩谷) 선생은 이에 대해 학생들에게 다음과 같이 말하였다.

> 지금은 중국이 존립하느냐 망하느냐 하는 절체절명의 순간이다. 그러나 학당 밖의 사대부들을 보면 노래와 춤을 즐기면서 아무 일 없듯이 편안하게 지내고 있고 학당 안의 교정을 오가는 학생들을 보면 걱정하는 기색이 전혀 보이지 않는다. 만약 중국에 어떤 희망이 있다면 그것은 나라를 사랑하고 충성할 줄 아는 인재를 양성하는 교육에 달려 있다고 할 것이다. 그러나 망국의 위기에 처한 지금 학생들은 전혀 상관없다는 자세를 보여주고 있다. 만약 일본 학생들이 이와 같은 경우에 처했다면 당연히 통곡하고 눈물을 흘리며 큰 단체를 조직하여 자신들이 원하는 바를 공표하고 결코 정부가 러시아에게 한 치의 땅도 양도하지 못하게 하였을 것이다. 중국의 학생들은 모두 노예의 국민성을 가지고 있으므로 본인은 이들을 가르칠 만한 가치가 없다고 여기기 때문에 즉시 귀국하려고 한다![5]

그때서야 아무것도 모르고 있던 학생들은 비로소 러시아가 이미 청국 정부와 동북삼성(東北三省)의 할양에 관한 비밀조약을 체결하였다는 사실을 알게 되었다. 이 소식이 전해지자 영국은 먼저 군대를 움직이고 러시아가 제시한 조건들을 청국 정부가 수용하지 않도록 압력을 가하였다. 일본도 이에 대해 반대한다는 의사를 긴급히 표명하였으며 아울러 위해위(威海衛) 지역에 해군 함정들을 배치하고 러시아에 선전포고를 하였다.

4월 30일 일본은 청국 정부에 다음과 같은 내용을 조회(照會)하는 외교 공문을 보냈다. "도대체 동북삼성은 청국의 영토인가? 청국 영토라면 당연히 러시아에 그 죄과를 따져 물어야 할 것이며 청국 영토가 아니라면 우리 열강들이 연합하여 정벌하고 여러 나라의 영토로 만들 것이다."[6] 그리고 얼마 후 다시 다음과 같이 위협적인 주장을 하였다. "동북삼성을 러시아에 할양

---

5) 「소보(蘇報)」, 1903년 5월 20일.

6) 상동.

한다면 당연히 각국의 영토 관할권 안의 지역은 각국에 할양되어야 한다."[7]

이로써 노일전쟁은 일촉즉발 직전에 처하였다.

경사대학당 학생들은 청국 정부가 조국을 팔아먹으려 한다고 생각하였다. 4월 30일 사학관과 사범관 학생 200여 명이 부총교습의 승인을 받고 현 사태를 성토하는 집회를 시작하였다. 가장 먼저 등단하여 연설한 사람은 조교인 범정생(範靜生) 선생이었다. 그는 간간히 박수와 환호를 받으면서 이번 동북삼성의 할양에 관한 이해관계에 대하여 오랫동안 연설을 하였다. 청중 가운데는 의분이 가득한 사람도 있고 통곡하다가 정신을 잃는 사람도 있었다. 이어서 10여 명의 학생들이 잇달아 등단하여 연설을 하였다. 한 학생이 일본인 이와타니 선생이 언급한 "중국 학생들은 모두 노예의 국민성을 가지고 있으므로 본인은 이들을 가르칠 만한 가치가 없다고 여기기 때문에 즉시 귀국하려고 한다"는 말을 소개하자 학생들은 격분하였으며 그들이 외치는 구호가 천지를 진동하였다. 마침내 그들은 다음과 같은 4개항의 결의문을 통과시켰다.

1. 수도에 머물고 있는 각 성의 관원인 경관(京官)들은 해당 성의 독무(督撫)에게 동북삼성의 할양을 반대하는 청원서를 전보로 발송할 것.
2. 경사대학당의 모든 학생들은 각 성의 독무들에게 전보를 보내서 독무들이 동북삼성 할양 반대 청원서를 전보로 조정에 올릴 것을 요청할 것.
3. 경사대학당의 모든 학생들은 각 성의 학당에 전보를 보내서 각 성 학당들이 해당 성의 독무에게 동북삼성 할양 반대 청원서를 전보로 올릴 것을 요청할 것.
4. 경사대학당의 모든 학생들은 관학대신에게 동북삼성 할양 반대 청원서를 올릴 것.[8]

경사대학당에 재직하는 교습들과 직원들은 모두 이 집회에 참가하여 고개를 끄덕이거나 한숨을 쉬는 것으로 학생들의 애국적인 행동에 지지를 보

7) 「소보(蘇報)」, 1903년 5월 20일.

8) 「대공보(大公報)」, 1903년 5월 3일.

냈다. 사학관과 사범관 학생들 가운데 하남(河南) 출신의 진사인 사학관 학생 근(靳)모라는 자만이 유일하게 시험 준비를 하기 위하여 집회에 참석하지 않았는데 학생들은 그를 "죽더라도 깨닫지 못하는 사람"이라고 하였다.

이 집회가 끝난 뒤에 학생들은 먼저 「경사대학당사범, 사학양관학생상서관학대신청대주거아서(京師大學堂師範, 仕學兩館學生上書官學大臣淸代奏拒俄書)」를 기초하였다. 이 문건은 경사대학당의 사학관과 사범관 학생들이 관학대신에게 「거아서」를 대신 주청해 줄 것을 요청하는 청원서였다. 「거아서」는 중국이 분할되어 2만 리 중국 영토와 4억의 국민들이 다른 국가의 지배를 받게 되고 짐승과 같은 노예가 될 위험에 처해 있다고 분석하면서 러시아의 요구를 거부할 것을 제시하였다. 1903년 5월 7일 「대공보(大公報)」는 「거아서」 전문을 옮겨 실었다.[9] 전문 내용은 다음과 같다.

> 존경하는 관학대신께 사범관 및 사학관 학생들이 올리는 글
>
> 세상의 일 가운데 말하고 싶지만 해서는 안 될 일이 있고, 말하지 않으면 안 될 일이 있으며, 말을 하게 되면 분수에 넘치는 일이기는 하지만 말하지 않으면 국토가 분할되는 참상을 그저 앉아서 바라보아야 하는 도저히 참을 수 없는 일도 있습니다. 오늘날 동북삼성의 문제가 바로 이와 같습니다.
>
> 흉악한 호랑이나 늑대와 같은 러시아는 흑해(黑海)에서 저지당하여 서쪽으로의 진출이 불가능해지자 동쪽으로 방향을 전환하고 국가적으로 모든 힘을 기울여 신속히 시베리아철도의 건설을 진행하고 있습니다. 이것이 마침내 완성되면 바로 엄청난 야심과 모략을 사용하여 전 세계를 집어 삼키려는 표트르 대제가 생전에 남긴 계략을 실행해 나갈 것입니다. 이것은 세상의 여러 나라 사람들이 익히 들어서 잘 알고 있습니다. 러시아의 외교수단은 먼저 짐짓 달콤한 말과 거금으로 유혹하다가 나중에는 큰소리로 위협하여 겁을 집어 먹게 하는 도적과 같이 음험하고 늑대와 같이 위험하여 멸망하여야 할 나라입니다. 우리나라와의 외교교섭도 이와 같아서 어느 한 가지 일도 우리나라를 난처하게 하지 않은 경우가 없으며 어느 때도 우리나라를 죽음과 같은 곤경에 몰아넣지 않

9) 「대공보(大公報)」, 1903년 5월 7일.

은 적이 없습니다. 동북삼성을 강점한 후에 다른 여러 나라와 공동으로 조약을 체결하였음에도 불구하고 지금까지 미루어 오면서 반환하지 않고 있습니다. 최근에는 우리나라가 동북삼성의 주권을 포기할 것을 강요하기조차 하고 있습니다. 이 일들로 우리나라의 모든 백성들은 분개하면서 이를 갈게 되었습니다.

영국과 일본은 자기들의 이익을 위하여 평화주의를 함께 지켜 나갈 것을 제창하고 재작년에 동맹을 결성하였습니다. 그 당시 이에 대해 소식통들은 경솔한 이기심으로 내심 다행이라고 기뻐하면서 다른 나라의 우산 아래 보호 받으며 오래 존속하게 되었다고 하였습니다. 그렇지만 학생들은 단연코 처음부터 격분하고 두려워하였습니다. 왜냐하면 다른 나라의 보호를 받으면서 독립할 수 있는 나라는 결코 없기 때문입니다. 러시아는 명백히 우리의 동북삼성을 쪼개서 점거하였기 때문에 영국과 일본은 반드시 이 일에 개입할 것입니다. 게다가 일본은 이를 받아들일 생각이 추호도 없어서 멀지 않아 일본과 러시아가 전쟁을 하게 될 것이라는 말도 있습니다. 우리나라 소식통들이 예측하는 바에 의하면 일본과 러시아의 전쟁이 우리와는 전혀 관계가 없으며 이웃한 강대국들이 전쟁으로 우리나라를 넘볼 여유가 없기 때문에 오히려 다행이라는 것이었습니다. 그러나 학생들은 심각한 재난이 곧 닥치게 되고 나라의 존망이 결정될 고비에 이르렀기에 절절한 비통에 빠져 있습니다.

4월 4일(양력으로 4월 30일) 일본 대사는 외무부에 러시아가 동북삼성을 점령한 것을 중국이 승인하는지를 질문하면서 만약 중국이 이를 승인한다면 중국과 일본은 적국이 되는 것이라고 운운하는 조회 공문을 보냈습니다. 확실한 소식통에 의하면 당시 일본은 군함 27척을 조선과 우리나라 영해로 발진시키고 동북삼성을 탈취할 기회를 엿보고 있었다고 합니다. 이러한 상황에서 우리나라는 일본에 대항하여야 합니까? 러시아에 대항하여야 합니까? 아니면 이 두 나라와 각각 여유롭게 협상을 벌여서 모든 일을 해결할 수 있겠습니까? 만약 우리나라가 러시아와 연합하여 일본에 대항한다면 동맹을 맺은 영국과 일본은 반드시 우리나라를 그들의 적국으로 간주하고 이어서 우리나라가 평화를 파괴하고 조약을 위반했다는 책임을 묻게 될 것입니다. 또한 우리가 전쟁에서 승리하지 못한다면 영국과 일본은 반드시 모든 수단을 동원하여 각국의 세력 범위를 확보하고 이에 근거하여 우리의 영토를 나누어 가지려고 할 것입니다. 동북삼성이 러시아에 귀속된다면 내, 외몽고 역시 보존할 수 없을 것입니다. 우리가 아는 바로는 장강(長江) 연안의 각 성들은 분명 영국에 귀속될 것이며 복건성(福建省), 절강성(浙江省)은 일본에 귀속되고, 프랑스와 독일 역시 그동안 노리고 있던 광동성(廣東省), 광서성(廣西省), 운남성(雲南省), 귀주성(貴州省), 산동성(山東省), 그리고 하남성(河南省)을 전쟁의 배상조건으로 차지하게 될 것입니다. 미국, 이탈리아, 오스트리아도 마찬가지로 이 기회를 틈타서 우리나라 영토 가운데 마음에 드는 곳을 골라서 강탈함으로써 똑같이 이익을 나누어 가질 것입니다. 국토 2만 리와 4억의 백성들은 모두 폴란드나 인도처럼 다른 나라의 압제를 받고 짐승과 같은 노예가 될 것입니다. 우리나라가 멸망하는 것이 세계 평화에 부정적인 영향을 미치고 더구나 한 나라를 멸망시키는 것은 불의한 일이지만 멸망을 당할 수밖에 없는 상황에 처해 있습니다.

만약 우리나라가 러시아에 대항하기 위하여 영국 및 일본과 연합한다면 러시아는 영국과 일본의 막강한 힘을 두려워하여 동북삼성을 우리에게 반환할 것입니다. 러시아가 우리나라와의 합의를 결렬시킨다면 영국과 일본은 반드시 육군과 해군을 동북삼성과 블라디보스토크 양 지역에 집결시켜서 러시아에 대한 강력한 공격을 감행할 것입니다. 비록 러시아가 이에 대항하기 위하여 시베리아철도를 이용하여 신속히 병력을 운송한다고 하더라도 역시 많은 시간이 소요될 것입니다. 그렇게 되면 우리는 원세개(袁世凱) 장군과 마홍빈(馬鴻賓) 장군 휘하의 변방을 수비하는 정예부대를 이동시킬 수 있습니다. 전쟁의 결과는 분명 적어도 동북삼성의 주권을 회복하고 20여 년의 평화를 보장받을 수 있는 정도가 될 것입니다. 트란스발(Transvaal)과 필리핀은 아무런 도움 없이 세계에서 가장 부강한 대국인 영국과 미국에 맞서 혈전을 벌리며 2~3년을 항복하지 않고 버텨 냈습니다. 우리나라가 영국과 일본의 도움을 받고 있으면서도 두려워 떨면서 러시아에 대항하지 못한다면 어찌 트란스발이나 필리핀보다 못하다고 하지 않을 수 있겠습니까?

우리나라의 전쟁과 수비에 관한 전체 상황을 논한다면 러시아에 대항하는 것은 북쪽 변방의 한 지역을 방어하는 경우이며 더구나 영국과 일본의 도움을 받을 수 있지만, 영국과 일본에 대항하는 것은 해안 지역 만 리에 걸친 지역을 방어하는 경우이고 적군이 어느 지역이라도 공격해 올 수 있기 때문에 방어가 불가능합니다. 러시아가 동북삼성을 점령하기 위하여 여유가 없는 틈을 노리고 영국과 일본은 반드시 동쪽과 남쪽 지역의 성들을 유린함으로써 순식간에 모든 국토가 사라져 버릴 것입니다. 이와 같은 사태가 일어날 것은 명백합니다.

러시아와 동맹을 맺고 일본에 대항한다면 이러한 국가 멸망의 위기에 봉착할 것이며 러시아에 대항하기 위하여 영국 및 일본과 동맹을 맺는다면 또한 저러한 사태를 맞게 될 것입니다. 지금은 국가 존망의 기로이며 매우 위급한 상황입니다. 마치 오랫동안 파묻혀 있던 불이 한꺼번에 타올라 잿더미만 남기고 사라지거나 큰 건물이 기울어 붕괴됨으로써 모두가 그 밑에 깔려 버리는 경우와 같습니다. 학생들은 혈혈단신 빈주먹들이지만 아무도 이에 대해 말하는 자가 없기에 감히 눈물을 흘리며 말씀을 올립니다. 황상께서 조속한 결단을 내리시어 러시아에 대항하기 위해 영국 및 일본과 동맹을 맺고 나라를 안정시킬 수 있도록 대신께서 주청하여 주시기를 요청합니다.

대신께서는 심원한 모책과 넓은 식견을 가지시고 고유의 여러 계책들을 진행하고 계시므로 저희들 학생들이 누누이 언급할 필요가 없을 것입니다. 그렇지만 나라가 대학당을 설립한 목적이 황제폐하께 충성하고 애국하는 생각을 가진 인재들을 양성하는 것인데 지금과 같은 국가 존망의 재난이 임박해 있는 위급한 때를 맞아서 마치 집에 불이 붙어 아버지와 형과 같은 나이 든 사람들은 모두 애를 태우며 온 힘을 다하여 불을 끄려고 하는데 나이 어린 젊은이는 그저 바라만 보며 자신의 일이 아니라고 한다면 이러한 젊은이가 어찌 인간의 마음을 지니고 있다고 하겠습니까? 이것이 바로 저희들 학생들이 말하고 싶지만 해서는 안 될 일이고, 말하지 않으면 안 될 일이며, 말을 하게 되면 분수에 넘치는 일이기는 하지만 말하지 않으면 국토가 분할되는 참상을 그저 앉아서 바라보아야 하는 도저히 참을 수 없는 일인 것입니다. 삼가 정중히 이 글을 올리오니 읽어 주시기를 간절히 바랍니다.

「거아서」는 전국의 국민들을 향하여 망해 가는 나라를 구원하자는 호소를 다음과 같이 한 것이었다. "큰 재난이 눈앞에 닥쳐와서 마침내 나라가 존망의 기로에 서게 되었습니다. 국토 2만 리와 4억의 백성들은 모두 다른 나라의 압제를 받아서 짐승과 같은 노예가 될 것입니다." "동북삼성의 주권을 회복하고 20여 년의 평화를 보장받을 수 있습니다."

두 번째 문건은 경사대학당 학생들이 각 학당들에 보내는 편지인 「치각학당서(致各學堂書)」로서 이것은 1903년 5월 20일 「소보(蘇報)」에 발표되었다. 그 가운데 일부를 인용한다.

> 저희들이 서로 남북 도처에 흩어져 있어서 평소에 직접 만나지 못하는 것이 정말 안타깝습니다. 그러나 나라의 위급함이 둥지가 뒤집어져 어찌할 바를 모르는 제비나 참새와 같고 가마솥 안에서 헤엄치던 물고기에게 끓는 물과 타는 불이 들이닥친 것과 같은 상황입니다. 일이 급하여 피치 못하게 당돌한 말씀을 드리게 됨을 용서하여 주시기 바랍니다. 급박하여 어쩔 수 없이 도움을 간곡히 요청하오니 바라기는 여러분께서 많은 지원자들을 불러 모아 큰 단체를 결성하고 4억의 백성들을 대표하여 청원하여 주시기를 바랍니다.
>
> 아아! 나라가 분할되는 시기가 다가오고 있습니다. 평상시 시대의 흐름을 잘 안다고 하는 사람들이 말하던 분할은 가상적인 것이었지만 이제 닥칠 분할은 우리 모두가 참혹하여 차마 볼 수 없고 귀로 들을 수 없는 분할이며 보려고 하지 않아도 볼 수밖에 없으며 들으려 하지 않아도 들을 수밖에 없는 피할 수 없는 일입니다. 이러한 지경에 처하게 되는 여러분의 생각은 어떠하십니까?

편지 가운데 "동북삼성은 우리 4억 중국인에 속한 동북삼성이며 정부가 사유하고 있는 동북삼성은 아닙니다"라는 부분은 중국이 국민의 나라라는 국민 민주주의 사상을 제기하였으며 "가만히 앉아 있다가 죽는 것보다는 싸우다 죽는 것이 더 낫다"는 표현으로 영웅적 기개를 드러내었다. 「치각학당서」의 견해는 다음과 같이 이어졌다.

> 경자(庚子)의 난으로 인한 배상금 때문에 수년간 악랄한 착취를 당하고 있고 이

> 것을 아직 다 갚지도 못하고 있는데 다시 영국과 일본의 군비를 배상금으로 추가하게 되면 중국이 과연 살아남을 수 있겠습니까? 한마디로 말해 러시아와의 동맹이 중국의 영토가 사라져 버리는 유형(有形)의 멸망이라고 한다면 영국, 일본과의 동맹은 중국의 영토는 보존하지만 강대국들의 지속적인 수탈에 의한 무형(無形)의 멸망이라고 할 수 있겠습니다. 여러분들의 높으신 재능과 탁월하신 식견으로 그 극심한 폐해를 간파하실 것이니 어찌 저희들의 쓸모없는 말이 더 필요하겠습니까? 그렇지만 저희들이 수도에 있기 때문에 매일 보고 듣는 바를 여러분이 미처 보고 듣지 못할 수 있기에 보충하는 것입니다. 여러분! 저희들이 말씀드리기에는 부족하기만 합니다. 그러나 이와타니 선생이 저희들에게 한 조롱의 내용은 잘 모르고 계시겠지만 저희들의 부패한 본성이 여러분들께로 옮겨질지 어찌 알겠습니까?

이 편지는 마치는 부분에서 "이 일은 일순간도 지체되어서는 안 됩니다. 조속히 연명(連名)하여 청원서를 정부에 전달해서 러시아에 동북삼성을 넘겨주지 않도록 촉구하고 극력 저지하시기를 간곡히 당부 드립니다"[10]라는 뜻을 제시하였다.

거아운동은 중국의 혁명을 고조시키는 역할을 하였다. 1903년 5월 장사소(章士釗)는 상해에서 「국민일보(國民日報)」를 창간하고 혁명을 고취시켰다. 같은 달 장병린(章炳麟) 등도 「소보」를 통해 혁명을 고취하였으며 추용(鄒容)은 전국을 경악하게 만든 「혁명군(革命軍)」을 발표하였다. "소보사건(蘇報事件)"으로 장병린은 3년의 감금형을 받았으며 추용은 2년의 감금형을 받고 옥중에서 사망하였다. 그해 11월 채원배(蔡元培)는 대아동지회(對俄同志會)를 조직하고 황흥(黃興)은 화흥회(華興會)를 설립함으로써 청 왕조의 통치를 전복시키기 위한 혁명의 나팔을 불었다.

청국 정부가 학생들의 정치 사안에 대한 관여와 사회활동 참여를 제한하는 일련의 조례를 제정한 이후로 거아운동은 청국 정부의 단호한 억압을 받게 되었다.

---

10) 「소보(蘇報)」, 1903년 5월 20일.

1908년 1월 4일(광서 33년 12월 1일) 학부는 공문을 보내 학생들의 집회와 결사(結社)를 금지하였으며 수도인 북경 지역에는 집회와 연설을 금지하는 황제의 명령이 내려졌다. 학부가 경사대학당에 내려 보낸 공문의 내용은 다음과 같다.

> 학생이 정사(政事)에 관여하는 것을 수사할 것이며 모든 집회 및 결사를 엄격히 금지한다. 학부는 이미 이와 관련한 공문을 다른 학당들에게도 통지하였다. 각 학당의 학생들은 모두 이 명령을 준수하고 학문에 전심전력할 것이며 학당을 관리하는 직원들 역시 항시 어떤 일이든지 학생들을 훈계하고 타일러 이끌어서 학문을 발전시키고 인재를 육성하려는 조정의 뜻에 부응하도록 하라. 지금 수도 외성총청(外城總廳)의 공문 내용이 확실한 것이라면 매우 괴이한 일들이고 이 일들이 실제로 발생하였다면 황제폐하의 유지(諭旨)에 따라서 엄격한 처벌이 있게 될 것이다.[11]

그해 1월 10일 학부는 학생들의 국가 정치에 대한 간여를 불허하며 정치연맹을 조직하고 집회를 개최하여 연설하는 등의 행위를 한층 더 엄격히 처벌하는 내용의 규정을 공포하고 경사대학당에 통보하였다. 그 내용은 다음과 같다.

> 금년 11월 21일 내각은 다음과 같은 황제폐하의 유지를 받았다.
>
> 짐은 자희황태후(慈禧皇太後) 마마의 명령을 두 손으로 공손히 받들어 발표한다. 나라에서는 현명한 인재를 육성하기 위하여 과거의 교육제도와 동서양 각국의 법률을 채택하여 여러 등급의 학당들을 창설하고 학무대신(學務大臣) 등에게 명하여 각 학당들에 해당되는 구체적이고 상세한 장정들을 만들어 상주하도록 하고 유지를 내려 공포 시행하였다. 학업을 장려하는 방법도 아주 우수하고 징벌제도 역시 잘 갖추어져 있다. 예를 들어 국가 정치에 대한 간여, 정통적 사상이나 행위 규범의 위배, 정치 연맹의 결성, 집회 개최 및 연설 등의 행위를 엄격

11) 베이징대학공문서·제1부·제75권.

히 금지하고 있다. 원래 국내의 선비들은 스스로 규정에 따르고 자제하여 인재가 될 것이라는 기대가 있었기에 격려와 촉망이 아주 두터웠다. 그러나 근년에 이르러 선비들의 학풍이 매우 경박해져서 항시 마음과 힘을 다하여 부지런히 학문을 연구하여 통달한 유학자가 되려고 하지 않고 범위를 벗어난 구상을 하면서 쓸데없는 일에 간여하고 있다. 때로는 스승을 모욕하고, 지시사항을 거스르기도 하며, 유학의 가르침을 위배하고, 교과과정을 제멋대로 변경하고, 옷차림을 아무렇게나 하며, 무단히 고향에 가기도 한다. 심지어 자신들의 출신 성의 높은 관리가 지시하는 사항도 거부하고 받아들이지 않으며 나라의 정치적 사안에 대하여 터무니없는 요구를 하기도 한다. 걸핏하면 학당 전체 학생들의 서명을 받아 주요한 정부 부처에 전보를 보내서 도리를 생각하지 않고 비방하며 헐뜯어서 아무 것도 모르는 어리석은 백성들이 이를 따라 하게 되고 요사한 무리들과 비적들은 선동과 유혹을 하여 세상의 도덕과 사람들의 마음에 막대한 폐해를 끼쳤다. 과거 중국의 역사나 지금의 법률과 제도 아래 어느 곳에서도 전혀 없던 일이며 각 나라의 학당들에서도 역시 이와 같은 일들은 없는 악습들이다. 선비는 백성의 네 부류 가운데 가장 우두머리가 되는데 그 기풍이 이와 같으면 백성들의 기풍도 따라서 쇠락할 것이니 이를 고쳐서 퇴락한 기풍을 만회하려면 철저히 정비하지 않을 수 없다. 이제 학부는 수도와 지방의 각 교육업무 관련 관서에 공문을 내려 보내고 학당을 관리하는 금령(禁令)과 규정들을 널리 공포하니 미치지 않는 곳이 없도록 분명히 전달하도록 하며 아울러 해당되는 훈계 방법이 기존의 학당 장정에 비치되어 있지 않으면 보충하도록 하고 책임을 다하여 명령을 받들어 행하도록 하라.[12)]

1909년에서 1910년에 이르러 나라 안에 의회를 개원할 것을 요구하는 외침이 점점 더 거세어졌다. 경사대학당의 교습들과 학생들은 상해, 천진 등의 학생들과 동맹하여 수업을 거부하고 집회 등을 통해 군주통치제도를 반대하는 투쟁에 적극적으로 참가하였다. 전국적으로 모든 계층의 압력을 받게 되자, 1910년 11월 선통황제(宣統皇帝) 부의(溥儀)의 생부이며 감국섭정왕(監國

12) 베이징대학공문서 제1부 제75권.

攝政王)인 순친왕(醇親王) 재풍(載灃)은 의원(議院)의 입헌 예비 기간을 단축하는 것에 동의하고 1913년에 의원을 개설하기로 하여 항의의 외침을 진정시켰다. 이와 동시에 학부는 경사대학당에 학생들의 정치적 사안에 대한 간여와 수업거부 및 학생들의 규합을 엄격히 금지하도록 규정한 다음과 같은 공문을 보냈다.

> 더 이상 연명하여 청원하는 행위를 불허함과 동시에 엄격한 계도와 징계에 처하여야 할 것입니다. 만약 이러한 권유를 따르지 않고 학생들을 규합하여 규정을 위반하는 자가 있을 경우에는 수사하여 체포하고 매우 엄격히 다스릴 것입니다. 학생의 본분은 학문을 닦고 응당 도의와 법을 준수하는 것입니다. 감독은 경사대학당 전체의 모범이며 교습은 학생들의 스승으로서 학생들에게 이 금령을 분명히 전하고 위반할 수 있는 여러 요인들을 엄중하게 경계하여야 할 것입니다. 귀 학당은 11월 23일의 황제의 유지 및 감국섭정왕의 명령을 전체 학생들에게 통보하여 알게 하고 이 모두를 준수하게 할 것이며 학당의 감독으로부터 총판 등을 비롯한 책임을 맡고 있는 모든 직원들은 수시로 살피고 조사하여 일이 벌어지는 처음 단계에서 방비하여야 합니다. 만약 어떤 학생이 유혹을 받아서 감히 정사에 간섭하는 일이 있거나 혹은 교원 등이 충동질을 하는 경우에는 가차 없이 퇴학 처분을 하거나 파면하도록 하고 조금도 방임하지 않기를 바랍니다. 귀 학당이 공문으로 보낸 황제의 유지 및 감국섭정왕의 명령에 따라서 엄정히 모든 일들을 처리하기를 바랍니다.[13]

거아운동은 청조 말기의 중국 국민들이 제정러시아 제국주의의 중국영토 침략 및 점령을 반대하여 일으킨 애국운동이었다. 경사대학당 학생들은 이 애국운동의 주요 세력 가운데 하나였다. 특히 청 왕조의 심장부인 수도 북경에서 매국과 제국주의의 침략에 반대하여 성토 집회를 거행한 것은 역사적으로 더욱 깊은 의미를 갖는다고 할 수 있다. 또한 경사대학당 전체 인원이 참석한 성토 집회에서 맨 먼저 행한 한 조교의 연설에 대해 집회에 참석한 모든

13) 베이징대학공문서 · 제1부 · 제101권.

교습들과 직원들이 머리를 끄덕이며 탄식하는 방식으로 이 운동을 지지한 일은 경사대학당에 정치적인 질적 변화를 일어나게 하였으며 애국과 진보 그리고 민주와 혁명의 정신은 과학을 탐구하는 경사대학당의 토양에서 형성되었다.

거아운동은 북경대학 백년 역사상 최초의 반제, 반봉건적 애국 학생운동이었다. 경사대학당이 전국에 전보로 보낸「치각학당서」로 인하여 최초의 전국적인 학생연합이 생겨나게 되는 계기가 되었으며 일단의 반제, 반봉건적인 중요한 애국 혁명세력이 형성되었다. 경사대학당의「치각학당서」에 제시된 "동북삼성은 우리 4억 중국인에 속한 동북삼성이며 정부가 사유하고 있는 동북삼성은 아닙니다"라는 부분과 "여러분과 우리는 모두 같은 중국인들이며 이 일은 중국의 일입니다. 이 거사가 대세에 결정적인 도움이 되지 않을 것은 분명하지만 그저 가만히 앉아서 나라가 망하는 것을 바라보기만 하는 것보다는 싸우다가 죽는 것이 더 낫고 해외의 여러 나라들이 보기에도 아직 중국인의 정기가 살아 있다고 탄복하지 않겠습니까" 하는 부분은 애국과 민주 그리고 혁명의 사상을 구체적으로 드러내었다. 경사대학당은 이미 거아운동의 와중에서 전국적인 학생활동의 구심점이 되었다.

그러면서도 경사대학당 학생들이 전보로 조정에 올린 수많은 글들 가운데 "사범관 학생들은 청국 정부 소관 부처에서 러시아와의 조약에 대항하여 싸울 것을 소청하는 상주문을 대신 올려주실 것을 요청 드립니다"라는 글에서 "황태후 마마와 황상께 엎드려 바라오니 러시아에 대해 강력히 저항하시옵소서"라고 요청하는 부분은 아직 학생운동이 성숙하지 못하였음을 드러내고 있다.

경사대학당의 주요 교육취지 중에서 체육은 줄곧 중요한 구성 요소였다. 경사대학당의 설립 이후 체조는 학생들의 필수과목이 되었다. 북경대학의 전통적인 학풍에서 드러나고 있는 전력을 다하여 분투하는 정신과 어려움을 두려워하지 않고 높은 목표를 향하여 지치지 않고 도전하는 탐구정신은 체육의 중시와 깊은 관련이 있다고 할 수 있다. 경사대학당은 중국 역사상 처음으로 "체육은 국민의 기개를 양성하는 중요한 수단"이라는 사상을 제시하였다.

중국 최초의 현대적인 내용과 형식의 운동회는 경사대학당이 개최하였다고 말할 수 있다. 1905년 5월 28일부터 29일(광서 31년 4월 25일부터 26일)까지 경사대학당은 제1회 전교 운동회를 개최하였다. 운동회의 경기 종목에는 높이뛰기, 멀리뛰기, 투포환, 중거리 달리기, 경주, 줄다리기 등 20여 종이 포함되어 있었다. 경사대학당의 운동회 개최는 중국 스포츠 역사에 찬란하게 빛나는 한 페이지를 기록하였다.

경사대학당 제1회 운동회 운동순서[14)]

25일 오전 8시부터 10시 30분

1. 해머던지기
2. 800미터 달리기
3. 멀리뛰기
4. 200미터 달리기

점심 휴식

정오부터 시작

5. 투포환 던지기
6. 높이뛰기
7. 주머니 달고 달리기
8. 100미터 달리기
9. 제등 들고 달리기
10. 지그재그 코스 달리기
11. 300미터 달리기
12. 400미터 달리기
13. 외다리로 빨리 걷기
14. 600미터 달리기
15. 눈 가리고 공 줍기

---

14) 베이징대학공문서 · 제1부 · 제130권.

해산

26일 오전 8시부터 10시 30분

1. 해머던지기
2. 주머니 달고 달리기
3. 투포환 던지기
4. 등 넘어 달리기

점심 휴식

정오부터 시작

5. 높이뛰기
6. 100미터 달리기
7. 제등 들고 달리기
8. 2인 3각 달리기
9. 지그재그 코스 달리기
10. 줄다리기
11. 직원 달리기
12. 내빈 달리기
13. 각 학당 학생 달리기
14. 600미터 달리기
15. 눈 가리고 공 줍기
16. 각과 선수 달리기(분류과, 공공과, 예비과 선수 각 5명)
17. 1000미터 달리기

상품 수여 축사

해산

오늘날의 기준에서 보면 2일간의 경사대학당 운동회의 내용은 그야말로 아주 간단하였다. 그러나 청조 말년에 이와 같은 운동회를 개최하는 것은 그렇게 쉬운 일이 아니었다. 경사대학당의 체육에 대한 인식은 중국 민족이 진보된 시대문명을 수용하는 상징이 되었기 때문에 경사대학당 총감독이었던 장형가(張亨嘉)의 "대학당 개최 제1회 운동회에 오신 내빈께 드리는 글" 가운데 체육에 관한 서술은 매우 특별한 의미를 갖는다. 장형가는 덕육과 체육을 병행하는 것만이 인재를 양성하는 가장 완전한 방법이며 체육이 인재를 양성하는 근본이라는 장형가의 관점은 오늘날까지도 지속적으로 적용되어 왔다. 장형가의 글의 내용은 다음과 같다.

> 오늘 본 대학당의 제1회 운동회를 개최하여 여러분들이 왕림해 주신 것은 대학당의 큰 영광일 뿐만 아니라 중국의 교육계에도 매우 경사스러운 일입니다. 이제 존경하는 여러분들께 저의 소견을 말씀 드리고자 합니다. 학당 교육의 취지는 인재 양성이 무엇보다 중요한 목적이고 가장 완전한 인재를 양성하는 방법은 덕육과 체육을 병행하는 것입니다. 강의실에서 가르치는 학문과 강의실 안팎의 모든 규칙과 규정은 덕육에 속한 것입니다. 사람들의 기질에는 강약의 차이가 있고 소질 또한 다르기 때문에 사람들마다 모두 어려움에 처했을 경우 이를 과감히 극복하거나 군주를 섬길 때 죽음도 두려워하지 않고 절개를 지킨다는 것은 매우 어렵습니다. 그러므로 동서양 어느 나라든지 체육이 인재 양성의 근본이 아닌 나라가 없습니다. 일본의 체육은 검도와 유도를 매우 중요하게 여기고 있는데 이들로부터 국민들의 국가에 헌신하는 용맹스러운 정신이 뿌리내리게 됩니다. 영국의 대표적인 국민 체육은 크리켓이며 마찬가지로 독일이나 미국과 같은 나라들 모두가 체육을 통하여 국민들의 기개를 양성하고 있는데 그 성과는 여러분들이 보시다시피 아주 효과적입니다.[15)]

장형가는 고대 중국의 여러 병법에도 체육이 포함되어 있었으나 과거시험이 성행함에 따라 쇠퇴하였다고 강조하였다. 운동회는 덕육과 체육을 함께 중시하는 경사대학당의 교육사상을 확립하였다.

> 고대 중국의 여러 병법에는 수많은 기예들이 포함되어 있는데 예를 들면 황

---

15) 베이징대학공문서 · 제1부 · 제130권.

제(黃帝) 시대에 시작되었다는 축국(蹴鞠)과 제(齊)나라 위(威)왕이 산융(山戎)족을 정벌할 때 처음 만들었다는 그네가 있으며 한(漢)나라 무제(武帝)는 후원(後園)에서 공차기를 하였고 곽거병(霍去病) 장군도 역시 군중(軍中)에서 그리하였다고 합니다. 당나라 시대에 황제의 명을 받들어 공을 가지고 하는 경기나 줄다리기 등에 관하여 지은 많은 시가 있는데 이 시들 가운데서 재상이나 부마, 장군들이 높은 직위에도 불구하고 이러한 경기들에 참가한 것을 볼 수 있으며 이와 같은 풍습이 그 시대를 풍미한 것은 여러 시대에 걸쳐 계속하여 무예가 성행하였기 때문입니다. 우리 청조에서 격투, 궁술, 마술 등을 잘하는 자들로 구성된 특수부대인 선박영(善撲營)을 설치하여 나라의 풍속을 보존하는 것도 역시 이러한 뜻이 있기 때문입니다. 그러나 과거시험이 성행하면서 체육이 쇠퇴하게 되었습니다. 사대부들은 원만한 정책의 수행을 선호하였지만 누구나 진(晉)나라의 두예(杜預)와 같이 갑옷을 입고 말에 오를 수는 없는 결점을 갖게 되었습니다. 이제 황제폐하께서는 무예의 기풍이 쇠미한 것에 대해 특별히 온 나라에 조서를 내리셔서 많은 학당들을 설립하게 하시고 경사대학당이 모든 학당들을 총괄하는 최고의 모범이 되도록 하셨습니다. 그리고 덕육과 체육을 함께 중시하는 교육의 표준을 완전히 갖추도록 하셨습니다. 오늘 특별히 운동회를 개최하는 것도 이러한 취지를 널리 알려서 중국의 학계에 이 같은 학풍을 수립하려고 하는 뜻이 있습니다.[16]

장형가는 또한 체육 운동회에서 주의하여야 할 3가지 문제에 대하여 지적하였다. 첫째는 운동회가 참가하는 사람들의 옷차림을 자랑하는 장소가 되지 않아야 한다는 것이며, 둘째는 운동회가 소수의 사람들이 참가하여 솜씨를 겨루는 곳이 되어서는 안 되며 모든 사람들이 참여하여야 한다는 것이었다. 그는 다음과 같이 말하였다.

대학당 학생들은 평소의 정규 수업 이외의 여가 시간에 여러 종목의 체육을 연습하도록 하여 오늘 운동회에 참가하였으며 기량이 능숙한 것과는 상관없이

16) 베이징대학공문서·제1부·제130권.

> 모두가 운동회에 참가하여 체육을 배우고 익히는 것이 운동회를 거행하는 방식입니다.[17]

마지막으로 장형가는 세계 문명의 큰 업적들은 모두 강한 신체와 정신을 바탕으로 창조되었다고 지적하면서 중국이 부강한 나라가 되려면 체육을 중요시하여야 한다고 하였다.

> 세계 문명의 큰 업적들은 모두 강한 신체와 정신을 바탕으로 창조되었다고 말할 수 있습니다. 우리나라의 학문과 예술이 화려하고 아름답지만 군사력이 점차 약해지고 쇠퇴함으로써 오늘날에는 풍랑의 충격에 휩쓸려 버렸으며 교육을 담당하는 사대부들은 체육을 중요시하지 않고 그 부족함이 오랜 기간 누적되어 나라의 허약함을 만회할 수 없게 되었다는 것을 잘 알고 있습니다. 직례성과 호북성 등의 학당에서는 이달 24일에 특별히 운동회를 개최하여 학생들에게 무예를 숭상하는 정신을 알게 하고 어려운 일을 인내하는 능력을 갖추도록 교육하려고 합니다. 학계에 계신 여러분들께서는 성대한 운동회가 될 수 있도록 당일 정오까지 부디 참석하여 주시기를 간절히 바랍니다.[18]

이후 경사대학당은 제2회와 제3회 체육 운동회를 각각 1906년 5월 24일과 1907년 5월 6일부터 7일까지 거행하였다. 이 두 차례의 운동회에서는 제1회 운동회 때보다 경기 종목이 훨씬 더 증가되었다.

경사대학당은 제2차 운동회의 내빈들께 아뢰는 글에서 "운동회를 개최하는 것은 체육을 중시하여 군사에 대한 관심을 장려하고자 함이며 이는 국민교육의 가장 중요한 한 부분이 되기 때문입니다"[19]라고 하였다. 그리고 이어서 이미 학부가 소청을 올려서 "공 던지기, 씨름, 운동, 경보 등의 경기를 거행함으로써 세상 사람들에게 알리려는 것은 이 운동 경기들이 무예 숭상의

17) 베이징대학공문서 · 제1부 · 제130권.
18) 상동.
19) 상동.

상징이라는 것입니다. 황제폐하의 명을 받들어 모든 사람들이 무예를 진작시키는 정신을 지님으로써 스스로 강해져서 조정을 우러러보고 약한 나라를 구하여 강대국이 되게 하려는 깊은 뜻이 있습니다"[20]라는 내용의 교육 취지를 명백히 밝혔음을 지적하였다. 이는 체육을 강화하는 것이 무예 숭상의 상징이라는 고도의 인식에 이르게 하고 아울러 모든 사람들에게 무예를 진작시키는 정신을 지니게 함으로써 나라를 구하고 약한 나라를 강대국이 되게 하려는 목적을 달성하고자 하였다. 이로써 당시 체육을 매우 중요시하는 정도를 알 수 있다.

당시의 북경에 있는 각종 학교에서는 모두 사람을 보내서 경사대학당의 운동회를 참관하였다. 북경대학교 종합 문서보관소의 기록에 의하면 당시 운동회를 참관하는 내빈들의 광경은 전례 없는 성황이었으며 사람들은 운동회에 대하여 아주 높은 평가를 하였다. 그 내용은 다음과 같다.

> 모든 학교가 흔쾌히 참관하여 함께 운동 경기를 즐겼는데 관중이 담을 두른 듯 많았으며 북이 울리고 용이 그려진 깃발이 휘날렸다는 소문이 나게 되자 온 나라가 운동 경기를 하는 모습을 뒤따라 하게 되었다. 이 운동회를 통하여 사람들은 나라의 복된 미래를 함께 공유하였으며 문명을 선도하는 사람들을 볼 수 있었다. 그뿐만 아니라 그들이 이에 더하여 알게 된 것은 용감한 사람이 소중하며 그 이유는 예절과 의식을 과감하게 실행하기 때문이라는 것이다. 그러므로 용감하고 강한 힘을 지닌 사람은 평화로운 시기에는 예의로써 나라를 다스리기 위하여 쓰이고 전쟁이 일어나게 되면 승리를 거두기 위하여 쓰이게 된다. 전쟁에서 승리하여 적이 없어지면 돌아와 나라를 순조롭게 다스리기 위하여 쓰임을 받게 될 것이다.[21]

제2회 운동회는 제1회 운동회와 비교하여 정식 규정이 더 많이 추가되고 엄격한 대회였다. 운동회 기간의 휴가 신청은 결석으로 처리하였다. 학생들

---

20) 베이징대학공문서 · 제1부 · 제130권.

21) 상동

이 운동회에 오고 갈 때에는 교습의 명령을 준수하고 구호에 맞추어 정연하게 걸어야 하였다. 운동장에서는 정해진 자리에 앉아야 하고 정상적인 절차를 밟지 않아서 혼란스럽게 하거나 큰소리로 웃고 농담을 하며 예의에 어긋나는 행동을 할 수 없었다.

1911년 일어난 신해혁명(辛亥革命)은 청나라의 봉건통치를 철저히 무너뜨렸다. 1912년 5월 1일 경사대학당은 중화민국 교육부의 명령에 따라 북경대학으로 명칭을 바꾸었으며 이때부터 "진보, 애국, 민주, 과학"을 학교 교육의 종지(宗旨)로 하는 길을 걸어감으로써 중국 신문화운동(新文化運動)의 요람이자 5.4운동의 발상지가 되었다.

제13장
과거를 계승하여 미래를 열어가는 중국 근대 최초의 국립 최고학부

2008년 5월 4일 북경대학은 창립 110주년을 맞이하게 된다. 그날 북경대학은 성대한 경축 행사와 각종 다채로운 활동을 펼쳐서 중국 근대 고등교육의 출발을 상징하는 최초의 국립 최고학부의 창립 110주년을 기념하게 될 것이다.

1898년 정식으로 창설된 북경대학[경사대학당(京師大學堂)]은 중국 근대사에서 최초의 국립 최고학부였다. 북경대학의 전신인 경사대학당의 창립은 수천 년 동안 면면이 이어져 온 중국의 옛 봉건 교육체제에 대한 전면적인 붕괴를 선언한 것이었으며 동시에 참신하면서도 시대 발전에 따른 요구에 부응하는 새로운 유형의 교육체제의 탄생을 상징하는 것이었다. 지난 100여 년 동안 북경대학은 중국의 고등교육 역사상 줄곧 더없이 중요한 위치에 있으면서 막대한 영향을 끼쳐 왔으며 누구도 따라올 수 없는 지위를 차지해 왔다.

잘 알려진 바와 같이 무한대학(武漢大學), 천진대학(天津大學), 교통대학(交通大學), 절강대학(浙江大學)은 일찍이 1993년, 1995년, 1996년, 1997년에 각각 창립 100주년 기념식을 거행하였다. 그런데 북경대학이 최초의 국립 최고학부라고 하면서 어떤 이유로 1998년에 창립 100주년 기념식을 거행하였는가? 이것이 바로 필자가 이 장에서 집중적으로 논술하려고 하는 문제이다.

이 문제를 설명하기 전에 먼저 19세기 말에서 20세기 초에 이르는 시기의 중국의 각종 학교를 구분하는 기준을 명확하게 이해할 필요가 있다. 중국 최초의 근대적인 학제(學制)는 1898년 양계초(梁啓超)가 대신 기초하여 총리아문(總理衙門)이 황제에게 올린 「경사대학당장정(京師大學堂章程)」에서 비롯되었다. 이 장정에서 최초로 중국 정부가 공식적으로 대학당(大學堂) 건립을 확정하였으며 또한 대학, 중학, 소학을 구분하는 기준을 제시하였다. 1898년 7월 10일 청국 정부는 다음과 같은 훈령을 공포하였다. "학교의 등급을 나누면 성도(省都)의 대서원(大書院)은 고등학당이 되고 부(府)의 군성(郡城)에 있는 서원은 중등학당이 되며 주현(州縣)의 서원은 소학당이 된다."[1)]

여기서 말하고 있는 서원은 성(省) 당국이 운영하는 각종 고등학당과 고등실업학당을 포괄적으로 지칭하는 것이다. 1902년이 돼서야 청국 정부는 비로소 학제와 관련한 첫 번째 공식 문서를 공포하였다. 이것은 장백희(張百熙)가 주관하여 제정한 「흠정학당장정(欽定學堂章程)」이며 후세 사람들은 이 장정을 임인학제(壬寅學制)라고 한다.(〈도표 1〉 참고)

〈도표 1〉 임인학제 체계도(1902년 제정)[2)]

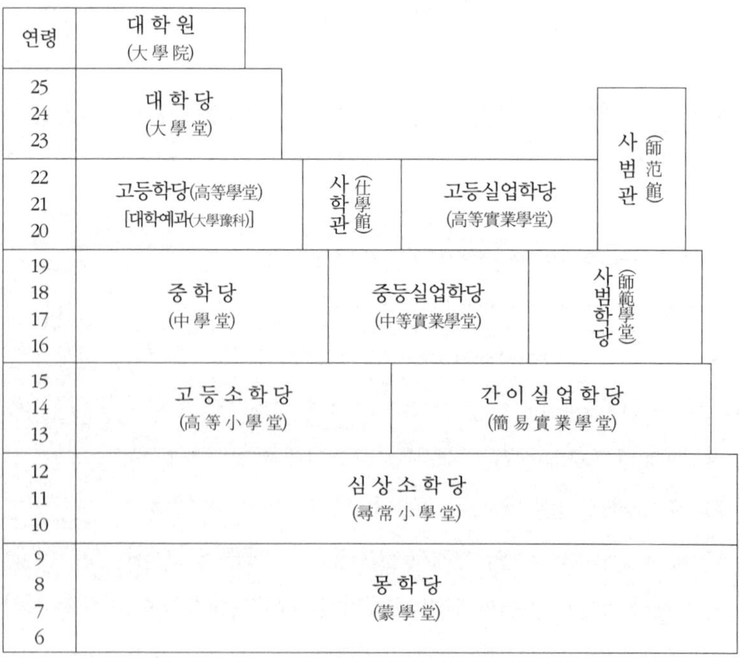

1) 『광서조동화록(光緖朝東華錄)』 제4권, 중화서국, 1958, p.4126.

2) 『신교육(新教育)』, 베이징대학교출판사, 1993, p.52.

이 학제에서 학교 교육은 3단계 7등급으로 나뉘고 교육 기간은 총 20년이었다. 그중 소학당의 교육기간은 6년으로 초등소학당과 고등소학당으로 나뉘었다. 중학당의 교육기간은 7년으로 중학당과 고등학당(대학 예과 포함)으로 나뉘었다. 대학당의 교육기간은 3년이었다. 그리고 대학원이 있는데 교육기간은 아직 확정되어 있지 않았다. 또한 이 학제에서는 고등학당은 성도(省都)에 설립하고 대학 예과는 고등학당 안에 설치하도록 규정하였다. 대학당은 각 성(省)의 고등학당 졸업생이 진학하여 전공과목을 공부하는 곳으로 규정하였다.

1904년 청국 정부는 장지동(張之洞)이 주관하여 수정한 "계묘학제(癸卯學制)"라고도 하는 「주정학당장정(奏定學堂章程)」을 공포하였다. 이 「주정학당장정」은 17개의 각자 다른 장정들로 구성되어 있으며 각급, 각 유형의 여러 학당들의 설립 목표, 재학 기간, 입학 조건, 교과과정 설치 및 학당 상호간의 연결 관계에 이르기까지 상세하게 규정하였다. "임인학제(壬寅學制)"와 서로 비교하면 이 학제는 대, 중, 소학당의 수업연한을 연장한 것이 가장 큰 특징이라고 할 수 있다. 구체적인 예를 들면 소학당, 초등소학당 및 고등소학당의 교육기간은 총 9년이며, 중학당은 5년, 고등학당(대학 예과 포함)은 3년, 대학당 4년, 통유원[(通儒院)(대학원)] 5년이었다. 이 학제에서는 우선 중등실업학당에 예과(1~2년 연한)와 본과(3~4년 연한)를 설치할 것을 제의하였다.(〈도표 2〉 참조)

학교의 등급 구분에 관해서는 1902년(광서 28년) 경사대학당 관학대신 장백희가 작성하여 올린 상주문에 이 문제를 아주 잘 설명하고 있는 부분이 있다. 그 내용은 다음과 같다.

> 각 나라의 학당 제도를 조사해 보니 대체로 어린이가 몽학당(蒙學堂)을 졸업한 후 먼저 소학당에 입학하여 3년 만에 졸업하고 이후 중학당에 입학하여 역시 3년 만에 졸업한 후 고등학당에 진학하여 다시 3년 만에 졸업하고 대학당에 진학을 합니다. 중국의 경우에는 소학당은 현(縣)급의 학당이고 중학당은 부(府)급의 학당이며 고등학당은 성(省)급 학당과 같습니다. 황제폐하의 유지(諭旨)를 받들어 각 성(省), 부(府), 주(州), 현에 두루 학당을 개설하고 있지만 지금까지

〈도표 2〉 계묘학제 체계도(1904년 제정)[3]

학당을 설립하였다고 보고한 곳이 얼마 되지 않기 때문에 대학당에 입학을 지원

3) 진경반(陳景磐), 『중국근대교육사』, 인민교육출판사, 1979, p.165.

하는 학생은 별로 없습니다.[4]

신해혁명(辛亥革命) 이후 채원배(蔡元培)는 중화민국 임시정부의 교육부 장관에 임명되었다. 문화와 교육을 개혁하고 발전시키기 위하여 교육부는 1912년 7월 8일 전국 임시교육회의를 조직하여 개최하였다. 이 회의에서는 다시 새롭게 제정한 학제를 결정하고 1912년 9월 3일 공포하여 시행하였다. 이것이 「임자계축학제(壬子癸丑學制)」(〈도표 3〉 참고)이다.

〈도표 3〉 임자계축학제(1912년 제정)[5]

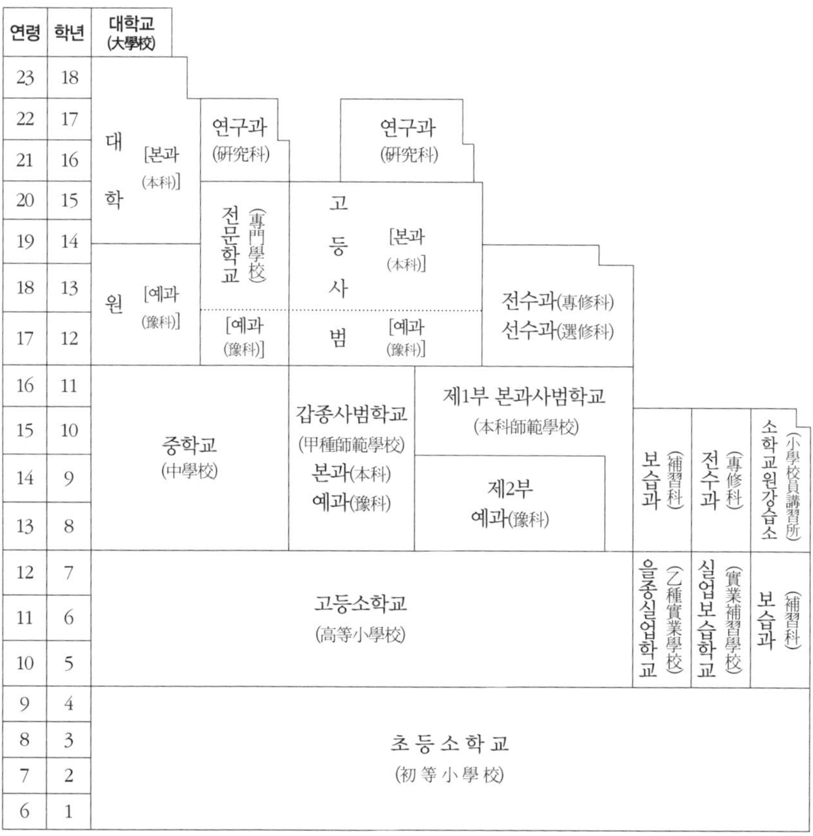

4) 『신교육(新敎育)』 제4권 제2호, 신교육공진사, pp.248-249.

5) 진경반(陳景磐), 『중국근대교육사』, 인민교육출판사, 1979, p.165.

이 학제는 학교 교육을 3단계 4등급으로 나누고 전체 교육기간을 18년으로 하여 청국 정부가 1904년에 공포한「계묘학제」에 비하여 대폭 단축되었다. 이와 같이 시기상으로 서로 다른 국가 교육행정 부문이 학교 등급을 구분하는 것에 대해서 엄격한 규정들을 갖추고 있었기 때문에 후세의 연구자들은 손쉽게 당시의 규칙과 제도에 따라 학교들이 진행했던 일들을 확인하고 학교의 성격과 등급을 명확히 구분할 수 있다. 필자는 한 대학의 창립 역사를 연구하기 위해서는 무엇보다도 먼저 다음의 문제들을 반드시 파악하는 것이 중요하다고 생각한다.

1. 학교의 등급을 규명하여야 한다. 19세기 말에서 20세기 초에 이르는 시기에 중국은 학교등급을 매우 엄격하게 구분하였다. 어떤 학교가 창립 당시에 언어학교였는지, 또는 전문기술 인재를 양성하는 학교였는지, 고등학당이었는지, 혹은 대학당이었는지 등과 같은 그 학교의 등급과 성격은 정부에 비치된 관련 서류 외에 해당 학교의 교과과정과 운영 규모를 참조하면 명확히 알 수 있다.
2. 학교의 현재의 모습인 "본신(本身)"과 과거의 모습인 "전신(前身)" 사이의 관계를 명확히 하는 것이 좋다. 과거로 거슬러 올라가 근원을 추적하고 기원을 찾는 것은 역사를 존중하는 좋은 태도다. 그러나 "전신"이 모두 "본신"은 아니며 반드시 이 둘 사이에 연관성을 가지고 있는지를 주의하여 견강부회하지 않아야 한다.
3. 학교의 창립 시기와 당시의 교육체제 사이의 관계에 주의하여야 한다.

이 세 가지 문제들과 앞에서 소개한 관련 교육제도들을 파악하고 앞으로 언급할 몇 개 대학의 창립 역사를 다시 진지하게 분석해 보면 필자가 인식하고 있는 경사대학당(북경대학)이 중국 최초의 국립 최고학부라는 결론이 의심할 여지가 없이 확실하다는 것을 곧바로 알 수 있을 것이다. 물론 필자가 바라는 것은 "최초"라는 평판이 목적이 아니고 이와 같은 비교 분석을 통하여 사람들이 오랫동안 가지고 있던 오해를 분명히 밝히는 데 도움이 되고 중국의 근대 교육사에 대한 더욱 객관적인 이해를 갖도록 하는 것이다.

먼저 무한대학의 창립 역사를 살펴보기로 한다.

1993년 무한대학은 중국의 대학 교육계에서 최초로 창립 100주년 기념식을 거행하였다. 『무한대학교사(武漢大學校史)』에 의하면 이 대학 최초의 전신은 양무운동(洋務運動)의 적극적인 제창자였던 호광총독 장지동이 1893년(광서 19년) 무창(武昌)에서 운영했던 호북자강학당(湖北自强學堂)이었다.[6] 그러면 호북자강학당의 당시 위상에 대해 분석해 보기로 한다. 양무운동 전개 초기인 1862년 초에 수도인 북경에는 신식학당인 경사동문관이 설립되었다. 이 뒤를 이어서 상해광방언관(上海廣方言館), 광주동문관(廣州同文館) 등 수많은 양무학당(洋務學堂)들이 우후죽순처럼 당시의 정세를 따라서 생겨났다. 호북자강학당을 창립 시기상으로만 보게 되면 복건선정학당(福建船政學堂)(1866년 설립), 상해강남제조국(上海江南制造局) 부설 조포학당(操炮學堂)(1874년 설립), 광동실학관(廣東實學館)(1881년 설립) 등 양무운동 중에 창립된 신식학당들과 비교하여 대략 10~20년, 심지어는 그보다 더 늦게 창립되었다.

무한대학의 규모를 살펴보기로 한다. 『무한대학교사』의 기록에 의하면 호북자강학당의 행정관리 인원은 총판(總辦), 제조(提調), 총계사(总稽査), 수지(收支), 주당(駐堂), 관당(管堂), 잡무(雜務) 등 7개 등급에 총 13명이 있었다.[7] 원래 계획한 학생 인원수는 호남성(湖南省)과 호북성(湖北省)에서 80명을 모집하기로 하였으나 실제 인원수는 단지 41명이었다.[8] 당시의 학생 수는 경사동문관 약 120명, 상해광방언관과 광주동문관은 각각 40명, 복건선정학당은 100여 명, 광동실학관은 50명이 있었다.

무한대학에 설치된 전공과목을 살펴보기로 한다. 호북자강학당은 1893년 창립 당시에 외국어, 격치, 산학, 상무(商務) 등 단지 4개의 전공과목이 설치되어 있었다. 1896년이 돼서야 장지동이 제안하여 화학 전공과목이 추가되었다. 1899년부터 1902년(광서 25년부터 28년)까지 다시 역사, 지리, 한문, 체

6) 『무한대학교사(武漢大學校史)』, 무한대학교출판사, 1993, p.1.

7) 위의 책, p.6.

8) 위의 책, p.8.

조, 군사훈련 등의 과목이 증설되었다.[9] 이와 대조적으로 경사동문관은 일찍이 1878년에 외국어, 한문, 산학, 화학, 격치, 의학, 천문, 지리, 공법 등 9개의 전공과목이 설치되어 있었다.[10] 상해광방언관은 1870년에 이미 외국어, 산학, 경학, 사학, 천문, 지리, 제도(製圖) 등 7개의 전공과목이 설치되어 있었다.[11] 광동실학관은 외국어, 산학, 천문, 화학, 격치 등의 기초과목 외에 광산개발학(鑛山開發學), 제조학(製造學), 총포학(銃砲學), 어뢰학(魚雷學), 항해학 등의 실용적인 과목도 개설되어 있었다.[12]

이와 같은 사실들에서 알 수 있듯이 1893년 창립 당시의 호북자강학당은 규모뿐만 아니라 설치된 전공과정을 보더라도 대학이 갖추어야 할 조건들을 아직 제대로 갖추지 못한 다른 양무학당들과 별 차이가 없는 신식학당일 뿐이었다. 그렇다면 언제부터 호북자강학당이 국립대학으로 발전하게 되었는가? 필자는 1924년부터라고 생각한다.

『무한대학교사』의 기록에 의하면 호북자강학당은 1893년부터 폐교하게 되는 1911년까지 18년 동안 세 차례의 중대한 개혁을 거치면서 부족한 부분들을 더욱 보완하였다.

1차 개혁은 1896년에 있었다.

호북자강학당 창립 후 불과 1년도 되지 않아 청일전쟁이 발발하자 학당의 창설자인 장지동(張之洞)은 조정의 명을 받고 양강총독으로 전임되었다. 2년 뒤인 1896년 3월 장지동은 재차 호광총독에 임명되어 다시 호북성으로 되돌아왔다. 중국이 청일전쟁에서 참패한 것을 교훈 삼아 장지동은 당시 자강학당 총판 채석용(蔡錫勇)에게 편지를 보내서 몇 가지 개혁 건의안을 제출하였다. 자강학당은 이 건의안에 따라 즉각 다음과 같은 4개항의 중대한 개혁을 진행하였다.

(1) 교과과정의 재조정 설치: 산학은 양호서원(兩湖書院)에 귀속시키고 격치와

9) 위의 책, p.13.

10) 『중국근대학제사료(中國近代學制史料)』, 화동사범대학교출판사, 1983, pp.89-95.

11) 위의 책, p.223, p232.

12) 위의 책, pp.475-482.

상무 과목을 폐지하며 외국어는 영어, 프랑스어, 독일어, 러시아어, 일본어 등 5개 과목으로 확대한다.

(2) 한양연철창(漢陽鍊鐵廠)에 속해 있던 화학학당(化學學堂)을 자강학당(自强學堂)에 통합한다.

(3) 서양서적 번역을 위한 기구를 증설한다.

(4) 학당의 학생들에게 지급하던 보조금을 취소하고 "진정한 재능을 가진 인재를 선발하여 실제 효과를 거둘 수 있도록 한다."

이러한 조정을 거친 후 호북자강학당의 교직원은 31명으로 증가하였으며 학생 숫자도 150명으로 증가하여 학교 설립 초기와 비교하여 획기적인 확충을 이루었다.

1899년에서 1902년 사이의 2차 개혁에서 중요한 부분은 한문, 역사, 지리, 체조, 군사훈련 등의 교과과정을 증설한 것이었다.

3차 개혁은 1902년에 있었다.

1902년 6월 3일 장지동은 학무처에 서신을 보내서 호북성의 양호서원을 양호대학당(兩湖大學堂)으로, 무비학당(武備學堂)을 무비고등학당(武備高等學堂)으로 바꾸기로 결정하였다는 내용을 통보하였다. 이 서신에서는 그 밖에 "외국어학당을 설립하고 성(省) 안에 있는 옛 농무국 건물을 대신 쓰도록 할 계획이며 자강학당의 학생들을 이곳으로 전학시키기 위한 별도의 규정을 정하여 자강학당에 잔류할 학생들과 외국어학당으로 전학할 학생들을 구분할 것"[13] 이라고 하였다. 이 서신의 내용에서 볼 수 있듯이 3차 개혁은 실제로는 단지 자강학당의 학교 명칭을 외국어학당으로 변경하고 본래의 학교 위치에서 이전한 일 외에 규모, 성격, 인원 등은 모두 변함없이 그대로인 경우였다. 그러나 객관적으로 볼 때 이 개혁은 오히려 호북자강학당을 명실상부한 존재로 만들었다. 학당의 명칭 변경은 호북자강학당이 당시의 상해광방언관이나 광주동문관과 동일한 외국어 인재를 양성하는 전문학교라는 사실을 입증하였다.

13) 『무한대학교사(武漢大學校史)』, 무한대학교출판사, 1993, p.19.

물론 자강학당이 외국어학당으로 명칭이 바뀐 1902년부터 1911년에 어쩔 수 없이 폐교할 때까지 10년 동안 이 학당의 교과과정이 8개 전공과목에서 16개 전공과목으로 점차 증가하였지만 학교의 성격은 본질적으로 아무런 변화가 없었다. 왜냐하면 당시 청국 조정이 공포한 교육제도의 기준에 부합하는 중국의 대학은 단지 경사대학당이 유일했기 때문이었다.

1913년 교육부는 총장으로 하효재(賀孝齋)를 임명하고 그에게 기존에 보유하고 있던 외국어학당의 건물, 도서 설비 및 교사들을 활용하여 국립 무창고등사범학교(武昌高等師範學校)를 설립하도록 지시하였다. 이와 동시에 북경, 남경, 광주, 심양, 성도 등 전국에 5개의 고등사범학교를 설립하였다. 이 시기의 무창고등사범학교는 당시 고등학당이나 고등실업학당(高等實業學堂)과 동일하게 분류되고 성격 등급은 대학 예과(豫科)와 같았다.(〈도표 3〉 참고)

무창고등사범학교가 진정한 의미의 대학이 된 것은 1924년 이후이다. 『무한대학교사』의 기록에 의하면 1923년 9월 무창고등사범학교는 무창사범대학으로 학교명을 변경하였다. 이 학교명 변경은 당시에 전국적으로 시행된 교육제도의 개편과 연관된 결과였다.

1922년 이전의 중국은 기본적으로 1904년 장지동이 주관하여 제정한 역사상「계묘학제」라고도 하는「주정학당장정」을 계속하여 사용하였다. 1912년에 공포된「계축학제」는 여러 해를 계속하여 전란이 일어나서 제대로 시행되지 못하였다. 시간이 경과하면서 예전의 교육제도는 새로운 시대에 점차로 부적합하게 되었다. 이렇게 되자 1921년 11월 전국 교육회는 구미 각국의 교육제도와「계축학제」를 참고하여 새로운 학제를 제정하고 1922년에 정식으로 공포 시행하였다.

새 학제에서는 초등교육, 중등교육, 고등교육의 연한을 모두 6년씩으로 규정하였다. 새 학제의 시행으로 무창고등사범학교는 새로운 문제들에 직면하게 되었다. 새로운 문제들이란 바로 학교의 등급을 높이고 교육내용을 충실히 하며 교육의 질을 향상시키는 것이었으며 그렇게 하지 않으면 학교는 시대 발전에 따른 요구에 적응할 수 없었기 때문이었다. 1922년 9월 무창고등사범학교는 원래 있던 4개 학과(영어부, 역사지리부, 교학물리부, 박물부)를 8개

학과로 바꾸고 아울러 교육내용도 일부 조정하였다.

1922년 11월 정부는 「학제계통개혁안(學制系統改革案)」을 공포하였는데 주석(註釋) 중에는 다음과 같은 규정이 있다. "예전 교육제도에 의해 설립된 고등사범학교는 적당한 시기에 등급을 올려서 고급중학 졸업생을 입학시키고 교육 연한을 4년으로 하며 학교명을 사범대학으로 바꾸도록 한다."

1923년 6월 무창고등사범학교 평의회 및 학과장 회의에서는 학교명의 사범대학 변경 문제를 토의하고 학교의 재설립 업무 준비에 착수하였다. 1924년 2월 교육부의 승인을 거쳐 국립 무창사범대학교가 정식 설립되고 종전 무창고등사범학교 총장대리였던 장계후(張繼煦)가 무창사범대학교 총장으로 임명되었다.

여기에 이르면 독자들은 호북자강학당이 무한대학의 전신이 되므로 대학의 역사에 포함시키는 것은 논란의 여지가 없는 정당한 일이라는 것을 알 수 있을 것이다. 그러나 분명한 것은 무한대학의 역사가 결코 100년이 넘은 것은 아니다. 호북자강학당이 무창고등사범학교로 바뀐 1913년부터 계산하면 무한대학은 1993년에는 80년이 되고 국립 무창사범대학으로 바뀐 후부터 계산하면 1993년에는 단지 69년이 된다.

이제는 천진대학(天津大學)의 역사를 살펴보기로 한다.

천진대학은 1895년에 천진해관도(天津海關道) 성선회(盛宣懷)가 창립한 "북양서학학당(北洋西學學堂)"[1896년 "북양대학당(北洋大學堂)"으로 학교 명칭 변경]을 전신으로 간주한다.

성선회는 양무파(洋務派)의 우두머리인 이홍장(李鴻章) 휘하의 막료였다. 양무운동 중에는 매우 중요한 직무들을 맡았으며 광서 27년(1901년)에는 상무대신(商務大臣)으로 임명되었다. 외국과 관련한 업무들을 처리하는 과정에서 성선회는 외국어와 기술, 양 측면에 두루 능통한 인재들을 양성하는 것이야말로 양무사업을 지속적으로 발전시키고 견고하게 할 수 있다는 것을 깊이 인식하게 되었다. 1895년 그는 천진에 중서학당(中西學堂)을 창립하였다.

1990년 9월 천진대학출판사(天津大學出版社)가 출간한 『북양대학—천진대학교의 역사(北洋大學—天津大學校史)』를 보면 이 책이 다른 대학교의 역사와 분명히 다른 점 하나를 발견할 수 있는데 그것은 북양서학학당이 설립 시기부터 근대 중국 최초의 대학이었다는 것을 누누이 강조해서 설명하고 있다는 것이다. 이 견해의 정확성 여부에 관해서는 여기에서 논의하지 않고 우선 이 관점의 논거가 어떠한 것인지를 살펴보기로 한다.

이 책에서 말하고 있는 바에 의하면 주요 논거는 세 가지가 있다.

(1) 북양서학학당이 창립된 지 2년째 되는 1896년에 학당은 "북양대학당"으로 학교 명칭을 변경하였으며 이 학교 명칭은 1912년까지 계속하여 사용되었다. 1912년 이후에 "북양대학당"은 다시 상부의 명령에 의해 "북양대학교"로 학교 명칭을 변경하였다.[14)]

(2) 학교의 교육제도를 보면 북양서학학당은 설립 초기부터 "두등학당(頭等學堂)"과 "2등학당"으로 나뉘어 있었고 각각의 학업 연한은 모두 4년이었다. 이 책에서는 "두등학당"이 대학 본과(本科)이고 "2등학당"이 예과(豫科)라고 인식하고 있다.[15)]

(3) 입학생 모집에 관하여 살펴보면 북양서학학당은 "1895년 설립 당시에 두등학당의 신입생은 대학당에서 1년간 수학한 학생 가운데 직접 모집하여 선발하였으며 선발한 30명은 가장 등급이 낮은 반으로 편성하였다."[16)]

그러면 위에서 언급된 세 가지 논거가 성립될 수 있는 것들인지를 하나하나 검토해 보기로 한다.

먼저 학교 명칭의 문제에 관하여 살펴보자.

『북양대학—천진대학교의 역사』에서는 1896년 북양서학학당이 북양대학당으로 학교의 명칭이 변경된 이후부터 1903년까지를 7가지 예를 들어 설명하면서 학교 명칭을 모두 "북양대학당"이라고 하고 있었다. 이에 대해서 필

14) 『북양대학—천진대학교의 역사(北洋大學—天津大學校의 歷史)』, 천진대학교출판사, 1990, p.22.
15) 상동.
16) 상동.

자는 이견이 없다. 그러나 학교의 명칭이 무엇인가는 중요하지 않다. 왜냐하면 명칭은 단지 하나의 부르는 이름에 불과하기 때문이다. 중요한 것은 실제적인 본질과 담겨 있는 내용이기 때문이다. 학교의 수준을 살펴보려면 학교의 운영 규모, 교수들의 수준과 설치된 교육과정, 정부의 인가 내용, 학교에 대한 사회적 평가 등이 필수불가결한 요소들이다.

창립 당시의 북양서학학당은 중국에서 창립된 다른 양무학당들과 본질적으로 큰 차이가 없었다.

1895년 9월 천진해관도 성선회는 하북총독(河北總督)이며 북양대신(北洋大臣)인 왕문소(王文韶)에게 천진중서학당(天津中西學堂)의 설립을 위한 장정 품의서인「의설천진중서학당장정품(擬設天津中西學堂章程禀)」을 상신하였다. 왕문소는 이 품의서의 중요한 부분을 수정하여「진해관도성선회창판서학학당품명입안유(津海關道盛宣懷創辦西學學堂禀明立案由)」를 광서 황제에게 상주하였으며 광서 황제는 "해당부서가 판단하여 처리하라"고 기재하고 이를 즉시 재가하였다. 생각해 보면 만약 성선회의 본래의 의도가 중국 최초의 대학을 창립하려는 것이었다면 어떻게 이처럼 가볍게 이 일이 처리될 수 있었겠는가? 다른 사람을 거론할 필요도 없이 당시의 유신개혁에 대하여 자신감에 차 있던 광서 황제가 대학의 창립과 같은 새로운 사업에 대하여 전혀 관심도 두지 않고 그저 관례대로 "해당부서가 판단하여 처리하라"는 단 한 마디 말을 기재하고 이 상주문을 재가하면서 전혀 상관하지 않았을 리가 없었을 것이다. 많은 사람들이 주지하고 있는 바와 같이 1898년 경사대학당이 창립될 당시에 광서 황제는 "명정국시조서(明正國是詔書)"의 1/3을 할애하여 대학 설립의 중요한 의의에 관하여 논술하였을 뿐만 아니라 불과 반 년이라는 짧은 기간 동안 세 차례나 유지를 내려 경사대학당의 설립 진행을 독촉하였다. 의문을 갖지 않을 수 없는 것은 이 모두가 똑같은 대학 설립과 관련한 사안인데 왜 황제의 태도가 서로 다른가 하는 것이다. 이 질문에 대한 답은 매우 간단하다. 북양서학학당은 당시에 설립된 수많은 양무학당들과 전혀 차이가 없는 학당이었기 때문이다.

북양서학학당은 설립 초기에 매우 소규모였다.『북양대학—천진대학교의 역사』에 기록된 바에 의하면 설립 당시 학당의 공식적인 관리 인원은 겨우 두 사람이 있었는데 한 사람은 교장 명의의 독판(督辦)이고 다른 한 사람은 총교습이었다. 독판은 학당 창립자인 성선회가 겸임하였으며 총교습은 미국의 천진 주재 영사관 부영사인 테니 찰스 다니엘(Tenny Charles Daniel, 丁家立)이었다.

첫 해에 두등학당은 4명의 교습을 초빙하였는데 그들은 격치학 및 화학 서양인 교습 1명, 중국어 교습 1명, 중국인 외국어 교습 2명이었다. 두 번째 해에는 교습이 7명으로 증가하였다. 당시에 2등학당은 아직 설치되지 않아서 초빙된 수 명의 교습은 기록이 없다. 학당의 학생 숫자는 30명이었다.

북양서학학당에 개설된 과목도 다른 비슷한 유형의 학당들과 별반 다르지 않았으며 기하, 삼각, 격치, 제도, 세계사, 영어, 법학, 공학, 광산학, 기계학 등 10개의 교과목이 있었다. 이제 북양서학학당이 당시의 다른 학당들과 본질적으로 차이가 없다는 인식은 근거가 있다는 것을 알 수 있을 것이다.

한발 양보하여 말해서 다음 해에 학교명을 변경한 "북양대학당"이 진정한 의미의 대학이라고 한다면 더구나 천진은 수도인 북경과 지척인데 어떤 이유로 당시의 왕공대신들과 중국의 교육 현상에 대하여 근심 걱정을 하고 있던 유신파 인사들이 이에 대해 보고서도 못 본 듯 하였는가? 명칭에 의해 학교의 품격이 평가된다는 것은 지나친 견강부회라고 할 수 있다.

이제 교육제도를 살펴보기로 한다.

『북양대학—천진대학교의 역사』에는 다음과 같은 내용이 기록되어 있다. "천진북양서학학당은 이전에 건립된 여러 유형의 신식 전문학교와는 달랐다. 그 차이는 북양서학학당은 창립되면서부터 명실상부한 대학이었다는 것이다. 학교의 교육제도를 살펴보게 되면 두등학당은 대학의 본과가 되고 2등학당은 예과가 된다. 이들의 학제는 각각 4년제이고 8년을 경과하여야 비로소 전문 인재를 양성하여 배출할 수 있도록 되어 있었다."[17]

필자가 청국 말기의 교육제도에 관한 자료를 찾아보았으나 아직 지금까지도 1898년 이전에 중국에서 두등학당이 대학 본과이고 2등학당이 대학 예과

17) 「성선회의설천진중서학당품(盛宣懷擬設天津中西學堂稟)」, 『황조경세문신편(皇朝經世文新編)』 제6권 학교(상), p.26.

라고 하는 자료를 찾지 못하였다. 그러나 뜻밖에도 「성선회의설천진중서학당품(盛宣懷擬設天津中西學堂禀)」 중에서 천진중서학당 창립자인 성선회(盛宣懷) 본인의 두등학당과 2등학당에 관한 의미 있는 언급을 찾아냈다. 그 내용은 다음과 같다.

> 2등학당은 금년도에 천진, 상해, 홍콩 등지의 소학당에서 3학년을 마친 30명의 학생들을 모집하여 1반을 편성하고, 2학년을 마친 학생들 30명으로는 2반을 편성하며, 1학년을 마친 학생들 30명으로는 3반을 편성하려고 하며 내년에도 계속하여 30명을 모집하여 4반을 편성할 계획입니다. 이 모두를 합하면 학당의 총 학생 정원은 120명이 됩니다. 두 번째 해부터는 매년 배출되는 1반 학생 30명이 두등학당에 진학할 수 있게 됩니다. 아울러 나머지 반들은 순서에 따라 진급을 하게 될 것이고 이렇게 되면 계속하여 매년 30명의 학생을 선발하여 학당에 입학시켜서 4반 학생 정원을 보충하게 될 것입니다. 이러한 학당을 외국에서는 소위 소학당이라고 합니다. 두등학당의 경우에는 금년에는 우선 대학당 1학년 수료자 30명을 모집 선발하여 가장 등급이 낮은 반을 편성하려고 합니다. 이 반은 내년에 3반으로 진급하고 2등학당의 1반 학생 30명은 진학하여 두등학당 4반의 결원을 보충하게 됩니다. 이후로 매년 진급이 이루어지고 120명의 학생 정원은 변함없이 유지될 것입니다. 4년째 말에 두등학당 1반 30명은 졸업을 하게 되고 시험 성적에 따라서 여러 분야의 업무에 선발될 것입니다. 어떤 졸업생들은 외국에 파견되어 분야별로 나뉘어 경험을 쌓거나 적당한 직책을 맡아 외국 관련 업무를 보게 될 것입니다. 이러한 학당을 외국에서는 소위 대학당(大學堂)이라고 합니다.[18]

성선회의 견해대로라면 천진중서학당의 2등학당은 소학당이고 두등학당은 대학당이며, 2등학당을 졸업하면 두등학당에 진학할 수 있다는 것인데 어떻게 소학당을 졸업하고 대학당에 진학할 수 있다는 것인가? 이것은 분명히

18) 「성선회의설천진중서학당품(盛宣懷擬設天津中西學堂禀)」, 『황조경세문신편(皇朝經世文新編)』 제6권 학교(상), p.26.

논리에 맞지 않는 말이다.

『북양대학—천진대학교의 역사』에서 북양대학의 두등학당이 대학 본과에 해당한다는 주장은 성선회의 상기한 상주문에 근거한 것인지는 모르겠지만 성선회의 2등학당이 소학당이라는 견해대로라면 어떻게 소학당이 대학 예과가 될 수 있는지 도저히 이해할 수가 없다.

사실상 아편전쟁 직후부터 무술변법 이전까지 중국의 교육은 장장 40년간의 개혁을 위한 모색 단계를 거쳤다고 할 수 있다. "중체서용(中體西用)" 이론에 따라 1861년 경사동문관이 창립될 때까지 10여 개의 각종 신식학당들이 설립되었으나 수년 내에 각종 원인들 때문에 폐교한 학당들도 있었고 지속적으로 운영된 학당들도 있었다. 이 기간 동안 중국의 교육은 여전히 봉건적인 과거제도에 의한 선비 등용 위주의 교육이었으며 근본적으로 배우는 기간에 따라 교육의 수준을 확정하는 청국 정부가 인가한 교육제도 자체가 없었다. 과거제도 아래에서는 얼마나 많은 책을 읽고 공부하였는가에 상관없이 현시(縣試), 향시(鄕試), 회시(會試)에 합격하지 못하면 아무리 높은 경지의 학문을 갖추고 있다고 하더라도 국가에 채용될 수가 없었다. 당시에는 30~40년 혹은 일평생 책을 읽고도 과거에 합격하지 못하여 수재(秀才) 칭호를 받지 못한 사람이 상당히 많았다. 당시 전국적으로 통일된 교육제도도 없었는데 어떤 근거로 두등학당이 대학 본과에 해당한다고 할 수 있는가? 이 견해는 분명 심의 토론을 거치게 되면 견뎌 내지 못할 것이다.

또한 1896년 북양서학학당이 북양대학당으로 학교 명칭이 변경된 것은 "본래부터 대학당의 수준을 갖추고 있었기" 때문이라는 주장은 두등학당이 대학 본과라는 견해와 마찬가지로 근거가 없는 것이다.

역사 자료를 근거로 판단해 볼 때 필자는 북양대학당이 명실상부한 국립대학으로 발전을 하게 된 시기는 적어도 1906년 이후라고 생각한다. 그 이유는 다음과 같은 두 가지 점들 때문이다.

1. 1900년 여러 가지 원인으로 인하여 폐교하기 이전의 북양대학교의 수준은 고등학당이나 대학 예과와 비슷하였다. 『북양대학—천진대학교의 역사』에

서 언급된 소위 중국 최초의 대학 졸업장을 왕총혜(王寵惠)가 받았다는 내용을 자세히 분석해 보면 의문점이 있다.

천진대학교 역사 기록에 의하면 왕총혜는 1881년 홍콩에서 출생하였으며 어려서 홍콩의 세인트 폴(St. Paul)학교를 다니고 그 후에 황인서원(皇仁書院, Queen's College)에서 공부하였다. 그는 4학년 때 마침 홍콩에서 북양서학학당의 신입생을 모집하자 시험을 치르고 입학하였다. 1899년에 그는 최우수 성적으로 북양서학학당을 졸업하고, 1901년 일본 유학을 떠났다가 1904년에는 미국 유학을 가서 처음에는 캘리포니아대학에 입학하였으며 이후에는 예일대학에서 법학박사 학위를 받았다. 대략 계산해 보면 알 수 있듯이 왕총혜는 1881년에 출생하여 그의 나이가 단지 14세가 되던 1895년에 북양서학학당에 입학하였으며 1899년 졸업할 당시 그의 나이는 불과 18세였다. 앞에서 언급한 바와 같이 북양서학학당의 2등학당은 소학당에 해당하고 두등학당은 대학당에 해당한다고 하여도 실제 교육의 수준은 단지 고등중학당, 다시 말하면 고등학당에 불과하였다. 사실은 왕총혜가 20세가 되던 해인 1901년에 일본 유학을 갔을 때부터 그의 진정한 대학 생활이 시작되었으며 이후 4년에 걸쳐 대학 공부를 마치고 24세에 미국에 가서 석사와 박사 과정을 공부하였다고 할 수 있다. 이와 같은 방식으로 그의 학생 시절의 이력을 살펴보면 완전히 정리가 된다. 왕총혜가 1899년에 이미 대학을 졸업하였음에도 불구하고 다시 일본에 가서 4년간 공부하고 이후에 미국으로 건너가 학위 취득을 하여야 할 이유가 무엇이었는가? 1899년 그가 졸업할 당시에 소위 "대학졸업증서"를 받았다는 것은 실제로는 졸업시험에 합격하였다는 "시험 합격증명서"였다. "대학졸업증서"라고 하는 것은 완전히 후세 사람들이 의도적으로 해석하여 붙인 결과일 뿐이다.

2. 1906년 재정비를 거친 후에야 이 학교는 명실상부한 대학이 되었다. 의화단운동(義和團運動)과 서방 8개국 연합군의 북경과 천진(天津) 침입 시기에 북양대학당 건물은 먼저 미군이 점거하고 다음에는 독일군이 점거하여 학교는 어쩔 수 없이 휴교하게 되었다. 1903년 학교는 천진의 옛 삼영병기고(三營兵器庫) 자리에 다시 세워져서 1905년 하반기에 고등학당이 정식 수업을 재개

> 하였다. 이에 대해 당시「북양주보(北洋周報)」는 다음과 같이 보도하였다. "광서 28년 원세개(袁世凱)가 천진을 되찾고 나서 학교 건물의 재건축에 착수하여 광서 29년 4월에 준공하였으며 이후 학교의 개학을 논의하여 예전 북양대학당 및 천진수사학당(天津水師學堂)의 학생 수십 명을 모집하였다. 이들은 예비학생으로서 전공학과 선발을 대비하여 1년간 보통과목을 공부하도록 하였다. 광서 31년 여름방학 이후에 학생들은 3반과 4반, 2개의 반으로 나뉘어 3반은 법률학, 4반은 토목공학 및 채광야금학을 전공하였다. 이로써 학교는 다시 정규 과정의 학생을 보유하게 되었다."[19]

북양대학당이 다시 수업을 재개하였지만 교과과정의 설치와 교학관리는 아직 당시의 교육제도가 요구하는 대학당의 수준에는 미치지 못하였으며 이에 1906년 초 북양대학당 감독대리 정가립(丁家立)은 북양대신 원세개에게 올린 보고서에서 학당의 재정비 시행을 요청하였다. 그 내용은 다음과 같다. "북양대학당이라는 학교의 명칭에 부합하고 명실상부한 하북성 모든 학당들의 모범이 되려면 반드시 실사구시에 의하여 날로 훌륭히 완비되어야 경사대학당을 제대로 뒤따라 갈 수 있고 하북성 전체 학교의 본보기가 되며 학교를 세운 본래의 목적을 달성할 수 있겠습니다. 이 학당은 처음 설립 당시의 기초가 완전하지 못한 데다 구습을 그대로 따르고 있어 어려움이 가중되고 있는 상황임으로 재정비와 과감한 혁신을 모색하지 않으면 호전될 수 있는 징후가 없습니다."[20] 이어서 그는 학당의 문제점들에 대하여 8개 조항의 개선 조치들을 제시하였는데 그 가운데 앞의 3개 조항이 가장 중요한 내용이었다.

1. 졸업시험을 치르기에 합당하도록 교과과정을 더욱 정비하여야 합니다. 규정상 설치하여야 할 과목이 예전 예비과의 교과과정 중에 없는 과목이 있다면 당연히 모두 보충하여야 합니다. 또한 예비과의 모든 과정은 고등학당의 과

---

19) 「북양주보(北洋週報)」 제17호, 민국 26년 6월, 『중국근대학제사료(中國近代學制史料)』 제2권(상), p.976.

20) 「대리북양대학당감독정조정개량북양대학당사의품(代理北洋大學堂監督丁條呈改良北洋大學堂事宜稟)」, 『직예교육잡지(直隷教育雜誌)』 제2년 제4호, pp.1–5.

목들이며 중국어로 쓰인 보통학 과목들은 모두 이 과목들에 대한 기초가 있는 학생들을 위하여 만들어진 것들입니다. 그러나 이 학당의 많은 학생들이 중학당에서 진학한 경우가 아니기 때문에 보통학 과목 중에 수신, 역사, 지리, 박물, 위생 등은 시험을 통과하는 학생이 적은 수에 불과합니다. … 반드시 예전의 교과과정을 철저히 개정하여 대학의 과정에 부합하고 현재 각 반의 수준에 적절하도록 하여야 합니다.

2. 교원은 학문 분야별로 나누어 교육을 담당하여야 합니다. 현재 이 학당을 보게 되면 중국인 교원들은 한 교원이 한 반을 담당하고 있으며 학문 분야별로 가르치고 있지 않습니다. 대학당의 교과과정이 고등학당의 과목들과 적절히 연결되어 있지 않고 교원의 전공이나 학문 수준은 전혀 고려하지도 않고 또한 한 교원이 모든 과목에 완전히 능통할 수 없기 때문에 학생들의 모든 과목들을 가르친다는 것은 전혀 불가능함에도 불구하고 과목에 상관없이 일률적으로 한 교원이 한 반을 담당함으로써 지리, 역사 등의 과목들을 가르치는 것이 형식적일 수밖에 없으며 나머지 예비과의 교양과목 및 중학 과정의 박물, 위생 등의 과목들은 거의 가르치지 않게 되었습니다. 이러한 일들은 교원들이 학문 분야별로 교육을 담당하지 않기 때문입니다.
3. 고등학당과 중학당의 검정 교과서가 보충 학습용으로 제공되어야 합니다. 대학당의 예비과는 고등학당 본과에, 고등학당 예비과는 중학당에 해당한다고 할 수 있습니다. 현재 이 학당의 교과과정의 수준이 아직 완벽하게 갖추어져 있지 않으므로 그 수준을 중급에서 고급에 이르기까지 연이어 배치하는 것이 정비 개선의 가장 좋은 방법일 것입니다. 대학당의 학생들은 고등학당과 중학당의 과목들을 반드시 보충하여 공부할 필요가 있으므로 필요한 고등학당과 중학당의 서적들을 규정에 따라서 선정해 줄 것을 학무처에 요청할 계획입니다.
4. 중국인 교원과 외국인 교원들의 임무와 기능에 대한 규정이 있어야 합니다.
5. 남방과 북방에서 모집하는 학생의 정원을 각기 나누어 규정하여야 합니다.
6. 학생들의 중국어 실력 평가를 엄격히 시행하여야 합니다.
7. 관련 상급자나 부서의 지시에 의한 학생의 입학은 없어져야 합니다.

8. 역학반(譯學班) 학생의 학업 수준이 정해진 기준에 현격히 미달하면 졸업 기한을 연기하여야 합니다.[21]

위에서 언급된 정비를 통하여 북양대학당은 마침내 "명실상부"한 대학이 되었다. 1910년[선통(宣統) 2년] 10월에 학부는 다음과 같이 이에 관한 상주문을 올렸다. "(광서) 34년에 저희 학부에서는 이 대학당 학과들의 수준이 정해진 규정에 크게 미흡하여 재학기간의 연장 및 교과과정의 증설, 교습의 추가 채용 등의 철저한 정비를 거듭 지시하였는데 이제 이 지시 내용대로 모두 보완이 되었습니다."[22]

여기서 볼 수 있는 바와 같이 1895년 설립된 천진북양서학학당은 다른 양무학당들과 서로 완전히 동일한 성격을 지닌 지방의 양무학당이었다. 1896년에 북양대학당으로 학교의 명칭이 바뀌었지만 그 성격은 여전히 바뀌지 않고 남아있었다. 과거제도를 완전히 폐지하고 신식학당과 국립대학을 설립하여야 한다는 것은 강유위와 양계초가 제시한 개혁사상이었으며 무술변법의 중요한 내용이었다. 천진도 예외는 아니어서 천진북양서학학당의 설립 역시 이와 같은 거대한 시대적 배경에서 벗어날 수 없었으며 또한 정치적으로 이러한 시대적 영향을 넘어설 수는 없었다. 그러므로 천진대학의 대학교 역사는 엄격히 말해서 1910년을 기점으로 계산하여 1995년에는 85년이 된다.

교통대학(交通大學)의 학교 역사도 같은 맥락에서 설명할 수 있다. 교통대학은 남양공학(南洋公學)이 그 전신이라고 학교 역사에 기록되어 있다. 그러므로 교통대학에 관한 연구는 반드시 남양공학을 연구하는 것으로부터 시작하여야 한다.

남양공학의 설립자는 북양서학학당을 설립한 성선회이다. 1896년 10월 성선회는 상해에서 철로총공사의 독판(督辦)으로 근무할 당시 양강총독(兩江

---

21) 「대리북양대학당감독정조정개량북양대학당사의품(代理北洋大學堂監督丁條呈改良北洋大學堂事宜稟)」, 『직예교육잡지(直隸教育雜誌)』 제2년 제4호, pp.1-5.

22) 「청간대신회고북양대학당졸업생절(請簡大臣會考北洋大學堂卒業生折)」(1910년 10월 1일), 『학부관보(學部官報)』 제138호, p.4.

總督) 유곤일(劉坤一)에게 남양공학 설립을 위한 자금 요청서를 올렸다. 여기서 추가로 설명하여야 할 내용은 비록 『교통대학교사(交通大學校史)』에서는 1896년을 기점으로 계산하고 있지만 그 당시는 아직 학교 설립 기획단계로서 1897년 1월 26일(광서 22년 12월 24일)이 되어서야 성선회가 올린 남양공학의 설립 주청서가 청국 정부의 정식 승인을 받게 되었다는 사실이다.[23]

『교통대학교사』의 기록에 의하면 남양공학의 설립 초기의 규모는 그다지 크지 않았으며 학교 관리 인원은 교장에서 의사까지 모두 8명에 불과하였다.[24] 남양공학은 사범원(師範院), 외원(外院), 중원(中院), 상원(上院) 등 모두 4개의 원(院)으로 나뉘어져 있었다. 여기서 반드시 주의가 필요한 것은 남양공학이 1897년에 설립되기는 하였지만 부족한 학생 수와 운영 경비의 곤란 등으로 이 학교의 대학부문에 해당되는 상원은 1906년이 되어서야 정식으로 설립이 되었으며 더구나 상원은 종합대학이 아닌 단지 상업전과학교(商業專科學校)에 불과하였다는 것이다. 남양공학도 1905년에 "상부고등실업학당(商部高等實業學堂)"으로 학교명을 바꾸었다. 이러한 사실들에 대해서는 『교통대학교사』에도 분명히 기록되어 있으므로 더 이상 언급하지 않기로 한다.

1908년에 학당은 전기전과(電機專科)를 증설하였으며 학교명은 여전히 고등실업학당(高等實業學堂)이었지만 학교의 성격은 이미 고등공업전과학교(高等工業專科學校)에 속하게 되었다.[25]

고등공업전과학교가 언제 대학으로 바뀌었는지에 대해서 『교통대학교사』에는 "1911년 10월 무창혁명(武昌革命)이 승리를 거두었다. 신해혁명(辛亥革命)의 승리를 기회로 삼아 학교 당국은 학교를 공과대학으로 바꾸어 10월 말에 우전부고등실업학당(郵傳部高等實業學堂)이 남양대학당(南洋大學堂)으로 변경되었다는 것을 선포하였다고 기록되어 있다."[26]

그렇지만 학교 당국 스스로가 일방적으로 대학당으로 변경한 것이지 국가의 인가를 받았다는 의미는 아니었다. 1912년 9월 남양대학당은 북경의 교

23) 『교통대학교사(交通大學校史)』, 상해교육출판사, 1986, p.4.

24) 상동.

25) 『교통대학교사(交通大學校史)』, 상해교육출판사, 1986, p.53.

26) 위의 책, p.55.

육부에 다음과 같은 학교명 변경에 대한 승인요청 공문을 올렸다. "… 지난해 신해혁명이 성공한 후에 본교는 남양대학당으로 학교명을 변경하고 남경의 교육부 총장에게 이를 보고하였으며 이와 관련한 증빙서류도 보유하고 있습니다. 이제 관련 문서를 교통부를 경유하여 교육부에 올립니다. 유럽과 미국의 교육제도를 살펴보면 대학(종합대학)과 고등학교(단과대학)의 교과과정이 서로 다르지 않고 단지 차이는 전공과목의 많고 적음이 있을 뿐입니다. 본교는 대학으로 변경한 후에 모든 설비 일체를 교체하여 갖추려고 하오니 이를 승인하여 주시기를 요청합니다."[27] 그러면 교육부는 남양대학당의 요구를 승인하였을까?

『교통대학교사』 56페이지에는 다음과 같은 기록이 있다.

> 공과대학으로의 변경을 추진하는 것은 총장과 교사들의 일치된 의견이었으며 "이와 관련한 논의와 관계서류가 산처럼 쌓여 있었다." 이 문제는 당시 학교 업무에서 가장 중심적인 논의 주제였다. 결국 북경의 교육부는 "지금 교육부에서 전국 대학 분포에 대한 종합 계획을 세우고 있으므로 … 이와 관련한 대학 시행령을 공포한 후 새로운 규정에 따라 시행을 검토한다"는 이유로 "이에 대한 결정을 잠정적으로 연기한다"고 본교에 서면 지시하였다. 따라서 공과대학으로의 변경은 원하는 바를 달성하지 못하였다.

『교통대학교사』의 이와 같은 기록은 당시 이 학교의 대학으로의 변경 요청이 정부 교육 주관부서의 승인을 받지 못하였다는 것을 설명하는 것이다.

교통대학의 공과대학으로의 변경은 1년이 지난 1913년 초에서야 이루어졌다. 이에 대해 『교통대학교사』에는 다음과 같이 기록되어 있다.

> 신해혁명 후 원래 청국 정부의 우전부(郵傳部)를 북경 국민정부의 교통부가 인수하여 관할하게 되자 본교도 교통부의 소속으로 바뀌었으며 "본교의 철로, 전기 2개 과가 모두 공업 분야에 속한 것이어서 학교명과 실제 공부하는 내용

27) 『교통대학교사(交通大學校史)』, 상해교육출판사, 1986, p.56.

> 이 서로 부합하도록" 학교명을 교통부상해공업전과학교(交通部上海工業專科學校)로 바꾸었다. 이와 동시에 교육부에서 보낸 다음과 같은 공문이 본교에 당도하였다. "원래 상해고등실업학당(上海高等實業學堂)이 정한 각 학과의 명칭이 교육부에서 새로 공포한 공업전문학교(工業專科學校) 규정과 부합하지 않는 부분이 많이 있습니다. … 전기과는 전기기계과로, 철로과는 토목과로 변경하기 바랍니다." 1913년 초 교육부 지시에 따라 철로과는 토목과로, 전기과는 전기기계과가 되었으며 동시에 교과과정을 조정하여 설치하였다. … 공과대학으로의 변경 이후 여러 해에 걸친 학교 운영에 대한 진지한 정성을 쏟은 결과 중화민국(中華民國) 초에 이미 본교는 국내에서 명성을 얻게 되었으며 공학 기술을 공부하는데 뜻을 둔 청년학생들이 학교의 이름을 흠모하여 먼 길을 마다하지 않고 모여 들었다. 당시 본교 졸업생들은 종합대학의 학부와 거의 같은 수준에 도달하였다.[28)]

그러나 당시 이 학교의 대학 자격은 아직도 상급 유관부서의 승인을 받지 못하고 있었다. 이 점에 관하여 『교통대학교사』에서는 다음과 같이 기술하고 있다.

> 당시의 관례에 따르면 반드시 세 개의 전공학과가 설치되어 있어야 대학이라고 할 수 있는데 본교는 단지 두 개의 전공학과가 있을 뿐이었다. 1916년 12월 교통부에서 열린 교통회의에 본교 대표는 공과대학으로의 변경을 요청하기 위하여 회의에 참석하였다. … 그러나 마침 당시 단기서(段祺瑞)와 여원홍(黎元洪) 두 군벌 사이에 일본과 미국의 지원 아래 권력 투쟁이 격렬하게 벌어져 정국이 매우 불안정하고 혼란스러운 상황이었기 때문에 교통부는 우리 학교의 기계과와 항해과의 증설을 통한 공과대학 변경 요청에 대하여 결정할 수 없었으며 우리의 제안서는 다시 한 장의 휴지조각이 되어 버렸다." "비록 여러 번에 걸친 좌절을 겪었으나 총장과 교원들은 변함없이 공과대학으로의 변경 의지를 버리지 않았다. 1917년 말 본교의 철로, 전기 관리과의 증설을 교원들이

28) 『교통대학교사(交通大學校史)』, 상해교육출판사, 1986, pp.56-57.

> 제의하자 이 의견은 즉각 학교 당국의 찬성 동의를 얻었다. … 교통부는 이 학과의 증설을 승인하였으나 단지 학과 명칭은 로, 전관리과(路, 電管理科)에서 철로관리과로 바꿀 것을 지시함으로써 이 학과는 1918년 3월에 정식으로 설립되었다. … 이렇게 되자 본교의 규모가 확대되고 교육제도상의 등급도 높아졌으며 여타 실험 설비나 학교 건물도 모두 이에 상응하도록 발전하게 되어 근대적이고 공학 위주의 공학과 관리가 결합된 대학이 마침내 상해에 세워지게 되었다. 본교는 우리나라 동남지역 여러 성의 중국인들에 의해 설립된 최초의 공과대학이다.[29)]

이 단계에서 학교의 명칭은 "교통부상해공업전문학교"였으며 이 학교명은 1920년까지 지속적으로 사용되었다. 위에서 인용한 자료에 의해 확실하게 증명할 수 있듯이 교통대학이 전과학교(專科學校)에서 발전하여 공과대학으로 된 해가 1913년이지만 정식 승인을 받은 것은 1918년이다.

위에서 알 수 있듯이 교통대학의 역사를 계산한다면 1913년부터 계산하여 1996년까지는 83년이 된다.

마지막으로 절강대학(浙江大學)의 학교 역사를 분석해 보기로 한다.

절강대학은 "구시서원(求是書院)"을 전신으로 간주한다. 구시서원은 청일전쟁 뒤에 국민들이 자강(自强)을 추구하기 위하여 설립한 신식학당 가운데 하나로서 설립자는 당시 항주지부(杭州知府) 임계(林啓)였다.

1896년 임계는 구주(衢州)에서 항주지부(杭州知府)로 전임되었다. 당시 항주에는 이미 여섯 곳의 서원이 있었지만 단지 과거시험에 필요한 팔고문(八股文)만을 배우고 책론(策論)은 배우지 않고 있어서 신식 인재를 필요로 하는 당시의 시국에 적응할 수 있는 방법이 전혀 없었다. 임계는 국민들의 지혜를 개발하고 과학과 문화에 대한 소질을 향상시킬 수 있는 신식학당을 설립할 것을 결심하였다. 그의 신식학교 설립 발의는 절강순무(浙江巡撫) 료수풍(廖壽豊)의 인정을 받았으며 절강성의 유신사조(維新思潮)를 대표하는 인물 가운데 한 사람인 왕강

29) 『교통대학교사(交通大學校史)』, 상해교육출판사, 1986, pp.57-58.

년(汪康年)과 그 밖의 식견이 높은 사람들의 지지와 후원을 얻게 되었다.

구시서원의 "구시"는 "실제로 소용되는 참된 학문을 힘써 추구하고 바른 것을 보존하고 잘못된 것은 버린다(務求實學, 存是去非)"는 글귀에서 두 글자를 취한 것이다. 구시서원이 설립될 당시의 상황에 대해서는 1996년 10월 절강대학 출판사에서 출간한『절강대학간사(浙江大學簡史)』에 상세하지 않은 단지 수 백자의 서술이 있으며 그 내용은 다음과 같다.

> 1897년 음력 정월에 청국 조정은 료수풍의 학교 설립에 관한 상주문을 승인하여 구시서원이 정식으로 창립되었다. 임계가 서원의 총판(교장)을 겸임하고 거인(擧人) 육무훈(陸懋勳)이 감원(監院)이 되고 공생(貢生) 진한제(陳漢第)가 문독재무(文牍齊務)를 맡았다. 구시서원의 최초 입학생은 30명으로 1897년 5월 21일 개교하였다.[30] 구시서원은 설립 초기에 정교습 1명을 초빙하여 화학과 각종 서양 학문과 함께 도화, 수학, 외국어를 가르쳤다. 또한 부교습 2명 가운데 1명은 수학과 측량 제도, 천문 등의 과목을 가르치고 다른 1명은 외국어를 가르쳤다.[31]

구시서원에 대한 이 수백 자의 서술은 독자들에게 당시 구시서원이 관리 인원과 교직원을 합하여 단지 6명뿐이고 학생들도 30명에 불과한 극히 소규모였다는 것을 말해 주고 있다.

구시서원의 교과과정 설치에 관하여『절강대학간사』에서는 다음과 같이 기술하고 있다. "구시서원의 교과과정은 필수과목과 선택과목 두 유형으로 나뉘어져 있었다. 필수과목은 중국어, 영어, 수학, 역사, 지리, 격치, 화학 등이며 후에 체조과목이 추가되었다. 선택과목은 일어, 외국 역사와 지리, 음악 등이었다. … 서원에는 물리 실험기구실, 화학 실험실이 설치되어 있어서 교사들이 시범으로 실험을 실시하였다."[32]

분명히 구시서원은 옛날 방식의 서원과는 확실히 다른 신식학당이었다.

30)『절강대학간사(浙江大學簡史)』, 절강대학교출판사, 1996년 10월, p.5.

31) 위의 책, p.8.

32) 상동.

그러나 반드시 지적하여야 할 점은 구시서원이 앞에서 언급한 몇몇 학당들과 마찬가지로 19세기 60, 70년대에 설립된 양무학당들과 본질적으로 차이가 없는 신식학당일 뿐이라는 것이다. 만약 교사와 학생을 모두 합하여 불과 40명 밖에 되지 않는 학교도 대학이라고 할 수 있다면 당연히 중국 교육사에서 대학교육이 최초로 시작된 연대는 1862년의 경사동문관으로부터 계산하는 것이 더욱 합리적이라고 할 수 있다.

구시서원은 단지 1년만 운영되었다. 무술변법이 실패한 후 자희태후의 "각 성에서 이미 설립된 서원은 즉시 규모를 축소하고 아직 설립되지 않은 서원은 즉시 시행을 중지하라"는 명에 따라 문을 닫게 되었다. 1901년 11월이 되자 청국 조정의 "북경에 이미 설립된 대학당은 철저히 정비하고 각 성에 있는 서원들은 모두 성도(省都)로 옮겨서 대학당으로 다시 설립하라"는 명에 따라서 구시서원은 "절강대학당"으로 학교명을 바꾸었다.[33] 구시서원이 폐교되고부터 다시 "절강대학당"으로 학교명을 바꾸기까지는 3년의 시간이 걸렸다.

당연히 한 학교의 명칭이 대학당으로 변경되었다고 하여 이에 따라 실제 본바탕도 대학으로 바뀌는 것은 아니며 이러한 것은 대학의 규모를 갖추었는지의 여부와 실제 교육의 내용이 어떠한지에 달려 있는 것이다. 이에 대해 『절강대학간사』에서는 다음과 같이 스스로 그 견해를 밝히고 있다.

> 1903년 12월에 학부는 각 성의 대학당에 재학 중인 학생들의 출신과 교육 수준 등의 문제를 고려하여 경사대학당을 제외한 각 성의 대학당을 고등학당으로 변경할 것을 결정하였다. 절강대학당은 「주정학당장정」에 따라서 절강고등학당으로 학교명을 변경하였다.[34]

『절강대학간사』 중의 이 서술은 당시 중국에서 명실상부한 대학으로 꼽을 수 있는 곳은 경사대학당이 유일하고 성급(省級)의 대학당 중에는 대학의 자격을 갖춘 곳이 없었다는 것을 분명하게 밝히는 것이다.

---

33) 『절강대학간사(浙江大學簡史)』, 절강대학교출판사, 1996년 10월, pp.10-11.

34) 위의 책, p.11.

절강고등학당은 1912년에 다시 "절강고등학교"로 학교명을 변경하였으며 이후에 교육제도 개혁 등의 원인 때문에 학부의 명에 따라서 학생 모집을 중지하였다. 1914년이 되어 마지막 반의 학생들이 졸업한 후에 학교는 13년간 폐교되었다. 1927년 중산(中山) 손문(孫文) 선생을 기념하기 위하여 전국에 4개의 중산대학(中山大學)을 설립하게 되었는데 절강대학은 그해 7월 15일 제삼중산대학(第3中山大學)이라는 학교명으로 설립을 선포하였다.

앞에서 서술한 내용을 종합하면 구시서원이 절강대학당으로 명칭이 바뀌고 이후 다시 절강고등학당으로 바뀌었다가 이어서 교육부의 명령으로 폐교당하는 과정은 20세기 초의 새로운 학제에서 발생하여 규범화되는 온갖 과정들을 여실히 반영하고 있다고 필자는 생각한다. 이러한 변화 과정에서 어떤 학당들은 개혁을 통하여 새로운 시대의 요구에 적응하여 보존되었지만 그 반면에 다른 어떤 학당들은 재정비와 개혁을 통해서도 새로운 시대의 요구에 적응하지 못하여 결국 폐교되고 말았다. 폐교된 지 13년이나 지난 후에 설립된 제3중산대학은 구시서원과 실질적 연관성이 전혀 없다고 할 수 있다. 오늘날 절강대학의 역사를 돌이켜보기 위해서는 1927년 7월 15일이라는 날짜에 주의를 집중하여야 한다. 절강대학의 역사는 진정한 의미의 대학이 된 1927년부터 계산하면 1997년까지 70년이 된다.

끝으로 북경대학의 창립 역사를 다시 살펴보기로 한다.

북경대학의 역사를 연구하는 사람들은 일반적으로 누구나 강학회의 연구로부터 시작한다. 그 이유는 1912년 이전까지는 북경대학을 경사대학당이라고 하였으며 경사대학당의 전신은 북경 관서국이고 관서국의 전신은 바로 북경강학회이기 때문이다. 이 책의 제5장에서 강학회와 관서국에 대해서는 상세히 밝혔으므로 더 이상 언급하지 않겠으며 관서국은 학교의 성격은 가지고 있었지만 어쨌든 본질적으로는 대학의 기준에 미치기에는 상당한 거리가 있었기 때문에 여기에서는 경사대학당의 창립에서부터 시작하려고 한다.

역사적으로 볼 때 경사대학당의 창립은 사실상 중국 고대의 태학(太學)과 국자학(國子學)[국자감(國子監)]의 전통을 계승하였으며 전국의 교육을 관리하는 기관이면서 최고학부라는 두 가지 역할을 담당하였다.

태학은 중국 고대의 대학으로 BC 124년 서한(西漢) 시기에 처음 설립되었다. 초기의 태학은 오경박사를 두고 제자가 50명이 있었으며 동한(東漢)의 질제(質帝) 통치 시기(AD 138~146년)에는 학생이 3만 명에 달하였다.

태학에 이어서 국자학이 있었는데 이것은 중국 고대의 교육을 관리하는 기관이면서 최고 교육기관으로서 진(晉)의 무제(武帝) 함녕(咸寧) 2년(AD 276년)에 설립되었으며 태학과 함께 존속되었다. 남북조(南北朝)시대(AD 420~589년)에는 국가가 태학 한 기관만을 운영하기도 하고 태학과 국자학 두 기관을 함께 운영하기도 하였다. 이 두 기관은 명칭과 제도의 차이가 다름에도 불구하고 모두 유교의 경전을 가르치는 국가의 최고학부였다. 북제(北齊) 시기에는 국자학을 국자사(國子寺)로 바꾸었다. 수(隋)의 문제(文帝) 시기에는 국자사(國子寺)가 국자학과 태학, 사문(四門) 등의 학교들을 총괄하여 관리하였다. 명, 청조 시기에 국가가 다시 설립한 국자감은 교육 행정기관으로서 전국의 과거시험을 통괄 관리하면서 아울러 교육을 담당하는 국자학의 성격도 함께 갖추어 학생들도 있었다. 이로써 중국 역대 왕조 모두 자체적인 최고학부와 최고 교육관리 기관을 보유하고 있었다는 것을 알 수 있다.

아편전쟁 이후 서방 여러 나라의 압력으로 청국 정부가 세계를 향하여 나라의 문을 개방하자 서방의 문화와 선진 과학기술이 물밀듯이 중국에 밀려들어왔다. 당시의 이와 같은 상황에 대처하기 위하여 총리각국사문아문은 적극적으로 제의하고 추진하여 중국 최초의 양무학당인 경사동문관을 창립하여 전문적으로 외국어에 능통한 인재를 양성하도록 하였다. 경사동문관의 창립으로 중국의 교육 내용에는 개혁과 변화가 일어나게 되었으며 또한 수많은 양무학당이 생겨나게 되었다. 양무운동이 발전함에 따라서 경사동문관도 국내에서 앞장서서 수학, 천문학, 의학 등 서양 학문의 교과과정을 개설하면서 점차로 전공과목들을 완전히 갖춘 종합적인 성격의 고등전과학교로 바뀌게 되었다.

경사대학당이 창립되기 전에 중국에는 이미 수십 개에 달하는 여러 종류의 신식학당들이 있었다. 최초로 설립된 경사동문관에서 무술변법 직전에 설립된 절강성의 구시서원에 이르기까지 "중체서용"의 산물이 아닌 학교는 한 곳도 없었다. 이 학당들은 실로 중국을 위하여 뛰어난 실력을 갖춘 수많은 외교관, 군사전략가 및 각종 전문 과학기술 인재들을 배출하였다. 그러나 수억 명의 인구를 보유한 대국으로서 세계의 수많은 민족들 가운데 자립을 하려면 규모에 한계가 있는 수십 개의 학당을 가지고 국가가 필요로 하는 인재들을 충족시킨다는 것은 전혀 불가능한 일이었다. 청일전쟁의 패배로 인하여 중국의 식견이 있는 인사들은 양무학당의 학생들이 "기술과 관련된 일에는 많은 관심이 있지만 정치와 교육과 관련된 일에는 관심이 적어서" 멸망할 위기에 빠진 국가를 구할 기둥이 될 만한 인재들이 될 수 없다는 것을 통감하고 과거제도를 완전히 폐지하고 경사대학당을 창립하여 신식 인재들을 양성할 것을 건의하였다.

유신 지사인 양계초는 그가 1896년에 쓴 저명한 글인 「학교총론」에서 각종 신식학당의 역할에 대하여 다음과 같은 견해를 제시하였다.

"지금 동문관, 광방언관, 수사학당, 무비학당, 자강학당, 실학관 등이 어찌하여 인재들을 배출하지 못하고 있는가? 학생들이 기술과 관련된 일에는 많은 관심이 있지만 정치와 교육과 관련된 일에는 관심이 적기 때문이다. 소위 기술이란 언어와 문자와 같이 깊이가 없고 군사학에서도 지엽적인 부분이며 대국적인 견지를 갖거나 본질적인 것을 고려하는 것이 아니어서 온갖 기술을 모두 발휘하여도 성취한 것이 별로 없게 되는 것이다."[35]

양계초의 이와 같은 견해는 기본적으로 유신파가 양무학당에 대하여 가지고 있던 부정적 입장을 대변하는 것이었다. 그해 6월 양계초는 이단분(李端棻)을 대신하여 기초한 「청추광학교절(請推廣學校折)」에서 처음으로 경사대학당의 설립을 건의하였다. 이 건의는 즉각적으로 청국조정과 그 밖의 식견이 있는 인사들의 적극적인 호응을 얻게 되었다. 대학당의 설립을 위하여 조정의 관리들은 계책을 내놓았고 여기에는 오랫동안 중국에 거주하고 있는 외국 인사들도 함께 동참하였다.

수년 동안의 심의와 준비를 거친 후 1898년 광서황제는 무술변법을 계기

35) 『베이징대학교사료』 제1권, 베이징대학교출판사, 1993, pp.9-10.

로 하여 경사대학당의 정식 창립을 변법개혁의 중요한 조치로 삼아서 온 천하에 공표하고 이와 함께 전국 교육의 총괄 관리 및 인재 양성이라는 두 가지 책무를 경사대학당에 부여하였다. 이로 인하여 경사대학당의 최고 행정책임자인 손가내의 관직은 관학대신이 되었다. 이 시기에 중국에는 두 개의 최고 교육관리 기관과 두 개의 최고학부가 동시에 존재하였는데 바로 국자감과 경사대학당이었다. 국자감은 구식 교육제도인 과거제도를 관리하는 책무를 맡고 있었으며 반면에 경사대학당은 신식 교육제도를 기획 처리하고 전국에 신식학교를 설립하는 책무를 맡고 있었다. 이때 이미 국자감의 일부 직책은 경사대학당으로 옮겨져 운영되었다.

경사대학당이 정식으로 설립된 것은 1898년 10월에서 12월 사이였다. 경사대학당이 설립된 구체적인 일자에 대해서는 지금까지 여러 견해가 있어 왔지만 정확한 일자를 추적하는 것은 지금으로서는 불가능하다. 이 장에서는 이 문제가 중점 논의사항이 아니기 때문에 더 이상 언급하지 않도록 한다.

과거제도의 완전한 폐지와 경사대학당의 지속적인 개선에 따라 국자감이 원래 담당하고 있던 역사적 사명은 이미 마무리되었다. 1905년(광서 31년) 청국정부는 국자감을 해체하고 국자감의 구식교육 관리직능과 경사대학당의 신식교육 관리직능을 통합시키고 학부를 다시 설립하였다. 그동안 담당하고 있던 국자감의 고등학부로서의 직능은 경사대학당이 계승하였다. 이로써 경사대학당은 태학과 국자감의 뒤를 이어서 중국의 최고학부가 되었다. 이와 동시에 경사대학당의 최고 책임자의 관직은 총감독으로 바뀌었다.

경사대학당은 당시 중국에서 유일한 국립 최고학부였기 때문에 설립을 위한 기획 단계에서부터 최고의 기준과 요건을 지향하였다. 광서 황제의 유지에 따라 양계초가 대신 기초하여 총리각국사무아문이 상주한 경사대학당 설립 장정 제1조에는 이에 대해 다음과 같이 쓰여 있다. "경사대학당은 각 성의 귀감이 되고, 세계 각국의 추앙을 받으며, 최고 수준의 광대한 규모와 상세하고 세밀한 체계를 갖추고, 모범이 되는 최상의 체제를 유지하기 위하여 비루한 것을 그대로 취하거나 경박한 업무 수행을 하지 않도록 한다." 이 문장을 짧게 요약하면 경사대학당이 당시 중국에서 단연코 으뜸가는 위치를 차지하고 있었다는 것을 표현하는 것이다.

경사대학당은 모두 25개의 전공과목을 개설하였다. 이학(理學), 중외장고(中外掌故), 제자학(諸子學), 수학, 격치, 정치, 지리, 문학, 체조 등이 필수과목이었으며 고등수학, 고등격치, 고등정치(법률학 포함), 고등지리(측량 제도 포함) 농학, 광학(鑛學), 공정학(工程學), 상학, 병학, 위생학(의학 포함) 등은 학생들이 별도로 선택하여 수강하는 전공과목이었다. 선택과목은 학생들이 자신의 사정에 따라 한 과목이나 두 과목을 선택하여 전공과목으로 공부할 수 있었다. 이 밖에 경사대학당 학생들은 모두 영어, 프랑스어, 러시아어, 독일어, 일본어 등 5개 외국어 중에서 하나를 선택하여 배워야 하였다.[36)]

경사대학당의 교과과정은 기본적으로 서양 대학의 관례를 참조하여 제정되었으며 국립최고학부로서 다양한 전공과목을 개설하는 것으로 구체적인 실현을 하였다. 경사대학당이 정법과(政法科)를 개설한 것은 당시 중국에서는 가장 처음 있는 일이었다.

경사대학당은 설립 초기에 소학부(小學部), 중학부(中學部), 대학부(大學部)로 나뉘어 있었다. 경사대학당에 소학부와 중학부가 필요한 이유는 높은 자질을 가진 학생들을 대학당에 입학시킬 수 있는 확실한 보장이 되기 때문이라고 설립 장정에서 밝히고 있다.

국내 최고학부로서 경사대학당의 관리인원은 그 지위가 비교적 높았을 뿐 아니라 숫자도 국내의 모든 학당 중에서 가장 많았다. 장정의 규정에 의하면 대학당은 관학대신 1명을 두고 이 대신의 지위에는 대학사(大學士)나 상서(尙書), 혹은 시랑(侍郞)이 맡는 것으로 하였다. 설립 장정을 승인한 바로 당일에 광서 황제는 자기의 스승인 전 관리관서국대신(管理官書局大臣)이었던 공부상서(工部尙書) 손가내를 경사대학당 관학대신으로 임명하였다. 대학당에는 총교습 1명[관록의 제한 없이 황명으로 임용되고 대략 국자감 제주(祭酒), 사업(司業)의 직위와 같음], 분교습 24명[총교습의 주청으로 임명되고 대략 한림원 오경박사(五經博士), 국자감 조교의 직위와 같음], 총판 1명[소구경(小九卿) 및 각 부(部)와 원(院)의 사원(司員)으로 충원], 제조 8명[각 부(部)의 사원으로 충원], 공사(供事) 18명, 등

36) 『베이징대학교사료』 제1권, 베이징대학교출판사, 1993, p.82.

록(謄錄) 8명, 장서루(藏書樓) 제조 1명, 공사 10명, 의기원(儀器院) 제조 1명, 공사 4명을 두었다. 관학대신에서 공사에 이르기까지 대학당에는 모두 91명의 교직원이 있었다.[37)]

경사대학당 학생들의 입학 자원은 두 부류가 있었다. 한 부류는 한림원 편검(編檢), 각 부와 원의 사원, 대문시위, 도, 부, 주, 현의 관리 후보자 및 관리의 자제, 팔기의 세습 관리, 각 성의 무관 후예 등이고 다른 한 부류는 각 성에서 공부를 더 하도록 북경에 보낸 학생들과 각 성에서 중학당의 공부를 마치고 그 증명서를 가진 학생들이었다. 경사대학당의 총 학생 수는 500명(소학당 학생 80명 미포함)이었다. 대학당 설립 초기의 학생 수는 약 150명이었다.

이외에도 북경대학의 역사와 북경대학이 중국 근대교육사에 끼친 영향 및 지위에 관해서는 많은 저명한 학자들의 논문이 있다.

여러 해 동안 북경대학에서 학생들을 가르쳤고 북경대학 총장을 역임한 저명한 학자인 호적(胡適) 선생은 일찍이 1948년 북경대학 창립 50주년을 기념하여 발표한 「북경대학 50주년」이라는 글에서 북경대학과 세계에서 역사가 오래된 명문대학들의 역사를 비교하여 다음과 같이 기술하였다.

> 제가 이전에도 말했던 바와 같이 북경대학은 역대 '태학'의 정식 계승자이며 만약 북경대학이 정말로 유구한 역사로서 세상 사람들을 압도하고자 한다면 한무제(漢武帝) 원삭(元朔) 5년(BC 124년)에 공손홍(孔孫弘)의 주청으로 박사(博士)와 제자 50명을 두어 태학을 설립한 시대로 거슬러 올라갈 수 있습니다. 역사적으로 신뢰할 수 있는 태학의 기원은 지금까지 2072년이 되었습니다. 북경대학은 세계의 어느 대학보다 오랜 역사를 가지고 있습니다.[38)]

저명한 학자이며 북경대학의 부총장을 역임한 계선림(季羡林) 선생은 「높이 우뚝 솟은 학교, 백 년의 별(巍巍上庠, 百年星辰)」이라는 저서에서 다음과 같

37) 『베이징대학교사료』 제1권, 베이징대학교출판사, 1993, p.85.
38) 호적(胡適), 「베이징대학교 50주년」, 『베이징대학교 50주년 기념·서문』, 베이징대학교공문서보관소.

이 기술하였다.

> 북경대학의 역사를 계산하려면 두 종류의 계산법을 적용할 수 있다고 생각한다. 하나는 고대의 태학에서부터 계산하는 방법인데 태학은 수(隋)나라 대에 국자감으로 명칭이 바뀌어 청 말까지 그대로 변함없이 오랜 세월을 대대로 이어져 왔으며 실로 당대의 최고학부였다. 북경대학은 바로 이 국자감을 계승하였다. 이러한 계산법을 적용하는 것은 전혀 견강부회나 오랜 역사를 자랑하려는 뜻은 전혀 없으며 실사구시의 마음이 있을 뿐이다. 이것은 공정하고 합리적이며 전적으로 타당하다고 할 수 있다.[39)]

요컨대 상술한 바와 같이 역사가 백 년이 지난 몇 개 학교의 설립 역사를 분석함으로써 어렵지 않게 다음과 같은 결론을 얻을 수 있다. 학교의 편제는 물론이고 학생의 규모와 교과과정의 설치에 이르기까지 북경대학(경사대학당)은 1898년 설립 초창기부터 당시 중국에서 진정한 의미에서의 유일한 대학이었다. 비록 전란 시기에 서방 8개국 연합군에 의한 파괴로 말미암아 2년 동안 수업을 하지 못하기도 하였지만 중국의 최고학부라는 특수한 지위는 시종 변함이 없었다.

1912년 신해혁명 이후 남경임시정부(南京臨時政府)는 경사대학당 총감독이며 근대의 음운학자이고 저명한 간자병음(簡字拼音)의 제창자인 노내선(勞乃宣)이 연로하고 병약하여 계속 총감독직을 맡기 어렵다고 판단하고 결국 1902년에 초빙되어 경사대학당 역서국(譯書局)의 총판을 담당하였던 근대의 저명한 계몽 사상가이며 번역가인 엄복(嚴復)을 경사대학당 총감독직에 임명하였다. 그해 5월 경사대학당은 북경대학으로 학교명을 변경하고 엄복은 총장이 되었다. 이로써 엄복은 경사대학당의 마지막 총감독이자 북경대학 최초의 총장이 되었다.

그로부터 북경대학의 역사는 새로운 장을 열게 되었다.

---

39) 계선림(季羡林), 「높이 우뚝 솟은 학교, 백 년의 별(巍巍上庠, 百年星辰)」, 『베이징대학교 학보(철학사회과학)』, 1997년 제6호, p.74.

부록 1
경사동문관 주요사건 연대표

1861년 1월 13일(함풍 10년 12월 3일) 혁흔(奕訢) 등이 상주하여 수도 북경에 외교 업무를 전담하는 총리각국사무아문(總理各國事務衙門)을 설치하고, 그 관할 하에 외국어 인재양성을 전담하는 동문관(同文館)을 설립할 것을 요청함. 일주일 뒤 이 상주문이 재가됨.

1862년 6월(동치 1년 5월) 경사동문관(京師同文館) 정식 창립, 영어관 개설.

1862년 8월 20일(동치 1년 7월 25일) 총리각국사무아문의 혁흔 등이 상주하여 6개 조항의 경사동문관 장정 초안을 양궁(兩宮) 태후[자희태후(慈禧太后), 자안태후(慈安太后)]에게 보고함.

1863년 5월 6일(동치 2년 3월 19일) 총리각국사무아문의 혁흔 등이 상주하여 프랑스어관, 러시아어관 개설 관련 사안의 건의 제출.

1863년(동치 2년) 경사동문관 프랑스어관, 러시아어관 개설.

1865년 12월 22일(동치 4년 11월 5일) 총리각국사무아문의 혁흔 등이 새로 기초한 6개 조항의 동문관 장정을 양궁 태후에게 보고함.

1866년 12월 22일(동치 5년 11월 5일) 총리각국사무아문의 혁흔 등이 상주하여 경사동문관의 천문관, 산학관 증설 및 과거 합격자를 모집, 입관시켜 학습할 것을 요청함.

1867년 1월 28일(동치 5년 12월23일) 총리각국사무아문의 혁흔 등이 다시 상주하여 경사동문관의 천문관, 산학관 증설 필요성을 표명하고 동문관의 천문, 산학 학습과 관련하여 기초한 6개 조항의 장정을 양궁 태후에게 보고함.

1867년 2월 25일(동치 6년 1월 21일) 청 조정 태복사경(太僕寺卿) 서계여(徐繼畬)를 총관동문관사무대신(總管同文館事務大臣)으로 임명함.

1867년 3월 5일(동치 6년 1월29일) 산동성(山東省) 도감찰어사(道監察御史) 장성조(張盛藻)가 동문관의 천문, 산학관 개설 및 과거 합격자를 모집, 입관시켜 학습하는 것과 관련하여 총리각국사무아문을 탄핵 상소함. 같은 날 양궁 태후가 유지(諭旨)를 내려 장성조의 탄핵을 기각함.

1867년 3월 20일(동치 6년 2월15일) 대학사(大學士) 왜인(倭仁)이 상주하여 동문관의 천문, 산학관 사안과 관련한 반대 및 비난 의견 제출.

1867년 4월 6일(동치 6년 3월 2일) 총리각국사무아문의 혁흔 등이 상주하여 왜인의 질책 제출에 반박함.

1867년 4월 7일(동치 6년 3월 3일) 양궁 태후가 유지를 내려 군기대신 문상장(文祥將), 혁흔 등에게 4월 6일자 상주문 및 기타 관련 문건을 왜인에게 전달할 것을 명함.

1867년 4월 12일(동치 6년 3월 8일) 대학사 왜인 다시 상주하여 동문관의 천문, 산학관 개설을 반대함.

1867년 4월 23일(동치 6년 3월 19일) 총리각국사무아문의 혁흔 등이 하루 두 차례 상주하여 동문관의 천문, 산학관 개설에 대해 반대하는 왜인의 의견 제출을 반박함. 같은 날 양궁 태후는 유지를 내려 혁흔 등의 대신들을 무마하고 왜인에게 "천문, 산학관 부지 선정 및 건축을 감독하라"고 명함으로 그를 간접적으로 비판함.

1867년 4월 25일(동치 6년 3월 21일) 왜인이 다시 상주하여 동문관의 천문, 산학관 개설에 대한 자신의 반대를 변명함. 양궁 태후가 왜인의 상주문을 본 후에 유지를 내려 그의 변명에 대하여 비판함.

1867년 5월 16일(동치 6년 4월 13일) 숭실(崇實)이 상주하여 동문관의 천문, 산학관의 개설 및 과거 합격자를 모집, 입관시켜 천문과 산학을 학습하는 것과 관련하여 계속 반대함.

1867년 6월 22일(동치 6년 5월 21일) 경사동문관의 천문관, 산학관 학생을 모집함.

1867년 6월 23일(동치 6년 5월 22일) 후선(候選) 직례주(直隸州) 지주(知州) 양연희(楊延熙)가 "천체의 현상이 경고를 하고 여론이 동요하고 있다"는 구실을 삼아 동문관을 철폐하는 유지를 내릴 것을 청함.

1867년 6월 30일(동치 6년 5월 29일) 양궁 태후가 유지를 내려 양연희의 상주를 "쉴 새 없이 지껄여 대는 수많은 말들이 심히 황당무계하다"고 준엄하게 반박함.

1868년(동치 7년) 저명한 수학자 이선란(李善蘭)을 동문관 수학교습으로 선임. 동문관 영어, 물리학 교수 미국인 정위량(丁韙良, W. A. P. Martin)이 동문관 총교습으로 초빙됨. 이후 25년간 경사동문관 총교습을 맡음.

1869년(동치 8년) 경사동문관 만국공법(萬國公法) 과목 개설, 총교습 정위량 강의를 맡음.

1871년(동치 10년) 경사동문관 독일어관 개설, 러시아어 교수로 위패(偉貝, Herr Waeber) 교습 임명. 같은 해 화학과 개설, 프랑스인 필리간(畢利干, M. A. Billequin) 교습 임명

1872년(동치 11년) 경사동문관 의학관 개설, 유덕정(由德貞, Dudgeon) 교습 임명.

1888년(광서 14년) 경사동문관 격치관 개설, 번역처(飜譯處) 신설.

1897년(광서 23년) 경사동문관 일본어관 개설, 스기이쿠타로(杉幾太郎) 교습 임명.

1898년(광서 24년) 동문관 8개 조항의 규정 추가, 중국어관 및 외국어관의 과목 설치, 시간 안배, 시험 규칙, 출퇴근제도, 교습의 직책 등의 내용에 대한 규정 보충. 같은 해 6월 경사동문관 총교습 정위량 경사대학당 초대 서학(西學) 총교습 임명됨.

1902년 1월 11일(광서 27년 12월 2일) 자희태후가 유지를 내려 경사동문관을 경사대학당에 합병하도록 함.

부록 2

경사대학당 주요사건 연대표

1895년 7월(광서 21년 6월) 유신파(維新派) 영수 강유위(康有爲), 군기처(軍機處) 장경(章京) 진치(陳熾), 형부낭중(刑部郎中) 심증식(沈增植), 한림원(翰林院) 편수(編修) 문정식(文廷式), 한림원 편수 장효겸(張孝謙), 장지동(張之洞) 등이 북경 선무문(宣武門) 밖 후손공원(後孫公園)에서 강학회(强學會) 설립(경사대학당의 전신).

1896년 1월 23일(광서 21년 12월 9일) 어사(御史) 양숭이(楊崇伊)가 탄핵 상소, 강학회 조사 후 활동을 금지 당함.

1896년 2월(광서 22년 1월) 군기대신 이홍조(李鴻藻)의 건의로 강학회(强學會)를 관서국(官書局)으로 변경함. 광서 황제의 스승인 공부상서(工部尙書) 손가내(孫家鼐)가 관리서국대신(管理書局大臣)으로 임명됨. 강학회의 주요 지도자들 대부분이 관서국에 직책을 맡게 됨. 관서국 장정에 "학당 일 개소를 설립한다"고 규정하고 실제 경사대학당(京師大學堂) 설립을 위한 최초의 준비업무를 공식적으로 시작함.

1896년 6월 12일(광서 22년 5월 2일) 형부좌시랑(刑部左侍郎) 이단분(李端棻)을 대신하여 양계초(梁啓超)가 기초한 「청추광학교절(請推廣學校折)」에서 최초로 명확하게 수도에 대학당 창립을 건의함. 이 상주문에 광서 황제가 관심을 갖게 되자 이에 대해 총리아문(總理衙門)이 의견을 상주함.

1896년 7월 13일(광서 22년 6월 3일) 총리아문은 이단분의 상주를 긍정적으로 평가하고 관리서국대신에게 "일의 상황을 잘 살피고 헤아려서 계획을 세우는 것이 좋겠다"고 건의함. 광서 황제가 즉시 관리관서국대신 손가내에게 명하여 우선 관서국을 확충하여 수도에 신식 대학당의 창건을 기획하도록 함.

1896년 8월(광서 22년 7월) 관리관서국대신 손가내가 「의복개판경사대학당절(議復開辦京師大學堂折)」을 상주하여 대학당 설립에 관한 6개 조항의 구체적 조치를 제시하고 최초의 경사대학당 건립 기획업무를 시작함.

1897년(광서 23년) 요문동(姚文棟), 웅역기(熊亦奇), 이가백(미국, 李佳白), 적고문(미국, 狄考文) 등이 경사대학당 창립과 관련하여 지지를 표명하는 장편의 글을 발표하고 각종 구체적인 건의를 제출함.

1898년 1월(광서 24년 1월) 어사 왕붕운(王鵬運)이 상주문을 올려 재차 경사대학당 설립을 요청함.

1898년 2월 15일(광서 24년 1월 25일) 광서 황제가 "건립을 윤허하니 이제 조속히 창설하도록 하라"는 유지(諭旨)를 내리고 군기대신(軍機大臣)들에게 명하여 총리아문의 왕공대신들과 회동하여 "의논하고 상주하여 아뢰라"고 함.

1898년 6월 6일(광서 24년 4월 18일) 강유위가 「청개학교절(請開學校折)」을 상주하여 경사대학당의 설립은 일각도 지체할 수 없음을 강조하고 청 조정이 이를 지연시키는 것에 대해 극심한 불만을 토로함.

1898년 6월 11일(광서 24년 4월 23일) 광서 황제가 직접 천안문에서 「명정국시조서(明定國是詔書)」를 공포함. 「명정국시조서」의 1/3을 경사대학당 창설에 대해 언급하였으며 재차 군기대신들과 총리아문에게 경사대학당 설립과 관련한 일에 대하여 "조속히 의논하고 상주하여 보고하라"고 명함.

1898년 6월 26일(광서 24년 5월 8일) 광서 황제는 경사대학당 창설에 대해 반년 동안 세 차례나 유지를 내렸으며 군기대신들과 총리아문에게 "신속하게 다시 보고하도록 하고 다시는 지연시키지 말라"고 독촉하고, 만약 다시 지연하게 되면 "반드시 엄중 처벌하고 용서하지 않을 것이다"라고 경고함.

1898년 6월 30일(광서 24년 5월 12일) 강남도감찰어사(江南道監察御使) 이성탁(李盛鐸)이 「경사대학당판법절(京師大學堂辦法折)」을 상주하고 "상세한 장정의 제정, 설립 부지의 선정, 학과목의 결정, 충분한 자금의 기획, 전담 대신의 임명" 등 5개 항목의 건의를 제출함.

1898년 7월 3일(광서 24년 5월 15일) 총리아문이 양계초가 대신 기초한 「주의경사대학당장정(奏擬京師大學堂章程)」을 보고함. 당일 광서 황제가 이 장정을 재가하면서 이부상서(吏部尙書)이며 관리서국대신인 손가내를 관학대신으로 임명하고 경사대학당에 전국 교육의 통괄 관리 및 인재를 양성하는 이중의 직책을 부여함. 동시에 6월 28일 어사 양심수(楊深秀), 이성탁(李盛鐸)이 제출한 역서국(譯書局) 설립 건의를 재가하고 역서국의 경사대학당 편입을 명함. 양계초에게 역서국 사무 처리를 맡김.

1898년 8월 9일(광서 24년 6월 22일) 관학대신 손가내가 「주복주판대학당정형절(奏復籌辦大學堂情形折)」을 상주하고 8개 조항의 학당 설립을 위한 조치들을 제출함. 광서 황제는 이를 당일 재가하면서 내무부에 명하여 경사대학당 건물을 수리하도록 하고 이와 함께 서학(西學) 총교습 윌리엄 마틴에게 이품(二品) 관직을 수여하여 특별한 영예가 드러나도록 함.

1898년 8월 24일(광서 24년 7월 8일) 황제가 예부(禮部)는 관리대학당사무대신손가내(管理大學堂事務大臣孫家鼐)의 관인(官印)을 주조하고 호부(戶部)는 37,000냥의 백은을 설립 경비로 경사대학당에 지급할 것을 명함. 이로써 오랫동안의 준비 끝에 경사대학당이 정식 설립됨.

1898년 8월 30일(광서 24년 7월 14일) 손가내가 상주문을 올려서 대학당 사무직원의 일본 학무시찰 파견 시행을 요청함.

1898년 9월 9일(광서 24년 7월 24일) 손가내가 「주청영개의학당절(奏請另開醫學堂折)」을 상주하여 의학당을 다시 대학당이 관할할 것을 건의함. 이를 광서 황제가 당일 재가함.

1898년 9월 26일(광서 24년 8월 11일) 무술변법(戊戌變法)이 진압된 5일 뒤 자희태후가 "대학당은 인재를 양성하는 곳"이라는 유시를 내려 경사대학당에 대한 긍정적인 견해를 보임.

1898년 11월 22일(광서 24년 10월 9일) 내무부가 보수하여 면모가 새로워진 대학당 건물을 경사대학당에 정식 인계함.

1898년 11월(광서 24년 10월) 경사대학당이 학생모집 공고문을 발표함.

1898년 12월 3일(광서 24년 10월 20일) 손가내가 자희태후에게 올린 「주대학당개판정형절(奏大學堂開辦情形折)」에서 입학지원 신청자가 천 명을 초과하였다고 언급함.

1899년 1월 30일(광서 24년 12월 19일) 경사대학당이 정식으로 업무를 시작함. 대학당 장서루(藏書樓) 건립.

1899년 5월 6일(광서 25년 3월 27일) 자희태후가 유지를 내려 경사대학당의 정비 시행을 명령함.

1899년 7월 17일(광서 25년 6월 10일) 관학대신 손가내가 질병으로 인해 휴가를 신청하자 청 조정은 이부우시랑(吏部右侍郞) 허경징(許景澄)을 임시 관리경사대학당사무대신(管理京師大學堂事務大臣)으로 임명함.

1900년 2월(광서 26년 1월) 자희태후가 유지를 내려 경사대학당의 교육시행 상황을 보고할 것을 명함. 허경징이 대학당 설립 이후 일 년 동안 경학, 정치, 여지, 산학, 격치, 화학, 영어, 프랑스어, 독일어, 러시아어, 일본어 등의 과목들이 개설된 상황을 보고함.

1900년 7월 1일(광서 26년 6월 5일) 의화단운동(義和團運動)이 일어나 북경 성안이 큰 혼란에 빠지자 임시 관리대학당사무대신 허경징이 상주하여 대학당의 잠정적인 폐교를 요청함. 허경징의 요청이 청조정의 재가를 받음.

1900년 7월 11일(광서 26년 6월 15일) 경사대학당 잠정 폐교.

1900년 7월 28일(광서 26년 7월 3일) 임시 관리대학당사무대신 허경징이 의화단이 외국 대사관을 포위 공격하여 불사르는 것을 반대한 것으로 인해 모함을 받고 피살당함.

1900년 8월 15일(광서 26년 7월 21일) 서방 8개국 연합군 북경 공격 점령, 경사대학당은 러시아, 독일 병사들이 점령하여 병영으로 사용. 대학당 건물은 심각한 훼손을 당함.

1901년 10월 2일(광서 27년 8월 20일) 유곤일(劉坤一), 장지동(張之洞)이 수천 자에 달하는 「육재흥학사사절(育才興學四事折)」을 상주함. 일순간에 과거제 폐지와 학교 설립이 또다시 뜨거운 화제가 됨.

1901년 10월 27일(광서 27년 9월 16일) 관학대신이며 공부상서(工部尙書)인 장백희가 국자감을 대학당 소속으로 변경할 것을 주청하였으나 재가를 얻지 못함.

1902년 1월 10일(광서 27년 12월 1일) 자희태후가 유지를 내리고 관학대신 장백희에게 명하여 경사대학당의 전면적인 복구업무 책임을 맡김.

1902년 1월 11일(광서 27년 12월 2일) 자희태후가 유지를 내려 동문관의 경사대학당 합병을 명함.

1902년 1월 17일(광서 27년 12월 8일) 외무부가 대학당의 복구를 위하여 관학대신 장백희에게 대학당의 건물 훼손, 잔존 경비 등의 상황을 통보함.

1902년 2월 13일(광서 28년 1월 6일) 장백희가 「주주판경사대학당정형소」를 상주하여 경사대학당의 학교 복구업무에 대한 5개 조항의 건의를 제출함. 자희태후는 장백희의 상주를 당일로 재가하고 경사대학당 장정의 수정을 명함.

1902년 8월 15일(광서 28년 7월 12일) 장백희가 반년에 걸쳐 수정한 경사대학당 장정 등 6개 학교장정을 조정에 보고함. 자희태후가 검토 후 이 장정이 "상세하고 완전히 갖추어져 있다"고 인정하고 장정에 따라 업무를 처리하고 각 성에 공포하여 시행하도록 명함. 이 장정이 경사대학당 역사상 두 번째 장정인 「흠정경사대학당장정」임.

1902년 12월 15일(광서 28년 11월 16일) 장백희가 상주하여 경사대학당 사범관(師範館)의 12월 17일 정식 개학과 개학의식 거행에 관해 보고함.

1903년 (광서 29년) 경사대학당이 다시 업무를 시작하자 조정 대신들의 중국 교육개혁에 대한 관심을 불러일으킴. 원세개(袁世凱), 장지동, 조이손(趙尔巽), 주복(周馥) 등의 대신들이 연명으로 상주하여 "과거제를 폐지하고 많은 학교를 설립할 것"을 요청함.

1903년 2월(광서 29년 1월) 경사대학당 사학관(仕學館), 진사관(進士館) 개학.

1903년 4월(광서 29년 3월) 경사대학당 의학실업관 개학.

1903년 4월 30일(광서 29년 4월 4일) 2백여 명의 사학관, 사범관 학생들이 청정부가 러시아의 동북삼성(東北三省) 침략 점령에 동의하는 것을 저지하는 집회 개최.

1903년 5월 7일(광서 29년 4월 11일) 「대공보(大公報)」에 「경사대학당사범, 사학양관학생상서관학대신청대주거아서(京師大學堂師範,仕學兩館學生上書官學大臣請代奏拒俄書)」 전문이 게재됨.

1903년 6월(광서 29년 5월) 조정 대신들 가운데 장백희가 무술변법 중에 보인 태도에 대해 불만을 나타내자 자희태후는 영경(榮慶)을 관학대신으로 임명하여 장백희의 권력을 분산시킴.

1903년 6월 27일(광서 29년 윤5월 3일) 장백희가 조정에 상주하여 학무를 함께 협의하고 다시 새로운 대학당 장정을 제정하기 위해 장지동을 경사대학당에 파견해 줄 것을 요청함. 자희태후는 당일 이를 재가하면서 장지동을 파견하고 장백희, 영경과 회동하여 대학당 장정 및 각 성(省)의 학당 장정들을 일률적으로 제정하도록 함.

1903년 9월 14일(광서 29년 7월 23일) 경사대학당 역학관(譯學館) 개학, 1차로 70여 명의 학생을 모집함.

1903년 12월 21일(광서 29년 11월 3일) 장백희가 상주하여 대학당 학생들의 일본 및 서양 각국에 유학 파견을 요청함. 자희태후가 당일 이를 재가함. 연말 이전 경사대학당은 1차로 학생 31명을 일본에 유학 보냄.

1904년 초경사대학당은 2차로 16명의 학생을 유럽 각국에 유학 보냄.

1904년 1월 13일(광서 29년 11월 26일) 관학대신 장백희 등이 반년에 걸쳐 경사대학당의 3개 설립 장정을 수정한 「주정대학당장정」을 자희태후에게 보고함. 새로운 장정은 즉시 재가를 받고 공포 집행됨.

1904년 2월 6일(광서 29년 12월 21일) 자희태후가 손가내를 총리학무대신으로 임명하고 전국의 학무를 통괄하도록 함. 대리사소경(大理寺少卿)이며 절강성 학정(學政)이었던 장형가(張亨嘉)를 경사대학당 총감독으로 임명함.

1904년 7월(광서 30년 6월) 경사대학당이 고사장을 설치하고 시험을 거쳐 우수한 학생 360여 명을 선발함. 새로 선발된 학생들 일부는 사범관에 입학하여 공부하고 일부는 예비과에 입학함. 당년 10월 개학함.

1905년 5월 28~29일(광서 31년 4월 25일~26일) 경사대학당 제1회 전교 운동회 거행.

1905년 12월 10일(광서 31년 11월 14일) 정무처대신(政務處大臣) 화석경친왕(和碩慶親王) 혁광이 상주문을 올려서 학부(學部)를 설립하여 서기 276년 처음 설립되어 태학과 함께 공존해 왔던 국자감을 폐지하고 이를 학부에 합병하며 동시에 한림원도 학부에 합병할 것을 제의함.

1906년 2월 5일(광서 32년 1월 12일) 장형가의 신청을 받아들여 학부가 장형가를 대학당 총감독직에서 해임하고 대학당 서무제조(庶務提調) 조광권(曹廣權)과 진사관(進士館) 서무제조 왕시어(汪侍御)를 총감독 대리 직책을 분담하여 맡도록 함.

1906년 2월 15일(광서 32년 1월 15일) 한림원 편수(編修) 이가구(李家駒)를 새로운 경사대학당 총감독으로 임명함.

1906년 5월 24일(광서 32년 4월 2일) 경사대학당 제2회 전교 운동회 거행.

1906년 8월(광서 32년 6월) 경사대학당 제1회 사범관 학생 103명, 사학관 학생 34명 졸업.

1906년 말(광서 32년 12월) 경사대학당 의학관 학생 36명 졸업.

1907년 4월 27일(광서 33년 3월 15일) 경사대학당 제2회 사범관 학생 98명 졸업.

1907년 5월 6~7일(광서 33년 3월 24일~25일) 경사대학당 제3회 전교 운동회 거행.

1907년 7월(광서 33년 6월) 청 조정이 제남(濟南) 제학서(提學署) 총감독 주익번(朱益藩)을 경사대학당 총감독 직에 임명함. 대학당 부설 박물실습과 개학.

1907년 12월(광서 33년 11월) 경사대학당 제1회 진사관(進士館) 학생 106명 졸업.

1908년 2월 17일(광서 34년 1월 16일) 신임 대학당 총감독 유정침(劉廷琛) 취임.

1909년 6월(선통 1년 5월) 경사대학당 분과대학 설립.

1909년 8월(선통 1년 7월) 청국 정부가 경사대학당 학생을 포함한 제1회 미국 유학생 47명을 파견함.

1909년 12월(선통 1년 11월) 경사대학당이 외국 유학생의 입학 학습을 시작함.

1910년 9월 26일(선통 2년 8월 23일) 이부(吏部)가 황제의 명에 따라 경사대학당 경과대학(經科大學) 감독 가소민(柯劭忞)을 임시 총감독서리의 직에 임명함.

1911년(선통 3년) 강녕(江寧) 제학사(提學使) 노내선(勞乃宣)을 경사대학당 총감독에 임명함.

1912년 1월 24일(선통 3년 12월 6일) 노내선(勞乃宣)이 질병으로 사임을 주청하여 대학당 총서무제조(總庶務提調) 유경역(劉經繹)을 임시 총감독대리에 임명함.

1912년(민국 원년) 중국 근대 저명한 계몽사상가인 엄복(嚴復)이 경사대학당 총감독으로 임명됨. 같은 해 5월 경사대학당이 북경대학으로 명칭이 바뀌고 엄복이 총장으로 임명됨.

중국 대학교의 기원과 북경대학교
北京大學創辦史實考源

초 판 1쇄 발행 2019년 1월 20일

지은이 하오핑(郝平)
옮긴이 진염평(陳艷平)
펴낸이 정재탁
펴낸곳 (학)신구학원신구문화사
디자인 은디자인

등 록 1968. 6. 10. 제1-205호
주 소 경기도 성남시 중원구 광명로 377 우촌학사 1층
전 화 031-741-3055~6
팩 스 031-741-3054
이메일 shingupub@naver.com
홈페이지 www.shingubook.com

ISBN 978-89-7668-238-3 93910

이 도서의 국립중앙도서관 출판예정도서목록(CIP)은 서지정보유통지원시스템 홈페이지(http://seoji.nl.go.kr)와 국가자료종합목록시스템(http://www.nl.go.kr/kolisnet)에서 이용하실 수 있습니다. (CIP제어번호 : CIP2018042996)